民法問答全集　完

松本慶次郎
村瀬甲子吉 合著

明治廿五年再版

民法問答全集 完

日本立法資料全集 別巻 1188

信山社

法學士　松本慶次郎
判事　村瀬甲子吉
合著

民法問答全集

完

發行所　東京　明法堂

緒言

法律ノ學タル浩茫涯無ク其彼岸ヲ窺フ寔ニ易々ノ業ニアラス是ヲ以テ初メテ斯學海ニ游フノ徒研究年ヲ累ヌト雖圧尚ホ呆然自失望洋ノ嘆ヲ發スルモノ尠シトセス又得業ノ士對策ニ際シ或ハ筆ヲ問題以外ニ馳セ或ハ答辭甚タ簡畧ニ失シ粗笨ニ流レテ敗ヲ千万場屋中ニ取ル者世上滔々見聞スル所ナリ予等之ヲ憂フルヿ久シ自ラ其淺學無識ヲ辭セス茲ニ此書ヲ著ハシ以テ對策ニ應スル士ヲシテ問題ノ範圍ト繁簡トノ程度ヲ知ラシメ幷ニ初學者ノ爲メ斯學海ノ針路ヲ曉ラ

シメンヿヲ期ス惟フニ此一小册子ニ因テ少シク稗補スル所アラハ予等ノ幸焉ヨリ甚シキハ莫シ

明治廿四年七月下浣

著作者白

民法問答全集　財産編人權ノ部　目錄

第三欵　合意ノ效力　七八

第一則　當事者間及其承繼人間ノ合意ノ效力　七八

第三節　不正ノ損害即犯罪及准犯罪

第三節　擔保

第四節　義務ノ諸種ノ體樣

第四節　相殺

第五節　混同

第六節　履行ノ不能

第七節　銷除

民法問答全集目錄畢

民法問答全集　財産編人權ノ部

法學士　松本慶次郎
判事　村瀨甲子吉
合著

第二部　人權及義務

總則

○第一號　義務ノ定義ヲ與ヘ及其性質ヲ說明セヨ（第二百九十三條）

義務トハ一人又ハ數人ヲシテ他ノ定マリタル一人又ハ數人ニ對シ或ル物ヲ與ヘ或ル事ヲ爲シ或ル事ヲ爲サヽルヿニ服從セシムル法律ノ覊絆ナリ由是觀之義務ノ目的ニ三ケアリ曰ク物ヲ與フルヿ曰ク或ル事ヲ爲スヿ曰ク或ル事ヲ爲サヽルヿ是ナリ

義務ハ吾人ノ行爲不行爲ノ必要ニシテ此必要ヲ滿タサヽルトキハ制定法ノ手段ヲ以テ强テ之ヲ滿足セシムルノ意義ヲ有ス故ニ論者ハ義務

ヲ稱シテ法律上ノ繩索ナル語ヲ以テス蓋シ一人若クハ數人ヲ他ノ一人若クハ數人ニ締結シテ或ル物ヲ與ヘ或ル事ヲ爲シ或ル事ヲ爲サヽラシムル必須的ノ束縛手段ヲ有スレハナリ故ニ我法典モ亦羈絆ナル語ヲ以テ强要ノ意義ヲ示セリ

義務ハ以上述ヘ來ル如ク其履行ヲ强要スル爲メ法律ノ許セル各般ノ方法ヲ用フルヿヲ得ルト雖モ義務ノ內自然義務ト稱スルモノハ債務者任意ノ執行ニ放任シ敢テ債權者ニ訴權ヲ與ヘサルモノナリ又道德上ノ義務トイフモノアリ是レ各人自己ニ對スル責務ニシテ法律ハ人ニ人道ヲ守リテ廉直ナル可シ恩惠ナル可シ美德アル可シト命スルヿ無シ又宗敎上ノ義務ニモ關涉スルヿ無シ

人權トハ如何ナルモノナル乎ヲ說明セヨ

義務ト人權トハ常ニ相對スルモノニシテ茲ニ義務アレハ必ス人權存シ茲ニ人權アレハ必ス義務アリ故ニ人權先ツ發生シテ義務繼テ起ルモノニアラス其發生ト消滅ハ常ニ同時同刻ニ在ルモノナリ而メ此義

務ヲ負ヒ人權ヲ有スルモノ換言スレハ權利義務ノ主體トナルヘキ者ハ啻ニ有形人ノミナラス法人ト稱スル無形ノ人即府縣、市、町、村、會社、國家等モ同一ナリトス其義務ヲ負擔スル者ヲ債務者ト稱シ人權ヲ有スル者ヲ債權者ト云フ

人權ト物權トノ區別ヲ示セ

義務ノ性質ヲ明ニセント欲セハ人權ト物權トノ差異ヲ知ラサル可カラス因テ左ニ之ヲ述ヘン

第一　物權即物上權(或ハ對世權トモイフ)ハ人カ或ル物ノ上ニ直接ニ有スル權利ヲ云フ例ヘハ所有權、用益權、地上權等ノ如シ、人權即對人權ハ人カ特定ノ人ニ向テ要求スルヲ得可キ權利ヲ云フ例ヘハ曾テ約シタル金ヲ返濟セシムルノ權、曾テ約シタル家ヲ作ラシムル權等ニシテ債務者ニ對シ強要ノ方法ヲ以テ其義務ヲ履行セシムルヿヲ得ル權利ナリ

第二　人權ニ對シテハ特定ノ人義務ヲ負フト雖モ物權ニ對シテハ何

人モ義務ヲ負フモノナシ唯人ト物トノ關係アルノミ然レ𪜈何人モ他人ノ物權ヲ侵害スルニ於テハ相當ノ賠償ヲ爲ス義務アリ故ニ物權ニ對シテハ何人モ不正ニ他人ノ利益ヲ害ス可カラスト云フ本分ヲ有スルノミ

第三　物權ヲ有スル者ハ其目的タル物件ヲ不正ニ保持スル者ニ對シ取戻ヲ請求スルヿヲ得可シ之ヲ追及權ト云フ反之人權ハ其債務者ニ對スルニ非ラスンハ要求スルヿヲ得ス是レ物權ハ物ニ從フモ人權ハ人ニ從フヲ以テナリ

第四　物權ハ其目的タル物件ヲ占有スル者ノ無資力ト爲リタル場合ト雖モ他ノ債權者ヲ排除シ之ヲ取戻スヿヲ得可シ之ヲ優先權ト云フ反之人權ハ總テ他ノ債權者ト債權ノ額ニ應シ債務者ノ財産ヲ分配セサル可カラス

第五　物權ハ直接ニ物ニ就キ權利ヲ有スルモ人權ハ他日物權ヲ得ン

トスル希望ニ外ナラス例令ハ甲者乙者ニ對シ家屋ヲ作ラシムル權利ヲ有スルトキハ他日家屋ノ所有權ヲ得ル望ミアルノミ故ニ若シ乙者家屋ヲ建築スルヲ肯セサルカ又ハ建築スル事能ハサルニ至ルトキハ甲者ハ相當ノ賠償ヲ得ルニ止マリ遂ニ家屋ノ所有權ヲ得ル事能ハサルナリ

(附言)「ボードリー」氏ハ義務ヲ解シテ曰ク或人ヲシテ特定ノ人ニ對シテ或事ヲ爲シ又ハ爲サヽラシムル法鎖ナリト「ムールロン」氏ハ義務ハ法律ノ繩索ニシテ我躍ヲ他人ニ綑結シ以テ我ヨリ彼ニ或物ヲ與ヘ又ハ或事ヲ爲シ或事ヲ爲サヽラシムル意ナリト解セリ

第一章　義務ノ原因

總則

○第二號　義務發生ノ原因如何(第二百九十五條)

義務ハ法律ヨリ發生スルアリ、人爲ヨリ發生スルアリ、其法律ヨリ生スルモノトハ制定法ヲ以テ或ル義務ヲ吾人ニ命スルモノニシテ彼ノ尊

第二號

族親ノ後見ヲ為ス義務、養料ノ義務ノ如キ是ナリ茲ニ注意ス可キハ法律カ認定シテ制裁ヲ與ヘタル義務ハ悉ク法律ヨリ生スト云フ可カラス法律ヨリ生スル義務トハ特ニ法律カ命シテ吾人ニ賦課シタルモノタラサル可カラサルヿ是ナリ

人為ヨリ生スル義務トハ左ノ如シ

(一) 合意　是レ義務ノ原因ノ重ナルモノナリ

(二) 不當利得　謂レ無ク他人ノ財產ヲ以テ已ヲ富マス可カラサルハ當然ノ條理ナレハ不當ニ利得ヲ得タルモノハ之ヲ返還スル義務アルモノトス

(三) 不正ノ損害　過失又ハ懈怠ニ因リ他人ニ損害ヲ蒙ラシメタル𪜈ハ之ヲ賠償スル義務アリ之ヲ不正ノ損害ト云フ

右述フル如クナルヲ以テ義務ノ原因四アリ曰ク法律曰ク合意曰ク不當利得曰ク不正ノ損害是ナリ

第一節　合意

○第三號　契約トハ如何ナルモノナル乎ヲ説明セヨ（第二百九十六條）

合意トハ如何ナルモノ乎

契約ノ何タルヲ知ラント欲セハ先ツ合意ノ何タルヲ解セサル可カラス合意トハ物權人權ヲ問ハス權利ヲ創設シ或ハ之ヲ變更シ或ハ之ヲ消滅スルヿヲ目的トスル二人又ハ數人ノ意思ノ一致ヲ云フ換言セハ權利ヲ創設シ或ハ拋棄（拋棄ハ廣キ意味ニ解ス可シ）スルヿニ付一方ノ者他ノ一方ノ者ニ申込ミ他ノ一方ノ者之ニ同意シタルヲ云フ

契約ナルモノハ合意ノ一種ニシテ合意カ人權ヲ創設スルヿヲ以テ主タル目的トスル𪜈之ヲ契約ト云フ之ヲ以テ觀レハ合意ハ類ニシテ契約ハ其ノ種ナリ即合意ハ廣ク物權人權ヲ創設變更消滅スルノ效ヲ奏スルモノナルモ契約ハ唯合意中ノ人權ヲ創設スル場合ノミヲ特稱ス

尚ホ換言セハ合意カ或ル物ヲ與ヘ或ル事ヲ爲シ或ル事ヲ爲サヽルノ義務ヲ生スル𪜈之ヲ契約ト唱フルナリ

第一欵　合意ノ種類

○第四號　合意ノ種類ヲ擧ケヨ

我法典カ揭ケタル合意ノ種類ヲ擧クレハ双務、片務、有償、無償、諾成、要物、要式、不要式、實定、射倖。主、從、有名、無名ノ合意是ナリ

右ノ區別ハ皆一ケノ合意ヲ數個ノ點ヨリ觀察シテ以テ定メタルモノナレハ各種類每ニ各特別ノ合意アルニアラス故ニ一ノ合意ニシテ皆數性質ヲ有スルモノナリ例ヘハ賣買ハ双務、有償、有名、諾成、不要式ニシテ且主タル合意ナルカ如シ

○第五號　雙務合意、片務合意ノ區別及之ヲ區別スル利益如何

双務合意トハ（第二百九十七條）其合意ニ因リ雙方互ニ義務ヲ負擔スルモノヲ云フ即當事者相互ニ要約シ又相互ニ約諾シ其各自カ同時ニ債權者タリ債務者タルモノヲ云フ彼ノ賣買契約ノ如キ賣主ハ其賣リタル物件ヲ引渡ス

可キ義務ヲ負フト仝時ニ其代價ヲ受取ル可キ權利ヲ有シ買主ハ代價ヲ拂フ義務ヲ負フト同時ニ其物件ヲ受取ル可キ權利ヲ有スルヲ以テ賣買ヲ双務ノ合意ナリ其他交換、賃借、會社等ノ契約ハ皆双務合意ノ適例ナリ

片務合意ハ其合意ニ因リ唯一方ノミ義務ヲ負担スルモノヲ謂フ換言スレハ一方ノ者常ニ債權者ト爲リ他ノ一方ノ者亦常ニ債務者ト爲ルモノナリ彼ノ金銀貸借ノ如キハ借主ハ唯借リタル金員ニ付テノ債務者ニシテ貸主ハ之レカ債權者タルニ過キサレハ則チ片務合意ナリトス

（附言）論者曰ク金銀貸借ハ双務ナリ何トナレハ貸主ハ一旦貸スヿヲ約束シタル上ハ必ス貸與ス可キ義務ヲ負フモノナレハナリト此論誤レリ何トナレハ貸借契約ハ要物合意ナレハ貸主カ金員ヲ貸與シタル上ニ非ラサレハ貸借契約ハ成立セサルモノニシテ貸主カ貸ス可シト約シタルハ貸與ノ豫約タル一ノ無名契約ヲ取結ヒタルニ過キスシテ未タ貸借契約ハ成立セ

サルモノナレハナリ或ハ又曰ハン貸主ハ期限前ニ返濟テ要ム可カラサルノ義務アリト是レ亦謬レリ何トナレハ是レ貸主カ期限前ニ要求ス可カラサルノ義務アルニアラスシテ辨濟ヲ要求スルノ權利ナキナリ即チ權利ナキヿト義務アリトイフヿトハ全ク別箇ノ問題ナリトス

又片務合意ノ例トシテ使用貸借。寄託、代理契約ノ例ヲ擧クルヿ有リ是レ其性質上片務ノ合意ナリ然レトモ借主、受託者、代理人カ反テ債權者ト爲ルヿ屢之レアリ、ソハ是等ノ人ニ交付シタル物、其人ニ損害ヲ蒙ラシムルヿアル可ク或ハ代理事務ヲ履行シタルカ爲メ費用ノ立替ヲ爲スヿアル可ケレハ債務者モ亦債權者タル可シ故ニ是等ノ契約ハ其性質ヨリ論スルトキハ片務ナリト雖モ合意以後ノ或ル出來事ニ依リテ双方ニ義務ヲ負フヿアリ學者之ヲ不完全ノ双務ト云フ然レトモ是レ唯學者ノ論スル所ニシテ佛法及我法典ノ如キハ之カ區別無ク合意ノ片務ナルヤ双務ナルヤハ其合意ヲ結フ當時ノ有樣ニ就テ決定ス可ク事後ノ出來事ニハ敢テ關繫セサルナリ

合意ヲ双務ト片務トニ區別スル利益アルヤ

合意ヲ双務ト片務ト區別スル利益左ノ如シ

（一）双務ノ合意ハ若シ當事者ノ一方カ其義務ヲ履行セサルトキハ他ノ一方ハ其合意解除ヲ裁判所ニ要求シ其義務ヲ免ルヽヲ得可キ暗默ノ

解除ノ未必條件ヲ附隨ス片務合意ハ一方ニテ義務ヲ負フノミナルヲ以テ前段ノ如キ便宜法ヲ得ルヿ能ハス故ニ常ニ合意ノ執行ヲ求ムルノ外道無キモノトス

（二）私署證書ヲ以テ双務合意ヲ證明セントスルトキハ反對ノ利益ヲ有スル當事者間ニ正本二通ヲ作リ且二通ヲ作リタル旨ヲ證書ニ附記スルヿヲ要スルモ片務合意ニハ斯ノ如キ方式ヲ要セス（證據編第二十一條佛民法千三百廿六條）

○第六號　有償合意、無償合意ノ區別及之ヲ區別スル利益如何

（第二百九十八條）

當事者ノ双方ニ利益ヲ授受スルヲ以テ目的トスルトキハ之ヲ要償合意ト云ヒ其一方ノ利益ノミヲ目的トスルトキハ之ヲ無償合意或ハ恩惠合意ト云フ

要償合意ハ常ニ双務合意ノ如クナレモ片務ニシテ要償ノモノアリ利

息付ノ貸借契約ノ如キ是ナリ貸主ハ自已ノ利益ヲ拋棄シテ借主ニ與ヘ借主ハ其得タル利益ノ償トシテ利子ヲ拂フヲ以テ各得タル利益ニ代ヘテ出捐ヲナスニ因リ是レ即チ要償合意ナリ故ニ双務合意ハ常ニ要償合意ナリト雖モ要償合意ハ常ニ双務合意ト云フヿヲ得ス、要償合意ノ例トシテ凡テノ双務合意及ヒ片務合意中ノ利子付貸借契約ノ如キ其他義務ノ元素ヲ變換スル更改ノ合意等ヲ引用スルヿヲ得可シ更改ハ債權者舊權利ヲ拋棄シテ新權利ヲ得債務者ハ舊義務ノ免除ヲ得テ新義務ヲ負担スレハ双方共ニ得ル所ノ利益ニ代ヘテ出捐スル所アルヲ以テ双務合意中ニ列擧スルヲ得

有償合意ハ各自彼我ノ爲メニ出捐ヲナスノミナラス第三ノ人ノ爲メニ出捐ヲナスヿアリ（第三百廿二條以下）

無償合意ノ例トシテ贈與契約、無利足ノ消費貸借、使用貸借、附託契約及保証契約ノ保證人ト義務者トノ間ニ於ケルモノヲ引用スルヿヲ得（保証

人ト債權者トノ間ニ於ケル保證契約ハ有償ナリ)

合意ヲ有償ト無償トニ區別スル利益ヲ問フ

合意ヲ有償ト無償トニ區別スルノ利益左ノ如シ

(一) 能力ノ點ニ於テ重要ナル區別アリ例ヘハ他人ノ財產若クハ自已ノ財產ヲ管理スルノミノ權ヲ有スルモノハ有償合意ヲナスヲ得レ𪜈例外アリ此等ノ財產ニ付キ無償合意ヲナスヲ得サルカ如シ

(二) 無償合意中ノ重ナル贈與契約ハ或ル方式ニ從フヿヲ要ス(財產取得編第三百五十八條)

(三) 廢罷訴權ヲ行フニ當リ無償合意ハ有償合意ニ比シテ一層容易ニ廢棄スルヿヲ得ヘシ

(四) 債務者過失ノ責ニ任スル場合ニ於テ之カ區別ヲナスノ利益アリ蓋シ他人ノ爲メ謝金ヲ受ケスシテ事ヲ爲ス債務者ハ之ヲ受クル者ニ比シ幾分カ寛大ノ取扱ヲ受クルノ道理アレハナリ

(五) 對手人ノ錯誤ニ付キ其契約ノ無償ナルト否トニ關シ契約ノ不成

立ト可得取消トヲ誘起ス

○第七號　諾成合意、要物合意ノ區別及之ヲ區別スル利益如何（第二百九十九條）

合意ヲ諾成要物ニ區別スル利益如何

諾成合意トハ當事者ノ承諾アルヤ直ニ合意成立シ其目的タル物件ノ引渡ヲ要セサル合意ヲ云フ賣買、交換、會社、代理、保証等是レナリ要物合意ハ其成立ニ於テ合意ノ目的タル物件ノ引渡ヲ要スルモノヲ云フ消費貸借、使用貸借、寄託、ノ如キ是ナリ

諾成ノ合意ハ承諾ノミニテ他ノ有形上ノ所爲ヲ要セサルモ要物合意ハ有形上ノ所爲アルヲ要スルヲ以テ其合意成立ノ時期ニ關シテ大ニ差異アリ例ヘハ寄託契約ヲ諾成合意ナリトセハ預ク可シ、預ル可シト約束シ未タ其物件ヲ交付セサルモ已ニ寄託契約成立シタル者ナルヲ以テ其契約ヨリ生スル效果ハ凡テ發生シ受託者ハ其物件ヲ返還ス可キ義務ヲ負ヒ寄託者ハ其物件ノ返還ヲ請求ス可キ權利ヲ有セリト云

ハサル可カラス豈如此道理アランヤ故ニ寄託契約ハ實行上ノ合意ニシテ寄託者カ受託者ニ其目的タル物件ヲ引渡サヽレハ成立セサルモノトス其未タ引渡ヲナサヽル前ニ當リテハ寄託契約成立シタルニ非スシテ一ノ無名契約ヲ結成シタルモノナレハ債務者ハ其目的タル物件ヲ預カラサル可ラサルノ義務ヲ負フモノニシテ受託者タルノ義務ヲ負フニアラサルナリ

○第八號　（第三百條）要式合意、不要式合意ノ區別及之ヲ區別スル利益如何

要式合意トハ承諾ヲ表スルニ一定ノ法式ヲ要スルモノニテ其方式ヲ缺キタル片ハ契約成立セサルモノヲ云フ即チ普通ニ合意成立ニ要スル條件ノ外尚ホ或ル方式ノ一條件ヲ具備セサレハ合意成立セサルモノヲ云フ贈與、遺贈、夫婦財產契約是ナリ此等ノ合意ハ往古羅馬時代ニハ許多アリシト雖モ時運ノ進步スルニ從ヒ法律ハ可成合意ノ自由ヲ

妨害スルヿヲ欲セサルヲ以テ漸次其數ヲ減シタリ

合意ヲ要式不要式ニ區別スル利益如何

要式合意ニ或ル方式ヲ要スルハ証據ノ爲メニ要スルモノト混同スルヿ勿レ証據ノタメニ要スルモノハ自白ヲ以テ其合意ノ成立ヲ証スルヿヲ得ルモ要式合意ニ方式ヲ要スルハ合意ノ成立ニ關スルモノナレハ何等ノ証據法ヲ用フルモ元來虚無ノ合意ナルヲ以テ之ヲ証明スルヿ能ハサルナリ

不要式合意トハ合意ノ成立ニ何等ノ方式ヲ望マサルモノヲ云フ

○第九號　實定合意、射倖合意ノ區別及之ヲ區別スル利益如何（第三百一條）

實定合意ハ成立及效方カ合意ノ初ヨリ確定シ居ルモノヲ云フ故ニ合意カ全然成立シテ且當事者一方ノ受クル利益ト他ノ一方ノ受クル利益トヲ比較シテ過不及アリヤ平等ナリヤヲ合意ノ當時確知スルヿヲ得ヘキヲ云フ例ヘハ價ヲ定メテ確定シタル一個ノ物ヲ賣ルカ如キ即

是ナリ
射倖合意ハ其成立及效力カ偶然ノ事ニ係ルモノヲ云フ故ニ合意ノ成立ヲ未必条件ニ繋ラシムルカ或ハ當事者カ得ル利益ヲ彼是比較シテ平等ナルヤ過不及ナルヤヲ豫メ知ルヿヲ得サルモノニシテ或ル未定事件ノ有無ニ依テ或ハ合意成立スルアリ成立セサルアリ或ハ利益ノ過不及ナルアリ或ハ平等ナルヿアルモノトス例ヘハ年金權ノ設定ノ如キ或ハ一ノ價ヲ以テ一ノ定マリタル地所ノ收獲ヲ賣ル合意ノ如キ是レナリ

合意ヲ實定ト射倖ト區別スル利益ヲ問フ

合意ヲ實定ト射倖トニ區別スル利益ハ左ノ如シ
(一)實定合意ナルトキハ分割及賣買ノ場合ニ於テ損失ノタメニ合意ノ解除ヲ要求スルヿヲ得（分割ノ場合ニ四分ノ一、不動産ノ賣買ニシテ賣主ニ二分ノ一以上ノ損失アル片ハ合意ヲ解除スルヿヲ得ルナリ）然ルニ其合意射倖ニ属スル片ハ之ヲ解除スルヿヲ得ス
(二)射倖合意ハ當事者中一方ノ條件不執行ノタメニ解除セラレタル

トキハ實定合意ノ如ク合意ノ當時ノ有樣ニ復セシムルヿヲ得ス唯解除ノ爲メ失フ所ノ利益ニ對シ其賠償ヲ受クルヿヲ得ルノミ

○第十號　主合意、從合意ノ區別及之ヲ區別スル利益如何（第三百二條）

主合意。從合意ヲ區別及ヒ其利益

主タル合意ハ其成立他ノ合意ノ成否ニ關セス獨立シテ成立スルモノナルモ從タル合意ハ他ノ主タル合意アリテ之ニ隨屬スルニ非スンハ成立スル能ハサルモノヲ云フ故ニ原則ヨリ論スルトキハ主タル合意ニシテ無効タルトキハ從タル合意モ亦無効ナリ又從タル合意ノ無効ナルモ主タル合意ニ關係ヲ來タサヽルモノナリ、然レトモ此原則ニハ例外アリ左ニ之ヲ述ヘン

（一）主タル合意ノ無効ハ從タル合意ノ無効ヲ誘起スト云ヘル原則ノ例外ニ屬スヘキ例トシテ主タル合意ノ無効ヲ保証スル過怠約款及保証契約ヲ擧示スルヿヲ得可シ、甲者、未成年ナル乙者ト或ル契約ヲ爲ス而シテ丙者乙者ノ未成年ヲ知リツヽ之ヲ保証ス此場合ニ乙、丁年ニ至

リテ其契約ヲ取消シタリトテ従タル保証契約ハ無効トナラス（担保編第九條第二項）

（二）従タル合意ノ無効ハ主タル合意ノ有効ニ影響ヲ及ホスヿナシトノ原則ノ例外ニ属ス可キモノアリ即チ二ケノ合意ノ關係カ結約者双方ノ意思ニテ殆ント分離ス可ラサル密接ノ關係ヲ有シタル場合是ナリ例ヘハ連接セル二ケノ土地ヲ有スルモノアリ甲者其一個ヲ買ヒ其土地ニ工業ヲナサント欲スルモ吸水ノ使用ヲ得ス然ルニ甲ハ一個ノ土地ヲ買フト同時ニ他ノ一個ノ土地ヨリ水ヲ吸ム可キ權ヲ約セリ此場合ニシテ吸水ノ權無効トナランカ従テ其主タル合意ノ土地賣買契約モ亦無効トナラサル可ラス

従タル契約ノ例トシテ保証、動産質、不動産質、抵當、過怠約款ノ如キヲ擧示スルヿヲ得其他交換、賣買、賃貸借、會社、貸借ノ如キ主タル契約ナリト雖モ當事者双方ノ意思ニシテ二ケノ合意密着シ相分離ス可カラサル

第十號

ニ因リ從タル合意ト爲ルモノアリ例ヘハ一家屋ノ賣却ト共ニ其家屋ヲ裝飾スル凡テノ動產ヲ賣リタル塲合ニ其家屋ノ賣買ニシテ無効ナラハ其動產ノ賣買モ亦無効トナラサルヲ得ス何トナレハ家屋裝飾ノ動產ノ買者ノ意志ハ其家屋ヲ自己ノモノトスル𪜈ハ從テ其裝飾品ヲ要スルヲ以テ之ヲ買ヒタルモ其主タル家屋ノ賣買ニシテ無効タラハ其動產ヲ買得テ何事カナサン故ニ如此塲合ニ於テハ動產ノ賣買ハ其性質主タル契約ナリト雖モ契約者双方ノ意志ヲ推測シテ從タル契約ト見做ス可キナリ

合意ヲ有名無名ニ區別スル利益如何

○第十一號　有名合意、無名合意ノ區別及其區別ノ利益如何（第三百三條）

有名合意トハ法律ニ於テ特ニ命名シタルモノヲ云フ賣買交換會社ノ如キ是ナリ無名合意トハ特ニ命名セサルモノヲ云フ

有名合意ハ合意ノ總則及其合意ノタメ特ニ法律ニ於テ設クル所ノ規則ヲ通用ス可キモノニシテ無名合意ハ其合意ニ特殊ノ規則ナキヲ以

テ合意ノ總則ヲ適用シ其他類似ノ有名合意アル片ハ之ヲ準用スルヿヲ得可キモノナリ假令ヘハ法典ニ海上保險ノ契約ニ特別ナル規則ヲ定メタル片ハ之ヲ陸上保險契約ニ援用スルモ差支ナキカ如シ

第二欵　合意ノ成立及有效ノ條件

○第十二號　合意成立ニ要スル條件ヲ示セ（第三百四條）

合意成立ニ要スル條件トハ合意ヲ組成スル必要ノ元素ニシテ若シ其元素ノ一ヲ欠缺スル片ハ合意ハ毫モ民法上ノ効力ヲ發生セサル一個ノ事實ニ歸スルモノヲ云フ（自然義務ヲ組成スル場合ハ毫モ民法上ノ効力ヲ生セスト云フ可カラス）

合意ノ成立ニ要スル條件トハ左ノ如シ

（一）當事者又ハ代人ノ承諾

（二）確定ニシテ各人カ處分權ヲ有スル目的

（三）眞實且合法ノ原因

其他要式ノ合意ニ就テハ方式ノ履行要物合意ニ就テハ物件ノ引渡ヲ要ス

（附言）本按ハ以下數問題ヲ參酌スルコトヲ要ス

○第十三號　合意成立ノ條件ニ要スル當事者ノ承諾ニ就テ説明セヨ（第三百六條）

承諾トハ合意ニ關スル數人ノ意思ノ一致シタルヲ云フ故ニ其合意ニ加ハル總當事者ノ內或ル一人カ未タ意思ノ合同ヲ表セサルトキハ總當事者ノ承諾アリト云フ可カラス從テ合意モ亦成立セス然レトモ其合意カ既ニ意思ノ合同ヲ表シタルモノヽミニ對シ其部分ヲ限リ合意ヲ成立セシメントノ當事者ノ意思アル場合ハ此限ニ非ス例ヘハ甲乙丙ノ三名丁者ヨリ或物品ヲ買フ可キ豫約ヲ爲サントスル場合ニ甲乙ハ同意シタルモ丙者ニ於テ未タ同意ヲ爲サヽルトキハ當事者ノ承諾アリトセス然レトモ甲乙二人ハタトヘ丙者カ同意セサル己レ等ノ部分ヲ限リ買フ可キ意思アルトキハ甲乙ト丁トノ間ニ承諾アリタルモノトシ是等ノ者ノ間ニ合意成立シタルモノトス

意思ノ一致ヲ表スルニハ如何ナル方法ヲ用ユルモ可ナリト雖モ先ツ主トシテ言語文書ヲ用ヒ若シ文書言語ヲ用フルヿヲ得サルノ止ムヲ得サル片ハ形容ヲ以テ承諾ヲ與フルヿヲ得ヘシ但シ此場合ニ於テ其意思顯然トシテ確實ナルヲ要スルナリ又承諾ハ往々默示ニ成ルヿアリ提供ノ一部又ハ全部ノ隨意ノ執行ノ如キ是ナリ（第三百七條）

遠隔ノ地ニ於テ取結フ合意ハ一方ヨリ言込ミヲ爲シ他ノ一方受諾ノ報ヲ發シタル片ハ言込人其受諾アリタルヿヲ知ラサルモ成立シタルモノトス是レ承諾ハ彼我ノ意思ノ一致ナレハ言込人ノ受諾ヲ知ルト否トニ關セサレハナリ故ニ言込人ハ先方カ受諾ノ報ヲ發セサル前ハ何時ニテモ言込ミヲ言渡スヿヲ得然レ氏双方ニ於テ受諾ノ爲メ期間ノ定メアリタル片ハ言込人ハ其期間中ハ言込ヲ取消スヿ能ハス此場合ニ言込ハ期間ノ滿了ニ依リ當然消滅ス

受諾モ受諾ノ報知カ言込人ニ達セサル前又ハ同時ニ取消ノ報ヲ言込

第十三號

人ニ達セシメタル𪜈ハ取消ヲ為スヿヲ得又言込人カ死亡シ又ハ合意ノ能力ヲ失ヒタルモ先方未タ此事實ヲ知ラスシテ受諾シタル𪜈ハ有效ナリ(第三百八條)

(附言) 受諾ヲ取消スヿヲ許スヿ及一方ノ死亡又ハ無能力者ト為リタル場合ニ受諾ヲ有效トスル法律ハ道理上正當ノモノニ非ラサルナキカ何トナレハ一方カ受諾ヲ表スルヤ合意ハ全然成立シテ最早ヤ一方ノ意思ヲ以テ取消ス可カラサルモノナレハナリ又言込人ノ死亡又ハ無能力者ト為リタル𪜈ハ言込ミハ自然消滅スルヲ以テ之ニ對シ受諾ヲ表スルモ双方ノ意思ニ致アリト云フ可カラサレハナリ然ルニ法律カ斯ク規定シタルハ或ハ他ニ理由アリテ然ルカ疑ヲ存シテ識者ニ質ス

法律ニ於テ承諾無キモノト見做ス可キ場合ヲ問フ

外形上承諾ヲ表シタルカ如キ形跡アリテ其實承諾ナキ場合アリ

(一) 當事者ノ一人甚タ幼稚ニシテ毫モ事理ノ辨別ナキカ或ハ瘋癲白痴ニシテ少シモ人事ヲ辨知セサルモノヽ與ヘタル承諾

(二) 當事者カ合意ノ性質ヲ錯誤シタル場合甲ハ賣買契約ヲナシタル

モノト思ヒシモ乙ハ贈與契約ヲナシタルモノト思惟シタル場合ノ如シ

(三)當事者カ合意ノ目的ヲ錯誤シタル場合例ヘハ當事者ノ一方ハ甲ナル家屋ヲ以テ契約ノ目的物トナシタリト信シタルニ他ノ一方ハ乙ナル家屋ヲ以テ目的物トナシタリト誤信シタル片ノ如キ是ナリ

(四)合意ノ原因ニ錯誤アル場合假令ハ先人ノ遺囑書アルヲ見テ之ヲ執行セシニ其遺囑書ハ第二ノ遺囑書ヲ以テ取消サレアリシ場合ノ如キハ其遺囑執行人ハ其原因ヲ錯誤シテ執行シタルモノナリ

(五)人ノ身上ヲ合意ノ主眼ノ目的ト為シタル場合ニ其身上ニ錯誤アル時

(六)合意ノ性質、原因、効力ニ就テ法律上ノ錯誤アル場合然レ𪜈此場合ハ宥恕ス可キ情狀アルニ非ラサレハ合意ノ無効ヲ生セス

(七)抗拒ス可カラサル暴行、強迫ヲ受ケテ爲シタル承諾(第三百十三條第一項)

（八）抗拒ス可カラサル急迫ノ災害ヲ避クル爲メ爲シタル不相當ナル承諾（第三百十三條第二項）

○第十四號　合意ノ成立ニ要スル目的ニ就テ説明セヨ（第三百廿一條）

如何ナル事物ヲ以テ合意ノ目的ト爲スヿヲ得ルヤ

夫レ合意ノ目的ハ義務ヲ創設シ變更シ又ハ消滅スルニアルモノニシテ義務ノ目的ハ或ル物ヲ與ヘ或ル事ヲナシ又ハ或ル事ヲナサヽルニアリ然レ𪜈義務ハ合意ノ唯一ノ目的ナルニヨリ義務ノ目的ハ即チ合意ノ目的ナリト謂フヲ得ヘシ斯ク合意ハ義務ヲ發生スルモノナレハ義務ノ目的タル事物ナケレハ合意ハ成立スルヿナシ故ニ義務ノ目的ハ合意ノ主要ナル元素ノ一ニシテ之ヲ缺クトキハ合意ハ成立セサルモノトス

合意ノ目的物ニ要スル性質ハ如何

然ラハ合意ノ目的トナリ得ヘキ事物ハ如何ナル性質ヲ有スルヲ必要トスルカ之ヲ解スルニ當リ目的トナル得ヘキ事物ヲ物件ト行爲トニ區別スヘシ

第一、物件

（一）確定セル物件ナルヿヲ要ス

合意ノ目的トナリ得ヘキ物件ハ種類、性質、多寡、分量ノ確定シタルヿヲ要ス蓋シ種類性質ヲ指定セサル合意ハ常ニ無効トス何トナレハ債務者ハ其同種中ノ最モ辨濟シ易キ者ヲ以テ執行スルヿアレハナリ例ハ動物植物礦物ト云フノミニテ動植礦中何等ノ品ナルヤヲ指定セサル件ハ債務者ハ隨意ニ一蒼蠅一雜草一塊石ヲ以テ義務ノ免脱ヲ得ルカ如シ、又其多寡分量ヲ知ラサル件ハ其供給ス可キ額ヲ知ルヿヲ得サルニ因リ債務者隨意ニ其最少額ヲ執行スルヿヲ得レハナリ例ハ壹圓ヲ以テ米ヲ賣渡スト約束シタル塲合ノ如キ賣主ハ隨意ニ米ノ一粒ヲ渡シテ義務ヲ免カルヽヿヲ得ルカ如シ然レ𪜈其分量種類等ハ細カニ確定スルモノタルヲ要セス其確定シ得ヘキモノナル時ハ亦以テ合意ノ目的トナスヿヲ得ヘシ例ヘハ予カ今日捕漁スル魚類悉皆ヲ金十圓ニテ賣却セント約シ又ハ汝ノ家族一同ノ食料ヲ金五圓ニテ賣却セント約スルカ如キ其目的確定シ得ヘキモノナルヲ以テハ有ナル合意ナリトス

（二）現在ノ物件ナルヿヲ要ス

合意ノ當時其目的トスル物件現存セサレハ合意ハ其目的物ヲ缺如スルカ故ニ成立セサルヿハ殆ト説明ヲ要セサルカ如シ然レ𪜈未來ノ物件ナリト雖モ必シモ合意ノ目的トナリ得サルニアラス其物件ニシテ後日成立シ得ヘキモノナル時ハ法律ハ合意ノ目的トスルヿヲ得例ヘハ本年某畑ノ収獲物ヲ賣買スルノ合意ノ如キ是ナリ但シ此場合ニ於テハ區別シテ論セサルヘカラス當事者ノ双方眞實ニ収穫物ノ賣買ヲ約シタリトセンカ洪水暴風雨ノ爲メニ毫モ収穫ナカリシ時ハ其合意ハ目的物ノ欠缺ニヨリテ無効ニ歸ス若シ反之収獲物ヲ得ルノ希望ヲ合意ノ目的ト爲シタル時ハ収獲ナシト雖モ合意ハ有効ナリトス、

此ノ如ク未來ニ成就スル物件ヲ合意ノ目的トシタル時ハ諸約者ハ常ニ其成就ヲ妨害又ハ減消ス可キ行爲ヲナス可カラサルハ勿論其成就ヲ幇助ス可キ通常一般ノ行爲ハ之ヲ行フノ義務アリ故ニ前例收獲物ノ賣買ノ塲合ニ於テ諸約者ハ其土地ノ習慣ニ依リ或ハ二回三回ノ耕耘肥料ヲ施シ以テ其成果ヲ幇助セサル可カラサルナリ

然レ𪜈未來ニ生スル物件ハ悉ク合意ノ目的物ト爲スヿヲ得ルト思フヘカラス即チ法律ハ未タ開發セサル相續ニ關シテハ其財產現所有者ノ承諾ヲ得ルト雖モ其相續財產ヲ合意ノ目的ト爲スヿヲ禁セリ其理由ハ學者ニヨリテ所說ヲ異ニス或ハ曰ク未來ノ相續權ハ他ノ未來ノ物件ニ比シテ一層著シキ偶成ノ性質ヲ有スルモノナリ何トナレハ未來ノ被相續人ノ性命ノ長短ハ素ヨリ知ル可カラサルノミナラス其資產ノ成行ハ如何ナル點ニ歸着スルヤ知ル可カラサルモノニテ或ハ無資力トナルヿアル可ク或ハ巨萬ノ素封家トナルヿアル可シ故ニ斯ク

成行不確定ノ甚タシキモノヲ以テ合意ノ目的トナスハ則合意ノ原因ヲ知ラスシテ約シタルモノト云ハサル可カラスト此理由ハ以テ立法ノ理由トナスヿヲ得サル可シ何トナレハ射倖ノ合意ハ未來ノ相續權ノミナラス他ニ尚一層甚シキ偶生ノ性質ヲ有スルモノアルヿハ何人モ知ル所ナレハナリ。或ハ曰ク未來ノ相續權ヲ合意ノ目的トナスハ社會ノ危險ヲ醸成スルモノニシテ最モ嫌惡ス可ヘキモノナリ何トナレハ相續權ハ他人ノ死ニ因リテ開發ス可キモノナレハ廉耻ヲ重セサル貪婪ナル債權者ハ或ハ直接又ハ間接ニ手ヲ下シテ其人ヲ死ニ致サシムルノ危險ナシトス可カラサレハナリト、或ハ曰ク此合意ハ道德ニ反スルモノナリ何トナレハ縁故ナキ第三者ヲ人ノ死ニ關シテ利害ヲ有セシムル片ハ前段ノ如キ極端ニ至ラストスルモ其人ノ死ヲ希望スルニ至ルヘケレハナリト我立法者ハ蓋シ第二第三ノ所説ヲ採用シタルモノナリ

（三）處分權ノ屬スル物件ナルコヲ要ス
當事者ノ處分權カ當事者ニ屬セス又ハ何人ニモ屬セサル者ナル時ハ其物件ハ合意ノ目的トスルニ足ラスタトヒ之ヲ合意ノ目的トナスモ其合意ハ成立セサルナリ故ニ左ノ物件ハ合意ノ目的トスヘカラス
（イ）公共物及ヒ不融通物　公共物トハ空氣流水光線ノ如キ物件ニシテ何人モ之ヲ使用スルコヲ得ルモ亦何人モ之ヲ所有スルコヲ得サルモノタリ、所有スルコヲ得サルモノハ之ヲ合意ノ目的ト爲スコヲ得サルハ固ヨリ明カナル所ナリトス、不融通物トハ公ノ秩序ノ爲メ法律カ之レカ處分ヲ禁止シタル物（タトヘハ猥褻ノ圖畫、鴉片煙等ノ如シ）又ハ私ノ所有權又ハ債權ノ目的トスルコヲ得サル公有ノ財産（道路城塞等ノ如シ）ヲイフ此等ノ物件ハ以テ合意ノ目的物タルヲ得サルヤ亦明カナリトス
（ロ）他人ノ物件　他人ノ物件ハ其所分權モトヨリ當事者ニ屬セス

故ニ之ヲ合意ノ目的ト爲スヲ得ス例ヘハ予甲ノ所有ニ屬スル家屋ヲ乙ニ賣ラント約スルモ此家屋ノ所有權ハ其合意ト共ニ乙ニ移轉スル能ハス從ヒテ賣買ノ合意ハ無効ニ歸スヘキナリ然レモ當事者ノ意思其家屋ヲ所有主ヨリ得テ之ヲ賣ラント約シタル塲合ハ作爲ノ義務ヲ約シタルモノニシテ其合意ハ有効ナリトス

第二、行爲

（一）合法ノ行爲ナルヿヲ要ス

例スルニ予カ路上ニテ猥褻ノ所爲ヲ爲スヘシ、予ハ裁判所ノ命ニ應シ証人トシテ出廷セサルヘシ、予ハ明日自殺スヘシ、予ハ予カ病ニ罹ルモ服藥セサルヘシト約シタル如キハ是レ法律ニ背キ風儀ニ反スル行爲ヲ目的トシタルモノニシテ其合意ハ固ヨリ義務ヲ發生スルノ効力ナキ者ナレハ合意ノ不成立タルヿ論ヲ待タサルナリ

（二）可能ノ行爲ナルヿヲ要ス

例ヘハ泰山ヲ挾ミテ北海ヲ超ユヘシト約シ或ハ天ニ昇ルヘシト約シタルカ如キハ人力ノ能ハシ得サル所ノ行爲ナリ法律ヲ以テ之ヲ強要シテ執行セシムルヿヲ得スコレ其ノ合意ノ目的物タルヿヲ得サル所以ナリ

他人ノ行爲ヲ目的トシタル合意ハ有効ナリヤ

他人ノ行ヲ目的トシタル合意ハ有効ナリヤ否ヤ例ヘハ甲乙ニ對シ約シテ曰ク予ハ丙ヲシテ汝ノ家屋ヲ建築セシムヘシ、或ハ甲、乙ニ約シテ曰ク予ハ俳優丙者ヲシテ某ノ技ヲ演セシメサルヘシト、此合意ハ有効ナリヤ否ヤ此問題ハ之ヲ次號ニ於テ解説スヘシ

○第十五號　他人ノ作爲又ハ不作爲ハ合意ノ目的トスルヿヲ得ルカ

本問ノ場合ニ於テ他人即チ第三者ハ合意ノ効力ヲ受クヘカラサルハ勿論其他人ノ作爲又ハ不作爲ヲ約シタル一方ノモノモ亦其合意ノミニテハ自ラ義務ヲ負フノ意思明白ナラサルヲ以テ其合意成立セサル

第十五號

他人ノ行爲ヲ約シタル合意ノ有效ナル場合ヲ示セ

者トス、然リト雖モ他人ノ作爲不作爲ヲ合意ノ目的トシテ有効ナル場合アリ即チ左ノ如シ

（一）約諾者他人ノ身上ニ權力ヲ有スル場合（第三百廿二條第二項）

諾約者第三ノ人ノ身上ニ權力ヲ有スルトキハ其人他人ニ對シテ强テ其事ヲ行ハシムルヿヲ得レハ其人ノ行爲ヲ約シタリトテ其合意ヲ無効トスルニ足ラス假令ヘハ親又ハ雇主カ其子又ハ雇人ヲシテ某ノ事ヲナサシム可シト約スル如キ場合ニ於テハ親又雇主ハ子又ハ雇人ニ命シテ其事ヲ履行セシムルヿヲ得レハ其目的ハ不能ノ所爲ニ非ス若シ子又ハ雇人カ之ヲ肯ンセサリシナラハ親又ハ雇主ニ於テ自ラ之ヲ肯ンセサル者ナリト見做ス可キ者ナリ然レトモ他人ノ身上ニ權力ヲ有スル場合ト雖モ其約シタル事柄ニヨリ無効ナリト決定セサル可カラサルモノアリ假令ヘハ洗濯屋甲ナルモノ乙者ナル職人ヲ雇ヒ營業ヲ爲ス場合ニ甲者丙者ト約スルニ乙者ヲシテ丙者ノ衣服ヲ裁縫セシメン

ヿヲ以テシタル片ノ如キハ乙者ハ甲者ニ裁縫ヲナス可キタメニ雇ハレタルモノニアラサレハ假令ヘ裁縫ヲナス可キ技能ヲ有スルモ甲者ノ命ニ從ヒ丙者ノ衣服ヲ縫フヿヲ肯セサルモ可ナリ甲者モ又强テ之ヲ行ハシムルヿ能ハス如此合意ノ目的タル行爲ハ即不能的ノモノナレハ無效ナリト云ハサル可カラス

(二) 第三者ノ行爲ニ付キ明約ヲ以テ擔保人又ハ過怠約欵ヲ負擔シタル片(第三百廿二條第三項)

此場合ニハ明約ヲ必要トス若シ明約ナキ場合ニ於テ本題ノ原則中ニ包含セラレテ無効ト宣言セラル可シ茲ニ此ノ場合ヲ例外ニ置キタリト雖モ其實本題ノ例外ニアラス即チ此場合ハ他人ノ作爲不作爲ヲ約シタルニアラスシテ他人カ爲スヿヲ肯ンセサル片又ハ怠リタル片ハ保証ノ責ニ任ス可キヿ或ハ過怠金ヲ差出ス可キヿヲ約シタル者ナレハ則チ自已ニ自已ノ事ヲ約シタルモノト云フ可シ假令ヘハ甲者乙者

ニ約シテ曰ク余ハ丙者ヲシテ丙者ノ土地ニ或事ヲナサヽラシム若シ丙者之ヲ承諾セサルカ或ハ承諾シテ後チ之ニ反キタル片ハ予其損害ノ責ニ當ル可シト約シタル片丙者之ヲ肯ンセサルカ或ハ肯ンシタルモ後之ニ違反シタル片ハ甲者ハ乙者ニ對シテ相當ノ損害ヲ賠償セサル可カラス故ニ甲者ハ丙者ノ行爲ヲ約シタルニアラスシテ丙者カ其義務ニ反シタル片自已ニ賠償ス可キ事ヲ約シタルニ過キサレハ則自已ニ自已ノ事ヲ約シタルモノナリ

(三) 諸約者カ第三者ノ名ヲ以テ合意ヲ爲シ第三者ヲシテ之ヲ確認セシムルヿノミヲ約セシ片(第三百廿二條第四項)

此約束モ前項ト同シク他人ノ作爲又ハ不作爲ヲ約シタルモノニアラスシテ自已ノ事ヲ自已ニ約シタルモノナレハ原則ノ例外ト云フ可キモノニアラス其理由ハ前項說ク所ト同一ナレハ又茲ニ贅セス唯一例ヲ擧クルニ止メン

甲者、乙者カ常ニ正宗ノ短刀ヲ需メンコヲ希望シ居ルヲ知リ一日街頭ヲ歩行スル際偶丙店頭ニ乙カ將ニ得ント欲スル所ノモノアルヲ見タリ因テ丙ト約シテ余ハ乙者ノ名義ヲ以テ之ヲ買受クルニ付乙者ヲシテ此約束ヲ確認セシム可シト約スルカ如シ此場合ニ於テ甲者ハ乙カ其約束ノ確認スルヲ以テ其義務ヲ免レタルモノトス

(四) 事務管理ノタメナシタル約束

羅馬法ニハ此例外ナシ何トナレハ何人タリﾄﾓ第三者ノ行爲ヲ約諾ス可カラストイフ原則ヲ恪守シタレハナリ然レﾄﾓ今日ニテハ事務管理人カ正當ニ約シタルモノハ本人ヲシテ直ニ要約者ニ對シテ義務ヲ負ハシムルコヲ得可シ

(附言) 爰ニ說明ヲ要ス可キハ名代人ノ合意及ヒ相續人ノ一人又ハ數人ノタメニナシタル合意ハ原則ノ例外中ニ入ルカ如クナレﾄﾓ然ラス夫レ名代人ナルモノハ本人ノ代人ナレハ第三ノ人ニ對シテハ本人ト同一体ト見做サル可キモノナレハ原則ノ例外ニ屬スルモノニアラストス論定スルヲ得然

リト雖モ事務管理ノ場合ニ於テハ本ノ名代人ト見做サル可キモノニアラサレハ事務管理人ハ眞ニ他人ノ所爲ヲ約諾スルモノナレハ是レ原則ノ例外ノ正面ニ當ル可キモノナリ然ルニ法典ハ之ヲ默止ニ付シタルハ如何ナル理由アリテ然ルヤ暫ラク玆ニ疑ヲ存ス又相續人ハ第三者ニアラス承繼人ナリ故ニ當事者ノ諾約又ハ要約ハ相續人ノ利益又ハ損害ト爲ル可キハ當然ノ事ナリ此場合ハ恰モ遺囑ヲ以テ相續人ノ一人又ハ數人ヲ利益スルト同一ノ理由ニ屬ス若シ一方ノモノカ約務シタルトキハ別ニ明示ヲ要セスシテ其承繼人ハ約諾ヲ承繼セサル可ラス

伊國法律ハ他人ノ作爲不作爲ノ約諾ハ解釋上ヨリ當事者ノ意思ヲ推測シテ担保義務ヲ約シタルモノト決定セリ此決定ハ道理上正當ノモノナルヤ如何抑モ普通一般ノ智力ヲ有スルモノ相集リテ何ノ効力ヲモ生セサルヿヲ多少ノ時間ト費用ヲ要シテ爲ス可キ謂レアル可ラス然ルニ之ヲ爲シタルハ當事者双方カ何カ幾分ノ效力ヲ有セシメンヿヲ希圖シタルニ相違ナシ其希圖シタル所ノ效力ハ即チ保証義務是ナリ故ニ伊國法典カ斯ク決定シタルハ蓋シ正當ニ庶幾ランカ

○第十六號　合意成立ノ條件ニ要スル原因ヲ說明セヨ（第三百廿三條）

凡ソ合意ハ漠然之ヲナスモノニアラス必ス當事者ハ因テ以テ達セント欲スル目的アリ其目的ヲ名ケテ合意ノ原因ト云フ此原因ハ有形上利益ノ滿足ノミナラス必ス意上ノ滿足ヲモ此中ニ含入ス可キモノナリ尚ホ之ヲ明瞭ナラシメンカ爲メ左ニ二三ノ例ヲ掲ケ以テ説明スヘシ○甲者自已ノ家屋ヲ乙者ニ代金千圓ニテ賣却ス此場合ニ甲者ノ達セントスル目的ハ金千圓ヲ得ントスルニアリ故ニ甲者ノ合意ノ原因ハ其代價ニアリ又乙者ノ達セントスル目的ハ其家屋ヲ得ルニアレハ乙者ノ合意ノ原因ハ即其家屋ナリ甲者乙者ヨリ金千圓ヲ借入レタリト此場合ニ甲者ノ合意ノ原因ハ借入レタル金千圓ニ在リトス○甲者金千圓ヲ乙者ニ贈與ス此場合ニ甲者合意ノ原因ハ千圓ノ利益ヲ乙者ニ與ヘントスル希望ニアリ而シテ乙者ノ合意ノ原因ハ千圓ヲ獲得スル自然ノ希望ナリ○甲者其父某カ乙者ニ金千圓ヲ借リ入レ置キタルヲ以テ更ニ其義務ヲ更改シテ自已所有土地一町歩ヲ與ヘンコヲ乙者ト約ス

此場合ニ甲者ノ合意ノ原因ハ父某カ負債ヲ償却スルニアリ乙者カ合意ノ原因ハ甲者ノ土地一町歩ヲ獲得スルニアリ、合意ノ原因ト合意ノ目的トハ之ヲ混スヘカラス佛國ノ「ウード」氏ハ簡單ナル一ノ問答ヲ以テ能ク之ヲ區別ス曰ク其負フ所ノ者ハ何物ソ曰ク何故ニ之ヲ負フヤ甲ニ答フルモノハ即チ目的ニシテ乙ハ原因ナリトス

縁由ト原因トノ區別ヲ問フ

合意ノ原因ト縁由トハ同一視ス可カラス原因ハ合意ノ直接ノ目的ニアリ物品ノ賣主ハ買主ヨリ金ヲ得ント欲スル目的ハ直接ナリ此金ヲ以テ商法ヲナサン書籍ヲ買ハン温泉ニ遊ハン等ノ目的ハ間接ナリ此間接ノ目的ヲ縁由ト云フ

原因ハ如何ナル性質アルヿヲ要スル乎

合意ノ原因ハ如何ナル性質アルヿヲ要スルカ曰ク眞實適法ニシテ且査定ス可キ利益アルモノナルヿヲ要ス若シ此性質ナキトキハ其合意ハ不成立ノモノトス

(一) 眞實タルヿヲ要ス

不眞實ハ原因トハ虚無ハ原因及假僞ハ原因ヲ包含ス虚無ハ原因ヲ以テ合意ヲナスハ白痴瘋癲者ニアラサルヨリハ決シテ爲ス可キモノニアラサルカ如シト雖モ實際其例無シトセス例令ヘハ甲、乙ニ云テ曰ク余ハ汝ノ父ニ金十圓ヲ貸シ置キタリト乙其言ヲ信シ甲ト約スルニ義務更改ヲ以テシ一個ノ時計ヲ與フルヿヲ約シ其義務ヲ免カレタリ然ルニ乙ハ後チニ甲カ言ノ虚ナルヲ知リ其更改ノ無効ヲ申立テタリ此片ハ即原因ノ虚無ナル理由ヲ以テ無效ノ申立ヲ採用セラル可シ又假僞ハ原因トハ外形上原因アルカ如ク見ヘ其實原因ノ存セサルモノヲ云フ此例ハ世間屢々存スル所ノモノナリ前例ノ塲合ニ於テ甲、乙カ父ノ借用証書ヲ示シ乙ハ其証書ニ因リ義務ノ辨濟ヲ終ヘタルニ乙ハ父カ該負債ヲ業已ニ償却シタル請取書ヲ發見シタル塲合ノ如キハ假僞ノ原因ナルヲ以テ先ニ辨濟シタル金員ヲ取リ還スヿヲ得ス又確定物ヲ賣ランヿヲ約シタル片其賣買ノ當時其物消滅シテ存在セサリシ塲

合ノ如キモ亦買主ヨリ見レハ虛無ノ原因ナリトス

(二) 適法ハ原因ナルヿヲ要ス

不適法ノ原因ハ其例最モ多シ

甲者乙者ト賭博シ金五百圓ヲ贏ケ借用證書トシテ乙者ニ渡セリ此義務更改ノ原因ハ不適法ノモノトシテ棄却セラル可キモノトス

(三) 查定ス可キ利益アルヿヲ要ス

債權者ニ於テ金錢ニ查定ス可ラサル原因ハ原因ナキモノトシテ無効トセラル故ニ他人ノ利益ニナセシ要約ハ要約者ニ利益ナキモノトシテ無効トセラル(第十八號參照)

○第十七號　合意ノ原因ハ其合意ヲ記シタル證書中ニ明示スルヲ要スル乎(第三百廿六條)

本問ハ合意ノ原因ヲ證書中ニ記セサル片ハ法律上原因ナキモノト推定ス可キモノナルヤ否ヤ尙之ヲ換言セハ其證書ヲ提供シタルモノハ

更ニ其証書中ニ記シタル權利ノ原因アルヿヲ証セサル可カラサルヤト云フニ在リ第三百二十六條(佛民法第千百三十二條)ニ此問題ヲ決セリ即証書中ニ其原因ヲ明示シタルト否トヲ問ハス原因ノ不成立虚妄又ハ不法ヲ証明スルハ被告人ニアリト明定セリ蓋シ原因ノ欠缺ヲ証明スルニ付キ利益ヲ有スル者ハ被告人即チ債務者ナレハナリ

証書中ニ合意ノ原因ヲ記載セサル場合ヲ例セシニ甲ハ乙ニ金千圓ヲ渡スヘキ義務アリ云々或ハ甲ハ乙ニ家屋一棟ヲ引渡スヘキ義務アリ云々トノミ記シテ其千圓ハ甲カ曾テ乙ヨリ借リ受ケタルモノナルヤ又曾テ買受ケタル家屋ノ代價ナルヤ又其家屋ハ甲ヨリ乙ニ賣リタルモノナルヤ贈與シタルモノナルヤ否ヤ其証書ニ明示ナキ場合ノ如シ此クノ如ク証書ニ其原因ヲ明示セストモ合意ハ無効ニアラス因テ債權者此証書ヲ提供シテ弁濟ヲ要求スルヿヲ得ルモノトス其理由ハ假令原因ヲ明示セサルモ其証書中ニ記シタル所ノ義務ハ債務者ノ自白

ニ異ナラス債務者カ自白シタル証書ヲ所持スルモノハ其原因ヲ記セサルモ裁判上ノ証據タルヘキハ道理上然ル可キモノトス法律ハ白痴瘋癲者ニアラサルヨリハ毫モ理由ナキ合意ヲナス可キ謂レナケレハ必ス正當ノ原因アリテ存スルモノト推定ス、然レ𪜈原因ヲ記載セサル証書ヲ有スル債權者ハ其原因ノ何タルヿヲ陳述スルノ義務アリ故ニ債務者ハ債權者ノ原因ノ何タルヿヲ陳述セシムルカ爲メ催告スルヿヲ得此クノ如クシテ債權者其原因ヲ陳述シタルニ當リ其原因ノ不成立虚妄不法ナルヿヲ主張セントセハ債務者ヨリ之カ証明ヲ爲サヽル可カラス若シ債權者ヲシテ原因ノ何タルヿヲ陳述セシムルノ權ヲ債務者ニ與ヘサル𬼀ハ債務者ハ實ニ夥多ナル義務ノ原因トナル可キモノヲ一々虚妄ナリトノ証明ヲ與ヘサル可ラサル可シ蓋シ無的ノ証據ハ擧証者ニ極メテ困難ヲ與フルモノナルノミナラス無的ヲ證セントスルハ實際爲シ能ハサルヿト云フ可シ故ニ法律ハ債權者ニ原因陳述

ノ義務ヲ課シタルモノナリ

○第十八號（第三百二十三條）　要約ヲ第三者ノ爲メニ爲セシ片其合意ノ效力如何

第三者ノ爲メニ爲ス要約トハ如何例令ヘハ甲者乙者ヲシテ丙者ニ金千圓ヲ贈與セシメンヿヲ約セシ片ノ如シ夫レ要約者ハ必ス查定ス可キ利益ヲ有セサル可ラス若シ查定ス可キ利益ヲ有セサル片ハ裁判所ハ原因ノ闕缺ヲ以テ合意ノ無効ヲ宣告ス可シ此ノ原則ハ確的ノモノニシテ利益ナケレハ訴權ナシト云フ格言ヲ以テ說明セラル可シ前例ノ場合ニ於テ丙者ハ素ヨリ乙者ノ債權者ニアラサレハ乙者ニ對シテ請求スルヿヲ得ス又甲者ハ乙者ニ對シテ請求スルモ乙者答テ曰ハン余今之ヲ執行スルモ汝ニ於テ金錢ニ查定ス可キ利益ナケレハ汝ハ之ヲ請求スルノ權ナシ汝ハ余ノ義務不執行ノ爲メ寸毫ノ損害ヲモ蒙ルヿナケレハ之ヲ強ユルノ權ナシト答ルヿヲ得可シ故ニ他人ノ利益ノ

爲メニナシタル要約ハ原則ニ於テ無効ナリト決定セサル可カラス然レドモ之レニハ若干ノ例外アリ左ニ之ヲ列記ス可シ

他人ノ爲メ約權カ有效ナル場合ヲ示セ

(一) 過怠約欵ヲ付シタルトキ(第三百廿三條第二項)

例ヘハ甲者乙者ヲシテ丙者ノ爲メニ一家ヲ建設ス可シ若シ乙者其義務ヲ履行セサルトキハ金千圓ヲ甲者ニ過怠金トシテ拂フ可シト約シタル場合ノ如シ此場合ニ於テ甲者ハ乙者ニ家屋ノ建築ヲ強ユルコトヲ得スシテ自已ノ爲メニ約シタル從タル過怠約款執行ヲ請求スルコトヲ得ルノミ主タル合意カ無效タルトキハ從タル合意モ無效ナリト云フ原則ノ例外ノ一ナリト知ル可シ

(二) 自已ノ爲メニ爲シタル有償契約ノ從タル條件ト爲リタル場合(全條第三項)

例ヘハ甲者乙者ニ約シテ曰ク余ハ余ノ家屋ヲ汝ニ金千圓ヲ以テ賣却ス可シ其償トシテ汝ハ丙者ニ金百圓ヲ與ヘヨ此場合ニ於テハ丙者ノ

タメニナシタル契約ハ有效ナリト雖モ乙者丙者ニ百圓ノ金ヲ與フルヿヲ肯ンセサルトキハ甲者ハ唯乙者ニ約シタル契約ヲ解除スルヿヲ得可キノミ

(三) 自巳ヨリ諾約者ニナス恩惠契約ノ從タル條件トナルトキ(前全條)

甲者乙者ト約シテ曰ク余ハ余ノ家屋ヲ無償ニテ汝ニ貸與ス可シ其代リ汝ハ丙者ニ金百圓ヲ與ヘヨト約スルカ如シ此場合ニ乙者ノ義務ノ不履行ハ甲者ノ乙者ヽナシタル恩惠契約ヲ解除スルニ止マルナリ

(四) 事務管理人カ本主ノタメニ要約シタル場合

此場合ハ他人ノ行爲ヲ約シタル場合ト同一ナレハ更ニ説明セス

右原則ノ例外ニ似テ非ナルモノアリ代理人カ委任者ノタメニナシタル合意相續人ノタメニナシタル合意是ナリ此場合ハ所謂第三者ノ利益ノタメ要約シタルモノニアラス從ヒテ其合意ノ有効ナルハ別ニ理由ノ存スルモノアリテ決シテ本號ノ原則ノ例外ナル者ニアラサルナ

リ
爰ニ第三者ノ利益ノ爲メ要約シタル合意ノ有効ナル場合幷ニ相續人ノ利益ノ爲メニ要約シタル場合ニ於テ要約者自己ノ爲メニ其第三者又ハ相續人ニ利益ヲ享ケシムルヿヲ廢罷スルヿヲ得ルカ或ハ其利益ヲ更ニ他人ニ移轉スルヿヲ得ルカ曰ク其享益者カ要約者ノ爲シタル合意ニ對シテ承諾ヲ與ヘサル間ハ即チ之ヲ廢罷シ又ハ他人ニ移轉スルヿヲ得ルナリ其理由ハ享益者已ニ其合意ニ參加スル時ハ三人ノ間ニテ締結シタル一箇ノ合意ヲ成シタルノ姿アルヲ以テ若シ之ヲ廢罷シ又ハ他人ニ移轉スルヰハ享益者ノ利益ヲ害スルヲ以テナリ（第三百廿五條）

㈠第十九號　合意ノ有効ニ要スル條件ヲ說明セヨ（第三百五條）

夫レ合意ハ當事者ノ承諾、確定ニシテ各人カ處分權ヲ有スル目的、眞實且合法ノ原因ノ三條件具備セサルヰハ其合意ハ元來不成立即虛無ノ

モノタリ而メ又右三條件ノ外尚或ル條件具備セサルニ於テハ其合意ハ完全無疵ノモノト云フ可カラス是即有効ノ條件ニシテ左ノ如シ

（一）相方ノ承諾ニ瑕疵ナキ丁

（二）結約者ニ能力アル丁

右二ケノ條件ヲ具備セサルニ於テハ合意ハ完全有効ノモノニアラス故ニ瑕疵アル承諾ヲ與ヘタル者能力ナキ者ハ其瑕瑾ヲ申立合意ノ取消ヲ要ムルヿヲ得故ニ此條件ヲ缺キタル合意ヲ取消シ得可キ合意又ハ銷除ス可キ合意ト云フ、勿論右二ケノ條件ノ缺乏ヲ申立合意ヲ取消サント欲スルモノハ其條件ノ備ハラサルノ証據ヲ擧ク可キ責アルモノトス（第三百十八條）

（附言）合意ニ損失アルヲ以テ取消スノ塲合アリ後ニ之ヲ說クヘシ

○第廿號　瑕疵アル承諾トハ如何ナル塲合ナル乎（第三百九條以下）

合意カ全ク有効ナランニハ當事者ノ承諾ニ瑕疵ナキヿヲ要ス而メ承諾ニ瑕疵アリトスルハ錯誤ニ陷リ又ハ強暴ヲ受ケ承諾ヲ與ヘタル場合ナリトス以下錯誤ノ場合ニ付キ説明シ強暴ノ場合ノ別號ニ説明スヘシ

錯誤ニ陷リ與ヘタル承諾ト雖𪜈常ニ瑕瑾ノミヲ誘起スルモノニアラス或ハ承諾ノ闕缺即チ阻却ヲ為スアリ或ハ承諾ノ瑕疵トナルヿアリ或ハ少シモ承諾ニ瑕疵ヲ與ヘサルヿアリ今其許多ノ場合ヲ擧ケテ以テ説明セン

(一) 合意ノ性質、目的、原由ノ錯誤ハ承諾ヲ阻却ス

(二) 當事者ノ身上ニ係ル錯誤

(甲) 身上ノ着眼カ合意決定ノ原由ナリシ𪜈ハ承諾ヲ阻却ス身上カ合意決定ノ原因トナル場合ハ贈與、使用貸借、及學術技藝ヲ要スル勞力ノ賃貸其他保證契約ノ保證人カ債務者ノ身上ヲ誤リタル場合ノ

如キナリ

(乙) 身上ノ觀察カ合意決定ノ附隨ノ原由トナリシ𪜈此場合ハ承諾ノ瑕疵ヲ爲ス例ヘハ辨濟期限附賣買賃貸利附貸借ノ如キ又其人ノ才能及ヒ身分ヲ殊更ニ主眼トセサル單一ナル使役ノ如キ是ナリ

(附言) 佛法ハ當事者ノ身上ノ觀察カ合意ノ主眼タル𪜈ハ承諾ニ瑕疵アルモノトセリ

(三) 物ノ品質上ノ錯誤

品質上ノ錯誤ニ就キ說明セヨ

物ノ品質トハ其物ノ本然ノ用ニ供ス可キ資格又其物ノ名ノ因テ生スル所ノ資格ヲ云フ夫レ鐵、銅、鋼鐵、鉛、金、銀、絹、麻、布ハ各其品質ヲ異ニス故ニ絹糸ノミニテ織リタルモノト思ヒシニ木綿糸ニテ織リタル𪜈金ニテ作リタル指環ナリト思ヒシニ銅ヲ混入シアリシ𪜈ノ如キハ皆品質上ノ錯誤アルモノトス

爰ニ少シク說明ヲ要ス可キ事項アリ甲者、乙者ニ本箱一個ヲ賣ラント

第廿號

約シタル片ニ於テ其箱ハ本箱ニアラスシテ茶器ヲ入ル可キ箱ナリシ片ノ如キハ品質上ノ錯誤アリト云フ可ケレ圧甲者ハ杉ノ本箱ナリト思ヒシニ桐ノ本箱ナリシ片ノ如キハ品質上ノ錯誤アリト云フ可カラス然リト雖圧若シ甲者乙者ニ桐ノ本箱ヲ賣ル可シト約シタル場合ニ於テ其本箱ハ桐ニアラスシテ杉ナル片ハ品質上ノ錯誤アリト云フ尚一例ヲ擧ケンニ馬一頭ヲ賣ラント約シタル片其馬ノ亞羅比亞産ナルト日本産ナルトハ敢テ品質上ニ關係セサレ圧若其亞羅比亞産ノ馬ヲ賣ラント約シタル片其馬カ他國ノ馬種ナリシ片ハ品質上ノ錯誤アリトス

凡テ物ノ品質ハ當事者カ合意ノ主眼トナリタルモノト見做スヲ以テ其錯誤ニ陥リタルモノハ唯其錯誤アルヲ証スルノミニテ其物ノ品質ハ合意ノ主要ノ目的トナリタルヿヲ証セスシテ承諾ニ瑕疵アルモノトセラルヽナリ

(四) 物ハ品格上ノ錯誤

物ノ品格ハ物ノ第二ニ屬ス可キ品柄ニシテ織物ニ付例スレハ辨慶縞格子縞ト云フ如キ其模樣裝飾ヲ云フ其他物ノ新古、形狀、作者、所持者ノ如キハ皆品質ニアラサル品柄トス故ニ舊幕時代ノ金ナリト思ヒシニ近代ノ鑄造ニ係リシ𪜈ノ如キハ物ノ新古ニ錯誤アリトス又棗子形ノ鐵瓶ト思ヒシニ椀形ノ鐵瓶ナリシ𪜈ノ如キハ形狀ニ付テ錯誤アリトス正宗ノ作ナリト思ヒシ備前村正ノ刀ナリシ𪜈ノ如キハ作者ニ付テ錯誤アリトス爲朝ノ用ヒシ弓ナリシト思ヒシニ義家ノ用ヒシ弓ナリシ場合ノ如キハ所持者ニ錯誤アリトス

此等ノ錯誤ハ合意ヲ取消ス可キ原由トナラス何者品質ニアラサル品格ハ當事者ノ合意ヲ決定セシムル爲メニ充分重要ナル資格ヲ有セサルモノト認定シタレハナリ然レ𪜀物ノ品格ト雖𪜀當事者ニ於テ重立タル觀察ヲ下シタルヿヲ明言スルカ又ハ其他ノ事情ニヨリ其意思ノ分明ナル場合ノ如キハ其錯誤ヲ以テ承諾ニ瑕疵アリトシテ合意ヲ取

消スヿヲ得

（附言）佛法ニ於テハ物ノ品質ト品格トハ其物ノ上ニ付キ考察ヲ下サスシテ單ニ當事者ガ合意ノ主意ト爲シタルヤ否ニ付キ區別シタレ𪜈我法典ハ物ノ本質ト否トノ區別ハ其物ノ上ニ付テ定メタリ故ニ佛法ハ我法典ニ錯スル所異ナラサレ𪜈其區別ノ標準ヲ異ニス

（五）合意ノ履行ノ時期、場所ノ錯誤　此錯誤ハ品格上ノ錯誤ト同一ナリ

（六）合意ノ緣由ノ錯誤

合意ノ緣由トハ合意ヲナス第一ノ理由ニアラスシテ第二ノ理由ニ屬ス可キモノヲ云フ例ヘハ予所有ノ馬ヲ賣却センヿヲ約シタル𪜈此合意ノ第一ノ理由ハ其代價ヲ得ントスルニアリ而シテ第二ノ理由ハ其金以テ或ハ旅行ヲ爲シ或ハ自轉車ヲ購ハント企圖セシ等ナリ此第二ノ理由ヲ緣由ト云フ此緣由ノ錯誤ハ承諾ノ瑕瑾ト爲ラサルモノトス假令ヘハ余カ馬ハ病死セリト思ヒ他人ノ馬ヲ買ヒシニ其馬ハ全快シテ

健全ナリシ場合ニ於テ此錯誤ノ理由ヲ申立テ合意ヲ取消サントスルモ許容セラルヘキモノニアラス然レ圧對手人ノ詐欺ニヨリテ緣由ニ錯誤ヲ來シタル場合ハ瑾疵ヲ爲スモノトス

(七) 計算、名稱、日附、場所ノ錯誤

米壹俵ニ付二圓ノ割ヲ以テ五俵代金八圓ニテ賣渡サントイフヿヲ證書ニ認メアル時ハ計算ノ錯誤アリトス當事者カ其目的物ノ名ノミヲ間違ヒタル片即魚子織ヲ一樂織ト間違ヒタル如キ名稱ノ錯誤アリトス但シ此場合ニ賣物ノ錯誤ナキヲ要ス日附ノ錯誤ハ月日ヲ誤リ記シタル片ヲ云フ新年ノ始メニ前年ノ年號ヲ記スカ如キハ往々見ル所ナリ場所ノ錯誤(五ノ場合ノ錯誤ト同視ス可カラス彼ハ合意ノ本体ニ錯誤アル場合テ云フ)ハ甚タ稀ナリト雖圧或ハ偶然ニ他ノ場所ヲ記スルカ如キ場合ナシトセス此等ノ錯誤ハ契約書中ニ存スルモノニシテ毫モ契約ノ本体ニ疵ヲ與フルヿナケレハ承諾ニ瑕瑾アルモノトセス唯其錯誤ヲ更正スルニ止マルノミ

第廿號

以上述ヘタル錯誤ヲ區別スレハ左ノ如シ
(一) 承諾ヲ阻却スル錯誤
(イ) 合意ノ性質目的原因ノ錯誤
(ロ) 身上ノ着眼カ合意ノ主要ナリシ片ノ身上ノ錯誤
(二) 承諾ノ瑕疵ト爲ル錯誤
(イ) 身上ノ着眼カ合意決定ノ第二ノ原因タリシ片ノ身上ノ錯誤
(ロ) 物ノ品質ノ錯誤
(ハ) 當事者カ品格ニ主要ナル着眼ヲ爲シタル片ノ品格ノ錯誤
(ニ) 義務ノ履行ノ塲所時期等カ當事者ノ主要ナル着眼ナリシ片ハ
是等ノ錯誤
(三) 承諾ノ瑕疵タラサル錯誤
(イ) 當事者ノ着眼カ主要ナラサル品格ノ錯誤
(ロ) 當事者ノ着眼カ主要ナラサル義務履行ノ塲所時期ノ錯誤

（二）　合意ノ緣由上ノ錯誤

（三）　計算、名稱、日附、場所ノ錯誤

○第二十一號　法律上ノ錯誤ハ承諾ノ瑕疵ト爲ルヤ（第三百十一條）

佛國法典（第千百十條）ハ此問題ニ向テ何等ノ決定ヲモ與ヘス唯和解契約及裁判上ノ自白ハ法律上ノ錯誤ヲ以テ取消スヿヲ得ストシタルノミナレハ學者ノ說二樣ニ岐ル甲說ニ曰ク和解及自白ハ法律上ノ錯誤ヲ理由トシテ取消ス可カラスト定メタル所ヨリ推考スルトキハ他一般ノ契約ト雖𪜈法律上ノ錯誤ヲ以テ合意取消シノ原由トナラズ又人ハ其國ノ法律ヲ知ルモノト見做スヲ以テ法律上ノ錯誤ハ之ヲ裁判所ニ申立ツルヿヲ得スト乙說ニ曰ク法律カ事實上ノ錯誤ト法律上ノ錯誤トノ區別ヲ設ケサルヲ以テ視レハ共ニ合意ノ瑕疵トナス可シ且和解及裁判上ノ自白ハ法典中ニ取消ス可カラスト特ニ揭示シタル所以ハ此二ケノ場合ハ普通法ノ例外タル可キヲ示シタルモノニシテ若シ果シテ

和解及自白モ他一般ノ合意ト同シク法律上ノ錯誤ヲ以テ取消ス可カラサルモノトセハ豈此等ノ場合ニ限リ其旨ヲ記スルヲ要センヤ然ルニ是等ノ場合ニ限リ法律上ノ錯誤ヲ以テ合意取消シノ原由トス可カラサルヿヲ記シタルハ普通法ノ例外ヲ示シタルモノト云ハサル可カラス又何人モ法律ヲ知ラサルモノ無シト見做ストノ原則ハ何等ノ法律ニモ適正ニ適用ス可キモノニアラス此原則ハ國ノ秩序安寧ヲ保護スル法律ニノミ適用セラル可キモノナリト如此佛法ニ於テハ議論アリシト雖モ我法律ハ此問題ヲ決定シテ事實上ノ錯誤ト同ク承諾ノ斷缺(阻却)ト爲ル場合ト承諾ノ瑕疵ト爲ル場合トヲ區別セリ即左ノ如シ

(一)　合意ノ性質上ニ付テノ法律上ノ錯誤

結約者ノ中一方カ合意ノ名稱ニ付キ誤解シタル片ハ合意ノ性質上ニ就テ法律上ノ錯誤アリトス例ヘハ結約者ノ一方カ賃貸ト使用貸借ト永賃借トノ區別ヲ誤リ連帶契約ト保証トヲ混同スルノ類ノ如シ

(二)合意ノ効力ニ付テノ法律上ノ錯誤

當事者カ賣買、賃貸、保証等ノ有名契約ヲナスヿヲ了解シタルモ其一二ノ法律上ノ効力ニ付テ錯誤ヲ爲シタル場合例ヘハ賣主ハ追奪擔保ノ責アルヿヲ知ラサル如キ又賃貸主ハ賃借主ヲシテ靜安ナル占有ヲ得セシメ其賃貸物ヨリ收益ヲ得セシムルノ義務アルヿヲ了知セサル如キ保證人ハ主タル義務者ニ代リテ辨償ノ義務アルヲ知ラサリシ如キハ法律上ノ効力ニ付テ錯誤アリトス

(三)合意ノ原因ニ付テノ法律上ノ錯誤

原因タル事實ノ存在及狀態ヲ誤ラサルモ之ヲ支配スル法律ヲ誤ルヲ云フ例ヘハ自然義務ヲ法律上ノ義務ナリト信シ又有式契約ノ程式ヲ履マサルモ有効義務ナリト信シ或ハ既ニ法律上ノ相殺混同等ニ依リ消滅シタリシヲ尙ホ存在セリト誤信シテ義務更改ヲ承諾シタル場合ハ事實上ノ錯誤ニアラスシテ法律上ノ錯誤ナリ

第二十一號

以上三ケノ場合ハ承諾ヲ阻却スルモノトス

(四) 合意ノ目的タル物ノ主タル品格ニシテ當事者ノ決意ヲ助成ス可キ品格ニ就テ法律上ノ錯誤

假令ヘハ猥褻ノ圖畫ハ陳列販賣シ得可カラサルヿヲ知ラスシテ買ヒシ場合又甲者乙者ニ我家屋ヲ賣ラント約シタル𪜈甲ハ唯眞ノ家屋ノミニテ用方ニ係ル不動産即竈ノ如キモノハ包含セスト思ヒシ場合ノ如キハ目的タル物ノ主タル品格ニシテ當事者ノ決意ヲ助成ス可キ品格ニ付テ法律上ノ錯誤アリトス

(五) 人ノ身上ニ付法律上ノ錯誤アル場合

例ヘハ債權者、債務者ノ正當相續人ト思量シタル人ト和解ヲ爲シタルニ其人相續人ノ資格ヲ有セサリシ故ニ此義務ニ付有効ニ和解スルヿヲ得サルカ如キ是ナリ

以上二ケノ錯誤中當事者ノ決意ヲ促シタル主タル原因ニ關スル𪜈ハ

法律上ノ錯誤アル場合ニ合意ノ無效ヲ宣言スルコト多少ノ制限アル乎

承諾ヲ阻却トシ若シ決意ヲ助成シタルニ止マリテ主タル原由ヲナサ
ルトキハ承諾ノ瑕疵トス

右述フル如ク法律上ノ錯誤ハ承諾ノ阻却若クハ瑕疵ヲ誘起シ以テ當事者ヲ救護スト雖モ左ノ場合ハ之ヲ許ス可カラス

(一)公ノ安寧秩序ニ關スル法律ヲ錯誤シタル場合

何人ト雖モ法ノ不識ヲ以テ其責ヲ免カルヽコトヲ得ストイフ原則ニハ自ラ制限アリテ公ノ安寧秩序ニ關スル法律ニノミ適用セラルヽ原則ナリトス故ニ此等ノ法律ヲ犯ストキハ識不識ヲ問ハス其制裁ヲ受ケサルヲ得ス公ノ安寧秩序ニ關スル法律トハ法律自ラ其例ヲ示セリ即時期ヨリ生スル失權ニ關シ(時效)及行爲ニ付定メタル法式(要式合意ノ法式ノ如キ)ノ違背ヨリ生スル無効ニ關スル法律條例等其他此法律中ニ入ル最モ著シキモノハ刑法其他ノ諸罰則等ナリ此等ノ法律ヲ錯誤スルトキハ承諾ノ瑕疵又ハ斷缺ヲ誘起シ因テ以テ當事者ヲ救護スルノ限

ニ在ラサルナリ

(二)法律上ノ錯誤カ當事者ノ過失ニシテ宥恕ス可カラサル場合

前項外ノ法律即私益ニ關スル法律ト雖𪜈其錯誤ニ陷リタルハ實ニ正當ニシテ宥恕ス可キ𬼀ニアラサレハ承諾ノ瑕疵又ハ阻却ヲ誘起セス何トナレハ時ニ締約セントスル合意ノ事項ニ關スル法律ヲ探知スル難キニアラス且若シ其意義ヲ解セサル𬼀ハ學識經驗アルモノニ質シテ之ヲ明カニスルヲ得可ケレハナリ故ニ裁判所ハ法律上ノ錯誤ヲ以テ承諾ノ欠缺又ハ瑕瑾ヲ言渡サントスルニハ殊ニ細密ニ許多ノ情況ヲ審案攷察シテ其果シテ宥恕ス可キモノナルヤ否ヤヲ判定セサル可ラス

○第二十一號　強暴ニ依リ爲シタル合意ハ承諾ノ瑕疵ト爲ル乎

(第三百十三條以下)

強暴トハ精神靜定スルモノハ心ヲ動カシ其人ノ身体又ハ財產ニ現在

若ハ將來ニ禍害ヲ受クル畏懼ノ念ヲ生セシムル所ノ所爲ヲ云フ强暴ニ依リ與ヘタル承諾ハ場合ニ因リ或ハ承諾ノ阻却ト爲リ或ハ承諾ノ瑕疵ト爲リ或ハ瑕疵ト爲ラサルアリ

第一　承諾ヲ阻却スル强暴トハ左ノ如シ

（一）抗抵ス可ラサル虐爲ヲ以テ脅迫シ被脅迫者ニ寸毫ノ考量ヲ匝ラサシムルヿ無ク同意ヲ爲サシムルヿアリ例ヘハ凶器ヲ胸部ニ擬シ以テ承諾ヲ表セシメタル如キ或承諾ヲ拒マハ直ニ家屋ニ放火ス可シト威迫シテ承諾ヲ表セシメタル場合ノ如キハ秋毫ノ承諾ヲモ存セサルモノト云フヘシ

（二）抗拒ス可カラサル天災危難ニ逢遭シ其危害ヲ免ルヽタメ過度無稽ノ合意ヲ爲シタル𪜈ハ危害ニ陷リタル者ハ其當時全ク自由ト思慮トヲ備ヘスシテ與ヘタル虛無ノ承諾ナリト云ハサル可カラス例ヘハ甲者深淵ニ陷落シ將ニ死ニ瀕セントシタルニ乙者ニ救ヲ求メテ曰ク

第二十二號

余ヲ救ハハ余ノ財產半數ヲ汝ニ與フ可シト乙者之ヲ諾シテ一擧手ノ勞ヲ以テ救助セシ片ノ如キ是ナリ此塲合ニ於テハ乙者甲者ノ財產ノ半數ヲ請求スルモ甲者ハ之ヲ與フルヲ要セス然レ圧救助ノ爲メニ乙者カ費シタル費用及ヒ受ケタル損害ハ之ヲ賠償セサル可ラス而メ其賠償額ヲ定ムルニハ救助者カ冒シタル危險ニ依ル可キモノニアラス何者其危險ノ如キハ算定ス可ラサルノミナラス如此モノハ被救者カ道德上ノ本分トシテ其人ノ情誼上ヨリナス可キ恩義ノ報酬ト云フ可キモノニシテ法律上ヨリ撿束ス可キモノニアラス

第二、強暴カ承諾ノ瑕疵トナル塲合ハ左ノ如シ（第三百十三條第三項）

此塲合ハ前二項ニ記スル所ノモノニ比シ其暴行危害ノ度、微弱ニシテ被害者ニ畏怖ヲ感セシムルノ念亦輕微ナルモノヲ云フ即脅迫ヲ受クル所ノ害惡ヲ被ムルヨリ寧ロ脅迫者ノ意ニ協同スルヲ以テ其害惡ノ度輕少ナリトシテ其意ニ致シタル塲合是ナリ然レ圧其痛害ヲ畏怖ス

ルノ念切實ナリト認ムルトキニアラサレハ承諾ノ瑕疵トナスヿヲ得ス
例ヘハ甲者乙者ニ迫テ曰ク汝余ニ汝ノ家屋ヲ賣ラサレハ余ハ一年ノ后汝ノ飼雞ヲ殺ス可シ乙者其意ニ從ヒ其家屋ヲ賣渡シタル場合ノ如キハ乙者ハ甲者ノ脅迫ヲ受ケ畏怖ノ念ヲ生シ其恒心ヲ攪擾セラレ以テ承諾シタルモノト信スルヿ能ハス然レドモ乙者カ畏怖ノ情ヲ起シテ承諾シタルヤ否ヤハ事實裁判官ノ認定ニ任ス可キモノナレハ双方ノ年齢、男女、體格、精神、形狀及身分等ヲ照査シテ果シテ暴行アリシヤ否ヤ又其暴行ノ爲メニ恒心ヲ攪乱セラレタルヤ否ヤヲ調査シテ決定セサル可カラス
強暴ニ依リ與ヘタル承諾ニ瑕疵アル場合ト雖ドモ強暴ヲ受ケタル者ハ銷除訴權ヲ行フヿ無ク不正ノ損害ノ原則ニ基キ強暴者ニ對シ損害賠償ノ求メヲ爲スヿヲ得
卑屬親カ尊屬親ニ對シ爲シタル合意ニシテ單純ナル畏敬ニ出テタル

モノハ承諾ノ瑕疵タラス（第三百十七條）又暴行カ合意ヲ決定セシメタル原因ニアラスシテ唯不利ナル條件ヲ受諾セシメタルトキモ承諾ノ瑕疵トナラス然レトモ其不利ナル條件ヲ受諾シタルカ爲メニ生シタル損害ハ賠償セシムルヿヲ得（第三百十六條二項）

○第二十三號　強暴ヲ受ケ又ハ強暴ヲ加ヘタルモノハ當事者ノ一方ナルヿヲ要スル乎（第三百十四條第三百十五條）

暴行脅迫ハ直接ニ當事者本人ニ受クルヲ要セス諾約者カ之カ爲メ畏怖ノ情ヲ起シ恒心ヲ失ヒ以テ約束シタルトキハ何人タルヤヲ問ハサルナリ

當事者ノ配偶者及親屬タルト姻屬タルトヲ問ハス直系親ノ受ケタル強暴ハ法律ハ當事者本人ノ受ケタルモノト同一視セリ是レ法律上ノ推測ニシテ反對擧証ヲ許サヽル塲合ナリ故ニ假令ヘ當事者ハ暴行ヲ受ケタルモノト常ニ不和ニシテ其生死等ハ少シモ意ニ介セサルノ証

據アリト雖モ尙ホ裁判所ハ承諾ノ阻却又ハ瑕疵ヲ言渡サヽル可カラス反之其他ノ親屬姻屬又ハ朋友知人カ暴行ヲ受ケタル塲合ニ於テハ當事者ハ爲メニ畏怖ノ念ヲ發シ恒心ヲ失ヒ以テ承諾シタルヤ否ヤハ事實裁判所ノ査定ニ任シタリ故ニ裁判所ハ當事者ハ暴行ヲ受ケタル者ト信愛ノ情誼親密ナリシヤ否ヤヲ審按シ其承諾ノ阻却又ハ瑕疵ヲ言渡サヽル可カラス

强暴ハ當事者ノ一方ヨリ出タルト他人ヨリ出テタルト又其當事者ト暴行者ト共謀アルト否トハ敢テ問フ所ニアラサルナリ何トナレハ諸務者ニ於テ承諾ノ阻却又ハ瑕疵ヲ申立ツルニ於テ何人ヨリ强暴ヲ受クルモ同ク承諾ノ阻却又ハ瑕疵タルニ外ナラサレハナリ

○第二十四號　詐欺ニ依リ爲シタル合意ハ承諾ノ瑕疵ト爲ル乎

（第三百十二條）

詐欺トハ人ヲ錯誤ニ陷レテ決意セシメタル姦策詭謀ヲ云フ故ニ詐欺

ト云ヘハ必ス錯誤ヲ伴隨セサルハナシ必竟詐欺ハ錯誤ニ陷ラシムルノ方法手段タルニ外ナラサレハ錯誤ヲ原由トシテ承諾ノ阻却瑕疵ヲ主張シ得可キ𬼀ハ詐欺ノ問題ハ必要ニアラス此場合ニ於テハ詐欺ハ只從タル損害ノ賠償ノ額ヲ定ムルニ必要アルノミ故ニ詐欺カ承諾ノ瑕疵トナルヤ否ヤノ問題ハ單ニ錯誤ノミニテハ承諾ノ瑕疵トナラサル時ニ於テノミ必要アリトス仍テ是等ノ場合ヲ我法典カ決定スル所ヲ見ルニ承諾ノ瑕疵アリトセス唯其詐欺ヲ行ヒタルモノニ對シテ爲メニ生シタル損害ヲ賠償セシムルノ權アルノミニシテ合意取消シノ理由トセス

詐欺ノ爲メ錯誤ニ陷リ因テ以テ承諾ヲ瑕疵トスルニハ其詐欺ハ何人ヨリ出ツルヿヲ要スルカ佛法ニテハ當事者ノ一方ヨリ出ツルヿヲ要ストセリ蓋シ暴行脅迫ノ如キハ刑法上嚴罰ヲ加フ可キモノナル故之ヲ行フ者ハ或ハ假面ヲ裝ヒ或ハ暗夜ニ乘シ或ハ無名ノ書狀ヲ用ヒテ

勉メテ其發覺ヲ豫防スルナラン然ルニ法律ハ暴行カ當事者ノ一方ヨリ出テタルモノナルヿヲモ証セシムルトセハ能ハサルヿヲ人ニ責ムルモノト云ハサル可カラス故ニ暴行ヲ受ケテ合意ヲナシタルモノハ暴行ノ誰タルヲ証スルニ及ハス然ルニ詐欺ヲ行フニハ必ス他ノ一方ト相往來スルモノニアラスンハ其惡意ヲ遂クルヿ能ハサレハ詐欺者ヲ見出ス難キニアラス故ニ其誰タルヲ証セサル可カラスト是レ佛學者ノ巧ニ成典ヲ保護シタルモノト云フ可シ然レ𪜈詐欺ニ陷リ爲シタル承諾ハ瑕疵アル承諾ナリトスル𪜊ハ其詐欺カ何人ヨリ發スルモ常ニ承諾ニ瑕疵アリト云ハサル可カラス詐欺ヲ行ヒタル人ニ因リテ或ハ承諾ノ瑕疵ト爲リ或ハ完全ノ承諾ト爲ルト云フ如キ法理アルヿナシ彼ノ錯誤强暴ヲ見ヨ其陷リタル原由ノ何タルヲ問ハス其行フ者ノ何人タルヲ問ハス常ニ承諾ノ瑕疵ヲ爲ス然ルニ當事者ノ詐欺ヲ行フ𪜊ハ承諾ノ瑕疵トナリ他人ノ行フ𪜊ハ有効ニ妨害ナシト云フ理由ア

ルヲ見出スヿヲ得ス是ヲ以テ我法典ニテハ詐欺カ何人ヨリ出ツルヲ問ハス其詐欺ニシテ錯誤ヲ生スルモノナルトキハ承諾ノ瑕疵ヲ生スルノ原因トス錯誤ヲ生セサル者ナルトキハ只其行ヒタル者ニ對シテ損害賠償ヲ爲スニ止マラシム

然レトモ若シ詐欺カ只當事者ノ一方ヨリノミ生シ而シテ其詐欺カ他ノ一方ヲシテ合意ヲ爲スヿニ決意セシメタル時ハ其合意ハ補償ノ名義ニテ取消スヿヲ得ヘク尚ホ之レカ爲メニ損害アルトキハ之ヲ賠償セシムルヿヲ得ヘシ

此合意取消ノ訴權ハ補償ノ名義ニテ取消スモノナルカ故ニ損害賠償ノ一變体タリ故ニ此訴權ヲ以テスルト承諾ノ瑕疵ニ基スル訴權ヲ以テスルト其合意取消ノ結果ニ付キ左ノ差異ヲ生ス

第一　此訴權ヲ行フニ當リ目的物他人ノ手ニ移リ其人善意ナルトキハ其轉獲者ヲ害シテ取消スヿヲ得スト雖モ瑕疵ヲ原由トスル時ハ之ヲ

取消スルヿヲ得ルナリ

第二　此訴權ヲ行フニ當リ當事者數名アリテ其中一名又ハ二名ノミ詐欺ヲ行ヒタル片ハ他ノ詐欺ニ關繫ナキモノヲ害シテ其合意ヲ取消スヿヲ許サス然レ圧瑕疵ニ原由スル消除訴權ハ其合意ヲ取消スヲ得ス

第三　此訴權ヲ行フニ當リ目的物詐欺者ノ手ニアルト雖圧其目的物上ニ有スル權利ハ共同擔保權タルニ過キス然レ圧瑾疵ニ原由スル訴權ハ直チニ其目的物ヲ取戻スヲ得ヘシ

○第廿五號　合意ヲ爲スニ要スル能力ハ如何

人ハ自由ニシテ法律ニ於テ禁制セサル事ハ何事モ爲シ得可シ故ニ合意モ亦何人モ自由ニ爲シ得ルハ普通ノ原則ナリトス然レ圧合意ハ各人能ク利害ヲ稽ヘ得失ヲ視テ以テ結成セサル可カラス故ニ其利害得失ノ考量ニ乏シキ者ヲシテ自由ニ合意ヲ爲ス能力ヲ與フル片ハ其者ノ爲メ量ル可カラサル損失ヲ招クヿアルヘシ故ニ法律ハ一ハ公益ノ

爲メ一ハ當事者保護ノ爲メ或ル一二ノ人ニ合意ヲナスヿヲ禁シタリ

（第一）未成年者　未成年者ハ智識未タ發達セス世故ノ經驗ニ熟セス前後ノ思量ナクシテ不利ナル結約ヲナシ不量ノ損害ヲ蒙ルヿアル可ケレハ法律ハ幼者ヲ保護スルノ目的ヲ以テ結約ノ能力ナキモノトセリ而メ此幼者ヲ二級ニ分チ禁治產ノ未成年者自治產ノ未成年者トセリ

禁治產ノ未成年者ニハ後見人ヲ附シ此者ヲシテ民法上ノ諸事件ニ付キ幼者ニ代リテ取扱ヲ爲サシム故ニ後見人カ正當ノ權限內ニ於テ行フタルヿハ幼者自ラ行フタルモノト見做ス

自治產ノ未成年者ハ前段ノ者ニ比シ較々智識經驗ノ發達シタルモノトシテ法律ハ些少ノ事ニ就キ合意ヲナスノ能力ヲ與ヘ其重大ナルヿニ就テハ保佐人ヲ置キ此者ノ立會ヲ待テ結約ヲナスヿヲ許セリ

（第二）禁治產ヲ受ケタル者此者モ亦二級ニ分ツ禁治產ヲ受ケタル者

刑事上ノ禁治産ト民事上ノ禁治産トノ間ニ區別アル乎

準禁治産ヲ受ケタルモノ是ナリ此等ノ者ハ處刑ノタメ禁治産ヲ受ケタルモノヲ除クノ外幼者ト同ク智識經驗ノ足ラサルモノトシテ保護ノ目的ヲ以テ無能力者トセリ

(一) 全禁治産ヲ受ケタルモノトハ白痴瘋癲者ノ如キ精神ヲ喪失シタルモノ或ル刑罰ニ處セラレタルモノ等ヲ云フ是等ノ者ハ後見人ヲ附シ本人ニ代リテ其事務ヲ管理セシムルヿ未成年者ニ異ナラス白痴瘋癲者ト刑罰ニ處セラレタルモノト其間ニ一二ノ差異アリ

(イ) 白痴瘋癲者ト結約ヲナシタル他ノ一方ハ其合意ノ無効ヲ申立ツル能ハス何トナレハ此等ノ無能力者ハ全ク法典カ保護ノ目的ヲ以テ規定シタルモノナレハナリ然ルニ刑罰ニ處セラレタルモノトノ合意ハ當事者双方ヨリ取消シヲ請求スルヿヲ得是レ此無能力者ハ保護ノ目的ヲ以テ規定セラレタルニアラスシテ全ク刑罰ノ主義ヲ以テ設ケタルモノナレハナリ

（ロ）白痴瘋癲者ハ婚姻遺囑ヲモナスヿヲ得サルモ刑罰ニ處セラレタルモノハ婚姻ヲナシ遺囑ヲナスヿヲ得

（二）准禁治產ヲ受ケタル者トハ心神耗弱者、聾啞者、盲者、浪費者等ヲ云フ是等ハ智識稍完全ナラサルモノト推定セラレ法律上或ル限定シタル事件ニ付テハ保佐人ノ立會ヲ受クルニアラスンハ有効ニ結約スルヿヲ得ス其他ノ事件ニ付テハ完全ノ能力ヲ有スルヲ以テ總テ己レ一人ニテ有效ニ結約スルヿヲ得

（第三）有夫ノ婦　有夫ノ婦ノ無能力者タル所以ハ前ニ記スル二者ノ如ク智識不完全ナル故ニ依リ保護ノ目的ニ出テタルニアラス全ク一家ノ安寧ヲ維持センカタメノ規定ニ外ナラス夫レ一家ニシテ二長アルハ恰モ一國ニ二君アルカ如ク其權利相撞着シテ安寧ヲ受クルヿ難カル可シ故ニ婦ハ夫ノ許可ナクシテ合意ヲナスヿヲ禁シタリ

以上三者ハ原則上無能力者トナスモ一切ノ合意悉ク爲スヿヲ得スト

云フニアラス法律上ニ於テ許シタル、所ノ合意ハ他ノ能力者ト同ク有効ニ結成スルヿヲ得」此他ノ人ニテ或ル特定ノ事ニ限リ合意ノ能力ヲ褫奪シタルモノアリ即後見人ト幼者ノ間、夫ト婦ノ間ニ於ケルカ如シ是等ノ後見人夫等ハ原則上能力者タルモ或ル特定事件ニ就キ無能力者トスルカ故ニ法律ニ禁セサルヿハ總テノ合意ヲ為スヿヲ得反之幼者禁治產者等ハ原則トシテ無能力者ト定メタルカ故ニ法律ノ許サヽルヿハ何等ノ合意ヲモナスノ能力ナシ

○第廿六號　損失ヲ以テ合意ヲ取消シ得ル場合如何

夫レ承諾ニ瑕疵ナク能力ニ於テ完全ナル者ノ結成シタル合意ハ當事者間ニハ法ニ等シキ效力アリト云フハ動ス可カラサル法理ナリ故ニ原則ニ於テハ如何ニ當事者ノ一方ニ於テ損失ヲ蒙リタリトモ既ニ成立シタル合意ハ取消ス可カラス然レトモ此原則ニハ二箇ノ例外アリ

(一) 不動產ノ賣買ニテ賣主ニ半數以上ノ損失アル場合

第二十六號

（二）分割ノ契約ニシテ一人ノ分割額ノ四分ノ一以上ノ損失アル場合未成年者ハ凡テ契約ニ於テ損失アル旨ヲ申立テ其損失ノ多少ニ拘ラス合意ヲ取消スヿヲ得然レモ其實損失ヲ原因トシテ取消ヲ求ムルニアラズシテ未成年者タルノ理由即無能力者ノ爲シタル合意タルノ故ヲ以テ取消シ得ルナリ

○第廿七號　不存ノ合意ト銷除スルヲ得ヘキ合意トノ差異ヲ示セ

不存ノ合意トハ其成立ノ條件ヲ闕缺シタルモノニシテタトヘ外形上成立セシ如クナルモ其實決シテ成立スルヿ能ハサル合意ナリ即毫モ民法上ノ効力ヲ有セサル一個ノ事實ニ過キサルモノヲイヘリ即彼ノ成立ノ條件ノ一ヲ缺ク所ノ合意ヲ總テ不存ノ合意トス銷除スルヲ得可キ合意トハ成立ノ條件ヲ備フルモ有效ノ要件ニ於テ缺クル所アルモノヲ云フ此二ヶノ合意ノ間ニ若干ノ差異アリ即左ノ如シ

（第一）不存ノ合意ハ元來些少ノ効力ヲモ生セサル虚無ノ合意タルニ

過キス之ニ反シ銷除スルヲ得ヘキ合意ハ充分法律上ノ成立ヲ有スルモノタルヲ以テ其構成アルヤ完全ノ合意ニ具ハル總テノ效果ヲ生ス故ニ有效ニ義務ヲ發生シ所有權ヲ移轉ス然レ圧其成立ハ實ニ假リニ成立スルニ過キサレハ當事者ノ一方ハ或期間内ニ其合意ニ附着スル瑕疵ヲ申立テ其合意ノ取消ヲ請求スルヿヲ得而メ一旦取消ノ請求ヲ認許セラルヽヤ合意ハ初メヨリ少シモ成立セサリシモノト見做サレ不存ノ合意ト其結果ヲ同フス

(第二) 銷除シ得ヘキ合意ハ己レノ利益ノタメ訴權ヲ與ヘラレタルモノニアラスンハ之ヲ訟擊スルヿ能ハス之ニ反シ不存ノ合意ハ之ヲ訟擊シテ利益ヲ有スルモノハ何人ト雖圧之ヲ申立ツルヿヲ得

(第三) 銷除シ得可キ合意ハ其合意ニ附着スル瑕疵ヲ滌除スルヿヲ得之ヲ合意ノ認諾ト云フ例ヘハ未成年者ノ結ヒタル合意ヲ丁年ノ後認諾補正スルカ如シ不存ノ合意ハ元來虛無ノモノナルヲ以テ再ヒ其瑕

第二十八號

疵ヲ補正シ完全タラシムル能ハス學者曰ク鎖除シ得可キ合意ハ病者ナリ不存ノ合意ハ死体ナリ病者生ク可ク死者又生ク可カラスト
（第四）鎖除シ得可キ合意ハ瑕疵ノ原由ノ去リテヨリ或ル期間内ニ之ヲ訟擊スルヿヲ得若シ之ヲ訟擊セスシテ止ミタル片ハ其訴權ヲ有スルモノ其合意ヲ認諾シタルモノト見做サル不存ノ合意ハ元來虛無ノモノナルヲ以テ幾十年ヲ經過スルモ尙虛無ノモノタリ然レ圧其不存合意ヲ基トシテ物件ヲ引渡シタル片ハ其受ケタルモノ占有ノ効力ニ依リ所有權ヲ獲得スルヿアルモ此レハ是レ不存ノ合意ニ依リ獲得スルニアラスシテ獲得時效ノ効ニ依リ所有權ヲ得ルモノナリ

第三款　合意ノ効力

第一則　當事者間及其承繼人間ノ合意ノ効力

○第二十八號　適法ニ爲シタル合意ハ當事者双方間ニ法律ニ等シキ效力アリトノ意義ヲ說明セヨ（第三百廿七條）

此ノ法語ハ合意ノ效力ヲ簡明ニ解釋シタルモノナリ抑モ合意ハ適正ニ成立シ而シテ其成立ニ瑕疵ナキ片ハ其合意ハ或ハ權利義務ヲ發生シ或ハ所有權支分權等ノ移轉ヲ成就ス故ニ債權者ハ債務者ヲシテ其義務ヲ強行セシメ物權讓受人ハ物件ノ何レニアルヲ問ハス其權利ヲ証明シテ取戻ヲ請求スルヲ得可シ

此ノ可キ効力アルモノナレハ一旦適法ニ成立シタル合意ハ當事者ノ一方ニ於テ擅ニ之ヲ取消スヿヲ得サルモノトス是レ當然ノヿニシテ睹易キ道理ト云フ可シ若シ合意カ常ニ一方ノ意志ヲ以テ取消シ得ルトスル片ハ合意ハ權利義務ヲ發生シ所有權ヲ移轉スト云フモ實際書餅タラサラントスルモ能ハス債權者、債務者ニ迫テ其義務ノ履行ヲ求メタルニ債務者ハ即答テ余ハ嚮キニ結ヒタル契約ハ取消ス可シト云ハンカ此言果シテ契約ヲ取消ス力アレハ契約ハ何等ノ効力ナキモノト云ハサルヲ得ス故ニ一旦成立ヲ遂ケタル合意ハ双方ノ承諾アルニ

第二十八號

適正ニ成立シタル合意ヲ當事者ノ承諾ヲ得テ廢罷スルヿヲ得ル乎

アラサレハ之ヲ取消スヿヲ得ス

一旦適正ニ成立シタル合意ハ双方ノ承諾アル片ハ取消シ得ルト云フハ適切ノモノニアラス例ヘハ甲、乙ニ家屋ヲ賣リ其賣買ハ適法ニ成立シ且ツ少モ瑕疵ヲ伴ハサルモノトセハ甲ハ直ニ其家屋ノ所有者タル可シ然ルニ後甲乙承諾ノ上其賣買ヲ取消サントスルモ已ニ一旦乙ニ移リタル所有權ヲ回收シテ未タ曾テ移ラサルモノトシ、其契約ヨリ生シタル義務ヲ未タ曾テ生セサルモノトスルハ到底人力ノ能スル所ニアラス若シ甲乙承諾ノ上其賣買ヲ取消シ甲ハ乙ニ代價ヲ返還シ乙ハ甲ニ其家屋ヲ返還シタル場合ニ於テハ先キノ賣買ヲ取消シタルニアラスシテ曾テ乙ニ賣リタル家屋ヲ前同一ノ條件ヲ以テ更ニ乙ヨリ甲ニ買受ケタルモノナリ故ニ前ノ賣買ノ時ト取消シタル時トノ間ニ其家屋ニ付權利ヲ得タル者ニ對シテハ賣買取消シヲ主張スルヿヲ得ス

然レ𪜈合意ノ成立ニ瑕疵アリタルカタメ又ハ解除ノ未必條件（暗默ノ解

適正ニ成立シタル合意ヲ當事者一方ノ意思ヲ以テ廢罷スルヿヲ得ル場合アル乎

除條件ヲモ包含ス）ノ到着シタルカタメ合意ヲ取消ス場合ハ是レ眞ノ取消ニシテ未タ曾テ合意ハ成立セサルモノト見做スヲ以テ其合意ヲ爲シタル時ト取消シタル時トノ間ニ於テ其目的物ニ付キ他人カ如何ナル權利ヲ得タリト雖モ皆共ニ水泡ニ歸スルナリ

後來次第ニ効力ヲ生スル合意即賃貸借契約ノ如キハ双方ノ承諾ヲ以テ取消シ得ヘシト論スルモノアルモ是レ眞ノ取消シニアラスシテ債權者ニ於テハ後來ニ向テ有スル權利ヲ拋棄スルモノナリ假令ヘハ一年間使用スル契約ヲ以テ或ル物件ヲ借リ受ケタルモノ二ケ月ノ後双方承諾ノ上之ヲ返還シタル場合ノ如キ借主ハ尚ホ十ケ月間其物件ヲ使用スル權利ヲ拋棄シタルモノニシテ眞ノ取消ニアラサルナリ

合意ノ取消ハ當事者相互ノ承諾アルニアラサレハ之ヲ行フヿヲ得スト云フ規則ニ例外アリ即當事者中ノ一方ノミノ利益ニ關スル契約ニ於テ其利益ヲ有スルモノ之ヲ取消スヿヲ得例ヘハ使用貸借、寄託、代理

或ハ或ル會社契約ノ如キ其借主附託者代理本人社員ハ何時ニテモ解約スルヿヲ得ルモノアリ

承諾ニ瑕疵アル合意、無能力者ノ爲シタル合意、双務合意ニ於テ一方義務ヲ怠リタル片ハ他ノ一方ノ意思ニテ隨意ニ解約スルヿヲ得ルモノナレハ本則ノ例外中ニ入ル可キモノヽ如シト雖モ如此契約ハ未タ基本上ヨリ確然成立セス尚ホ換言セハ未タ双方間ニ於テ法律ヲ爲シタルモノニアラサレハ一旦確然成立シタル合意ヲ取消スト其旨趣ヲ同フスルモノニアラス

合意ハ法律ニ等シキ効力アレハ双方カ明約シタル部分ノミニ限ラス譬ヘ明言セサルモ法律、習慣、道理上ヨリ自然其事ニ附着シタルヿハ亦双方ノ意思ヲ忖度シテ法律ニ等シキ効力アリトス例ヘハ物ノ賣主ハ其物件ノ奪取ノ擔保ヲ明約セサルモ自ラ其義務アルモノトス然レ圧若シ双方カ明ニ奪取担保ノ義務ナキ旨ヲ約シタル片ハ假令ヒ法律カ

賣主ハ奪取担保ノ責アリトスルモ賣主ハ其義務ヲ免ルヽヿヲ得是レ私益上ニ關スルヿナレハ結約者ハ隨意ニ其規定ヲ變更スルヿヲ得（第三百廿八條第三百廿九條）

爰ニ注意ス可キヿハ合意ハ双方間ニ法律ト全一ノ效アリト云フモ一般ノ法律ト悉ク全一ナリト云フニアラス夫レ一般法律ノ解釋ハ大審院之ヲ司ルモノナレハ若シ事實裁判官カ其解釋ヲ誤リ已ニ認定シタル事實ニ適用スル法律ヲ誤リタル片ハ大審院ハ其裁判ヲ破毀シ以テ法律統一ヲ司ルモ契約書ノ解釋ハ必竟事實ノ認定ニシテ双方カ如何ナル意思ニシテ結約シタルヤヲ探求忖度スルハ事實裁判官ノ權内ニアレハ其解釋ヲ誤ルモ大審院ハ其裁判ヲ破毀スルヿヲ得ス

以上要スルニ合意ハ當事者間ニ於テハ法律ト其制裁ヲ全シクシ強テ其約款ヲ履行セシメ得ルモノニシテ決シテ其ノ一方ノ意思ヲ以テ之ヲ取消シ之ヲ變更ス可カラサルモノトス

○第二十九號　當事者間ニ所有權ノ移轉スル時期如何(第三百卅一條)

夫レ權利ハ物上ト對人トヲ問ハス凡テ無形ナリ此無形ノ權利ヲ轉移スルハ各人ノ意思ノミヲ以テ爲スヿヲ得ルハ當然ナリ故ニ所有權ヲ與フルノ合意ヲナシタルトキハ双方ノ承諾ヲ以テ移轉スルヿヲ得可ク他又有形ノ所爲ヲ要セサルナリ

然レ𪜈法理ニ幼稚ナル時代ニ在リテハ主トシテ權利ト權利ノ目的タル物件トヲ混同シタルニヨリ承諾ヲ以テ所有權轉移スルノ理ヲ知ラス其物件ヲ現實ニ引渡サヽレハ所有權ハ移轉セサルモノトセリ故ニ一物件ヲ引繼テ二人ニ讓渡シタルトキハ其契約ノ前後ヲ問ハス現ニ其物件ノ引渡ヲ受ケタルモノヲ以ヲ所有者トセリ其引渡ヲ受ケサル要約者ハ讓渡主ニ對シテ損害ヲ賠償セシムルニ止マルノミ古代ノ法律ハ如斯然レ𪜈現實ノ引渡ハ實際困難ニシテ且繁雜ヲ極メタリシカハ種々便利ナル引渡ノ方法ヲ案出シテ以テ現實ノ引渡ニ代ヘ漸ク其繁雜ヲ避

ケタリ現ニ佛法ノ如キハ所有權ハ引渡シニ因リ移轉シ引渡ハ承諾ニ因リ完結スト規定セリ（二樣ノ解釋アリ民法覆義千百二十四號）於是引渡ハ何ノ効力ヲモ生スルコトナク承諾ニ因リ所有權ヲ移轉スト云フト其結果ヲ同シクシ必畢合意ノ效ニ因リ所有權ヲ移轉スト云フニ外ナラス其引渡云々ノ文字ヲ用ヒタルハ古代ノ法律志想ヲ全ク蟬脫シ能ハサルニ坐スルノミ我法律ニ於テハ大ニ其進歩ヲ現ハシ合意ハ引渡ヲ要セス直ニ其所有權ヲ移轉ス」ト規定セリ

以上述ヘタル承諾ニ依リ所有權ヲ轉移スト云フハ特定物ヲ與フルノ合意ニノミ適用ス可キナリ

代替物即彼ノ物此物ト指定セサル物件ニ付テハ其合意ハ約諾者ヲシテ其物ノ所有權ヲ要約者ニ轉移スヘキノ義務即一ノ作爲義務ヲ負ハシメタルモノナリ而シテ其所有權ノ移轉ハ左ノ二ケノ場合ニ於テ完成ス

第三十號

（一）目的物ノ引渡　目的物ノ引渡ヲナサヽル前ハ物件ハ未タ確定セス、確定セスシテ權利先ツ移轉ス可キ道理アルコトナシ

（二）目的物ノ指定　未タ引渡ヲナサスト雖モ双方立合ノ上其物件ヲ指定シタルトキハ最早ヤ代替物ニアラスシテ確定物ニ變シタレハ其指定ニ因リ直ニ所有權ヲ移轉ス

○第三十號　引渡ノ義務ハ如何ナル物ヲ履行ス可キ乎

（甲）特定物ニ付テハ當サニ當事者ノ指示シタル物件ヲ以テ引渡ノ義務ヲ盡ス可キモノトス合意ノ當時代替物ナリシモ後双方立合ノ上指定シタルモノニ付テモ亦仝シ

代替物ノ所有權移轉ノ方法如何

（乙）代替物ニ就テハ双方當ニ約シタル物品ノ性質、品格、分量ヲ渡スヘキモノトス例ヘハ上米五俵ノ賣買ヲ約スルトキハ上等ノ米五俵ヲ引渡サヽル可ラサルカ如シ實際ニ於テ物品ノ性質（米麥ト云フカ如シ）分量ヲ明約セサルコトハアラサル可シ何者其性質分量ヲ知ラサルトキハ其合意ハ執行

シ得可カラサレハ所謂無効ノ合意タレハナリ然レ𪜈物ノ品格ニ至テハ當事者默々ニ附スルヿ往々アリ前例ノ上米ト云ハスシテ唯米何俵ト約スルカ如キハ其米ノ上等ナルヤ下等ナルヤ知ルヿヲ得ス如此場合ハ事實裁判官ニ於テ上等米𪜈下等米𪜈判定スルヿヲ得サル可シ必ス中等米ヲ渡ス可キヿヲ命スルナラン然レ𪜈諾約者農夫ニシテ藏ニ自ラ收メタル米ヲ有シテ右ノ如キ約束ヲ爲シタル片ハ必ス其藏ノ米ヲ渡スノ意思ナラン要約者モ亦其米ヲ受取ル意思ナラント推定スルヿヲ得可シ故ニ此場合ハ藏ニアル所ノモノ下等米ナルモ諾約者之ヲ渡シテ其義務ヲ免ルヽヿヲ得之ニ反シ其米若シ上等ナルモ要約者之ヲ引取ル可キ權利アリ（第三百三十條ノ適用）

○第卅一號　引渡ノ義務ハ如何ナル方法ニ履行ス可キ乎（第三百卅三條）

（甲）不動產　不動產ニ就テハ現實ノ引渡ヲ爲スヿヲ得サレハ其物ノ權利ヲ証スル証書類ヲ交付シ且其場所ハ明渡ヲ爲スヲ以テ足レリト

ス例ヘハ家屋ナレハ其家屋ニ附屬セサル諸動産ヲ引拂ヒ土地ナレハ其地上ニアル諸物ヲ取リ除ケ以テ要約者ヲシテ自由ニ使用シ得可キ位置ニ居ラシメサルヘカラス然レ圧左ノ塲合ニ於テハ證書ノ交付ノミニテ塲所ノ明渡ヲ要セス

(イ)　占有ノ改定

讓渡人其物件ノ引渡前ニ新ニ其讓受人ヨリ賃借權、用益權或ハ使用權等ヲ得タル片ハ占有ノ改定アリタルモノトシ更ニ新名義ヲ以テ占有ヲ爲シ塲所ノ明渡ヲ要セス(新名義トハ賃借人用益人等ノ名義ヲ云フ)

(ロ)　簡易ノ引渡

賃借人等ノ如キ假容ノ名義ヲ以テ占有シ居タル者其物件ノ所有權ヲ讓受ケタル片ハ簡易ノ引渡シアリタルモノトシテ證書ヲ交附スルノミニテ明渡ヲ要セス

(乙)　動産　動産ニ就テハ現實ノ引渡ヲナスヿヲ得ルモノナレハ諸約

者ハ要約者ヲシテ其物件ヲ引取リ得可キ地位ニ置ケハ可ナリ動産ニ就テモ亦現實ノ引渡シヲ要セスシテ其義務ヲ免ル場合アリ例ヘハ甲者乙者ヨリ米五俵ヲ借リ受ケ返濟期ニ及ンテ乙者甲者ヨリ米五俵ヲ買ヒ受ケタリトセンカ此時ハ甲乙共ニ物件ノ授受ヲ要セサルナリ然レモ此場合ハ不動產ノ如キ簡易ノ引渡占有ノ改定ト稱ス可キモノニアラスシテ義務相殺ノ效ニヨリ双方共ニ引渡ノ義務ヲ免レタルナリ

(丙)債權　債權ニ就テハ其目的タル有形ノ物件アラサレハ其權利ノ證書ヲ交附スルノミヲ以テ其義務ヲ完成シタルモノトス例ヘハ甲者丙者ニ對スル金圓ノ債權ヲ乙者ニ賣渡シタリトセンカ甲者ハ丙者ヨリ差入レタル借用證書ヲ乙者ニ交付スルノミニテ其引渡ヲ終ヘタルモノトス

○第三十二號　引渡ヲ爲ス可キ場所、日時及引渡、引取、證書ノ費用ヲ負擔スル人如何合意ハ法律ニ等シキ効力ヲ双方間ニ有スルモノナレハ場所日時ヲ明約スレハ之ニ從フ可キハ勿論ナルモ若シ明約ナキ片ハ如何ス可キカト云フニ法律ハ之カ答ヲナセリ若シ引渡ノ場所ヲ定メサリシ片ハ確定物ニ付テハ合意ノ當時其物件ノ在リシ場所ニ於テ引渡ヲ爲シ代替物ニ就テハ其物ノ指定ヲナセシ場所其指定ヲナサヽル片ハ債務者ノ住所ニ於テ爲ス可キナリ斯ク法律ニ規定シタルハ敢テ間然ス可キニアラス然リト雖モ當事者カ明約セサレハトテ直ニ此法律ニ從テ判定スルヿヲ得ス假令ヘ明約ナキモ其引渡ノ場所ヲ察知シ得可キ片ハ之ニ從フ可キナリ例ヘハ東京住ノ甲乙、旅行シテ名古屋ニ邂逅シ乙ハ甲カ騎馬ヲ若干圓ニテ買取ランヿヲ甲ニ提拱セシニ甲之ヲ承諾シ後甲乙東京ニ歸リタル場合ノ如キハ引渡ノ場所ヲ明約セサルヲ以テ名古屋ニ於テ爲ス可キカ如シト雖モ如此場合ハ双方ノ意思ヲ忖度スル片ハ東京ニ於テ引渡ヲナス可キ意思ナリシヿヲ察知シ得可キナリ引渡ノ日時即期限モ亦場所ト同シク結約者ノ取極メタル日時ニ於テナシ若シ取極メサリシ片ハ即時ニ引渡ス可キナリ然レ𪜈明約セサレハトテ明ニ引渡ノ期限ヲ他日ニ延引セシヿヲ察知シ得可キ片或ハ事物自然ノ情態ニ依リ即時ニ執行シ能ハサル片ハ双方ノ意思ノ尊重シテ之ニ從フ可キナリ

引渡ノ義務ハ諾約者ノ當然負フ所ノモノナレハ從テ引渡ニ就テ要スル費用モ亦諾約者之ヲ負擔セサルヲ得ス引取ノ費用即引渡ヲ受ケタル場所ヨリ他ヘ運搬スル費用ノ如キハ其物件巳ニ要約者ノ處置權内ニ歸シタレハ要約者之ヲ負擔ス可キハ當然ナリ證書ノ費用ニ付テハ有償合意ニ在テハ双方之ヲ分擔シ無償ノ合意ニ付テハ得益者獨リ之ヲ負擔ス可キナリ(佛法ハ証書ノ費用ハ物件讓受人ノ負擔トセリ假ヘハ賣買ニ付テハ買主ニ於テ之ヲ負擔スルカ如シ)

○第三十三號　物件保存ノ義務ノ發生及其廣狹如何(第三百三十八條)

第三十三號

物件ヲ附與スルヿヲ約シタルモノハ必ス其物件ヲ引渡ス迄之カ保存ニ注意スルノ義務アリ故ニ與フルノ合意ニハ諸約者ヲシテ引渡ノ義務保存ノ義務ヲ包含ス而シテ物件保存ノ義務ハ引渡ノ義務ニ於ケルカ如ク與フルノ合意ニ依リ確然發生スルモノニアラズ彼ノ代替物ヲ與フル合意ヲナシタルモノハ其引渡ヲ爲ス可キ物件未タ確定セサルヲ以テ其保存ス可キ物件存在セス從テ保存義務モ發生スルヿ無シ抑債務者ニ物件保存ノ義務アルハ必竟債權者ニ於テ之カ損壞滅盡ノ損失ヲ受ク可キモノナルカ故ナリ然ルニ代替物ハ引渡マテ其目的物指定セラレタルモノニアラサレハ其損失ノ担當ハ債權者ニアラスシテ（次號參觀）債務者ニ在レハ債務者ハ其物件保存ノ責ニ服スルヲ要セス債務者ニ保存ノ義務アル場合左ノ如シ

（一）確定物ヲ與フルノ合意ハ其時ヨリ引渡ニ至ルマテ

（二）不確定物ヲ與フル合意ハ双方其物件ヲ指定シタル時ヨリ引渡ニ

物件保存ノ義務アル者ハ如何ナル注意ヲ以テス可キ乎

至ルマテ

保存義務ハ如何ナル程度ノ注意ヲ以テ為ス可キヤ如何ナル過失アルトキハ損害ヲ賠償ス可キ責アルヤヲ知ラサル可ラス(是レ問題ニ所謂保存義務ノ廣狹ナリ)

佛國往古ノ學者ハ契約ヲ三ケニ區別シ債務者ノ利益ノミニ為ス契約、當事者双方ノ利益ヲ旨トシタル契約、債權者ノミノ利益ニ為ス契約トセリ其債務者ノミニ利益アル契約即チ使用貸借ノ如キハ債務者ハ極メテ深切丁重且善良ナル管理者ノ取扱ヒヲ以テシ双方ノ利益ヲ旨トシタル契約即チ賣買交換ノ如キハ善良ナル管理者ノ注意ヲ以テ為シ債權者ノミノ利益ニスル契約即チ附託ニ於ケル如キハ自己ノ物件ノ注意ト同一ニ為ス可キナリトセリ又過失モ三級ニ區別シ重過失、輕過失、最輕過失トシ重過失ハ義務者自己ノ物件ニ施スノ注意ヲ以テスレハ決シテ為サヽル可キモノヲ謂ヒ輕過失トハ善良ナル管理者ハ決シテ陷ラサル可キモノヲ謂ヒ最輕過失トハ極メテ深切丁重且善良ナル管理者ノ爲サヽル可キモノヲ謂フ而シテ債務者ノ利益ノミヲ目的トシタル契約ニ就テハ重過失輕過失ハ勿論最輕過失ヲモ負担シ双方ノ利益ヲ旨トスル契約ニ就テハ重過失輕過失ノ責ニ任シ債權者ノミ利益アル契約ニ就テハ單ニ重過失ノ責ニ任スルノミナリトセリ此區別ハ一見スルトキハ法理ト公平ニ協ヒタルカ如シト雖モ實際ノ適用上ニ於テ其過失ノ區域ヲ判別スルノ極メテ困難ヲ感セシムルノミナラス吾人カ常ニ用フル所ノ注意ハ事ニ依リ物ニ應シテ格段ノ差別アルモノニアラス債務者ノ爲メノミノ契約ナリトテ極端ニ奔リ細微ナル注意ヲ促ヿス能ハス又債權者ノ爲メノミノ契約ナレハトテ普通善良ナル管理者ノ注意ヲ怠リタルニ其責ニ任スルヲ要スト謂フコト能ハス故ニ佛法ニ於テハ已ニ右ノ區別ヲ採用セスシテ一方ノ利益ヲ目的トスル契約ト双方ノ利益ヲ目的トスル契約トニ論ナク凡テ善良ナル管

理者ノ注意ヲ以テ保存シ若シ其注意ヲ懈リタル片ハ損害賠償ノ責ニ任ス可シト規定セリ(第千百三十七條)我法典ハ佛國法典ノ如ク其區別ヲ採ラスシテ稍々精密ナル規定ヲ爲セリ即原則ニ於テハ特定物ヲ引渡ス可キ債務者ハ善良ナル管理者ノ注意ヲ以テ保存ス可キモノトシ而シテ例外トシテ專ラ債權者ノ利益ノミヲ目的ト爲シタル契約ニ付テハ自已ノ物品ト仝一ノ注意ヲ以テ保存スルノ義務アルノミトセリ即チ第三百三十四條第二項ニ於テ無償ノ讓與ニ係ル片ハ義務者ハ自已ノ物件ト同一ノ注意ヲ以テ管理ヲナス可キヿヲ規定セル是ナリ其合意ノ性質等ニ因リ債務者ニ之ト仝一ノ注意ヲ要スル塲合ハ各其事項ニ規定セリ

法律カ往古ノ區別ヲ廢シタリト雖モ實際ニ臨ム片ハ其契約ノ性質ニ應シテ幾分カ寛嚴ノ斟酌ヲ爲シ其責任ノ度ヲ査定ス可キハ老實ナル裁判官其人ニ在リト云フ可シ

○第三十四號　物件ノ毀損滅失ノ損失ヲ負擔スヘキ人及其理由ヲ説明セヨ（第三百三十五條）

物ノ增加ノ利益ハ何人カ收得スル乎

凡ソ人ニ對シテ權利ヲ有スル者ハ其人ト（實ハ其人ノ資産ト）運命ヲ共ニスルト同シク物上ニ權利ヲ有スル者モ亦其物件ト運命ヲ共ニスルコトハ道理上最モ覩易キ事トス故ニ本問ニ對シ簡單ナル答解ヲ與フレハ物件ノ毀損滅失ハ所有者之ヲ負担スヘシト曰フヲ得ヘシ今物件讓渡ノ契約ヲ爲スニ當リテモ所有權ハ合意ノ效ニ依リ直チニ要約者ニ移轉スル者ニシテ要約者ハ未タ物件ノ引渡ヲ受ケスト雖モ其所有權ヲ獲得シ所有者トナルモノナリ依テ其獲得以後ハ物件一切ノ運命ハ要約者即チ所有者之ヲ負擔スヘキモノト謂ハサルヘカラサルナリ此ノ論決ハ片務契約ニ於テハ殊ニ明瞭ナリト雖モ雙務契約ニ於テハ稍々解シ難キ問題アリ即チ物件引渡ノ義務ニ對スル義務アルトキ其引渡ノ義務ヲ免ルヽニ依リ其相對スル義務モ亦消滅スルヤ例ヘハ甲者乙者ニ家

物件滅失ノ場合ニ於テ之ニ對スル義務ニ如何

ナル影響
アル乎

屋ヲ賣却シタルニ其物件滅失シタル片ハ乙者ハ其代價ヲ甲者ニ拂フノ義務ヲ免カルヽヿヲ得ルカ、蓋シ買主カ代價ヲ拂フノ義務ヲ負フハ賣主ヨリ其家屋ノ引渡ヲ受ケ之ヲ利用センヿヲ希圖シタルニ外ナラス然ルヲ其物件滅失シテ之ヲ受クルヿ能ハサレハ其價ヲ拂フヲ要セサルニ似タリ、又賣主ヨリ云ヘハ買主ニ代價ヲ要求シ得ルハ其物件ヲ交付シ買主ヲシテ利益ヲ得セシムルニ因ル然ルヲ賣主ハ買主ニ其物件ヲ交附セス又何等ノ利益ヲモ得セシムルヿナクシテ其代價ヲ要求スルハ原因ナクシテ利益ヲ得ルニ似タリ然レ𪜈双務ノ合意一度完成スルヤ双方共ニ義務ヲ負担シ而シテ其二個ノ義務相離レテ存立シ一方ノ義務ノ消滅ニ依リ他ノ義務ニ妨害ヲ與フルモノニアラス去レハ買主ハ賣主カ物件引渡ノ義務ヲ免カレタリトテ已レカ約シタル代價ノ支拂ヲ免カルヽヿ能ハス故ニ此場合モ亦買主即チ所有者其物件滅失ノ損失ヲ負担セサルヘカラサルナリ

第三十四號

物件ノ滅失毀損ニ因リ損失負擔ノ問題ハ確定物ヲ與フルノ契約ニアラサレハ生スルヿナシ蓋シ代替物ハ其種類悉ク滅失スルヿアラサルニヨリ物件ノ滅失ト云フヿ實際生セサレハナリ

(附言)或ル學說ニ曰ク物件滅失ノ損失ハ債權者之ヲ負擔スヘシ其理由ハ債權者ハ其物件ノ未來ニ有スル倖運ヲ荷フモノナレハ其不運ニ際シタルトキモ亦其結果ヲ受ケサル可ラス蓋シ双方合意ノ上一方所有權ヲ讓渡シ他ノ一方之ヲ讓受ケタルトキハ讓渡者ハ已ニ其物カ自己ノ資產ヲ去リタルモノナレハ後來其物件ノ運命ニ關スルヲ欲セサル可ク讓受者モ亦其物件ニ付テ確定ノ權利ヲ得其幸不幸ハ自ラ荷ハントト希圖シタルニ外ナラサル可シトノ公平主義ニ基キ法律ハ双方ノ意思ヲ推定シテ債權者ニ損失ヲ負ハシメタルモノナリ若シ損失ハ所有者ノ負担タル可シトノ論理ヲ以テ支配スルトキハ双方合意ヲ以テ所有權ノ移轉ヲ後日ニ延ハシタルトキハ其損失ハ債務者之ヲ負擔スト謂ハサル可ラス何トナレハ此場合ニ於テハ所有權ハ債權者ニ移ラサレハナリト其然リ然リト雖モ所有權移轉ヲ他日ニ送リタル場合ニ債務者カ滅失ノ損失ヲ受ケサル可ラスト云フ駁擊ハ最モ力ナキモノナリ蓋シ所有權ハ完全ナル處分權ヲ包含スルモノナレハ決シテ期限ヲ

設ル丁能ハサルモノナリ故ニ右ノ如キ合意ハ唯双方カ物件ノ引渡ヲ後日ニ送リタルモノト解シ所有權ハ矢張リ合意ノ當時直ニ移轉シタルモノト看做ス可ク而シテ學者ノ論スル所ト敢テ異ナル結果ヲ生スルヲ見サルナリ

債務者ニ於テ物件毀損滅失ノ損失ヲ負擔スル場合アル乎

以上ノ規則ニハ二個ノ例外アリ

第一、双方特別ノ約束ヲ以テ諸約者其損失ヲ負担ス可シト結約シタル場合、例ヘハ甲者乙者ニ一家ヲ賣渡シ且約シテ曰ク此物件引渡前ニ滅失或ハ損壞シタル片ハ余之ヲ負擔ス可シト此ノ如キハ賣主ハ一種ノ保險契約ヲ結ヒタルモノナリ蓋シ私益ニ關スル法律ハ當事者ノ合意ヲ以テ之ヲ破ル丁ヲ得、コレ此例外アル所以ナリ

第二、諸約者ノ過失ニ原因シテ毀損滅失シタル片

遲滯ニ附セラレサル前ハ諸約者ハ自己ノ疎虞懈怠、惡意ニヨリ其物件ヲ毀損滅失シタルトキノミ其損失ヲ負擔ス然レ圧遲滯ニ附セラレタル片ハ縱令天災又ハ不可抗力ニヨリ滅失又ハ毀損スルモ諸約者其物

第三十四號

件ヲ引渡シタランニハ此災厄ヲ免レルヽヿヲ得ヘシト推定シ得ヘキトキハ自己ノ過失ト同シク損失ノ責ニ任スヘキ也何者債務者ノ過失ハ遲滯其物ニ存スレハナリ但シ諾約者ガ物件ヲ引渡ストモ滅失又ハ毀損ヲ免ルヘカラサリシトキハ其責ニ任セス例ヘハ甲者乙者ニ馬一頭ヲ賣リ甲者ハ其引渡ヲ怠リタルカ爲メ遲滯ニ附セラレタル後類燒ノ爲メ其馬ヲ燒死セシメタリ此場合ニ於テ甲者其引渡ヲ怠ラサリセハ馬ハ乙者ノ手ニ在ルヲ以テ其燒失ヲ免ルヘケレハ甲者ハ乙者ニ損害ヲ賠償セサルヘカラス反之甲者乙者ニ家屋ヲ賣リ其引渡ヲ遲延シタル後大火ノ類燒ニ遭ヒタリトセンカ甲者ハ假令既ニ其引渡ヲ完了シタリシト雖モ其家屋ハ到底類燒ヲ免レサレハ其損害ヲ賠フヲ要セス

爰ニ例外ニ似テ非ナルモノアリ停止ノ未必條件ヲ以テ結約シタル場合ニ在テハ其條件成就セサル前ハ要約者ハ未タ所有主タラサレハ物

件ノ損耗ヲ負擔スル謂レ無シ然レトモ條件到着前ニ當テ一部ノ毀損ヲ生シタル場合ニ於テハ不完全ナカラモ其目的存在シタレハ其權利發生セスト云フ可カラサレハ其損失ハ要約者即チ所有者之ヲ負擔セサルヲ得ス(未必條件ノ義務ノ效果ヲ參照アレ)

○第三十五號　債權者債務者ヲ遲滯ニ置ク方法如何(第三百三十六條)

債權者ハ左ニ記スル事由ニ由リ債務者ヲ遲滯ニ付スルヿヲ得

(一)債權者ハ債務者ニ法式ニ適シタル催告書ヲ送リ又ハ執行文ヲ示シタルヿ

純理上ヨリ觀察スルトキハ執行期限ヲ設ケサル契約ニ就テハ即時、其期限アルモノハ其滿了後、之ヲ執行ス可ク片時タリトモ延引スルトキハ即債務者ハ義務ヲ遲滯シタルモノナリトセサル可ラス然レトモ實際ニ就テ考フルニ債務者ハ知ラス識ラス其期限ヲ經過セシメ無意ニシテ執行ヲ怠ルヿ有ルハ往々見ル所ニシテ若シ之レカ為メ債權者ニ生シタル損害ヲ賠償セシムルトスル𪜈ハ實ニ法律ハ債務者ヲ待ツヿ至酷ト云フ可シ又債權者ニ於テモ期限經過スルモ請求ヲ爲サヽルハ自己ニ其義務ノ履行ノ必要ヲ感セサルヲ以テ其不執行ヲ默諾シタルモノト看做スヿヲ得可シ且ツ夫レ債權者ハ權利ヲ常ニ念頭ニ記スルモ債務者ハ義務ヲ遺忘シ易シトハ蓋シ世ノ常態ト云フ可ケレハ期限經過ノ一事ヲ以テ怠リアリト云フ可ラス

催告書ヲ送リ執行文ヲ示スヿハ必ス訴訟法ニ定ムル條件ト方式ニ從テ爲サヽレハ其效ナキモノトス

(二)　債權者カ債務者ニ對シテ爲ス訟求裁判所へ出訴スルハ催告書ヲ送リ又ハ執行文ヲ示スヨリモ債權者ニ於テ一層其義務ヲ執行セシムルノ緊急ニ切迫シ居ルヿヲ推測スルヲ得可シ

(三)　期限經過ノ一事ヲ以テ遲滯アリト双方明ニ約束シタル𪜈其期限

ハ經過シタル場合

合意ハ法律ニ等シキ效アリトハ動ス可ラサル法理ナレハ此等ノ私益ニ關スルヿハ双方ノ意思ヲ尊重セサル可ラス然レ𪜈期限經過ノ一事ヲ以テ遲滯ニ置クハ實ニ例外ニ屬スルヿナレハ双方ニ於テ明確ニ約束シタルヿヲ要シ決シテ推測ヲ以テ定ム可ラサルナリ

(四) 義務ノ性質ニ因リ必ス或ル期限內ニ履行セサレハ債權者ニ何等ノ利益モナキ場合ニ於テハ期限經過ノ一事ヲ以テ遲滯ニ付シタルモノトス

例ヘハ一月元旦ノ飾物「クリスマス」ノ飾リ物、三月節句ノ雛人形、五月節句ノ旗幟ヲ買ヒタル場合ニ賣主一月一日、十二月二十五日、三月三日、五月五日ヲ經過シテ其物件ヲ引渡スモ買主ニ於テ何等ノ利益ヲ得ルヿ能ハス實ニ六日ノ菖蒲十日ノ菊ト云フ可シ故ニ如此場合ニ於テハ其期限經過ノ一事ヲ以テ債務者ヲ遲滯ニ置クヿヲ得其他冠婚葬祭ノ節

使用スル物件ノ買主ニ於テモ亦同一ニ說明スルヿヲ得

(五) 爲サヽルノ義務ニ就テハ債務者其義務ニ違反シタルハ一事ヲ以テ遲滯ニ附シタルモノト云フ可シ是レ前項ト全ク其義務ノ性質ヨリ來ルモノナリ抑爲サヽルノ義務ノ執行ハ常ニ無形ニ繼續スルモノナレハ債權者ハ催告書等ヲ以テ其執行ヲ促シ得可キノミニアラス故ニ此場合ニ於テハ債務者一タヒ其義務ニ背クヤ直チニ遲滯ノ責アリ例ヘハ甲ハ乙ト約シテ甲ノ隣地ナル乙ノ邸內ニ喬木ヲ植ユ可ラサルコトヲ要約セシニ乙ハ此要約ニ反キ喬木ヲ植付タル場合ノ如シ

(六) 法律カ期限ノ經過ヲ以テ遲滯ニ付シタルモノト定メタル場合例ヘハ贓物ヲ取還スニ付テハ催促ヲ爲サヽルモ竊取强奪ノ所爲其モノニ過失アレハ直ニ遲滯ニ付シタルモノト見做ス

(附言) 以上ハ一般ノ義務ニ付キ債務者ヲ滯遲ニ置ク種々ノ場合ヲ述ヘタ

リ金員ノ義務ニ付テ遅延ニ付スル方法ハ別段ニ之チ記スルチ以テ正當ノ順序ト信ス故ニ本問ニ對シテ之チ記セス(第三百九十一條)

○第三十六號　債權者債務者ヲ遲滯ニ置ク効果如何

遲滯ニ付セラレタル債務者ハ過失アルモノト推測スルヲ以テ左ノ效果ヲ生ス

(一)確定物引渡ノ義務ニ付テハ天災又ハ不可抗力ニ依リ物件ノ滅盡又ハ毀壞ノ損失ヲ債務者ニ負ハシムルヿヲ得未タ遲滯ニ付セラレサル前ニ當リテハ債務者ハ唯自已ノ過失ニ依リテ滅盡毀壞セシメタル片ノミ其責ニ任スルモ附遲滯後ハ過失アルモノト推測セラルヽヲ以テ天災ノ爲メニ生シタル損害ノ責ヲモ負担セサルヲ得ス然レ圧債務者カ其義務ヲ執行シテ已ニ引渡ヲ完結シタルモ尚同一ノ災厄ニ罹ル可キ場合ハ此限ニアラス

(二)双務合意ニ付テハ契約ニ違背セサル一方解約ヲ裁判所ヘ訴フル

ノ權ヲ生ス

(三) 義務履行ヲ怠リタルカタメニ一方ニ損害ヲ蒙ラシメタル𪜈ハ必ス之ヲ賠償セサル可ラス是レ債務者ヲ遲滯ニ置ク最モ重ナル效果ト云フ可シ若シ債權者債務者ヲ遲滯ニ置カサル𪜈ハ其執行期限ニ後ルヽ幾數月ニシテ其延引シタルカタメ何程ノ損失アルモ之ヲ賠償セシムルヿ能ハサルナリ金員ノ義務ニ就キ其損害ヲ賠償セシムル方法ニ於テハ他ノ義務ト異ナル所アリ是モ後ニ說クヘシ

○第三十七號　承繼人ニ對スル合意ノ効力如何(第三百三十八條)

承繼人トハ如何ナル人ヲ指スヤ

承繼人ニ二種アリ一般ノ承繼人、特定ノ承繼人是ナリ一般ノ承繼人ニハ相續人、包括又ハ包括名義ノ受贈人、受遺囑人又ハ一般債權者ヲ包括シ、特定ノ承繼人ハ特定シタル一ケ又ハ數ケノ確定物ヲ有償又ハ無償ニ讓受ケタルモノヲ云フ、一般ノ承繼人ハ本主ノ資產ノ全部又ハ一部ヲ承繼スルモノナルヲ以テ先人カ負ヒタル義務モ亦其全部又ハ一部ヲ承繼セサルヲ得ス故ニ此種ニ屬スル承繼人ハ本主カ財產上ニ爲シタル所爲ハ一々其影響ヲ蒙リ本主若シ巧ニ財產ヲ管理シ大ニ之ヲ增殖スルトキハ承繼人モ亦又其利益ヲ受ク反之本主若シ財政ノ拙劣ナルカ爲メ之ヲ減耗スルトキハ承繼人モ亦其損失ヲ受ク又一般ノ債權者ハ債務者カ全財產ニ對シテ擔保權ヲ有スルモ其權利タル實ニ安固ナラサルモノニテ債務者ノ財產ノ消長ニ依リ其擔保權ノ增減ヲ來タスモノナリ故ニ素封家カ一旦無資力ト爲リタル爲メ許多ノ債權者カ非常ナル損失ヲ受クルハ法衙ニ續々現出スル所ニシテ決シテ珍奇ノ事ニアラサルナリ(第三百四十條第一項前段)

以上說明スル如クナルヲ以テ一般ノ承繼人ハ本主カ爲シタル凡テノ契約ヲ尊重シ以テ之ヲ履行セサル可カラス換言セハ契約ノ效果ハ一般ノ承繼人ニ及スヲ以テ原則トス然レトモ權利義務ノ性質上承繼人ニ移轉セサルモノハ此限ニアラス例ヘハ用益權、使用權、住居權ノ如キハ皆人ノ畢生間ヲ以テ其權利消滅スルモノナレハ相續人ニ移ルコトナシ又畢生間ノ年金文武ノ恩給ノ如キモ同一ナリ其他代理契約ノ如キ又社員中ノ一人ノ死去ヲ以テ解散スル所ノ會社契約モ其効果ヲ相續人ニ及ホスコトナシ然レトモ是等ノ各種ノ場合ニ於テ既ニ有效ニ爲サレタル所爲ニ付テハ承繼人ノ利害ト爲ルナリ例ヘハ用益權ヲ有スルモノ死去前ニ收穫シタル果實ハ承繼人ノ利益ト爲ル反之死去後ニ係ル未獲收ノ果實ハ承繼人ノ利益トナルコトナシ

特定ノ承繼人トハ一ケ又ハ數ケノ定マリタル物件ノ買主、交換者、受贈者、受嘱者等ニシテ此等ノ者ハ前段ノ者ニ異リ權利ノ讓渡ヲ受クルヤ確固不拔ノモノニシテ決シテ本主カ以后如何ナル所爲ヲ行フモ其效果ヲ蒙ルコトナキモノトス例ヘハ甲、乙ヨリ一ケノ土地ヲ買受ケタル後乙者ハ更ニ之ヲ丙者ニ書入質トナシタリトスルモ甲者其契約ノ效果ヲ受クルコトナシ然レトモ其物件ヲ讓受ケタル以前ニ當テ已ニ本主ト結約シタル第三者アル𪜈ハ其契約ヲ尊重セサル可ラス再ヒ前例ヲ引証スルニ甲者カ土地ヲ買受クル前乙者ハ其土地ヲ丙者ニ書入ト為シタル𪜈甲者ハ丙者ノ權利ニ服從セサル可ラサルカ如シ然レ圧他人ニ先チ已ニ權利ヲ獲得シタリト見做スニハ種々ノ要件ヲ備ヘサル可ラス是レ別問題ナルヲ以テ茲ニ説カス

以上説明スル如クナレハ權利獲得前ニ本主カ為シタル合意ハ其效果ヲ蒙ムルト雖モ權利獲得後ニ為シタル合意ノ效果ヲ受クルヿナシ

○第三十八號　債權者債務者ニ屬スル權利ヲ伸暢シ及其訴權ヲ行ヒ得ル理由幷其區域如何（第三百三十九條）

一般債權者ハ相續人及包括又ハ包括名義ノ承繼人ト同シク債務者ノ一般ノ承繼人ナレハ債務者カ締結シタル合意ノ利害ハ悉ク其影響ヲ受ケサル可カラス而シテ債權者ハ債務者カ現在有スル財産及ヒ將來有スルヿアル可キ財産ニ對シ一般ノ擔保權ヲ有スト雖モ其權利タル

實ニ確固ナラサルモノニテ債務者ハ自由ニ之ヲ賣却贈與等ノ處分ヲ施スヿヲ得故ニ債權者ハ債務者カ財産中ニ入リタル權利ニ付キ忽チ擔保權ヲ獲得シ得ルモ債務者カ財産中ヲ去リタル權利ニ付テハ忽チ擔保權ヲ失却セサルヲ得ス、サレハ若シ債務者過テ自己ニ屬スル權利ノ伸暢ヲ怠ルカ爲メ其權利ヲ失ハントスル𪜈或ハ故意ヲ以テ權利ノ伸暢ヲ爲サスシテ之ヲ失ハントスル𪜈或ハ債務者他人ヨリ訟求ヲ受ケ故意ニ敗訴シ又ハ他人ニ對シテ訟求ヲ爲スモ故意ニ敗訴ヲナス等ノ恐レアル𪜈ハ債權者ハ債務者ヲ代表シテ權利ヲ伸暢シ或ハ自ラ債權者タル資格ヲ以テ債務者カ爲ス訴訟ニ參加シテ故意ノ敗訴ヲ豫防スルハ實ニ正當適理ノヿト云フ可シ、此等ノ豫防ハ債務者カ資力充分ナル𪜈ハ全ク無用ノヿナリ何トナレハ債權者ハ爲メニ損害ヲ被ルノ恐レナケレハナリ又實際ニ就テ考フルモ債務者カ資力ヲ有スル間ハ決シテ權利ノ伸暢ヲ怠リ或ハ故意ノ敗訴ヲ爲スカ如キハ是レアル可ラスト雖モ債務者カ資力不充分ナル地位ニ陷ルトキハ自ラ權利ノ伸暢ヲ怠ル可キハ蓋シ人情ノ常ト云フ可シ何者自ラ奮テ權利ノ回收ヲ爲スモ到底債權者ノ弁償ニ供セサル可カラサルモノナレハナリ況ンヤ世上猾智ノ輩或ハ他人ト通謀シテ權利ヲ失ヒタル如ク外面ヲ裝ヒ以テ債權者ヲ害シ後ニ他人ト其利得ヲ別ツノ輩ナシトセサルニ於テヲヤ如此理由ナルヲ以テ債權者ハ自己ノ擔保權ヲ保存スルカタメ債務者ニ屬スル權利ヲ伸暢シ又債務者ヲ代表シテ其訴權ヲ行フヿヲ得可シ而シテ債務者ニ代リテ權利ヲ伸暢シ訴權ヲ行フハ各債權者獨立シテ爲スヿヲ得可ク共同一致スルヲ要セサルナリ例ヘハ甲ナル債務者ニ對スル債權者乙丙丁ノ三人アリトスルニ其中乙ナル一人ノ債權者甲ノ物件ヲ占有スル戊ニ對シテ時效ヲ中斷セントスルトキハ自已一人ノ量見ヲ以テ爲スヿヲ得然レ𪜈已ニ權利ヲ行ヒ獲タル所ノ利益ハ乙一人ニ歸セシムルヿヲ得ス總債權者間ニ其權利ニ應シテ配分ス可

キナリ若シ其中一人特別ノ權利ヲ有スルモノアルトキハ此限ニアラス

債權者ハ債務者ノ權利ヲ行フヿヲ得可シト云フ原則ニ三ケノ例外アリ

債權者ハ債務者ニ屬スル權利ニシテ之ヲ伸暢ス可ラサルモノアル乎

權能ト權利トノ區別如何

（第一）債權者ニ屬スル純然タル權能

權利ト權能ノ區別ハ學者精ク之ヲ論セシモノアルヲ見ス獨リ「ボアソナード」氏之ヲ說テ權利ハ其行用ヲ怠ル片ハ確カナル損失アル所ノモノハナリ權能ハ相當ノ出捐ヲ爲スニアラサレハ行用ヲナスヿヲ得サルモノヲ云フト此解釋ニ付テ考フレハ行ヘハ必ス利益アリ放棄スレハ必ス損失アル可キモノハ權利ニシテ行フモ利益ヲ得ルカ損失ヲ蒙ムルカハ其結果ニ至ラサレハ知ル能ハサルモノハ權能ナリ而シテ債權者債務者ニ屬スル權能ヲ行フ能ハサルノ理ハ此區別ニ就テ考フル片ハ之ヲ會得スルヿ容易ナリ抑行テ必然利益アル可キモノハ債權者之

ヲ行ヒ自已ノ抵當權ヲ保存スルハ正當適理ノ事ナリ之ニ反シテ之ヲ行フモ利益アルヤ損失アルヤ初ヨリ期ス可ラサルモノニ至テハ宜ク債務者ノ自由ニ任シ強テ之ヲ行ハシムヿヲ得ス若シ之ヲ強ユルヿヲ得ルトスル片ハ債務者ハ財產管理ノ權ヲ悉ク債權者ニ褫奪セラレサル可カラサルノ結果ニ至リ債務者ハ一種ノ無能力者爲ラサル可ラス彼ノ土地ヲ賃貸シ或ハ耕作シ或ハ家屋ヲ建設スル如キハ權能ノ最モ著シキ設例ニシテ土地ヲ賃貸スルハ自已ニ耕作ヲ爲スヨリ利益アルカ麥ヲ植ユルハ菜種ヲ植ユルヨリ收獲多キカ又寧ロ耕作セスシテ放棄シ置ク方利益アルカハ其結果ニ至ラサレハ知ルヿ能ハス故ニ如此權能ノ作用ニ至リテハ債務者ノ意見ニ一任シ置クヘクシテ他ヨリ容喙シ得可キモノニアラス

銷除解除ノ訴權ハ其性質權能ニ屬ス可キモノ乎

無能力者又ハ承諾ノ瑕疵ノタメニ債務者ニ屬スル合意ヲ無效ニスル訴權双務合意ニ於テ一方條件不履行ノタメノ解除ノ訴權財產ニ及ホ

シタル、損害賠償ノ訴權ノ如キハ皆之ヲ行用セハ利益アルモノナレハ債權者之ヲ行ヒ其擔保權ヲ保存シ得可キナリ或說ニ曰ク承諾ニ瑕疵アル、タメニ合意ヲ取消ス訴權ハ權能ナリ何者双務合意ニ於テ合意ヲ取消ストキハ必ス曾テ受ケタルモノヲ返還セサル可カラサレハ時トシテハ取消シテ却テ擔保權ヲ減少セシムルヿアルノミナラス承諾ニ瑕疵アルヤ否ヤハ本人獨リ知得シ得可キモノニテ他ヨリ窺ヒ知ル可キモノニアラサレハナリト

(第二)　債權者ノ一身ニ專屬スル權利

債務者ノ一身ニ專屬スル權利トハ金錢上ノ利益ヨリ專ラ心意上ノ利益即無形的ノ利益ヲ目的トシタルモノ及ヒ幾分カ金錢上ノ利益アルモ無形的ノ利益更ニ大ナルモノハ此種ノ權利ニ屬ス可キモノナリ此種ニ屬スル權利ノ一二ノ例ヲ擧クレハ恩義忘却ノ爲メ其契約ヲ取消ス權利親子ノ分限ノ請求財產相續ノ故障ヲ求ムルヿ債務者一身上

ニ關スル侮辱誹毀等ニ付キ損害賠償セシムルノ權利、此種ノ權利ノ行用ハ債務者自由ナル意思ニ放任ス可キモノニテ債權者敢テ之ニ關係スルヿヲ得ス何トナレハ此等ノ訴訟ハ多クハ人ノ內行上ニ立入リ一家ノ內事ヲ調査シテ實ニ忌ム可キノ事實ヲ公衆ニ示シ却テ本人ノ名譽ヲ汚シ無形上ノ利益ヲ毀クルヿ少ナシトセサルヲ以テ獨リ本人ノミ其利益ヲ斷定シテ以テ行フヿヲ得可キノミ

（第三）法律ニ於テ差押フ可カラサルモノト定メタル權利、此種ノ權利ハ即住居權使用權等ナリ此種ノ權利ハ債權者ノ一般ノ擔保物ニアラサレハ從テ債權者之ヲ行フ能ハサルハ當然ナリ

以上列記スル三ケノ外如何ナル權利ト雖モ之ヲ行フヿヲ得可シ即其行ハントスル權利ノ發生ハ自己ノ權利ノ發生後ニ在リシモノナルト發生前ニアリシモノナルトヲ問フヲ要セス是レ一般ノ債權者ハ債務者ノ現在及將來有スルヿアル可キ權利ニ付キ擔保權ヲ有スレハナリ

第三十八號

如何ナル債權者ハ債務者ノ權利ヲ行フヿヲ得ル乎

又自巳ノ權利ヲ執行シ得ヘキ時期ナルト否トヲ論セス之ヲ行フヿヲ得例ヘハ甲者乙者ヨリ六月三十日辨濟ノ約ヲ以テ一月一日ニ金百圓ヲ借用シタリトセンニ乙者ハ六月三十日前ト雖モ甲者ノ債務者ノ財産ヲ差押ヘ或ハ甲者ノ物品ヲ不正ニ占有スルモノニ對シテ物品取戻ヲ請求スルヿヲ得可シ然レ𪜈此點ニ付テハ反對論者多シ今其論スル所ヲ聞クニ未タ主タル自巳ノ權利ヲ行フ能ハサルニ方リ債務者ノ權利ヲ行フ能ハサルヤ敢テ多弁ヲ要セサルナリ若シ然ラストセハ未必條件ノ權利ヲ有スルモノモ亦其條件ノ未タ來ラサルニ當テ尙ホ既ニ債務者ノ權利ヲ行フヿヲ得ヘシト云ハサル可ラスト此論ハ債權者カ債務者ノ權利ヲ行フハ自巳ノ擔保權保存ノ所爲ニシテ直ニ之ヲ以テ自巳ノ權利ノ弁濟ニ充ツルニアラスト云ヘルヿヲ忘レタルモノト云フ可シ他日己レカ權利ノ弁濟ヲ受ケント希望シ居タル物品ヲ不正ニ他人カ横奪スルアラハ何時タリトモ之ヲ取戻シ得ルハ最モ觀易キ道

理ナリ此理ヲ以テ推スﾄｷﾊ單純ノ債權者ト未必條件附ノ債權者ト敢テ區別ヲナスヲ要セサルナリ

○第三十九號　債權者一般ノ擔保權ヲ保存スルタメ債務者ノ權利ヲ伸暢スル方法如何(第三百三十九條第二項)

債權者カ其權利ノ擔保物ヲ保存スル爲メ行フ可キ方法ハ佛法ニ於テハ之ヲ示サヽリシト雖モ我法典ハ之ヲ指示セリ然レﾄﾓ其方法タル素ヨリ制限シタルモノニアラサレハ法典ニ明記スル外尚正當ナル方法ヲ以テ其權利ノ保証ヲ確ムルヿヲ得可シ今法典ニ記スル方法ヲ擧クレハ左ノ如シ

第一差押　差押トハ債權者カ債務者ノ財產上ニ行フ差押ヲ云フニアラス何者此場合ニ於テハ債權者ハ自已固有ノ權利ノ執行ニシテ敢テ債務者ニ代テ第三ノ人ニ對シテ行フヘキモノニアラサレハナリ故ニ爰ニ所謂差押トハ債務者カ自己ノ債務者(第三債務者)ニ對シテ行フ可

第三十九號

キ權利ハ伸暢ヲ怠リタル片債權者債務者ニ代リテ債務者ノ債務者(第三債務者)ニ對シテ行フ可キ差押ヲ云フナリ差押ノ方法種類ハ訴訟法ニ規定スル所ニシテ本問外ニアレハ爰ニ贅セス

第二參加　參加トハ債務者ト第三者トノ間ニ起リタル訴訟ニ關與スルヿニテ其訴訟中債務者或ハ原告人ト爲リ其權利ノ維持ヲ怠リ充分ナル攻擊ヲナサヽルヿアル可ク或ハ被告人ト爲リ猥リニ闕席等ヲナシテ答辯ヲ勤メサルヿアル可シ如此塲合ニ債權者其訴訟ニ關與シテ攻擊答辯ヲ補助シ以テ不條理ナル裁判ヲ蒙ムルヿヲ防クニ於テ誠ニ正當ナル利益アルモノト云フ可シ且世上猾智ノ輩自已ノ債權者ヲ詐害スルノ目的ヲ以テ原被共謀シテ態ト敗訴スルノ恐レアルニ於テ參加ノ利害最モ多カル可シ如此塲合ニハ尚ホ他ノ方法ヲ以テ權利ノ保護ヲ完全ニスルノ手段アリ即債權者ハ再審ノ求メヲ爲スヿヲ得(民事訴訟法第四百八十三條)然レ𪜈此再審ノ求メヲ爲スニハ擧証殊ニ困難

ナルモノニテ債權者實際ニ之ヲ述フルヿ難カル可シ

第三間接ノ訴訟　間接ノ訴訟トハ債權者債務者ノ權利ヲ伸暢スルタメ第三ノ人ニ對シテ債務者ノ裁判上ノ代位ヲ以テ行フ所ノ訴訟ヲ云フ此訴權ハ素ヨリ債務者ニ屬スルモノナルモ債務者自巳ノ身代ノ衰運ニ傾向スルヿハ他人ニ對シテ請求シ得可キ權利ヲ抛擲シテ更ニ顧ミサルハ世上其例ニ乏シカラサル所ナリ左レハ債權者代リテ他人ニ對シ訴訟ヲ爲シ以テ自巳ノ擔保權ヲ保護スルハ正當ナリ

右三ケノ方法ハ唯類例ヲ示シタルニ過キサレハ債權者ハ其他自巳ノ擔保權ヲ保存スルニ付キ正當ナル事項ハ債務者ニ代リテ行フヿヲ得可シ

（附言）裁判上ノ代位法ハ訴訟法ニ規定無ク明治廿三年法律第九十三號裁判上代位法ヲ以テ規定ス

○第四十號　債權者債務者ノ權利ヲ行フ名義如何

第四十號

本問ハ債權者カ債務者ノ權利ヲ行フハ自己固有ノ權利ノ執行ニ屬スルモノナルヤ債務者ノ代理人トシテ行フ可キモノナルヤト云フニアリ予輩ノ考フル所ニ因レハ債權者ハ自巳ノ擔保權ヲ保存スルタメ債務者ノ權利ヲ維持スルノ所爲ニ過キサレハ其行フ所ノ權利ハ素ヨリ債務者ニ屬スル所ノモノナリ彼ノ債務者カ債權者ヲ詐害スル目的ヲ以テ結ヒタル合意ヲ廢罷スルカ如キハ巳ニ債務者ノ財産中ヨリ分離シタルモノヲ再ヒ取戻サントスルモノナレハ債務者ニ屬スル權利ノ行用ニアラサルモ本問ノ塲合ノ如キハ未タ債務者ノ財産ヨリ分離シテ他ニ移轉シタルモノニアラス其行フ所ノ權利ハ債務者ニ屬スル權利ナリ既ニ債務者ニ屬スル權利ナリト云ハヽ債務者ノ代理タル資格ヲ以テ行ハサレハ他ニ方法アラサルナリ然レ圧論者或ハ其債權者自己ノ名義ヲ以テ執行スルモノナリト云ヒ或ハ債權者自己ノ名義ト債務者ノ名義トヲ併セ以テ執行スルモノナリト論定セリ

偺テ債權者ハ債務者ノ代理權ヲ以テ第三ノ人ニ對シテ差押等ヲナスト云フモ如何シテ其代理權ヲ獲得スルヤ債務者ニ於テ進テ代理委任ヲ爲サハ論スル迄モナキ事ナルカ若シ債務者代理委任ヲ拒ミタル片ハ債權者ハ如何ナル方法ヲ以テ代理ヲナスヿヲ得ルカ此問題ニ對シテ佛法ハ決定ヲ與ヘサリシカハ種々議論アリ左ニ略記ス

甲說　債務者代理ヲ與フルヿヲ欲セサル片債權者ハ自已ノ有スル權利ト其危險トヲ証明シテ裁判所ニ請フテ自ラ債務者ニ代リ行フ可キノ允許ヲ得テ而後ニ爲ス可シ

乙說　凡ソ債權者カ債務者ノ權利ヲ行フニ付テハ法律上ノ代理人ナリ此代理權ハ佛第千百六十六條ニ與ヘタルモノナレハ債務者ノ委任アルヲ要セス裁判所ノ允許ヲ請フニ及ハス直ニ行フヿヲ得可シト

右二說ノ中最モ甲說ヲ以テ道理ニ協ヒタルモノトス今乙說ノ短所ヲ擧クレハ債務者ノ委任モナク裁判所ノ允許モ受ケスシテ直ニ執行シ

得ルトセハ債務者ニ屬スル權利ヲ奪フト一般ナレハ決シテ允許ス可ラサル説ナリ且ツ此説ニ從フ片ハ左ノ二ケノ危險アリ
債權者ニ對シテハ債務者カ訴訟中ト雖モ其目的物ヲ處分スルノ權利ヲ有スルヲ以テ猥リニ第三ノ人ト和解ヲナシ以テ債權者ヲ害スルヿアリ勿論如此場合ニハ其和解ノ廢棄ヲ求ムルヿヲ得ルモ其訴權ヲ行フノ困難ナルハ何人モ知ル所ナリ又第三ノ人ニ對シテハ第三ノ人カ債權者ノ一人ニ勝訴ヲ占ムルモ他ノ債權者又ハ債務者自ラノ新訴ヲ受クルヿアリ何者初メ訴ヲ起シタル債權者ハ債務者ノ代理人タル資格ヲ有セスシテ猥リニ出訴シタルモノナレハ其敗訴ノ効果ハ他ノ債權者又ハ債務者受クルニ及ハサレハナリ
右述フル如ク乙説ハ道理ニ協ハサルノミナラス二ケノ危險アルヲ以テ我法典ハ甲説ノ如ク裁判所ノ允許ヲ得テ而シテ後行フヿヲ得トセリ之ヲ裁判上ノ代位ト稱ス

○第四十一號　債權者債務者カ爲シタル所爲ヲ廢罷シ得可キ理由如何（第三百四十條）

債權者ハ債務者ノ一般ノ承繼人ナレハ債務者カ爲シタル有益ノ所爲ノ利益ヲ受ケ損失アル所爲ニ付テハ之カ損失ヲ蒙リ其一切ノ效果ヲ享受セサル可ラス債務者ノ財產ハ債權者ノ一般ノ抵保物タリト謂フト雖モ其權利タル實ニ不完全ナルモノニシテ債務者自由ニ之ヲ處分シ得ルモノナレハ之チ拋棄シ之ヲ讓渡スルニ於テ債權者決シテ喙ヲ容ルヽヿ能ハサルハ一般ノ原則ナリ然レトモ是レ債務者カ善意ヲ以テ行ヒタル井ニ限リ惡意即チ債權者ヲ害スルノ意思チ以テ行ヒタル所爲ニ就テハ其效果ヲ忍容スルニ及ハス何者債權者ハ債務者カ善意ヲ以テ行ヒタルヿニ付テハ承繼人タルモ惡意ヲ以テ爲シタル所爲ニ就テハ承繼人ニアラス對敵ノ地位ニ立ツモノナレハナリ以上述フル如ク債權者ハ債務者ノ惡意ヲ狹ンテ爲シタル所爲ノ效果

ヲ忍容スルニ及ハサレハ其所爲ヲ取消シ以テ自巳ノ抵保物ノ減少ヲ防ク方法二ケアリ曰ク再審ノ訴曰ク廢棄訴權是レナリ再審ノ訴トハ債務者カ第三者ニ對シテ原告トナリ又ハ第三者ノ爲メニ被告ト爲リタルトキ悪意ヲ以テ當ニ攻擊スヘキ事ヲ怠リ抗弁ス可キコトヲ拒否セスシテ態ト敗訴シタル場合ニ於テ債權者ハ債務者ト第三者トノ間ニ受ケタル裁判ニ對シ故障ヲ爲シ其裁判ヲ取消サシムルコトヲ云フ又廢罷訴權トハ債務者カ悪意ヲ以テ第三者ニ爲シタル權利ノ拋棄權利ノ讓渡ヲ取消シ再ヒ其權利ヲ債務者ノ財産中ニ復歸セシムル所ノ訴權ヲ云フ

債權者ハ債務者カ財産增加ノ處置ヲ行ハサリシヲ攻擊スルコトヲ得ル乎

爰ニ注意ス可キハ廢罷訴權ヲ行フニハ一旦債務者ノ財産中ニ算入セラレタルモノニアラサレハ爲スコトヲ得ストノ事是ナリ故ニ債務者カ自巳ノ財産ヲ增加ス可キ所爲ヲ行ハスシテ之ヲ放棄スルモ債權者ハ之ヲ排擊スルコトヲ得サル可シ例ヘハ甲者乙者ニ金千圓ヲ贈與ス可シ

ト提供シタル乙者ハ之ヲ拒ンテ受ケサリシト雖モ債權者ハ之ニ喙ヲ容ルヽ能ハス實ニ贈與ヲ受クルノ可否ハ受贈者ノ心中ニ於テ判斷シ得可キヿニシテ他人敢テ窺ヒ知ル所ニアラス又債權者モ之ニ對シテ苦情ヲ述フルノ謂レナカル可シ何トナレハ一旦債務者ノ資產中ニ屬シタル權利ナレハ已ニ一般ノ担保物トナリタルモノナルモ未タ曾テ其資產中ニ入ラサル權利ハ未タ担保物タラサレハ惡意ヲ以テ擔保物ヲ減少シ以テ債權者ヲ傷害セントシタリト云フヿ能ハサレハナリ
相續人其相續ヲ拋棄シ受遺嘱人其遺嘱ヲ繼承セサル場合ニハ前例ト同シク其資產ノ增加ヲ謀ラサルモノト同一ナルカ如シト雖モ其實然ラス相續人受遺嘱人ハ知ルト知ラサルトニ關セス本主ノ死ニ因リ當然其財產ヲ握收スルモノナレハ其時ヨリ債權者一般ノ抵保物タリ然ルニ後ニ至リ之ヲ拋棄シ或ハ之ヲ繼承セサルハ即チ自己ノ財產ヲ減少スルモノト謂ハサル可ラス、サレハ債權者ハ之ヲ排擊シ之ヲ取消サ

シムルヿヲ得

差押フ可カラサル物ニ就テハ債權者ノ抵保物ニアラサレハ廢棄訴權ヲ行フ能ハス

○第四十二號　間接訴權ト廢罷訴權ノ差異ヲ示セ

再審ノ訴及廢棄訴權即チ直接訴權ハ共ニ債權者カ其擔保物ヲ維持スルノ目的ニ出テタルモノナレハ彼ノ間接訴權即チ債權者カ債務者ノ權利ヲ行フ所ノ訴權ト其目的同一ナルモ此二者ノ間多少ノ差異アリ今之ヲ擧ケテ尚其性質ヲ明瞭ナラシメントス

（第一）廢罷訴權ヲ（再審ノ訴モ同一）行フハ債權者固有ノ權利ヲ以テスルモ間接訴權ハ債務者カ有スル權利ヲ抵保權保存ノタメ代理人ト爲リテ行フモノナリ

（第二）廢罷訴權ハ巳ニ債務者ノ資產中ヲ去リテ他人ニ屬シタル財產ヲ再ヒ債務者ノ財產中ニ回ラシメント欲シテ行フモノナルモ債務者

ニ代リテ行フ所ノモノハ現ニ債務者ノ資產ナルモ將ニ他人ニ歸セントスルヲ防クタメニ行フモノナリ

如此二者共ニ目的ヲ一ニシテ其性質ヲ異ニスルモノナレハ債權者ハ二者交々行フヿヲ得假令ヘハ債權者承諾ニ瑕疵アリトシ債務者ニ代リテ其契約ノ取消ヲ訟求シ敗訴シタル後再ヒ自己固有ノ權利即廢罷訴權ヲ以テ其契約ハ債權者ヲ害スルノ意ヲ以テ結ヒタルモノトシ訴フルヿヲ得可シ又先キニ廢罷訴權ヲ行ヒ敗訴シタル後復債務者ノ權利ニ代リテ損失ノ原因ヲ以テ其契約ヲ所消サントト請求スルヿヲ得ルカ如シ

○第四十三號　廢能訴權行用ニ要スル條件如何（第三百四十條）

（第一）債權者損害ヲ蒙リタルヿ

債務者其所爲ノタメ無資力トナリ債權者ニ辨濟ノ道ヲ失ヒタル片ハ債權者ハ損失ヲ蒙リタルモノトス債務者ハ債權者ヲ害スルノ意思ヲ

以テ猥リニ財産ヲ讓渡シ或ハ猥リニ借財ヲナス𪜈債務者ノ資力尚餘リアリテ債權者ヲ害スルニ至ラサル𪜊ハ廢罷訴權ヲ行フヿヲ得ス是レ此訴權ヲ行フモ債權者何等ノ利益ナケレハナリ故ニ廢罷訴權ヲ以テ攻擊セラレタル第三者(債務者ト結約シタル者)ハ財産撿索ノ抗辯法ヲ以テ之ヲ防禦スルヿヲ得債權者ヲシテ悉ク債務者ノ財産ヲ討索シ而シテ債權者カ辨濟ヲ受クルニ不足スル𪜊ニアラサレハ其請求ニ應スルヲ要セサルナリ

(第二)債務者、債權者ヲ害スルノ惡意ヲ以テ爲シタルヿ

債權者ハ債務者カ財産ヲ管理スルノ拙劣ナルカ爲メ或ハ不慮ノ災害ニ遭遇シタルカタメ非常ナル損害ヲ蒙ルヿハ往々見ル所ナリト雖モ是等ノ塲合ハ債權者何等ノ苦情ヲ述フルヿヲ得ス何者債權者ハ債務者ノ一般ノ承繼人ナレハ其效果ヲ一切忍容セサル可カラサレハナリ然レ𪜈若シ債務者債權者ヲ詐害セントスル惡意ヲ以テ義務ヲ增加シ

或ハ財産ヲ減少シタル𪜈ハ其所爲ヲ廢棄セシムルヿヲ得是レ則廢罷訴權ヲ行フニハ債務者ニ債權者ヲ詐害スルニ惡意アルヿヲ要スル所以ナリ

債務者ニ詐害ノ惡意アルヿヲ証明スルハ廢罷訴權ヲ行フモノ即債權者ノ任ナルヿ勿論ナリト雖モ其惡意ヲ如何ナル點マテ証明スルヿヲ要スルカ實ニ他人ノ心裏ニ立入リ其意思ノ如何ヲ証明スルハ至難ノ事ナリ故ニ法律ハ債務者ハ所爲ニ因リ無資力ニ陷ルヿヲ知リツヽ爲シタル𪜈ハ詐害ノ惡意アルモノト看做スヲ以テ債權者ハ債務者自己ニ負フ所ノ義務ヲ辨濟スル目的ナクシテ尚他ノ義務ヲ負ヒ或ハ財産ヲ讓渡シタルヿヲ証スレハ其爲シタル契約ノ有償ナルト無償ナルトヲ問ハス之ヲ廢棄セシムルヿヲ得(第三百四十條第三項第三百四十二條第一項)

(第三) 債務者ト結約シタル第三者其詐害ニ通謀シタルヿ

第四十三號

第三者ノ通謀チ有ニ有償無償トノ間ニ區別アル乎

第三者カ詐害ニ通謀シタルヤ否ヤヲ証スルニ有償合意ト無償合意トノ間ニ差異アリ

有償合意ニ付テハ債權者ハ第三者カ債務者ト通謀シテ爲シタリトノ証憑ヲ供ヘサル可ラス實ニ有償名義ヲ以テ結約シタル第三者ハ債權者ト全ク其損失ヲ防カントスルモノナリ然ラハ債權者ト同等ノ位地ヲ保ツモノナレハ債權者ヲ詐害セントノ惡意ヲ以テシタル時ニアラサレハ攻撃ヲ受クルヿナシ法語ニ曰ク同等ノ地位ヲ保ツ數人ハ現ニ占有スルモノヲ以テ上位トスヘシ」ト無償合意ニ付テハ債權者ハ第三者カ詐害ニ通謀シタルヿヲ証明スルヿ無クシテ廢罷訴權ヲ行フヿヲ得是レ無償名義ヲ以テ爲シタル合意ハ之ヲ廢棄スルモ有償名義ヲ以テ爲シタルモノヽ如ク第三者ニ損失ヲ被ラシムルヿナク唯得タル利益ヲ失フニ止マルノミ法語ニ曰ク「損失ヲ防クモノト得タル利益ヲ失ハントスルモノトハ損失ヲ防クモノヲ先ツ保護スヘシ」ト且無償ノ合

意ヲ爲シタル者ハ債務者ノ詐害ニ與リシモノナリトノ法律上ノ推定ヲ受クルヲ免カルヽヿ能ハサレハナリ

○第四十四號　廢罷訴權ハ轉獲者ニ對シ行フヿヲ得ル乎（第三百四十二條第二項）

轉獲者詐害ニ通謀スルヿナクシテ結約シタル片ハ最早ヤ債權者ハ廢棄訴權ヲ行フヿヲ得サル可シ何者此訴權ハ對手人ノ詐冒ヲ原因トシテ攻擊ヲ爲スモノナレハ所謂對人訴權ナリ故ニ先主ニ詐冒アリト雖モ其特定承繼人ハ其效果ヲ悉ク忍容ス可キモノニアラス必ス已レ自ラ詐冒アルニアラサレハ廢棄訴權ヲ以テ訟擊セラルヽヿナシ

（附言）此轉護者トハ初次ノ護得者ノ特定ノ承繼人ヲ指シタルモノニシテ彼ノ一般ノ承繼人ニ付テハ先主ト仝一ノ論理ヲ以テ說明シ得可キヲ以テ再ヒ爰ニ贅セス

轉獲者ニ對スル塲合ハ債務者ト直接ニ結約シタル第三者ニ對スル塲合ト少ク差異アリ第三者（第三者トハ初次ノ獲得者ト知ル可シ）ニ對ス

ルヰハ無償名義ノ契約ヲ廢棄スルニハ詐害ノ惡意ノ有無ヲ証スルヲ要セサルモ轉獲者ニ對スルヰハ假令ヘ無償名義ノ契約ナリトモ轉獲者カ詐害ニ加担セシヿヲ証セサル可カラス彼ノ損失ヲ防クモノト得タル利益ヲ失フヲ防クモノトハ先ツ損失ヲ防クモノヲ保護スヘシト云ヘル法語ハ公平ナルモノナリト雖モ之ヲ何レノ場合ニモ適用スルヰハ其弊却テ大ナル所シ可シ轉獲者ハ初次ノ獲得者ノ如ク債務者トノ關係密ナラサレハ從テ債務者ノ地位ヲ詳悉スルニ困難ナル可シ故ニ法律ハ轉獲者カ其地位ヲ詳悉シナカラ結約シタルヤ否ヤハ事實裁判官ノ判定ニ任シ猥リニ初次ノ獲得者ノ如ク推測ヲ以テ詐害アリト斷定セサルナリ然セサルニ於テハ無償名義ノ獲得者ハ幾回轉輾スルモ常ニ褫奪ノ畏怖ヲ懷カサルヲ得ス果シテ然リトセハ財産ノ融通ヲ淹滯シ社會理財ノ要ニ適セス財産ノ安全鞏固ヲ妨害シ社會維持ノ旨趣ニ協ハサルナリ

轉獲者ノ惡意トハ結約者ト相謀リテ債權者ヲ害セントシタルヿヲ要セス唯轉獲者ニ於テ其契約ノタメ債權者カ害ヲ被ルヿヲ知リテ爲シタルヲ以テ足レリトス

廢罷訴權ヲ行ハスシテ損害賠償ヲ求ムル場合アル乎

第二次ノ轉獲者ニ對シテ廢棄訴權ヲ行フヿ能ハスシテ第一獲得者ニ對シテノミ行フヿヲ得ル場合ニハ債權者ハ第一ノ獲得者ニ對シテ損害ヲ賠償セシムルヿヲ得又第二次ノ獲得者ニ對シテ廢罷訴權ヲ行フヿヲ得ル場合ト雖モ其訴訟ノ殊ニ困難ト思惟シタル片ハ直ニ第一ノ獲得者ニ對シテ損害賠償ノ要求ヲナスヿヲ得(第三百四十一條第四項)

以上述ヘタル所ノ廢罷訴權ヲ以テ攻擊ヲ受ク可キモノハ左ノ如シ

一 有償名義ヲ以テ獲得シタル者但シ債務者ノ詐害ニ加担セシ場合

二 無償名義ヲ以テ債務者ヨリ權利ヲ獲得シタルモノ

三 右二者ノ一般ノ承繼人

四 有償無償ノ名義ヲ問ハス初次ノ獲得者ノ特定承繼人ニシテ先主

ノ詐害ニ加担シタル場合

右一二三ノ者ハ場合ニ依リ損害賠償ノ訴ヲ受クルヿアルヘシ

(一)第四十五號　廢罷訴權ヲ行フヿヲ得可キモノハ何人乎（第三百四十三條）

廢罷訴權ハ如何ナル債權者之ヲ行フヿヲ得ルカ曰ク廢罷ス可キ所爲以前ニ權利ヲ得タル債權者ハ悉ク此訴權ヲ行用スルヿヲ得故ニ詐害行爲ノ後ニ債務者ト契約シタル債權者ハ此訴權ヲ行フヿヲ得ス何トナレハ債權者カ權利ヲ得タル當時已ニ其資產中ニ在ラサリシ權利ハ何ヲ以テ未來ノ債權者ヲ害セントシテ資產ヲ減シタリト云フヿヲ得ンヤ

未必條件ヲ帶ヒタルモノ及有期ノ債權者ト雖モ其所爲以前ニ權利ヲ得タルモノナリセハ其期限及條件ノ到着シタルト否トニ關セス其訴權ヲ行フヿヲ得此點ニ付テハ反對論者アリ曰ク抑モ廢罷訴權ハ債務ノ無資力ヲ証明スルタメ預メ其財產ヲ撿索シタル後ニアラサレハ行

フコ能ハス然ルニ期限及ヒ條件ヲ帯ヒタル債權者ハ債務者ノ財產ノ保存處分ヲナスコヲ得ルモ廢罷訴權ノ如キ最早ヤ保存處分ノ外ニアルモノハ之ヲ行フコヲ得スト然レ𪜈此論正鵠ヲ得タリト云フヘカラス期限ノ利益ハ債務者善意ナル塲合ニ於テノミ受クルコヲ得ルモ債權者ヲ害セントコヲ謀リ惡意ヲ以テ態ト無資力ニ陷リ將來義務ヲ盡サヽルノ量見ヲ現シタルトキハ其利益ヲ失フ可シ未必條件ニ就テモ其條件到着スルヤ合意ノ效力ハ其當時ニ致反シテ發生スルモノナレハ條件ノ生セサル前ト雖モ假リニ其部分ヲ保存シ其條件ノ成否ニ因リ訴權ノ利益ヲ受クルト否トヲ確定スルコヲ得ヘシ

○第四十六號　廢罷訴權ノ債權者ニ及ホス效果如何（第三百四十三條後段）

廢罷訴權ノ申立認可セラレタル塲合ト其訴權ノ棄却セラレタル塲合トニ區別シテ說明セサル可ラス

（一）　廢罷訴權ノ認可セラレタル塲合

廢罷訴權ノ利益ヲ受クルモノハ詐害所爲ノ前後ノ債權者ヲ區別セサル乎

廢罷訴權ハ債務者ノ爲シタル詐害行爲ヲ取消シ未タ曾テ其行爲ナカリシトキノ有樣ニ復シ一旦債務者ノ資產中ヨリ分離シタル權利ハ未タ曾テ分離セサル如ク看做サル可キモノナレハ債務者ノ詐僞ノタメ害セラレタル擔保權ノ回復ヲ得テ曾テ有セル如キ地位ニ復スルモノナリ左レハ其訴權ヲ行ヒタルモノ獨リ其利益ヲ占ムルヿ能ハス自餘ノ債權者ト其權利ノ高ニ應シテ分配ス可キナリ然レ𪜈廢罷訴權ヲ行フカ爲メ要シタル訴訟入費又ハ其他ノ優先原因ノ存スルモノハ他ノ債權者ニ先テ利益ヲ占ムルヿヲ得

訴權ヲ行ヒタルモノヽミナラス其餘ノ債權者モ亦其利益ヲ享受ス可シト云ヘル其余ノ債權者トハ詐害ノ所爲前ニ權利ヲ得タルモノト詐害ノ所爲以後ニ權利ヲ得タルモノト敢テ區別スルヿナク一般ノ債權者ヲ指スモノナルカ將タ又詐害所爲前ノ債權者ノミナル乎如何ト云フニ此問題ハ佛國學者間ニハ大ニ議論アルモノナレ𪜈我民法ニ於テ

ハ詐害行爲前後ノ債權者全体ニ廢罷訴權ノ効果ヲ及ホス可シト斷定セリ其理由ハ廢罷訴權ノ効果タルヤ詐欺遂行前ノ位置ニ復セシムル目的ヲ以テスルモノニシテ何人ニモ特權ヲ與フルモノニアラス且其所爲後ノ債權者ハ廢罷訴權ヲ行フヿ能ハサルモ一般ノ債權者ハ債務者カ現存スル權利及將來有スルヿアル可キ權利ニ付擔保權ヲ獲得スルモノナレハ合意(債權者カ權利ヲ得タル合意ヲ指ス)ノ當時債權者ノ資産中ニアラサリシト雖モ一旦其資産中ニ算入セラレタル上ハ其權利ニ就テ擔保權ヲ獲ルハ當然ナリ然ラハ假令ヘ所爲以後ニ權利ヲ獲得シタル債權者ナルモ其利益ヲ享有ス可キモノナリ

(二) 廢罷訴權ノ棄却セラレタル場合

前段述フル如ク此訴權ノ認可ヲ得タルトキハ其利益全般ノ債主ニ及ボスヲ以テ敗訴ノ裁判ヲ受ケタルトモ亦全般ノ債主之ニ服從ス可キ乎曰ク否ナ出訴シタル債權者ハ自餘ノ債權者ノ事務管理者タレハ事

務管理ノ行爲タル被管理者ニ利益アレハ有效ナルモ反對ノ塲合ニ於テハ其效ヲ及ホスコナシ故ニ債權者ノ一人出訴シテ敗訴スルモ他ノ債權者更ニ訴訟ヲ提起スルコヲ得然ラサルトキハ債權者ノ一人猥リニ訴訟ヲ起シ其拙劣ナルカ爲メ正當ナル利益ヲ他ノ債權者ヨリ奪取セラルヽモノト云ハサルヲ得ス故ニ第三者ハ同一ノ訴訟ヲ數人ノ債權者ヨリ數回ニ提起セラルヽノ恐レアリト雖モ是非ナキ次第ナリ

○第四十七號　廢罷訴權ヲ以テ排擊ヲ受ケタル第三者ハ如何ナル效果ヲ受ク可キ乎（第三百四十一條第三項第三百八十四條以下）

廢罷訴權ハ曾テ爲シタル行爲ヲ未タ曾テ爲サヽリシ如キ情況ニ復ス可キモノナレハ第三者ハ排擊ヲ受ケタル行爲ノ爲メ得タル利益ハ悉ク返還ス可キモノナリト雖モ惡意ノ第三者ト善意ノ第三者トノ間ニ差異アレハ今二ケノ塲合ヲ區別シテ說明ス可シ

（第一）第三者ノ惡意ヲ以テ爲シタル塲合

惡意ヲ以テ爲シタル片ハ有償ト無償トヲ問ハス債權者(詐害ヲ蒙リタル)ハ他人ノ詐僞ノタメ少モ損害ヲ蒙ル可キ道理ナキカ故ニ第三者ハ損害ノ賠償ヲモ擔當セサル可ラス故ニ左ノ結果ヲ生ス

(一) 曾テ請取リタル物件ヲ還付スルノミナラス自己ノ過失ヲ以テ其物件ヲ毀損滅盡セシメタル片ハ勿論、過失ナシト雖モ其物件債務者ノ掌中ニアリシナレハ毀損滅盡セサリシト推定シ得可キ塲合ニハ之ヲ賠償セサル可ラス其他尙ホ其所爲ノタメ生シタル損害ハ賠償ス可キモノナリ

(二) 其物件ヨリ獲得シタル果實及ヒ其獲得スルヲ怠リシ果實ヲモ還付セサル可ラス故ニ假令ヘハ金圓ナレハ債務者ヨリ請取リタル以來他ニ運轉融通セス自己ノ掌中ニ保存シ置キテ一文ノ利子ヲモ得サリシ塲合ト雖モ其受取リタル日ヨリ相當ノ利子ヲ付シテ返還スヘキナリ

(三) 其物件ヲ他ヘ賣却シタルトキハ請取リタル代價ヲ償還シ若シ其賣價實價ヨリ廉ナリシトキハ實價ヲ以テ償還ス可キ責アルモノトス

(第二) 第三者カ善意ヲ以テ爲シタル場合

善意ヲ以テ爲シタル所爲ノ取消サルヽ場合ハ無償名義ヲ以テ讓受ケタル第三者ニ對スル一アルノミ此者ハ前者ニ比シ其責任大ニ輕ロク現ニ存在シタル利益ヲ償還スルノ責アルノミ蓋シ善意ノ第三者ハ他人ヲ害シテ自已ヲ富マス可カラストノ原則ヲハ服從ス可キモ債務者ノ惡意ニ因リテ債權者ノ被リタル損害ノ賠償ヲ爲ス責ニ任スベキモノニアラズ故ニ左ノ結果ヲ生ス

(一) 第三者ハ債權者ヨリ請求ヲ受ケタル以後ノ利子ヲ償還スルノ責任アルノミ

(二) 假令ヘ第三者ノ過失ニ依リ其物件ヲ毀損滅盡セシメタルモ其損失ヲ負担ス可キ責任ナシ然レトモ請求ヲ受ケタル日以後ハ善良ニ

管理ス可キ義務アレハ自己ノ過失ニ依リ滅盡毀損セシメタル片ハ其損失ヲ負担ス可キナリ

（三）若シ第三者其物件ヲ賣却交換等ニテ他人ヘ讓渡シタル片ハ其對價物トシテ他人ヨリ受取リタルモノヲ返還スルノミ然レ𪜈若シ無償ニテ他人ヘ讓渡シテ他人善意ナル塲合ハ如何ス可キカ此塲合ハ第三者カ其物件ヲ有シタルカタメ他人ヘ贈與シタル事情アル片ハ何物モ返還スルニ及ハス然レ𪜈之ニ反シテ例ヘ其物件無カリシモ他ノ相當物ヲ以テ贈與ヲ爲シタル可キ情況アル片ハ其物件ノ相當代價ヲ償還ス可キナリ

以上述フルカ如ク第三者ハ或ハ其物件ヲ奪取セラレ或ハ損害ヲ賠償ス可キモノナルモ第三者ハ再ヒ債務者ニ對シテ賠償ヲ求ムルヿヲ得然レ𪜈無償名義ヲ以テ受ケタル第三者ハ此限ニアラス何者無償ノ讓渡者ハ讓受人ニ對シテ担保ノ責アラサレハナリ

第四十七號

○第四十八號　廢罷訴權ヲ行フ可キ期限如何（第三百四十四條）

我法律ハ此訴權ニ二ケノ期限ヲ附セリ

一　債務者カ行ヒタル所爲ヨリ起算シテ三十年

一　債權者其詐害ヲ發見シタル片ヨリ起算シテ二年

右二ケノ點ヨリ起算シテ二ケノ期限ヲ附シタリト雖モ其最モ長キ期限ヲ三十年トスルヲ以テ若シ二十九年ノ後ニ詐害ノ所爲ヲ覺知シタル塲合ニ於テ其時ヨリ起算シ二年ノ期限ヲ與フルコヲ得ス翌一年ヲ經過スレハ詐害所爲ヨリ起算シテ三十年ト爲ルヲ以テ詐害所爲發覺ヨリ一年ニシテ其訴權消滅スルナリ反之詐害行爲ノアリタルヨリ一年ヲ經テ其所爲ヲ覺知シタル塲合ハ之ヨリ起算シテ二年ヲ經過セハ其訴權消滅スルモノトス

此期限ハ免責時效ノ一ナル乎將タ單一ナル期限ニ過キサル乎之ヲ論究スルノ利益大ナル可シ若シ之ヲ免責時效トスル片ハ凡テ時效法ノ

規則ヲ適用シテ其期限ヲ中斷シ或ハ停止スルヿヲ得ヘシ若シ單一ナル期限トスル片ハ中斷停止ノ原因アルニ拘ラス其期限ヲ進行セシムルヿヲ得ヘシ「予輩カ考フル所ニ據レハ此期限ハ單一ナル期限ニシテ決シテ免責時效ノ一ニ屬ス可キモノニアラス何トナレハ法律ハ三十年ノ期限ハ債權者カ詐害所爲ヲ發見スルニ充分ナル時日ト推定シテ設定シタルモノナレハナリ加之時效法ノ規則ヲ適用スル片ハ實際其期限非常ニ延長シテ甚タ長キ時間權利ヲシテ不確定ノ中ニ置カシメ長年月ノ後困難ナル訴訟ヲ提起スルノ恐レアルヲ以テナリ」然リト雖モ法文ニ時效ニ罹リ消滅ストアルヲ見レハ一般ノ免責時效ト見做シ時效法ノ原則ニ依ル可キモノト解セサル可カラス

債務者カ第三者ト訴訟ヲ爲シ惡意ニテ敗訴シタル場合ニ再審ノ訴ヲ以テ其裁判ヲ取消ス場合モ亦仝一ノ期限ナリ

第二則　第三者ニ對スル合意ノ效力

○第四十九號　合意ハ第三者ニ對シテ如何ナル效力アル乎（第三百四十五條）

合意ハ當事者間ニ法律ニ等シキ效力アリト雖モ第三者ニ對シテハ何等ノ利害ヲモ及ホスヿナシ是レ法理ノ最モ覩易キモノニシテ敢テ喋々ヲ要セサルナリ所謂第三者トハ如何ナル人ヲ指ス乎合意ヲ締結シタル當事者其人ニアラサル多辯ヲ要セス左レハ迚當事者以外ノ人ハ悉ク以テ所謂第三者トスルニ足ラス爰ニ第三者ノ如クニシテ其實倘當事者ト同視ス可キモノアリ左ニ之ヲ述ヘン

合意ノ當事者トノ何人ヲ指スヤ及第三者トハ何人ナル乎

一、一般ノ承繼人

一般ノ承繼人トハ包括受嘱人受贈人包括名義ノ受遺嘱人受贈人及相續人トス是等ノ人ハ本主ノ權利義務ヲ總テ承繼スルモノナレハ其本主ノ爲シタル合意ノ效果ヲ受クルハ當然ナリ

二、一般債權者

債權者ハ債務者ノ財産ニ對シテ担保權ヲ有スルモノナルモ此担保權

タル債務者ヲシテ其財産處分セシムルノ權利ヲ奪フモノニアラス又其財産ノ上ニ特定ノ權利ヲ得タルモノニモアラサレハ債務者カ財産ヲ減少スルカ又ハ增加スル片ハ其損失ヲ蒙ムリ又ハ利益ヲ受ク如此一般ノ債權者モ亦債務者カ爲シタル合意ノ効果ヲ受ク可キモノトス

三、特定名義ノ承繼人

特定物ノ讓受人抵當　質入ノ債權者ハ其權利ヲ獲得シタル以前ニ於テ本主カ其物上ニ設ケタル權利及義務ハ悉ク之ヲ引受ク可キモノナルモ其權利ヲ獲得セシ以後ニ爲シタル所爲ニ就キテハ決シテ引受ク可キモノニアラス是レ其獲得以前ノ所爲ニ付テハ承繼人ナルモ以後ノ所爲ニ付テハ承繼人ニアラサレハナリ然レ圧本主カ其權利獲得前ニ爲シタル所爲ハ其効果ヲ受ケ獲得以後ノ所爲ハ其効果ヲ受ケストノ規則ニハ制限アリ即チ

不動產動產債權ノ讓渡及其他ノ合意ニ關スル効果ヲ第三者ニ及ホス

ニハ或ル法式ヲ履行セサル可ラス然ルニ先キニ權利ヲ得タルモノアルモ其方式ヲ履行セスシテ怠慢ニ付シ居タル片後ニ權利ヲ得タル者速ニ其方式ヲ履行シタル片ハ前ニ權利ヲ獲得シタルモノニ對シテ其合意ノ効果ヲ伸暢スルヿヲ得ル場合是ナリ要スルニ特定名義ノ承繼人ハ權利獲得前ノ所爲ニ付テハ第三者ヲ以テ目ス可カラサルモ權利獲得後ノ所爲ニ付テハ第三者トス然レ圧第三者ニ對スルカ爲メ或ル方式ヲ要スルモノニ付テハ此限ニアラス

合意ノ効果ハ第三者ヲ利害セストノ原則ニ例外アル乎

故ニ所謂第三者トハ當事者幷ニ一般又ハ特別ノ承繼人及ヒ一般ノ債權者ヲ除キタル以外ノ人ヲコレ云フナリ即チ合意ハ此第三者ニ對シテ利益セス又損害セサルナリ

然レ圧合意ノ效果第三者ヲ利益スル場合アリ

(一)他人ノタメ爲シタル要約カ自已ノタメ過怠約款ヲ附シタルカ又ハ自已ノタメニ爲ス合意ノ附從ノ條件タル場合(第三百二十三條)

然レ𪜈予ヲ以テ之ヲ見ルニ此場合ハ原則ノ眞ノ例外中ニ入ルト云フヿヲ得ス何者其利益ヲ受ケタル第三者ハ之ヲ受諾セサル前ハ約諾者ニ對シ請求スルノ權利アルヿナク唯要約者ノミ義務履行ヲ約諾者ニ對シテ促スヿヲ得ルノミナレハナリ加之約諾者ニ於テ之ヲ肯ンセサルトキハ其過怠約款ヲ履行セシメ又タ主タル合意ノ解除ヲナサシムルヲ得ルノミナレハナリ

(二)事務管理ノ爲メ管理者カ爲シタル合意ニシ本人ニ利益アル場合此場合ハ眞ノ例外中ニ入ル可キモノトス

又、合意ノ、効果、第三者ヲ損害スル場合アリ

協諧契約ノ場合ニ許多ノ債主カ負債主ノ家資分散スルニ際シ會合シテ負債主ニ家資分散ヲ受ケシメスシテ倘其事業ヲ繼續セシメ以テ負債主ノ財產ヲ回復セシメンヿヲ希圖スル𪜈ニ債主ノ多數之ニ全意スル𪜈ハ他ノ債主ハ之ニ從ハサルヲ得ス是レ即例外ニ屬ス可

キモノナリ、此他凡テ會議法ニテ多數ヲ以テ事ヲ決スルモノハ皆例外中ニ入ルモノヽ如シト雖モ此會議法ノ定款タル初メ制定スル片ニ於テ全會一致ノ承諾ヲ經テ成立シタルモノナレハ此定款ニ基キ多數ノ承諾ヲ以テ事ヲ決定スレハ本則ノ例外中ニ入ラサルナリ

○第五十號　動產ノ所有權ハ第三者ニ對シ何時移轉スル乎（第三百四十六條）

凡テ確定物ヲ讓渡ス合意ハ動產ト不動產トヲ問ハス合意ヲ以テ直ニ其所有權ヲ轉移ストハ近世學者ノ皆是認スル所ナリ然レ𪜈其權利移轉ノコヲ公示セサル片ハ外觀所有者ヲ裝フ所ノ者ト結約シタル第三者ハ非常ナル損失ヲ蒙ルコアルヘシ動產ニ付テハ如何ナル方法ヲ以テ此弊害ヲ防禦スルコトヲ得ル乎是レ本問ニ於テ決定ス可キモノナリ

甲說ニ曰ク動產ノ所有權ハ双方間ニ於テハ合意ニ依リ移轉スルモ第三者ニ對シテハ讓受人現實ノ占有ヲナスニアラサレハ移轉スルコナ

シ故ニ初次ノ獲得者其物件ノ引渡ヲ受ケスシテ怠慢ニ付シ居ル際第二次ノ獲得者其物件ヲ引取リタル片ハ其者ノ權利ヲ優等トセサル可カラス是レ初次ノ獲得者ハ未タ其物件ヲ占有セサリシカハ第三者ニ對シテ所有權ヲ移轉セサリシカ故ナリ然レ圧第二次ノ獲得者ハ善意ニ獲得シタルヿヲ要ス若シ初次ノ獲得者アルヿヲ知リツヽ獲得シタル片ハ其者ニ對シテ優等ノ權利アリト云フ可ラス何トナレハ惡意ハ以テ權利獲得ノ原因トナラサレハナリ

乙說ニ曰ク確定動產ノ讓渡ハ双方間ハ勿論第三者ニ對スルモ合意ニ依リ當然其所有權轉移スルモノナリ假令ヘハ甲者丙者ヨリ時計一個ヲ買受ケ未タ引渡ヲ受ケサルモ其所有權ハ何人ニ對シテモ確然甲者ニ移轉シタルモノナリ故ニ乙者再ヒ丙者ヨリ仝一ノ時計ヲ買受クルモ丙者ハ他人ノ物件ヲ賣リタルモノナレハ當然無効ノ合意ニシテ其合意ヨリ寸毫ノ効果ヲ發生スルヿナシト雖モ乙者甲者ニ先タチ其物

件ノ引渡ヲ受ケ現實ノ占有ヲ為シ且初次ノ獲得者アルヿヲ知ラサリシ片ハ「動產ニ付テハ占有ハ權證ニ等シキ効力アリ」ト云フ原則ヲ以テ保護セラルベシ是レ即時ノ時効ノ効果ニシテ甲者ハ一旦確然權利ヲ得タルモ善意ナル第三ノ占有者アルカタメ其權利ヲ奪却セラル丶モノナリ如此再次ノ獲得者カ權利ヲ獲得スルハ即時ノ時効ノ結果ナレハ假令ヘ再次ノ獲得者善意ノ占有ヲナスモ即時ノ時効ヲ認許スル場合ニアラサレハ初次ノ獲得者ニ對抗スルヿヲ得ス故ニ初次ノ獲得者ノ財產管理ニ任スルモノハ己レ優等ナリト主張スルヿヲ得ス例令ヘハ夫ハ婦ノ財產ヲ管理シ後見人ハ幼者ノ財產ヲ管理スルモノナレハ婦及ヒ幼者ニ對シテハ權利ノ優等ヲ主張スルヿヲ得ス

以上兩說各其論點ヲ異ニスト雖モ結局歸スル所ハ全一ニシテ善意ノ占有者ハ其權利ヲ獲得スルヿヲ得ト云フニ過キス然レ圧今其說ノ是非ヲ判斷スル片ハ第二說ヲ以テ正鵠ヲ得タルモノト云ハサルヲ得ス

我法律ノ採用シタル理由モ第二説論者ト旨趣ヲ全シクシタルヿハ民法第三百四十六條後段ノ法文ニ依リ明確ナリ

以上陳述スル如クナレハ本問ニ答フルノ要點ハ有形動産ノ所有權ハ合意ノ効ニ依リ双方間ト第三者トヲ問ハス移轉ス然レ𪜈未タ物件ノ引渡ヲ受ケスシテ讓渡人ノ手中ニ存スルトキ善意ナル第二次ノ讓受人已ニ其物件ヲ占有シタルトキハ其者ニ對シテ其物件ヲ取戻スヿヲ得ス是レ初次ノ獲得者ハ第三者ノタメ即時ノ時效ニ依リ權利ヲ奪ハレタルモノナレハナリ

右ハ所有權ニ就テ述ヘタルモ賃貸質等ニモ全一ノ理由ヲ以テ説明スルヿヲ得可シ例令ヘハ初次ノ讓受人其物件ノ引渡ヲ受ケサル前ニ在テ讓渡人其物件ヲ再ヒ他人ヘ質入ヲナシタル場合ニ於テ其他人善意ナルトキハ初次ノ讓受人其他人ノ質權ヲ排撃スルヿヲ得サルカ如シ

債權ニ付テハ假令ヘ占有シ得ヘキモノト雖モ時效ニ依リ權利ヲ得可

キモノニアラサレハ有形動產ト仝シク以上ノ規則ヲ適用スルヿ能ハス然レ𪜈彼ノ無記名ノ證劵ハ一般ノ債權ト異リ其權利ヲ證スル證書ト權利トハ殆ント同一體ヲナシ離ル可カラサルモノ覆言スレハ即其證書ノ所持人ハ其權利ノ本主タル可キ推測アルモノナレハ有形動產ト仝一ノ規則ニ從ヒ善意ノ占有ヲ以テ所有權ヲ証明スルヿヲ得之ニ反シ船舶ハ一ノ動產ナリト雖モ其性質大ニ不動產ニ近キモノニテ他ノ動產ト異ナルヲ以テ不動產ト仝一ノ方式ヲ履ムニアラサレハ他人ニ對シ其合意ノ效果ヲ主張スルヿヲ得ス

○第五十一號　動產ニ就テ善意ナル第二次ノ讓受人初次ノ讓受人ニ即時効ノ原則ヲ援用シテ對抗シ得可キ其善意トハ如何

爰ニ所謂善意トハ第二次ノ獲得者其物件ノ他人ニ屬シタルモノナルヿヲ知ラスシテ合意ヲ爲シタルモノヲ云フ尙ホ言ヲ換ヘテ云ヘハ讓渡人ハ其物件ノ眞ノ所有者ナリト確信シタル片之ヲ善意ト云フ其善

意ナルヿハ之ヲ証明スルニ及ハス初次ノ獲得者アリダルヿヲ知リナカラ合意ヲ爲シタリト主張スルモノ之ヲ證明セザル可ラス然リ而シテ其善意ハ當初合意ヲ爲シタル𪜈ニ在テ存スレハ充分ナルヤ或ハ其物件引渡ノ𪜈モ亦善意ナルニアラサレハ初次ノ獲得者ニ對シテ即時效ノ効果ヲ以テ對抗スルヿヲ得サルカ抑モ第二次ノ獲得者カ合意ヲ締結スル當時ニ在テ初次ノ獲得者アルヿヲ知ラスシテ結約シタル𪜈ハ正當ニ權利ヲ得タルモノト云フ可シ然ルニ一旦正當ニ權利ヲ得タル後チ初次ノ獲得者アルヿヲ覺知シタレハトテ其權利ヲ剝奪スルハ正當ノ道理ニ適シタルモノト云フ可ラス故ニ第二ノ獲得者ハ合意ヲ締結シタル當時ニ在テ善意ナリセハ假令ヘ其物件ノ引渡ヲ受ケサル前ニ初次ノ獲得者アルヿヲ覺知シタリト雖モ現實ニ占有ヲナシタル𪜈ハ初次ノ獲得者ニ對シ即時効ノ原則ヲ以テ對抗スルヿヲ得(第三百四十六條後段)

○第五十二號　債權ノ讓渡ニ付當事者以外ノ人ニ對抗シ得可キ方法如何（第三百四十七條）

債權ノ讓渡ニ付テ單ニ第三者（新讓受人）ニ對スル效力ノミヲ說明スルヲ以テ足レリトセス債務者及ヒ讓渡人ノ債權者ニ對スル効果如何モ亦說明セサル可ラス

凡テ債權ノ移付ハ何人ニ對スルモ合意ノ效果ノミヲ以テ轉移ス可キモノトシ他復何等ノ方式ヲモ要ス可キモノニアラストスル片ハ之ニ關スルモノハ不慮ノ損失ヲ蒙ル可シ其之ニ關スル者トハ債務者及ヒ讓渡人ノ債權者ノ讓受人（第三者）等ヲ云フ是等ノモノハ其讓渡アリシヿヲ知得セサルカ爲メ或ハ讓渡人ノ債權者ハ差押ヲナスヿアル可ク或ハ債務者ハ舊債權者（讓渡人）ニ辨濟ヲナスヿアル可ク或ハ第三者ハ其債權ヲ再ヒ讓リ受クルヿアル可ク是等ノ所爲ヲシテ一々讓受人ニ對抗シ得サルモノトスル片ハ過失ナキ第三者ハ不慮ノ損害ヲ受クル

ヿアル可シ故ニ法律ハ豫メ債權讓渡ノ公示方法ヲ需メ損害ヲ未然ニ防クヲ勗メサル可カラス此方法ハ有形動産ノ如ク目的物ノ引渡ヲ以テ公示方法ト爲スヿ能ハサルニ依リ法律ハ彼ノ有形動産ト異リタル二ケノ公示方法ヲ採用セリ即チ左ニ之ヲ述ヘン

（第一）告知　告知トハ債主權ノ讓渡アリタルヿヲ私ニ書狀等ヲ以テ報知スルニ止マルモノニアラス或ル若干ノ方式ニ從ヒ公吏ヲシテ之ヲ債務者ニ報知セシムルヲ云フ而シテ此告知ハ公正証書ヲ以テセサレハ宜ク讓受人ト讓渡人ト連名ニテ爲スヿヲ要ス何者世間狡猾ノ輩讓受人ニアラスシテ自ラ讓受人ナリト宣言シ債務者ニ對シテ義務執行ヲ請求シ以テ債權者又ハ債務者何レカ一方ニ不慮ノ損失ヲ負ハシムルヿアル可ケレハナリ故ニ法律ハ適正ニ讓受ヲ宣示シ云々ト記セリ

（第二）債務者ノ承諾　告知ハ唯債權ノ移轉ヲ告ケ知ラシムルニ止マ

ルモ此承諾ハ尚進ンテ債務者ヲシテ其權利ノ轉移ヲ承諾セシメタルモノヲ云フ此承諾ハ讓渡ト全時ニ其契約書中ニ債務者連署シテ爲スヿアリ或ハ讓渡ノ後別個ノ証書ヲ以テ爲スヿアリ共ニ有效ナリト雖モ其承諾ヲ証スル証書ハ公正証書又ハ私署証書ヲ以テセサル可ラス佛法ハ單ニ公正證書ヲ以テセサル可ラストシタルモ此公正證書ヲ要スルノ理由ハ日附ノ前後ニ就テ詐欺ノ所爲行ハル、ヲ防カンカタメノ旨趣ナリ

債務者証書ヲ以テ承諾ヲ與ヘタルニアラスシテ單ニ言語ヲ以テ承諾シタル塲合ハ如何曰ク此塲合ハ讓渡人ハ債權者及讓渡ハ結約者ニ對シテハ何等ノ效力無シト雖モ債務者ニ對シテハ完全ノ效アリト云ハサルヲ得ス(甲)

債權讓渡ノ告知ノ效果如何

以上二ケノ方法中何レカニ從ヒ爲シタル告知ノ效ハ何人ニ對スルモ合意ノ効果ヲ伸暢スルヿヲ得可シ故ニ讓渡人ノ債主ハ最早ヤ其債權

ヲ差留メ自已ノ弁濟ニ充用スルヿヲ得ス債務者ハ讓渡人ト和解更改ヲ約シ或ハ弁濟ヲ爲シ相殺ヲ爲スヿヲ得ス又讓渡人ト爲シタル再次ノ結約者ハ最早債務者ニ告知等ヲナスモ何等ノ効力モナキモノナリ」此等ノ告知法ハ佛法已來何人モ非難ヲ試ミタルモノ無ク實ニ完全ノ方法トシテ採用シ來リタル所以ハ債權ヲ讓受ケ或ハ質權ヲ得ントスルモノハ先ツ債務者ニ就キ果シテ債權ハ存在スルヤ否ヤヲ訂サヽルモノアラサルハ恰カモ不動産ニ就テハ登記簿冊ノ調査ヲ爲シ以テ其景狀ヲ知ルニ等シ故ニ債權ニ關スル合意ハ其債務者ニ適正ニ承知セシメ置カハ之ニ關シテ合意ヲ爲サントスルモノハ債務者ニ就キ其債權ノ景況ヲ承知セシムルヿヲ得可シ

告知ヲ怠リタル讓受人ハ惡意第三者ニ對抗スルヿヲ得サル乎

右ノ告知ヲ怠リタル讓受人ハ善意惡意ヲ問ハス他人ノ爲シタル所爲ヲ攻擊スルヿ能ハサルカ尙詳說セハ他人カ既ニ其債權讓渡アリタルヿヲ承知シ居ナカラ讓受人カ告知ヲ怠リ居ルヲ奇貨トシ爲シタル所

惡意ト通謀トハ擧證ノ點ニ差異ナキ乎

爲モ尚排斥スルヿ能ハサル乎此點ニ就キテハ佛法ヲ解スルモノヽ說ニ曰ク法律カ告知方法ヲ示シタルニ此告知方法ヲ行ハサリシ片ハ他人ハ最初ノ合意アリタルヿヲ知ラサルモノト推測ス是レ法律上ノ推測ノ一ナレハ決シテ反對ノ証據ヲ許ス可ラサルモノナリ若シ反對ノ証據ヲ許ス可キモノトスル片ハ訴訟濫起ノ弊害ヲ釀シ且ツ困難ナル爭訟ヲ惹起スルニ至ル可シ但シ詐欺通謀ノアリタル場合ハ此限ニアラスト然レ圧我カ法典ハ少ク異ナリタル決定ヲ採レリ此告知方法ヲ履行セサリシ片ハ債務者(被讓渡人)ノ爲シタル弁濟和解更改等ノ合意、讓渡人ノ債主カ爲シタル差留又ハ再次ノ讓受人ノ合意ハ皆善意ヲ以テ爲シタル者ト推測セリト雖モ此推測タルヤ佛法ノ如ク反對ノ擧証ヲ許サストセス讓受人ニ於テ讓渡人ノ債主被讓渡人再次ノ讓受人カ初次ノ讓渡アリタルヿヲ知リナカラ爲シタリ即チ惡意ヲ挾ンテ爲シタル者ナリト主張スルニハ唯當事者ノ自白ヲ以テノミ證スルヿヲ許セリ是レ自白ハ當事者自ラ其讓渡ヲ承知シタルヿヲ認ムルモノナレハ實ニ完全ナル証據力ヲ有スレハナリ彼ノ債務者カ言語ヲ以テ承諾シタル塲合ノ如キハ其承諾ハ即チ債務者カ自白ヲ爲シタル者ナレハ債權ノ讓受ハ債務者ニ對シテノミ有效ナリト論セシ所以ナリ(甲參照)讓受人ハ關係人カ讓渡人ト通謀シ以テ己レヲ害セントシテ爲シタルモノナリト主張スル片ハ法律ハ擧証ノ方法ニ制限セスシテ一般ノ擧証方法ヲ用ヒテ証明スルコトヲ得トセリ故ニ証人及ヒ事實ノ推測等ヲ以テ關係人ノ通謀ヲ証スルヿヲ得可シ

以上債權ノ讓渡カ他人ニ對シテ完全ニ効果ヲ生スルハ如何ナル方法ヲ要スルヤヲ叙説セリ而シテ爰ニ債權ト云フハ必ス記名債權ナラサル可カラス彼ノ無記名債權ハ動產ト全一ノ方法ニ從フ可キヲ以テナリ又裏書ヲ以テ流通スル約束手形爲換手形ノ如キ商業上ノ手形ハ特別ニ商法ニ規定スルヲ以テ以上ノ規則ヲ適用スルヿヲ得ス

○第五十三號　債權讓渡ノ場合ニ於テハ債務者カ受ケタル告知ト其承諾トノ間ニ差異アル乎

告知ト承諾トノ間ニ左ノ差異アリ

（第一）承諾ハ債務者カ義務ヲ認諾シタルモノト見做スヲ以テ讓受人ニ對シ其債權ヲ發生セシメタル基本（合意等ノ如キ義務發生ノ原因）ニ瑕瑾アル旨ヲ申立ツルヿヲ得ス假令ヘハ債權者（讓渡人）ト結約シタル當時幼者ナリシヿ承諾ニ瑕疵アリシヿ等ヲ申立テ其合意ハ取消シ得可キ者ナリシト雖モ一旦承諾ヲ爲シタル上ハ其瑕瑾ヲ滌除シテ認諾補正シタルモノト見做スヲ以テ讓渡人ニ對抗シ得タリシ此抗辨法ヲ失ヒタルモノトス然レ𪜈告知ハ唯債務者カ通知ヲ受クルニ止マレハ如此效果ヲ生スルヿナシ

（第二）承諾ハ債務者カ義務アルヿヲ自認シタルモノト見做スヲ以テ債務者ハ其義務カ相殺更改等ノ原因ヲ以テ已ニ消滅セリトノ抗辯ヲ

爲スヿヲ得ス若シ如此原由ヲ以テ已ニ消滅シタリシ義務ナレハ讓受人ニ承諾ヲ與フ可キ理ナシ然ルニ異議ナク承諾ヲ與ヘタルハ即其義務アルヿヲ自認シタルモノナリト云フ可シ反之告知ハ一方ノ報知ニ止マリ恰モ合意ノ提供ニ等シキモノナレハ如斯效果ヲ發スルヿナシ或曰ハン暗默ハ自認ニ等シキモノナレハ債務者告知ヲ受ケ其義務已ニ消滅シタリシカ或ハ取消得可キ合意ナリセハ其旨ヲ返報セサル可ラス然ルニ之ヲ爲サヽリシハ即其義務ヲ確認シ又ハ自白シタルモノト斷定ス可シトモ論タル吾人ニ過大ノ義務ヲ命スルモノニシテ道理ニ適シタルモノニアラス彼ノ暗默ハ自認ニ等シト云フ原則ハ止ムヲ得サル場合ニ適用ス可キモノニシテ猥リニ引用ス可キモノニアラサルナリ

以上述フル如ク告知ト承諾トノ間ニ二ケノ差異アルモノナレハ讓受人ハ債務者ノ承諾ヲ得ルヲ以テ最モ利益アリトス其他告知ノ效果ヨ

リ發生スル所ノモノハ二者敢テ差異アルヿナシ即チ承諾又ハ告知後ニ生シタル抗辨法ハ以テ讓受人ニ對抗スルヿヲ得ス例之ヘハ債務者ナル甲受諾又ハ告知後讓渡人ナル乙ト和解シ或ハ乙ヨリ再ヒ買ヒ受ケタル丙ニ辨濟シ或ハ乙ノ債主ヨリ拂方差留ヲ受ケタリトノ抗辨ヲ以テ讓渡人ニ對抗スルヿ能ハサルカ如シ

○第五十四號　不動産上ノ權利ニ就テノ合意カ第三者ニ對シテ有效ナルニハ如何ナル條件ヲ要スル乎（第三百四十八條以下）

不動産上ノ權利トハ凡テ不動産ニ關スル物上權ヲ云フ即所有權、收益權、住居權、使用權、地上權、賃貸權、地役權、抵當權、不動質權等ニシテ之ニ關スル合意トハ此等ノ權利ヲ移轉シ創設シ變更スル有償又ハ無償ノ合意ヲ云フ抑モ合意ハ唯當事者ノ承諾ノミニテ全然其效果ヲ生シ又何等ノ方式ヲ要セサルヿハ當然ナリ故ニ所有權ヲ移轉スルノ合意ニ付テハ其合意成立スルヤ直ニ其效果ヲ生シ讓受人ハ其物ノ所有者ト爲リ讓渡人ハ其物ノ所有權ヲ失フ此論理ハ實ニ法理ニ適シ道理ニ協ヒタルモノト云フ可シ然レ𪜈合意ハ直ニ權利移轉ノ效アリト云フモ唯當事者双方間ニ止リ第三者ニ對抗スルヿヲ得ス何者第三者ニテ對抗スルヿヲ得ルトスルトキハ善意ニシテ過怠ナキ第三者ヲシテ損失ヲ蒙ラシムルヿアレハナリ今左ニ其例ヲ擧ケ之ヲ明晰ナラシメン

甲曾テ乙ニ賣渡シタル家屋ヲ尙借主ノ名義ヲ以テ其家ニ住居シ自己ニ所有權アルカ如キ眞似シテ之ヲ丙ニ賣渡セリ丙ハ眞ニ甲ノ家屋ナリト信シ之ヲ買取リ直ニ代價ヲ拂ヒタルニ豈圖ラン乙ナル眞ノ所有者アリテ之ヲ奪取セリ又甲借用金抵當トシテ自已所有ノ田地ヲ乙ニ書入ト爲シ或ハ不外見ノ地役ヲ乙ニ約諾シタル後土地カ是等ノ義務ヲ負ヒタルヿヲ陰蔽シテ丙ニ賣却シタル時ノ如キ丙ハ完全ナル所有權ナリト信シテ高價ニ買得シタル後丙者ノ權利ニ對抗スルヿ能ハストスルトキハ奸獰慾ヲ逞フシ善良ナル他人ヲ蠱害スル實ニ容易ナリト云

フ可シ

右ノ如キ弊害ヲ防クノ方按ヲ規定スルハ法律ノ最モ忽諸ニス可カラサル所ニシテ而カモ其方案タル又正當適理ニシテ吾人ノ據テ以テ財産權ヲ安堵セシムルニ足ル可キモノナラサル可カラス此方案トハ他ニアラス其合意ヲ衆人ニ公示シテ能ク其不動産ノ景況(抵當義務ナキカ地役ヲ負ハサルカノ如シ)ヲ詳ニセシメ而シテ知ラスシテ損害ノ窩ニ陷ルモノナカラシメンヿヲ强メサル可ラス其公示ノ方法トハ不動産ニ關スル合意ヲ官廳ノ簿冊ニ登記シ以テ之ヲ衆人ニ示スヲ云フ故ニ不動産ニ關スル物上權ノ合意ハ左ノ條件ヲ具備スルニアラサレハ第三者ニ對スル效力アルヿナシ

(一)　登記ヲナスヿ

登記トハ相當手續ヲ經テ官廳ノ簿冊ニ不動産ニ關スル合意ヲ謄錄スルヲ云フ

不動產ニ關スル合意ヲ一々登記シ之ヲ公衆ニ閲覽セシムル𪜈ハ其不動產ニ關シテ合意ヲナサントスルモノハ先ツ登記所ニ付テ其登記簿ヲ披見シ其所有者ハ何人ナルヤ又其物上ニ義務ヲ負擔セサルヤヲ取調ヘ以テ其景況ヲ詳ニシ而シテ後合意ヲ爲スコトヲ得レハ不慮ノ損失ヲ蒙ムルノ憂ナシ故ニ登記ヲ怠リタルカ爲メ他人ニ對シテ損失ヲ及ホス可キ場合ニハ其者ニ對シテ合意ノ效力ヲ主張スルコト能ハス例令ヘハ予今日甲ヨリ此家屋ヲ買得シテ登記ヲ怠リ居ル𪜈甲乙ニ其家屋ヲ書入レ金子ヲ借用シ予ニ前テ登記ヲ爲シタル𪜈ハ予ハ乙者ノ抵當權ヲ尊重セサル可ラス何者予カ權利ハ未タ登記セサリシカハ第三者ナル乙ニ對抗シ得可カラサレハナリ反之予ヨリ前キニ乙其家屋ヲ買入レタルモ其登記ヲ怠リ居ル中予乙者ニ先チ登記ヲ爲シタル𪜈ハ合意ハ例令ヘ後ナルモ乙ナル他人ニ對シ予カ合意ノ効ヲ主張スルコトヲ得ヘシ

又初次再次ノ讓受人共ニ登記ヲ爲サヽル𪜈ハ普通法ノ原則ニ從ヒ再次ノ獲得者ハ所有主ニアラサル者ヨリ讓受ケタルモノトシ其合意ハ無效ヲ言渡シ初次ノ獲得者ヲ以テ優等トセサル可カラス

右述フル如ク不動產ノ物上權ニ關スル合意ハ其合意ノ前後ヲ論セス前ニ登記ヲ爲シタルモノヲ以テ優等ト爲シ又ハ爲サヽルモノハ敢テ前ニ登記ヲ爲シタルモノニ對抗スルヿヲ得サル可キモ是ハ之レ二ケノ權利相抵觸シテ互ヒニ相容レサル𪜈ニ限ルモノニシテ若シ其權利抵觸セサル𪜈ハ登記ノ有無ヲ論セス共ニ存立ス可シ例令ヘハ甲初メ用益權ヲ乙ニ讓渡シ後丙ニ虛有權ヲ讓渡シタルカ如キハ其權利互ニ抵觸セサルヲ以テ乙丙ノ權利ノ登記ノ有無前後ヲ問ハス共ニ有效トス可キナリ

(二) 善意ナルヿヲ要ス

登記ハ不慮ノ損害ヲ蒙ルモノアルヲ防止スルノ旨趣ニ出テタルモノ

ナレハ已レニ先チ權利ヲ獲得シタルモノアルヲ知リナカラ再ヒ其權利ト牴觸スヘキ權利ヲ獲得シタルモノハ最早ヤ法律ノ保護ヲ受ク可キモノニアラス爰ニ所謂善意トハ巳レト結約シタル者ハ眞ノ所有者ナリト信シテ合意ヲ爲シタルヲ以テ足レリトス

登記ヲ怠リタル者登記ヲ履行シタル者ノ善意ナラサルヿヲ證スルニハ單ニ相手方ノ自白ノミヲ以テシ詐欺通謀ノ所爲アルヿヲ證センニハ各般ノ擧証ノ方法ヲ以テスルヲ得(第三百五十條末項)(五十五號參照)

(附言) 佛國法典ニ於テ善意ナルヿヲ要スルヤ否ヤニ就テ緘默ニ付シタルヲ以テ學者ノ説一ナラス今其論ノ大要ヲ擧クベシ

甲說ニ曰ク法律カ登記ヲ以テ公示方法トシ登記アリタル片ハ何人モ之ヲ知リタルモノト見做シ登記ナキ片ハ何人モ之ヲ知ラサルモノト推測スルヲ以テタトヘ第三者ニ於テ初次ノ合意ヲ覺知シ居タリト雖モ法律ヨリ見ル片ハ知ラサルモノト見做サヽル可カラス即反對ノ証據ヲ許サヽル法律上ノ推測ト云フ可シ而シテ若シ惡意ノ獲得者ハ登記ヲ爲スモ初次ノ登記ナキ獲得者ニ對抗スルヿヲ得ストスル片ハ訴訟濫起ノ弊害ヲ社會ニ流ス

可シ加之登記ハ第三者ニ對スル所有權移轉ノ方法ナレハ第三者ノ善意惡意ハ敢テ問ヲ要セス然レ𪜈舊所有者ト通謀シテ初次ノ獲得者ヲ害スルノ意ヲ以テ爲シタル片ハ此限ニアラズ

乙說ニ曰ク惡意ヲ以テ結約シタルモノハ法律ノ保護ヲ受クルノ限ニアラス抑登記ノ設定アルモノハ善意ナル第三者カ不慮ノ災害ヲ蒙ルヲ防クニ出テタルモノニシテ惡意ナル第三者ヲ保護スル爲メニアラス又登記ハ權利獲得ノ方法爲ラス權利ハ合意ニ依リ直ニ移轉ス可キモノナルモ之ヲ公示セサル片ハ他人ニ損失ヲ蒙ラシムルヲ以テ權利護得者ハ之ヲ登記シテ世ニ公ケニシ以テ他人ノ危險ニ陷ルヲ防止スルノ方法タルニ過キス然ルニ之ヲ怠リタルカ爲メニ他人損失ヲ受ケタル片ハ之ヲ賠償スルノ義務ヲ免ルヽヿヲ得サル可シ而シテ法律カ公示ヲ怠リタルモノハ他人ニ對抗スルヲ得ストシタルハ其懈怠ノタメ他人カ蒙リタル損失ヲ賠ハシムル最モ適實ニシテ簡易ナル方法ヲ設ケタルモノト云フ可シ

以上乙說ニ左袒スル學者多シ今此二說ヲ法理ノ上ヨリ觀察シ其理否ヲ判斷スルニ乙說ヲ以テ道理ニ適シタルモノトセサル可カラス乞フ試ミニ之ヲ辨セン

甲說カ登記ハ權利移轉ノ方法ナレハ登記セサレハ第三者ニ對シテ所有權

移轉セスト論スルハ正當ニアラス登記ハ乙說ノ云フ如ク權利移轉ノ方法ニアラスシテ權利移轉ヲ他人ニ公示スルノ方法ナリト云フ可シ若シ公示ヲ怠リタルカ爲メ他人ニ損失ヲ蒙ラシメタル片ハ其他人ニ對シテ之ヲ賠償スル爲メ公示ヲ怠リタル權利獲得者ハ第二ノ獲得者ニ對シテ合意ノ效力ヲ主張スルヿヲ得ストシタルノミ今假リニ甲說カ云フ如ク登記ヲ以テ權利移轉ノ方法ナリト定ムルモ第二ノ獲得者カ第一ノ獲得者アルヿヲ知リタルノミナル場合ト舊所有者ト通謀シタル場合トヲ區別シテ一ハ效ナシト論シ一ハ效アリト主張スルハ首尾貫徹セサル論理ト云フ可シ何トナレハ登記ヲ以テ權利移轉ノ方法トスル片ハ是等ノ間ニ區別アル可キ道理ナケレハナリ又甲說ハ善意惡意ヲ區別シテ一ハ合意ノ效アリトシ一ハ合意ノ效ナシトスル片ハ訴訟濫起ノ害毒ヲ社會ニ流出スル憂アリト論スルモ甲說カ說ク如ク第二ノ獲得者カ舊所有者ト共謀シタルヤ否ヤヲ區別シテ有效無效ヲ區別スル片ハ尙其共謀ノ有無ヲ探鑿スルニ於テ訴訟ノ數ヲ增加スルニ至ル可シ我カ法典ハ第二ノ獲得者惡意ヲ以テ爲シタル片ハタトヘ第一ノ獲得者公示ヲナサヽルモ之ヲ理由トシテ對抗スルヿヲ得ストセリ尙飜言セハ第二ノ獲得者善意ヲ以テ爲シタルニアラサレハ公示ヲナサヽル第一ノ獲得者ヲ排擊スルヿヲ得スト規定セリ

第五十五號　不動産上ノ物上權ニ就テノ再次ノ獲得者善意ニシテ且初次ノ獲得者ニ先チ其權利ヲ登記シタルモ尙初次ノ獲得者ヲ排擊シ能ハサル塲合アリヤ

原則ニ於テハ初次ノ獲得者登記ノ方式ヲ行ハスシテ他人ニ公示セサル前ニ當テ善意ナル他人再ヒ全一ノ權利ヲ獲得シ速ニ登記ヲ爲シタルトキハ初次ノ獲得者ニ對シテ優等權アルモノトス然レモ此原則ニハ一二ノ例外アリ即チ左ノ如シ（第三百五十一條）

（一）法律上裁判上又ハ合意上ヨリ登記ヲ爲ス可キ義務ヲ初次ノ獲得者ニ對シ有シタル者

（二）右等ノ者ノ相續人又ハ一般ノ承繼人

以上二ケノ人ハ假令善意ヲ以テ讓渡ヲ受ケ而モ初次ノ獲得者ニ先チ登記ヲ爲シタリト雖モ自己ノ權利ヲ初次ノ獲得者ニ對シテ主張スルヿヲ得ス何トナレハ是等ノ者ハ初次ノ獲得者ノタメ利益ノ守護人ナ

レハ常ニ被監護人ノタメニ注意ヲ怠ル可カラサルノ義務ヲ負フモノナレハ是等ノモノニシテ初次ノ獲得者アルヿヲ知ラス再次ノ讓渡ヲ受ケタルモ其知ラサリシハ全ク其者カ當サニ爲ス可キ注意ヲ怠リタル過愆アルモノト推定スルヿヲ得可シ

（附言）法律上裁判上合意上登記ヲナス可キ義務ヲ負ヒタルモノトハ如何ナルモノヲ云ヤ後見人ハ幼者又ハ禁治產者ノタメ夫ハ婦ノタメニ登記ヲナス可キ義務ヲ負フモノナリ是レ法律上ヨリ父又ハ母等ニ命シタル義務ナリ又破產者失踪者ノ管財人ノ如キモノハ裁判所ヨリ命セラレタル者ナリ合意ヲ以テ其義務ヲ負フモノトハ合意ヲ以テ特別ノ代理人又ハ總理代理人タルヿヲ承諾シタルモノヲ云フ是等ノ者ハ常ニ幼者禁治產者破產者及ヒ本人ノ爲メニ事ヲ代理スルモノナレハ其者等カ權利ヲ獲得シタルヿヲ知ラサル可キ塲合ナシトスルヲ得ス若シ之ヲ知ラストスルモ其登記ヲ以テ對抗スルヿヲ得サルナリ

後見人管財人代理人ノ相續人又ハ一般ノ承繼人モ亦善意ニシテ獲得セルヿアル可キ許多ノ塲合ヲ想像スルヲ得可シ今一例ヲ示スニ甲ナル後見人乙ナル幼者ノタメニ一不動產ヲ買ヒ其登記ヲ爲サヽル前ニ死去シタル塲

合ニ於テ甲ノ相續人ハ其賣買ヲ知ラスシテ全一ノ不動産ヲ讓受クルヿナシト云フ可ラス此相續人等モ亦前ト全ク過失ノ論理ニ基キ初次ノ獲得者ニ對抗スルヿヲ許サヽルナリ

第四款　合意ノ解釋

第五十六號　合意ノ解釋ハ如何ナル標準ニ據ル可キ乎（第三百五十六條以下）

合意ハ双方ノ意思一致シテ成立スルモノナレハ双方ノ意思ノ在ル所ヲ探知シ以テ其合意ヲ解釋セサル可ラサルハ當然ナリ故ニ文字上ノ意義ニ拘泥セスシテ當事者双方ノ意思ノ在ル所ヲ探求ス可シ是レ裁判官カ合意ヲ解釋スルニ當リ常ニ標準トス可キ一定不變ノ一大原則ナリ

今爰ニ「家屋及ヒ其家屋中ノ諸品悉ク賣渡申候」ト記シタル證書アリトセンニ文字上ニ依着スル片ハ日常生計上ニ必要ナル家具即鍋釜ノ如キモノモ悉皆包含シタルモノト解スルヿヲ得ヘシ然レ圧買主ニシテ

日用生計上ノ家具一式ハ所持シ居リ賣主ニ於テハ其家具ヲ賣ルトキハ明日ヨリ生計ニ支障ヲ生ス可キ情況アルトキハ日用生計上ニ必要ナル家具ヲ除キ其他ノ諸品悉皆ト解セサル可ラス

法律ハ右ノ原則ヲ擴充シテ數ケノ適用ヲ示セリ左ニ之ヲ述フ

(一)一箇ノ語辭カ各地ニ於テ其意義ヲ異ニスルトキハ當事者双方ノ住所地ニ於テ慣用スル意義ニ據ル可シ其住所地相異ルトキハ合意ヲ爲シタル地ニ於テ慣用スル意義ニ解ス可シ(第三百五十七條)

爰ニ一問題アリ長崎ノ人東京ノ人ニ書ヲ送リ或ル合意ヲ爲スコトヲ申込ミシニ東京ノ人之ヲ承諾シ書ヲ以テ其旨ヲ報知シタル場合ノ如キ何レノ地ヲ以テ合意ヲ爲シタルモノト定ム可キヤ不明ナル場合ニ於テ長崎東京ノ両地ニ通用スル文詞ノ意義ヲ異ニスルトキハ如何解ス可キ乎予ノ考フル所ニテハ長崎ニ用フル意義ニ解ス可キモノトモ東京ニ慣用スル意義ニ準ス可キ乎預メ一定ノ決定ヲ與フルコトヲ得サルモ

ノト信ス此場合ハ合意ヲ取結ヒタル土地ト云フ可キモノアラサレハ裁判官ハ双方ノ情況ヲ審按シテ須ク双方ニ其意思ノ存セシ所ヲ看破シテ以テ解釋ヲ下サヽル可ラス例令ヘハ長崎ノ人久シク東京ニ滯在シテ其地慣用スル言語ヲ會得シ居タル可キ事情アル片ハ宜ク東京ニ通用スル意ニ解ス可シ若又双方カ相互ニ對手人ノ土地ニ通用スル意義ヲ知得セスシテ合意ヲ爲シタル片ハ承諾ノ瑕疵ヲ以テ其合意ノ取消ヲ求ムルコヲ得可キ場合アル可シ

(二)文詞ノ二樣ニ解シ得可キ片其合意ノ性質及目的ニ最モ適合スル意義ニ解ス可シ

(三)合意ハ凡テノ條項ニ能ク協合スル義ニ解ス可シ實際ニ於テ合意ノ証書ニ於テ一部分不明瞭ノ點アルモ全文ヲ讀了シテ能ク其意義ヲ會得スルコヲ得ルハ屢々見ル所ナリ是レ獨リ合意ノ証書ノミナラス凡テノ文章ヲ解スルニモ吾人カ常ニ服膺ス可キ標準ナリ(第三百五十

八條）

（四）一條項ヲ二樣ノ意ニ解シ得可キ片ハ其合意ヲシテ效果ヲ生ス可キ旨趣ニ解ス可ク決シテ效果ヲ生セサル旨趣ニ解ス可ラス

（五）合意ハ文義如何ニ汎廣ナルモ結約ノ當時双方カ企圖シタル目的ノ外ハ包含セサルモノト解釋ス可シ（第三百五十九條）

（六）合意ハ性質ニ因リ自然上又ハ法律上當然附加ス可キ效力ハ一二ヲ明言シ他ヲ緘默ニ附シタル場合ニ於テ其緘默ニ附シタル效力ヲ除去セント企圖シタルモノト推定ス可カラス（第三百五十九條第二項）

（七）當事者ノ意思ニ疑アル片ハ約諾者ノ利益ニ解ス可シ（第三百六十條）

片務契約ノ如キ一方ニ義務ヲ負ヒ他ノ一方ニ權利ヲ得有スルモノニ就テハ此規則ヲ適用スルニ該リ疑ヲ生スルヿナシト雖モ双務契約ニ在テハ仝時ニ双方共義務ヲ負ヒ權利ヲ得有スルモノナレハ斯ル場合

ニハ如何ニ決定ス可キヤ曰ク此場合ニハ契約書中ノ各條欵ヲ分別シテ債務者ノ利益ト爲ル可キ方法ニ解ス可シ故ニ若シ賣買契約ニ於テ代價支拂ノ點ニ就キ疑團アル片ハ買主ノ利益ニ解シ物件引渡ノ事項ニ就キ疑點ヲ生シタル片ハ賣主ノ利益ニ解ス可キナリ

以上解釋法ニ示シタル七ケノ規則ハ要スルニ當事者双方ノ意思ヲ探究シテ其文詞ニ拘泥セサルノ一大原則ヨリ發生シタル適用ニ過キサレハ裁判官タルモノハ能ク結約者双方ノ狀況ヲ審察シ以テ双方ノ意思ノ在ル所ヲ探鑿シ的切ナル解釋ヲ爲サヽル可ラス且以上ノ諸規則ハ相牴觸シテ協合セサルモノアリ試ミニ今用收權設定証書ニ一切ノ修覆ハ用收者負担ス可シ云々ト記シタルモノアリトセンニ合意ノ性質ニ適合スル方法ニ解ス可シト云フ規則ヲ適用スル片ハ其修覆トハ用收者カ當然負担ス可キ修覆ノミヲ包含シタルモノナリト解セサル可カラス又無效ノ旨趣ニ解センヨリ有效ノ旨趣ニ解ス可シト云フ規

則ニ從フ𬻿ハ虛有者カ負担ス可キ大修覆モ用益者ニ於テ担當シタルモノナリトセサル可ラス何トナレハ當然用益者カ負担スル修覆ノミナリトスル𬻿ハ契約書中ニ明記シタル條項ヲシテ無效ナラシムルモノナレハナリ又債務者ノ利益ニ解ス可シト云ヘル規則ヲ引用スル𬻿ハ用益者ノ利益ナル解釋ニ左袒セサル可ラス此ノ如ク其規則相抵觸スルヲ以テ實際ニ臨ミ諸般ノ狀況ヲ叩察シ以テ契約者ノ意思ノ在ル所ニ從ヒ解釋ス可キハ盖シ賢明ナル裁判官其人ニ在ルナリ

第二節　不當利得

○第五十七號　不當利得ノ定義ヲ示シ其性質ヲ說明セヨ（第三百六十一條）

何人ニテモ有意ト無意ト又錯誤ト故意トヲ問ハス正當ノ原因ナクシテ他人ノ財產ニ付キ利益ヲ得タル𬻿ハ不當利得アリトス此不當利得ハ何故ニ義務ノ原因タル可キモノナル乎ト云フニ何人ト雖𪜈自已ニ權利ナクシテ他人ニ損害ヲ蒙ラシメ以テ自已ニ利得ヲ占ム可カラス

第五十七號

不當利得ノ訴權ト不正損害ノ訴權ト同時ニ行フ可キ場合アル乎

トハ蓋シ自然ノ道理ナリト云ハサルヲ得ス故ニ正當ノ原因即權利ナク他人ノ財産ニ付利益ヲ得タル者アル片ハ之ヲ返還ス可キ義務ヲ負フ可キハ當然ニシテ識者ヲ待テ後知ラサルナリ

返還ス可キ義務ノ額ハ有意ナルト無意ナルト又錯誤ト故意トヲ論セス凡テ自已カ不當ニ利益シタル分ノミニ止マリ決シテ他人カ失ヒタル損失ノ額ヲ以テ算定ス可キモノニアラズ然レ圧實際ニ在リテハ有意ナルト無意ナルト又錯誤ナル故意ナルトニ依リ大ニ其類ヲ異ニス可シ即故意ナル片ハ錯誤ノ場合ヨリモ多カル可ク又錯誤中ニテモ些少ナル過失ニテ錯誤ニ陷リタルト重大ナル過失ニテ錯誤ニ陷リタルト其間自ラ經度ナキヲ得ス例ヘハ甲者權利ナキヿヲ知リナカラ乙者ヨリ千圓ヲ請取リ其夜其金ノ中五百圓ヲ盜賊ノタメニ奪掠セラレタリトセンカ乙者ハ他日義務ナキヿヲ覺知シタル場合ニ於テ甲者ニ向テ曾テ渡シタル金員ノ總額ノ返還ヲ求ムルヿヲ得可シ反之甲者ハ權利

アルモノト信シテ受取リタル片ハ自已ニ利益ト為リタル分ノミ即盜難ニ罹リタル五百圓ヲ扣除シテ殘金五百圓ヲ返還スルヲ以テ足レリトス是レ前例ハ甲者ニ惡意アレハ乙者ハ之ニ對シテ損害賠償ノ訴權ヲ以テ自已ニ失フタル損失ノ總テヲ賠償セシムルヿヲ得ルモ不當利得ノ訴權ト不正損害ノ訴權ト混仝シタルモノト云フ可シ後例ハ甲者ハ錯誤ニ陷リ善意ニシテ其辨濟ヲ受ケタルモノナレハ乙者ハ唯之ニ對シテ不當利得ノ原理ニ基キ甲者カ利得シタル部分ヲ請求スルヲ得ルノミ此ノ如ク不當利得ハ原則トシテハ自已ニ利得シタル部分ノミヲ返還スルニ止マルモノナルモ實際ニアリテハ損害賠償ノ訴權ヲ伴フヿアルヲ以テ場合ニ依リ其義務ノ額ニ廣狹ヲ生ス可キモノナリ

○第五十八號　不當利得アリトスル場合如何（第三百六十一條）

不當利得ノ場合ハ素ヨリ許多アリテ一々之ヲ擧示シ得可キモノニアラサレハ法律ハ世上最モ其類例多キモノ數ケヲ示セリ即左ノ如シ

第五十八號

（一）他人ノ事務ノ管理（此事ニ關シテハ別ニ問題ヲ設ケテ論ス可シ）

（二）負担ナクシテ辨濟シタル物、虚妄若クハ不適法ノ原因ノ爲ニ辨濟シタル物成就セサル又ハ消滅シタル原因ノ爲供與シタル物ノ領受

負担ナクシテ辨濟シタル物トハ少シモ義務（外面上ヨリ見ルモ）ヲ負担セサルニ誤テ辨濟ヲ爲シタル場合ヲ云フ虚妄ノ原因トハ外形上ハ義務アルカ如クナルモ其實虚無ノ原因ニ屬スルモノヲ云フ例ヘハ甲者先人ノ遺言書ニ依リ乙者ニ金千圓ヲ拂フタルニ其遺贈ハ第二ノ遺言書ニ依リ取消シアリタル場合ノ如キ是ナリ又不法ノ原因トハ法律ニ反シタル原因ヲ云ヒ成就セサル原因トハ例ヘハ名古屋ノ人東京人ニ依頼スルニ其品購入方ヲ以テシ之ト同時ニ其費用ヲ送付セリ然ルニ東京人之ヲ承諾セサリシ場合ノ如キヲ云ヒ消滅シタル原因トハ例ヘハ甲者前月拂ヲ以テ某新聞社ニ其代價ヲ拂込ミ來リシニ某新聞ハ前月限リ廢刊シタル場合ノ如キヲ云フ

(三) 遺贈其他遺言ノ負担ヲ付シタル相續ハ受諾相續人ハ先人ノ能動所動ノ權利ヲ一切承繼スルモノナレハ其相續財産カ負担シタル一切ノ義務ヲ辨濟ス可キハ當然ニシテ恰モ借リタル金ヲ返濟セサル可カラスト云フカ如キモノナレハ本項ノ義務ハ眞ノ不當利得ノ原則ニ據リ發生ス可キニアラス遺贈又ハ遺言ニ依リ生スルモノナリト云フ可シ

(四) 他人ノ物ノ添附ヨリ又ハ他人ノ勞力ヨリ生スル所有物ノ增加總テ附加物ハ其主タル物件ノ所有者ノ所有ニ歸ス可キモノナルモ其所有者ハ之ヲ無償ニテ獲得スルコヲ得ス必ス其利得シタル部分ニ就キ附加物ノ所有者ニ賠償ヲ爲サヽル可カラス又他人ノ勞力ヨリ生スル所有物ノ增加ニ付テモ同一ノ理由ナリ

(五) 他人ノ物ノ占有者カ不法ニ收取シタル果實産出物其他ノ利益及之ニ反シテ占有者カ占有物ニ加ヘタル改良

正權原ヲ有セズシテ善意ナル占有者ハ取得シタル果實ノ自巳ニ利益シタル部分ノミヲ返還シ惡意ノ占有者ニ在リテハ凡テ取得シタル果實及取得ヲ怠リタル果實ヲモ返還セサル可カラス（是眞ノ不當利得ノ原則ニアラサルヿ巳ニ述タリ）又之ニ反シテ占有者カ其占有物ニ改良ヲ加ヘ所有者ノ利益トナリタル場合ハ所有者ノ占有ニ對シ其利益シタル部分ヲ償フ可キナリ是レ前項ノ他人勞力ヨリ生スル所有物ノ增加トナル中ニ包含セラル可キモノナレハ特ニ爰ニ記スルヲ要セサルカ如シ

○第五十九號　事務管理ノ定義ヲ示シ其性質ヲ說明セヨ（第三百六十二條）

事務管理ニハ如何ナル條件ヲ要スル乎

事務管理トハ他人ヨリ何等ノ委任ヲモ受クルヿナクシテ其ノ利益ノ爲メ好意ニ事務ヲ管理スルヲ云フ此定義ニ依ル片ハ事務管理ハ左ノ性質ヲ具備セサル可カラス

（一）事務管理者ハ被管理者ノ代人タル資格ヲ有セザルヿヲ要ス

若シ合意上法律上裁判上ノ代人タル資格ヲ以テ其權內ノ事ヲ處理シタ

ル片ハ事務管理ニアラスシテ自己ニ有スル代理權ノ執行ナリト云フ可シ

（二）被管理者（本主）ノ利益ノ爲メニ爲シタルヿヲ要ス　事務管理ハ被管理者ノ財產ニ患害アル場合又ハ或ル處理ニ依リ一層有益ナル効果ヲ生ス可キ場合ニ於テ本人之ヲ知ラサルカ、旅行等ノ場合又ハ之ヲ知ルモ之ヲ處理スル能ハサル片（病氣等ノ片）好意ヲ以テ本人ノ利益ノ爲メニ其事務ヲ處理スルモノナルヲ以テ本人ノ財產上ニ幾分ノ利益ナキニ於テハ事務管理ト稱スルヿヲ得ス然レモ事務管理者カ好意ヲ以テ爲シタルモ偶然本人ノ利益ト爲ラサル場合ノ如キハ即事務管理トシテ其規則ヲ適用ス可キナリ

爰ニ注意ス可キハ管理者ハ其管理ノ爲メ費シタル費用ヲ間接ニ本主ニ贈與スルノ意ナキヲ要ス蓋シ其費用ノ賠償ヲ受クルノ意ナキ片ハ事務管理ニアラスシテ贈與ノ一變体ナリトス

○第六十號　事務管理者ノ責任如何（第三百六十二條）

（一）事務管理者ハ管理ヲ始メタル事項及其事項ニ當然附從シタル事項ヲ善良ナル家夫ノ顧慮ヲ以テ本人若クハ其相續人又ハ其代理人カ自ラ管理ヲ爲シ得ルニ至ルマテ其事務ヲ繼續スルノ責アリ若シ管理者ニシテ一旦着手シタル事項ヲ何時ニテモ放擲シ得ルトセハ被管理者ハ反テ大ナル損失ヲ蒙ルヿアル可キノミナラス管理者ハ進ンテ事務ノ督勵ヲ爲サス緩慢忽諸ニ流ルヽノ恐レアリ加之輕佻ノ輩猥リニ他人ノ事務ニ關與シ中途ニシテ之ヲ放擲シ遂ニ成功ヲ爲ス能ハサルニ至ラシムルノ虞アルヲ以テ事務ノ完成ヲ爲ス責ヲ管理者ニ負ハシメタリ

（附言）法文ニハ本人若クハ相續人カ自ラ管理シ得ルニ至ルマテトアルモ本人若クハ相續人カ撰定シタル代理人ノ管理スルヲ得ル場合モ當然其中ニ包含シタルモノナリト解釋セサル可カラス

（二）管理者ハ過失又ハ懈怠ニ因リテ本人ニ加ヘタル損害ヲ賠償スル

ハ責アリ此責務ハ前項善良ナル家夫ノ顧慮ヲ以テ管理スベキノ責ヨリ自然ニ出タルモノナリ其責務ノ輕重ノ如キハ實際ノ事情ヲ參酌シテ定ム可キモノトス例ヘハ不在者ノ隣家ヨリ失火シテ將ニ不在者ノ資財ヲシテ灰燼ニ歸セシメントスル場合ニ於テ其知人之ヲ救フカ爲メ家宅内ノ資財ヲ他ヘ運搬スル際過失ニテ毀損セシメタル場合ノ如キハ宜シク其責任ノ度ヲ大ニ減ス可キナリ之ニ反シ不在者ノ緊急ナラサル事務ヲ管理スルニ適當ナル者（父母兄弟等）アルニ係ラス他人進ンテ其事務ヲ管理シ過失ヲ以テ被管理者ニ損害ヲ蒙ラシメタル片ノ如キハ管理者ニ重キ責ヲ負ハシムルヲ以テ適當ノ事トス

（三）管理者ハ本年ノ財産ヨリ收メタル利益ヲ返還シ且其管理ノ際自已ノ名ニテ取得シタル權利及ヒ訴權ヲ本主ニ移轉スルノ責アリ

本主ノ財産中ヨリ收メタル利益トハ凡テ管理ニ依テ收受シタル金額有價物及其他ノ利潤ヲ云フ假令ヘハ不在者ニ屬スル田地ノ收獲物ヲ

收得シタル場合ニ於テ其收獲物ノ如キ是ナリ又自已ノ名ニテ取得シタル權利及訴權トハ例ヘハ前例ノ收獲物ヲ自已ノ名ニテ賣拂ヒ買主ヨリ未タ其代價ヲ受取ラサリシ場合ニ於テ管理者ハ其代價ヲ受取ル可キ權利及ヒ其權利ニ附從シタル契約解除（買主代價ヲ拂ハサルトキ）ノ訴權ノ如キ是ナリ是等ノ利益訴權等ヲ本主ニ返還シ又ハ移轉スルノ義務アル所以ハ彼ノ正當ノ原因ナクシテ他人ノ財產ニ就キ利益ヲ占ルヿヲ得スト云ヘル原則ノ適用ニシテ則チ事務管理ヲ以テ不當利得ノ節目中ニ列シタル所以ナリ

○第六十一號　本主即チ被管理者ノ責任如何（第三百六十三條）

本主ノ責任ハ單純ナル道理ニ因リ一言以テ答案ヲ付スルヿヲ得可シ即他人カ自己ノ利益ノ爲メニ爲シタル管理ニ付其他人ヲ害シテ自己ニ利益ヲ領得ス可カラサルナリ若シ管理者カ費シタル財產ヲ賠フ無ク又ハ管理ノ爲メ第三者ニ對シテ負フタル義務ヲ免レシムルヿナク

ソハ本人ハ他人ヲ害シ原因ナクシテ利益ヲ占ムルモノナレハ宜ク是等ノ費用ヲ管理者ニ賠償ス可キナリ今本主ノ義務ヲ分拆シテ示ス𪜈ハ左ノ如シ

(一) 管理者カ管理ノタメ出シタル必要又ハ有益ナル費用ヲ賠償スルヿ

必要ナル費用トハ不在者ノ租税ヲ拂フタル如キ又ハ不在者ノ財産ノ災害ヲ避クル爲メ費シタル費用ノ如キヲ云フ有益ナル費用トハ不在者ノ荒蕪地ヲ耕耘スルタメ又ハ家屋ヲ修理スルタメニ出シタル費用ノ如キヲ云フ

(二) 管理者カ自己ノ名義ヲ以テ管理ノ爲メ約諾セシ義務ヲ免レシメ又ハ其義務ノ擔保ヲナスヿ

管理者自己ノタメ約諾セシ義務ヲ免レシムルトハ管理者カ管理事件ニ關シ直接ニ義務ヲ負ヒタル𪜈被管理者ハ其債權者ト約シテ義務ノ

被管理者カ管理者ニ拂フ可キ賠償額ハ如何ナル標準ニ據ル乎

更改ヲナシ被管理者自ラ直接ノ義務者トナルヿヲ云フ然レ𪜈債權者時トシテ此ノ如キ更改ヲ爲スヿヲ肯セサル場合アリ此場合ニ於テハ被管理者ハ管理者ニ對シテ辨償ヲナシ又ハ債權者ノ請求ニ對シ管理者ニ代テ辨償ス可キヿヲ約務スルモノトス是レ即擔保ノ義務ナリトス

(三) 被管理者ノ名義ニテ約諾シタル義務ヲ履行スルヿ

管理者ハ時トシテ自己ノ名義ヲ以テセスシテ本主ノ名義ヲ以テ約諾スルヿアル可シ此場合ニ於テハ本主自ラ直接ノ義務者ナルヲ以テ前項ノ如キ更改又ハ担保ヲナスヲ要セサルモノナリ

本主カ辨濟ス可キ額ヲ定ムル標準ハ凡テ本主カ得タル利益ヲ以テシ管理者カ爲セシ支拂額ヲ以テス可カラス然レ𪜈本主カ得タル利益其支拂額ニ超加スル片ハ唯其額ヲ拂フヲ以テ足レリトス何トナレハ此場合ニ於テ他人ヲ害スルヿナケレハ本主ハ不當ノ利得ヲ占メタリト

云フ可カラサレハナリ
本主カ得タル利益ハ事務管理ヲ行ヒタル當時ノ情況ニ就テ算定ス可キ乎訴訟ノ起リタル當時ノ情況ヲ察知シテ算定ス可キ乎曰ク此問題ハ宜ク二ケニ區別シテ答案ヲ付ス可キナリ第一管理者本主ノタメ誠意ヲ以テ眞ニ其利益ヲ希圖スル爲メナシタル場合ニ於テハ管理ノ所爲箇々ニ區別シ得ル片ハ其管理ノ時ノ利得ニ就キ算定ス可シ假令ヘハ不在者ノタメ其租税ヲ拂ヒ負債ヲ辨濟シタル片ノ如キハ租税ト負債ト箇々ニ區別シ各其支拂ヒタル時ノ利得ニ從ヒ償還ヲナス可シ反之管理ノ所爲箇々ニ區別シ能ハサル片ハ其管理事務全ク終局シタル時ノ利得ニ付キ算定ス可キナリ假令ヘハ家ノ修理ノ如キハ柱ヲ取リ換ヘ壁ヲ塗リ替ヘ瓦ヲ葺キ替ユル等種々ノ所爲ヲ包含スルモ其所爲凡テ終ラサレハ其家ハ全ク修理シ得タリト云フ可カラサレハ如此所爲ハ箇々ニ分別スルヿ能ハサルモノトス故ニ此場合ニ在テハ其事務終

局ノ當時ノ情況ニ就キ算定ス可キナリ第二本主ノ利益ノタメニ爲シタルニアラサル𪜈假令ハ管理人自巳ノ事務ト誤信シテ他人ノ事務ヲ行ヒタル𪜈又ハ本主ノ意思ニ反シテ其事務ヲ管理シタル如キ塲合ハ訴訟ノ起リタル當時ノ情況ヲ觀察シテ其賠償額ヲ定ムヘキモノトス此第二ノ塲合ハ學者往々事務管理ニアラサルヿヲ說キ且ツ此塲合ハ管理者ハ不當利得取還ノ訴權ナルモノヲ有スルモ事務管理ノ訴權ヲ有セサルヿヲ述ヘ二訴權ノ異ナル點ハ右ニ述ヘタル所ノ差異ニアリト云ヘリ然レ𪜈事務管理ノ訴權ナルモノモ其實不當利得取還ノ訴權タルニ過キサレハ學者ノ之ヲ二ケニ區別スルハ盖シ無用ノ事ト云フ可キ乎(第三百六十三條二項)

本主ハ管理者カ支拂ヒタル金額ニ付利子ヲ付シテ償還ス可キ乎此問題モ亦不當利得ノ原理ニ基キ決スルヿヲ得可シ假令ハ甲者乙者ノタメニ利子附ノ負債ヲ弁償シタリトセンニ乙者之ヲ返還スルニ當リ其

利子ヲ拂ハサル片ハ甲者カ代辨シタルヨリ以後ノ利子ヲ不當ニ利得スルモノナレハ其利子モ共ニ拂ハサル可カラス反之其代辨シタル負債無利子ナル片ハ不當ノ利得アラサルヲ以テ之ヲ拂フヲ要セス又他ノ例ヲ以テ答フルニ甲者乙者ノ家屋ヲ修理シタルカタメ其家賃ヲ増加シタル塲合ノ如キモ其増加シタル家賃ノ額ヲ限リトシテ相當ノ利子ヲ拂ハサル可カラス

○第六十二號　事務管理ト代理契約トノ差異ヲ示セ

（第一）事務管理モ代理契約モ同ク他人ノ事務ノ處理ニ關スルモノナレハ其性質酷タ相類似スルモノナレトモ其成立ニ於テ大ナル區別アリ事務管理ナルモノハ法律上裁判上合意上ノ委任ナクシテ管理者進テ他人ノ事務ヲ行フモノナルモ代理契約ハ其基礎タル委任ノ條件アリテ其委任ノ區域内ニ於テハ處理ニアラサレハ其效ナキモノトス

（第二）事務管理ハ本主ニ向テ償ヲ求ムルニ其爲シタル事務ニ因リ本

主ニ利得アリタル塲合ニ於テ必要又ハ有益ナル費用ニ限リ請求スルヿヲ得ルノミ反之代理人ハ假令ヒ其任セラレタル事ヲ行フタルカ爲メ委任者ニ利益ヲ得セシメサリシ時ト雖モ苟モ其權限外ニ渉ラサル以上ハ其費シタル額ハ凡テ其償還ヲ要求スルノ權アルモノトス

（第三）代理契約ハ本人死去スル片ハ消滅スルヲ以テ普通ノ規則トス（但遲延スル片又ハ危險アル塲合ハ此限ニ非ラス）反之事務管理ハ管理者本人死去スルモ常ニ其義務消滅セスシテ尙ホ其事務ヲ被管理者自身又ハ其代理人ニ於テ處理シ得ルニ至ルマテ續行スルノ義務アリ

○第六十三號　不當辨濟ノ種々ノ塲合ヲ問フ（第三百六十四條以下）

不當辨濟トハ負擔ナクシテ物ノ給付ヲ爲シ權利ナクシテ物ノ給付ヲ受ケ或ハ當サニ受ク可キ物ヨリ以外ノ物及異リタル時日塲所等ニテ辨濟ヲ受ケタル塲合ニ於テ生スルモノトス左ニ種々ノ塲合ト其效果トヲ列記シテ以テ本問ニ答フ

(一)債權者ニアラスシテ辨濟ノ名義ヲ以テ物ノ給付ヲ受ケタル塲合。

此塲合ハ適法ニ成立セサルカ已ニ消滅ニ歸シタルカ又ハ曾テ存在セサル債務ヲ辨濟ノ名義ヲ以シ給付シタルトキ或ハ債務者眞ノ債權者ヲ誤リテ他人ニ辨濟ヲ爲シタル時ニ生スルモノトス其物ノ給付ヲ受ケタルモノハ元來受取ルヘキ權利ナクシテ他人ノ財産ヲ收得シタルモノナレハ不當利得ナリ故ニ之ヲ其給付者ニ返還ス可キ義務アルハ當然ニシテ而モ辨濟者カ負擔ナキコトヲ知リツヽ給付シタルト否ラサルトヲ論セス又其受ケタルモノハ眞ニ權利アリト誤信シテ(善意)收受シタルト否ラサル(惡意)トヲ區別スルコトナク常ニ其義務ヲ免ルヽコトヲ得ス然レトモ其返還ノ義務ノ廣狹ニ至リテハ善意ナルト惡意ナルトニ依リ差異ナキ能ハス後ニ之ヲ説明ス可シ

負擔ナキコトヲ知リナカラ辨濟ノ名義ニテ物ヲ給付シタルモノハ一ノ變体ノ贈與ヲナシタルモノト見做シテ取戻ヲ許ス可ラスト論スル學

者アルモ法律ハ斷然之ヲ排却シタルハ蓋シ正當ナラン

債權者他人ヨリ辨濟ヲ受ケタル片ノ效果如何

(二) 辨濟ヲ受ケタルモノハ眞ノ權利者ナルモ債務者以外ノ者ヨリ辨濟ヲ受ケタル塲合此塲合ニ於テモ亦辨濟ヲ受ケタルモノ前般ノ如ク常ニ返還ノ義務アルヤ否ヤ左ノ二ケノ塲合ニ於テハ返還ノ義務ナシ

(イ) 辨濟者カ自已ニ債務ヲ負ハサルヿヲ知リテ辨濟ヲナシタル時、

自已ニ債務ヲ負ハサルヿヲ知リテ辨濟ヲ為シタルモノハ眞ノ債務者ノ事務管理ヲ為シタルカ又ハ他人ノ義務ヲ辨濟スルヲ以テ間接ニ利益アルモノト推定スルヲ得可ケレハ給付シタル物件ノ返還ヲ要求スルヲ許サス然レ圧辨濟者カ眞ニ自已ニ債務ヲ負ヒタルモノナリト信シテ辨濟ヲ為シタル片ハ如此推定ヲ下スヿヲ得サルノミナラス辨濟者カ期シタル效果ヲ生セサリシカハ其辨濟ヲ受ケタルモノハ故ナク他人ノ財產ヲ利得シタル者ト云フ可ケレハ之ヲ返還セサル可カラス

（ロ）辨濟ヲ受ケタル者ハ善意ニシテ且債權證書ヲ毀滅セシ時
辨濟ヲ爲シタル者ニ錯誤アリタル塲合ハ前段ニ於テ辨濟物ノ取戻ヲナスヿヲ得ヘシト雖モ其辨濟ヲ受ケタルモノモ亦錯誤ニ因リ（善意）辨濟ヲ收得シ且其債權証書ヲ毀滅シタル片ハ返還スルノ義務無シ如何トナレハ債權者眞ノ債務者ヨリ辨濟ヲ受ケタリト信シテ其權利ヲ證スル所ノ証券ヲ毀滅スル片ハ眞ノ債務者ニ對シ最早ヤ請求スルヿ能ハサルニ至ル可シ如此クンハ債權者ハ他人ノ錯誤ノタメ不慮ノ損失ヲ蒙ルモノト云ハサル可カラサレハナリ
証書毀滅トハ凡テ其証書ヲ以テ眞ノ負債主ニ請求シ能ハサルニ至ラシメタル塲合ヲ云フ故ニ證書ヲ實際破棄シタル片又ハ塗抹シタルハ勿論時効ニ依リ其証書ノ効力ヲ失ヒタル塲合モ包含ス
（附言）債務者ニアラサル者辨濟シテ返還ヲ要求スルヲ得サル塲合（自已債務者ニアラサルヿヲ知リ辨濟ヲ爲シタル塲合及自巳債務者ナリト誤

第六十三號

信シテ辨濟シタルモ債權者善意ニテ債權證書ヲ毀滅シタル場合ニ於テハ眞ノ債務者ニ對シテ事務管理ノ訴權又ハ代位辨濟ノ規則ニヨリ辨償ヲ請求スルヿヲ得可キヿ是ナリ

(三) 眞ノ債務者ヨリ眞ノ債權者ニ辨濟ヲ爲シタル場合

此場合ハ眞ニ義務ヲ負ヒタル者眞ニ權利ヲ有スル者ニ辨濟ヲ爲シタルモノナレハ辨濟ヲ爲シタル者ニ損害アルヿナク又辨濟ヲ受ケタルモノニ不當ノ利得存スルヿナシ然レ𪜈時トシテ自巳ニ負担シタル以外ノ性質ノ物件ヲ給付スルヿアル可ク或ハ期限前或ハ異リタル場所等ニ於テ辨濟スルヿアル可シ如此場合ニ如何決定ヲ下ス可キカ左ニ之ヲ説明セン

異性質ノ物ノ辨濟ハ之ヲ取戻スヿヲ得ルヤ

(イ) 自巳ニ負担シタル物ニ異ナル性質ノ物件ヲ錯誤ニ因リ辨濟シタル時ハ取戻スヿヲ得可キモ若シ異性質ノ物件タルヿヲ知リテ給付シタル片ハ取戻ヲ許サヽルモノトス是レ債務者ニ於テ異リタル

他人ニ屬スル物件ヲ辨濟ニ供シタル片ハ之ヲ取戻スヿヲ得乎

物件ナルヿヲ知リタル片ハ則チ一ノ更物辨濟ヲ爲シタル者ナレハナリ爰ニ附言ス可キハ異リタル性質ノ物件トハ木綿糸ヲ辨濟スヘキ義務アル場合ニ絹糸ヲ給付シタルカ如キ是ナリ

(ロ) 自已ニ屬セサル物ヲ錯誤ニ因リ辨濟トシテ與ヘタル片ハ取戻ヲ請求スルヿヲ得

此場合ニ於テ不當利得アル所以ノモノハ他人ノ所有物ヲ以テ爲シタル辨濟ハ無效ノ所爲ニシテ從前負ヒタル義務ハ依然存在シ債權者ノ權利モ亦敢テ消滅スルヿナケレハ債權者ハ他日再ヒ債務者ニ對シテ辨濟ヲ請求スルヿヲ得可シ但シ辨濟者ハ錯誤ニ因リ自已ノ所有物ナリト信シタル場合ニ限ルモノトス

(附言) 論者アリ曰ク法律カ辨濟者ニ錯誤アルヿヲ要ストナシタルハ如何ナル理由ニ基ク乎抑モ他人ニ屬スル物件ノ辨濟ヲ受ケタルモノハ其辨濟ヲ受クル爲メ自已ノ權利ヲ消滅セシメサルカ故不當利得アルモノ

トセハ辨濟者カ故意ヲ以テ爲シタル時ト錯誤ニ依リテ爲シタル時トニ付キ不當利得有ルト區別アルヿナカル可シ辨濟者カ故意ト錯誤トニ依リタメニ債權者ニ生セシメタル損害ヲ賠フニ付キ輕重ノ差ヲ生スルハ至當ナリト雖モ全ク取戾ヲ許サヽルモノトシタルハ或ハ失當ニアラサル乎ト

辨濟ヲ受ケタル物件動產ニシテ債權者モ亦善意ナル片ハ彼ノ即時效ヲ引証シテ之カ取戾ヲ拒ムヿヲ得

期限前ノ辨濟ハ取戾シ得ル乎

(ハ)期限ニ先チ辨濟ヲナシ或ハ辨濟ヲ實行ス可キ塲所外ニ於テ辨濟ヲ爲シ或ハ異リタル品質品格價格ノ物ヲ以テ辨濟ヲ爲シタル片ハ取戾ヲ許サス是レ辨濟ニ附從スル條件ニ違反シタルニ過キサレハ之カ爲メ其辨濟ハ義務消滅ノ効力ヲ生セストス可カラサレハナリ然レ圧錯誤ニ因リ其不法ナル辨濟ヲ爲シ或ハ之ヲ受ケルタメニ損失ヲ蒙リタル片ハ一方カ爲メニ利益シタル限度內ニ於テ之ヲ賠

償セシムルヿヲ得是レ其利益ハ不當ナルモノナル可ケレハナリ

以上ハ辨濟ニ就キ不當ノ利得アル種々ノ場合ヲ列記シタレ圧其他辨濟ノ性質ヲ有セサル場合ト雖圧之ニ類スルノモノハ皆不當辨濟ノ原則ニ基キ處斷スルヿヲ得可シ彼ノ成就セサル原因ノ爲メ又ハ消滅シタル原因ノ爲メニ供與シタル物ノ領収ハ皆之ヲ返還ス可キナリ（三百六十七條第一項）

○第六十四號　不法ノ原因ノ爲メ給與シタル物ハ之ヲ取戻スヿヲ得ル乎（第三百六十七條二項）

不法ノ原因ノ爲メ給與シタル物ヲ取戻シ得ルヤ否ヤト云フニ若シ不法ノ原因カ供與シタル一方又ハ双方ニ存スル片ハ之カ取戻ヲ訴フルヿヲ得ス是レ彼ノ自己ノ非違ヲ憑據トシテ申告スルモノハ聽受セラルヽヿナシト云ヘル格言ニ依リ其理由ヲ説明スルヿヲ得即チ受ケタル者ニ於テ假令不當ノ利得アルモ法律ハ徳義上ノ理由ニ基キ視テ以

テ不當利得トセサルナリ反之不法ノ原由カ領収シタル一方ノミニ存スル片ハ之ヲ給與シタルモノ取戻ヲ訴フルニ付キ自巳ノ非違ヲ申告スルニ非ラサレハ其訟求ヲ採用セラル可シ不法ハ原因カ給與シタル一方ニ存スルトハ假令ハ甲者乙者ニ對シテ公廷ニ於テ斯々ノ僞證ヲナシ呉レンヿヲ書面ヲ以テ依頼シ且ツ金員若干圓ヲ封入シテ乙者ニ與ヘタリ然ルニ乙者公廷ニ於テ眞實ヲ吐露シテ僞証ヲ爲サヽリシ場合ノ如シ双方不法ノ原因存スル場合トハ博奕ノ勝敗ニ依リ授受シタル如キ又前例ノ乙者甲者ノ依頼ニ依リ僞証ヲ爲シタル如キヲ云フ供與ヲ受ケタル一方ノミニ不法ノ原因アル場合トハ假令ヘハ裁判官ハ訴訟ヨリ謝義ヲ受クヘキモノニアラサルニ勝者ノ一方ヨリ禮金ヲ受ケタル如キ又公証人代言人ノ如キ法律其手數料ニ制限アル場合ニ於テ之ヲ超過シテ受ケタル片其超過シタル部分ニ付テハ不法ノ原因アルトス

〇第六十五號　不當辨濟ノ取戻ヲ請求スル者ハ如何ナルヿヲ証スヘキ乎

不當弁濟ノアリタル場合ニ於テ其供與シタル物ヲ取戻サント欲スル原告人（不當弁濟ヲ爲シタル者）ハ須ク左ノ諸件ヲ証明セサル可カラス

（第一）辨濟ヲ實行シタルヿ此事實ヲ証スルハ供與ヲ受ケタル者ノ受取証書又ハ其者ノ有シタリシ証書ノ占有或ハ法律カ人証ヲ許ス場合ニハ之ヲ用フルヿヲ得

（第二）供與ヲ受ケタルモノハ債權者ニアラサルヿ又ハ原告人ハ債務者ニアラサルヿ換言セハ弁濟セント欲セシ義務ハ双方間ニ存在セサリシヿ此事實ハ所謂無的ノ者ナレハ之ヲ証明スル甚タ困難ニシテ原告人ハ殆ント之カ証明ヲ能クシ得サルカ如シ何トナレハ原告人ハ義務ノ原因トナルヘキ各種ノ事實即物ノ借主ニアラサルヿ物ノ購求者ニアラサルヿ先人ノ遺贈ニアラサリシヿ物ノ受托者ニアラサルヿ等

百般ノ義務ノ原因ノ存在セルヿヲ証セサル可カラサレハナリ然レ𪜈如此漠然タル事ヲ証スルヿ能ハサルハ何人モ知ルヿナラン故ニ原告人ハ何々ノ負債ヲ償却セントハ企圖セシヿ及其負債ハ存在セサリシヿヲ証スレハ足レリトス此二個ノ事實ヲ証スルハ左程難事ニアラサル可シ假令ハ余甲者ニ對シ百圓ノ負債ヲ負ヒシヲ以テ之ヲ返還セリ然ルニ其負債ハ業已ニ相殺ノ效ニ依リ消滅ニ歸シ居リシヿヲ後日覺知シタル片ハ予ハ法廷ニ於テ百圓ノ負債ヲ償却セシヿヲ企圖セシヿヲ述ヘ且曾テ在リタル相殺ノ事實ヲ証スレハ足レリトス若シ甲者ニ於テ弁償ヲ受ケタル百圓ハ他ノ原因ニ基ク負債ナリト云フカ或ハ相殺ハ曾テ行ハレシヿナシト抗弁スル片ハ予ハ甲者カ申立ル原因ノ存セサルヿ或ハ相殺ノ原因アリタルヿノ証左ヲ提供スル責アルノミ倘此場合ニ予ハ甲者ニ向ヒ汝ハ如何ナル原因ニ因リ余ヨリ辨濟ヲ受ケタルカ之ヲ陳述セヨト求ムルヿヲ得故ニ余ハ甲者カ陳述シタル原因ノ

虚妄ナルヿヲ證スレハ可ナリ(第三百廿六條)

(第三)錯誤ニ依リテ辨濟シタルヿ　錯誤ハ推測ス可カラサレハ錯誤アリト申述スルモノヨリ証明スルハ當然ナレハ原告人之ヲ証セサル可カラス(佛學者或說ノ如ク負擔ナキヿヲ知リテ辨濟シタル場合ハ贈與ト見做スト云ヘル說ニ從フトキハ錯誤ノ証明ヲナスハ原被何レニアルヤ之ヲ決スルニ困難ナリ何トナレハ贈與アリシヿハ推測ヲ以テ定ム可カラサレハナリ)此錯誤ヲ証スルハ辨濟ヲ受ケシ者債權者ナラサルトキハ必要ニアラス何者此場合ハ爲シタルモノニ錯誤アルト否トヲ論セス常ニ取戾シヲ請求スルヲ得レハナリ(第三百六十四條)然レトモ辨濟者ニ錯誤アルト否トニ依リ辨濟ヲ受ケタルモノニ幾分カ責任ノ輕重ヲ來ス可ケレハ之ヲ証明スル無益ノ業ニアラサルナリ

不當辨濟取戾ノ訴ニ對抗スルニ證書

右三ケノ証明ヲ爲シタル場合ニ於テ辨濟ヲ受ケタルモノ証書毀滅ヲ以テ不當辨濟取戾ノ訴ニ對抗セントスルトキハ被告人ハ左ノ件ヲ證ス

可シ

毀滅ヲ以テスルニハ如何ナルヲ證ス可キ乎

(第一) 證書ヲ毀滅シタルヿ即証書ヲ破毀シ或ハ塗抹シ或ハ時效ニ因テ其証書ノ効力ヲ失フタルヿ等ヲ証ス可シ此毀滅ノ證據ハ一ノ外形上ノ事實ニシテ法律上ノ事爲ニ属セサレハ證書等ノ合法ノ證據アルヿナケレハ人証其他事實ノ認定等ニ依リ之ヲ決スルヿヲ得可シ

(第二) 善意ナルヿ即辨濟ヲ爲シタルモノハ眞ノ債務者ナリト錯誤センヿヲ証ス可シ是錯誤ハ法律上推測セサレハナリ

眞ノ債務者ヨリ眞ノ債務者ニ爲シタル辨濟ヲ取戻サントスルニハ如何ナルヿヲ證ス可キ乎

眞ノ債務者ヨリ眞ノ債務者ニ爲シタル辨濟ノ取戻ヲ請求スル者ハ左ノ諸件ヲ證ス可シ

(第一) 辨濟ヲナシタルヿ

(第二) 辨濟ニ供シタル物ハ眞ニ負フ所ノ物ト異リタル性質ノ物ノタルヿ或ハ辨濟ニ供シタル物ハ他人ノ物タルヿ

(第三) 錯誤ニ因リ辨濟ヲナシタルヿ即現ニ辨濟ニ供シタル物ハ自已

ノ物ト思惟セシヿ或ハ負フ所ノ債務ハ現ニ辨濟ニ供シタル物ト同一ナリト思ヒシヿ

○第六十六號　不當辨濟ノ場合ニ於テ物件ノ給與ヲ受ケシ者ノ善意ナルト惡意ナルトニ因リ差異アリヤ又給與ヲ爲シタル者ノ善意ナルト惡意ナルトニ因リ差異アリヤ（第三百六十八條）

物件ヲ受ケタル者ノ善意ナル片ハ取戻ノ請求ヲ受ケタル日ニ當リテ現ニ利益シタル部分ヲ返還スルヲ以テ足レリトスルモ惡意ナル片ハ現ニ利益シタル部分ハ勿論自己ニ利益セサリシト雖モ辨濟者ニ生セシメタル損害アル片ハ悉ク之ヲ償却セサル可カラス故ニ善意ナル片ハ眞ノ不當利得取戻ノ訴權ナルモ惡意ナル片ハ其實不當利得取戻ノ訴權ト損害要償ノ訴權トノ兩性質ヲ有スルモノナリ今差ニ此二者ノ責任ノ限度ヲ示サン

（第一）善意ノ場合

第六十六號

現ニ供與セラレタル物ノ額ヲ限度トシテ、訟求ヲ受ケタル日ニ不當ニ巳ヲ利シタル部分ヲ返還スルノ義務アリ例ヘハ予善意ニテ百圓ノ辨濟ヲ受ケ即日之ヲ銀行ニ預ケ五年ノ後チ其取戻ヲ請求セラレタリ然ルニ予ハ五年間銀行ヨリ受取リタル利金ハ五十圓以上ナルモ予ハ百圓ヲ返還スルヲ以テ責ヲ免ルヽモノトス反之其弁濟ヲ受ケタル翌日盜賊ノ爲メ五十圓ヲ掠奪セラレタリトセンカ予ハ殘金五十圓ヲ返還スルヲ以テ足レリトス

若シ領収シタル物件ヲ他人ニ讓渡シタル片ハ其代金ヲ返還シテ其義務ヲ免ルヽコヲ得ヘシ

（第二）惡意ノ場合

（一）法律上ノ利子　受取タル物件金員ナル片ハ其受取リタル日ヨリ當然法律上ノ利子ヲ付シテ返還セサル可カラス是レ惡意ノ場合ハ民事上ノ犯罪トシテ取扱ハルヽモノナレハナリ

（二）　果實　供與ヲ受ケタルモノカ收取シタル果實ハ勿論收取スルヿヲ怠リタル物ト雖トモ尚ホ之ヲ返還セサル可カラス假令ヘハ予惡意ニテ一個ノ家屋ノ弁濟ヲ可ケ數年間不使用ニテ放擲シ置キタル場合ニ於テモ尚ホ其數年間ノ借家賃ハ之ヲ返還ス可キナリ何者數年間使用スルヿナリシヲ放擲シ置キタルハ即生ス可キ收益ヲ收取シタル果實ハ現ニ存スルヿヲ必要トセズ既ニ消費シ盡シタルモ相當之ニ對スル價格ヲ償フ可シ

（三）　物件ノ毀損滅盡ノ責ニ任ス

物件ノ毀損滅盡ノ原因ハ自已ノ疎虞懈怠其他ノ過失ニ出ツルト意外ノ事又ハ天災其他ノ不可抗力ニ基クトキト雖トモ皆其損失ヲ賠ハサル可カラス然レトモ其物件權利者ノ手ニ在ルモ猶同一ノ天災其他ノ不可抗力ニ因リ破壞滅盡ス可カリシトキハ其損害ノ責ニ任スルヿナシ是レ權利者ハ領收者カ民法上ノ犯罪アリタルカタメ損害ヲ蒙リ

タルモノニアラサレハナリ

實際上ニテハ裁判官カ本項ノ責ヲ定ムルニハ須ラク義務者カ過失ノ大小ヲ酌量シテ其責ノ輕重ヲ定ム可キナリ

(四) 以上三個ノ外尚善意ナル領收者カ負フ所ノ責任ト同一ノ責任アリト雖𪜈其物件若シ他人ニ讓渡シタル𪜈其代價安直ナル𪜈ハ權利者ハ相當ノ評價格ヲ請求スルヿヲ得ルナリ

辨濟者ノ善意惡意ハ領收者ノ責任ニ影響ヲ及ホサヽル乎

物ノ給與ヲ爲シタル者ノ善意ナルト惡意ナルトニ依リ領收者ノ責任ニ影響ヲ及ホスモノナルヤ否ヤニ付テハ法典ハ緘默ニ付シタルモ實際適用上ニ於テ幾分カ差異ナカル可カラサルモノト信ス假令ハ甲者戰時ニ際シ其所持金ノ危險ヲ恐レ之ヲ某銀行ニ持參シテ予ハ曩キニ負フ所ノ義務ヲ辨濟スト云ヒ金若干ヲ銀行ニ交附シ銀行モ亦甲者カ負擔者ニアラサルヿヲ知ルモ之ヲ受取リタルニ其夜亂兵ノ闖入スル所ト爲リ悉ク其金員ヲ剽奪セラレタリ又甲者其銀行ヨリ先人カ借受

ケ置キタル負債若干ヲ償却シタルニ銀行ハ甲者カ負債主ニアラサルヿ知リナカラ其金員ヲ受取リタル場合ニ偶内乱起リ乱兵闖入シテ悉ク其金員ヲ掠奪セリ此二例ハ等シク領収者ノ悪意ナル場合ナルモ前者後者ノ善意ナルト否トニ依リ何程ノ區別ヲ立ツルヤト云ヘハ之カ標準ヲ指示スル能ハサルモ實際ノ適用ニ臨ミテ輕重宜シキヲ得ルハ蓋シ明達ナル裁判官其人ニ在リ

○第六十七號　不當辨濟取戻ノ訴權ハ物上權ナルカ對人權ナルカ又之ヲ決スル利益如何

辨濟トシテ給與シタル物件カ供與ヲ受ケタル者又ハ第三者ノ手ニ存スル場合ニ於テ取戻ノ訴權ヲ以テ物權トスルト否トニ依リ其取戻ヲ請求スルモノニ大ナル利害アリ即此訴權ヲ以テ物權ナリトセハ物件現ニ辨濟ヲ受ケタルモノ、手ニ存スル場合ニ於テ他ノ債權者アルニ關セス已レ獨リ其物件ヲ取去ルヿヲ得可ク人權ナリトスル𪜈ハ他ノ債權者ト權利ノ高ニ應シ分配ヲナサヽル可カラス　又物權ナリトスルトキハ其物件若シ第三者ニ移リテ不當辨濟ヲ受ケタル者ニ對シテ對人訴權(物件賣渡代金又ハ其評價額等ヲ請求スルコト)ヲ行フモ其者無資力ニシテ到底充分ニ目的ヲ達スルコト能ハサル可キ場合ニ於テハ第三者ニ對シテ取戻ヲ請求スルコトヲ得反之人權ナリトスルトキハ第三者ニ對シテ如此請求ヲナス能ハサレハ供與ヲ受ケタル者無資力ナルトキハ到底供與ヲ爲シタル者ノ損失タラサルヲ得ス是レ此ノ問題ヲ明ニ決定スルノ利益ナリ

我法典及佛法ニ於テハ此訴權ヲ以テ物上訴權ナリト決定セサル可カラス何者凡テ所有權ハ双方ノ意思ノ一致ニ因リ轉移スルモノナリ而メ双方ノ意思ノ一致スル所以ノモノハ蓋シ各皆其達セントスル直接ノ目的アリテ之ヲ遂ケントスルニアリ然ルニ其達セントスル直接ノ目的ニシテ元來存在セサルカ又ハ其目的ヲ達スルコト能ハサルトキハ如

何シテ意思ノ一致アリト云フヿヲ得ンヤ已ニ意志ノ一致ナケレハ其所有權轉移スルヿナク依然トシテ尙辨濟ヲ爲シタル者ニ存ス例ヘハ予、先人カ賣渡シ置キタル家屋ナリト思ヒ之ヲ甲者ニ引渡シタル後其賣買契約ノ無効ナルヿヲ覺知シタル場合ノ如キ予カ家屋ヲ引渡シテ以テ達セントシタル目的即家屋引渡ノ義務ヲ免カレントシタルモ其目的トシタル義務ハ元來存在セサリシヲ以テ予カ甲者ニ引渡シタル家屋ノ所有權ハ尙余カ手中ニアリテ甲者ニ移轉スルヿナシ又予甲者ニ一家屋ヲ賣リタル後乙者ハ甲者ノ相續人ナリト思惟シ之ヲ乙者ニ引渡シタリ然ルニ甲者ノ相續人ハ乙者ニアラスシテ丙者ナリシ場合ノ如キハ予カ目的ハ達スルヿ能ハサルモノナルニ因リ乙者ハ決シテ其所有權ヲ収得スルヿ能ハサレハ眞ノ所有者即丙者（所有物取戻ノ訴權）又ハ予（不當辨濟取戻ノ訴權）ヨリ其家屋ノ取戻ヲ請求セラル可シ

右述フル如ク受クヘキ權利ナク又ハ受ク可キ物ニアラサル物件ヲ領

收シタル者ハ外形上其物件ヲ占有スルモ眞ノ所有者タルヿ能ハスシテ之ヲ何人ニ譲渡スモ自巳ノ地位ト同ク唯其物件ノ占有ヲ得セシムルニ過キス是レ何人ト雖𪜈自巳ニ有スル以外ノ權利ヲ譲渡スルヿ能ハサルモノナレハナリ然ラハ給與ヲ受ケタル者ヨリ譲渡ヲ受ケタル第三者モ眞ノ所有者タラサレハ其物件ノ眞ノ所有者ヨリ取戻ノ訴ヲ受クルハ止ムヲ得サルヿト云フ可シ

以上説明スル如ク不當辨濟取戻ノ塲合ニ於テ其辨濟シタル物件現存スル片ハ何人ノ手ニアルヲ論セス物上訴權多クハ占有ノ訴權ヲ以テ之カ取戻ヲ爲スヿヲ得ルモ動産ニ付テハ占有者ニ對シテ即時效ノ爲メ此訴權ヲ妨ケラレ不動産ニ付テモ亦法廷ノ期限ヲ經過シタル片ハ之ヲ行用スルヿ能ハス然レ𪜈何レノ塲合ニ於テモ未タ對人權ヲ失ハサル間ハ不當辨濟ヲ受ケタル者ニ對シテ不當利得取戻ノ訴ヲ起スヿヲ得可キナリ

第三節　不正ノ損害即犯罪及准犯罪

○第六十八號　不正ノ損害ノ性質ヲ説明セヨ（第三百七十條）

何人ニ限ラズ謂レナク損害ヲ蒙リタル時ハ其損害ヲ加ヘタル者ニ對シテ賠償ヲ求ムルコヲ得可シ故ニ不正ノ損害アリトスルニハ左ノ條件ヲ要ス

（一）損害アルコ

損害トハ必ス財産上ノ損害ナラサル可カラス如何ニ他人ノ爲メニ忌憚ス可キ所爲ヲ受ケルモ實際財産上ニ損害ヲ及ホサヽル時ハ不正ノ損害アリト云フ可カラス例ヘハ余他人ノ爲メニ誹毀セラレタリト雖モ其誹毀ノ爲メ余カ財産上ニ何等ノ損害ヲ蒙ラサリシ時ノ如キ又他人余ヲ殺スノ目的ヲ以テ余ヲ狙撃シタリト雖モ中ラサリシ時ノ如キ是ナリ反之若シ其誹毀ノ爲メ世人ニ對シ余カ信用ヲ傷ケ職業ヲ失ハシメタル時ノ如キ又其彈丸余ヲ傷ケ久シク疾病休業ニ至リタル時ハ

余ハ即財產上ニ損害ヲ受ケタルモノナレハ不正ノ損害アリトス

(二) 損害ハ他人ノ過失又ハ懈怠ヨリ來ルヿ

吾人ハ如何ニ莫大ナル損害ヲ受クルト雖モ他人ノ過失又ハ懈怠ノ原因シタル場合ニアラサレハ之カ賠償ヲ求ムルヿヲ得ス例ヘハ雷撃ノ家屋ヲ燒燬スルカ如キ又余數層ノ一屋宇ヲ築造シ隣人カ遠景ノ眺望ヲ妨ケタル場合ノ如キ前例ハ其損害人爲ヨリ來ラサレハ過失懈怠ノ責ヲ受ケ可キ者無キハ勿論ナリ而シテ後例ハ其損害人爲ヨリ來ルモ余カ余ノ土地上ニ造營土功ヲ起スハ正當ノ權內ニ在レハ敢テ過失アリト云フ可カラス反之若シ余ハ曾テ土功ヲ起シ隣人ノ觀望ヲ妨ケサルヿヲ約シタリシトキハ余ハ即其義務ニ反シタルモノナレハ過失アリト云ハサルヲ得ス

幼者及白痴瘋癲者ノ所爲ハ智識ヲ備ヘスシテ爲シタルモノナレハ人類外ノ或ル物件ノ爲シタル所爲ト一般ニシテ其幼者白痴瘋癲者ニ過

失アリト云フヿヲ得ス故ニ之ヲ監督スル者ハ注意シテ是等ノ者カ有害ノ所爲ヲナスヿヲ防カサル可カラサルニ之レカ監督ヲ怠リタル片ハ監督者ニ於テ懈怠ノ責ヲ負ハサル可カラス

（附言）法典ハ加害ノ所爲有意ナル片ハ民事上ノ犯罪ト云ヒ無意ナル片ハ民事上ノ准犯罪ト云フヿヲ明言セリ此語ハ佛民法ヨリ由來スルモ其實法典ニ之ヲ明言スル利益アルヲ見ス賠償格ヲ定ムル片犯罪ト准犯罪トノ間ニ差異アリト雖圧此差異ハ名稱ヨリ來ルモノニアラスシテ有意ナルト無意ナルトニ依リ過失ノ程度異ナルカ爲メ自ラ其賠償額ニ差異ヲ生スルノミナリトス故ニ此犯罪准犯罪ナル區別ハ唯學說上ノ區別トシテ法典ニハ之ヲ明言セサルノ可ナルニ如カサルナリ

刑事上ノ犯罪ハ多クノ場合ニ於テ民事上ノ犯罪ヲ隨伴スルモノナルモ常ニ皆然リト云フヿヲ得ス左ニ之カ例ヲ示サン

刑事上ノ犯罪ニ止マリテ民事上ノ犯罪ヲ伴ハサル場合　例ヘハ人ノ銃殺セント欲シ發砲シタルモ的中セサリシ片ノ如キハ被害者ハ財產上ニ何等ノ損害アラサレハ民事上ノ犯罪アルヿナシ其他多クノ未遂犯ノ場合及公ケノ風儀ヲ害スル罪ノ如キハ概シテ民事上ノ犯罪ヲ伴ハス

第六十九號

單ニ民事上ノ犯罪ノミニ止マル場合　此場合モ亦最モ多クシテ凡テ刑法又ハ其他ノ法律規則ニ罰ス可キ明文ナキ所爲ニシテ他人ノ害トナル可キ過失アル所爲ハ皆單ニ民事上ノ犯罪ヲ誘起ス

尚爰ニ一言ヲ附記ス可キハ不正ノ損害アルニハ毆打竊盜ノ如キ有的ノ所爲ノミニ止マラス無的ノ所爲ト雖𪜈同一ナリ例ヘハ兒子獸畜等ノ監督ヲナサヽリシカ爲メ他人ニ損害ヲ加ヘタル如キ路傍ニ薪炭等ヲ推積シテ夜中點燈ヲナサヽリシカタメ他人ニ損害ヲ加ヘタル如キ是ナリ故ニ法典ハ有的ノ所爲ヲ示スニ過失ナル語ヲ以テシ無的ノ所爲ヲ示スニ懈怠ナル語ヲ以テセリ

○第六十九號　自己ノ威權ノ下ニ在ル者ノ所爲又ハ其懈怠及自己ニ屬スル物ヨリ生スル損害ニ付キ其責ニ任ス可キ理由及其種々ナル場合ヲ問

自己ノ權下ニ在ル者ハ能ク之ヲ監督シ善唯之ヲ行ヒ惡必ス行フ可カラサルノ道理ヲ授ケ敢テ不善暴行ノ行爲アラシム可カラス然ルニ其權下ニ在ル者不良ノ行ヲ爲シ或ハ怠慢ニ依リ他人ニ損害ヲ蒙ラシメ

タルトキハ其威權ヲ有スル者之ヲ監督スルコヲ怠リタルカ或ハ之レカ教育ノ宜シキヲ得サリシニ依ルナル可シトノ推測ヲ下サル可シ又自己ニ屬スル物件ニ就テモ常ニ能ク之ヲ管理シ決ソ他人ニ危害ノ生セサル様注意周到ナラサル可カラス然ルニ其物他人ニ損害ヲ生セシメタルトキハ物件ノ本主ハ之ヲ管理スルノ注意ヲ怠リタルモノト推測セラル可シ故ニ自巳ノ權下ニ在ル者ノ所爲又ハ懈怠ニ依リ或ハ自己ニ屬スル物ヨリ生シタル損害ヲ賠償スルハ自己ニ一ノ懈怠アルカ故之カ責ニ任スル者ニテ他人ノ過失ノ責ヲ負フ嫌アルコナシ是レ本問題ノ責任アル理由ノ大体ニシテ尚下ノ各種ノ塲合ニ就キ辨明スルコアル可シ

(附言) 法典ニ何人チ問ハス自己ノ所爲又ハ懈怠ヨリ生スル損害ニ就キ其責ニ任スルノミナラス尚自巳ノ威權ノ下ニ在ル者ノ所爲(中略)ヨリ生スル損害ニ附キ(中略)其責ニ任スルト記シタルハ道理ニ適フタル者ニアラスト

信ス如何トナレハ法文ノ上ヨリ解スル𪜈ハ自己ノ過失ノ責ニ任スルノミナラス尙他人ノ過失ノ責ニ任スル塲合アルカ如ク見ユレハナリ然レ𪜈何人ニ限ラス自己ノ過失ナク他人ノ過失ヨリ生シタル損害ヲ賠フ可キ道理アルヿナシ父權ヲ行フ者カ幼者ノ過失雇主カ被使役人ノ過失ノ責ニ任スルハ是レ自己ニ過失アルカ故ニ之ヨリ生シタル損害ヲ賠フ者ニテ直接ニ幼者被使役人ノ過失ヲ賠フニアラス是レ法文ノ適當ナラサルヿヲ難スル所以ナリ

父權ヲ行フ者卑族親ノ加ヘタル損害ヲ賠フ理由如何

（一）父權ヲ行フ尊屬親其卑屬親ノ加ヘタル損害ノ責ニ任ス（三百七十二條一項）

父權ヲ行フ尊屬親ハ其子孫ヲ敎育シ其所爲ヲ監督シ苟モ不良ノ行爲アラシム可カラサルノ責アリ然ルニ其子孫ニシテ一朝不良ノ行爲又ハ懈怠ノ行爲アリテ損失ヲ他人ニ蒙ラシメタル𪜈ハ尊屬親ハ其敎育又ハ監督ノ法ヲ失ヒタルモノト推測セラル可シ故ニ其損害ヲ賠償スルノ責ヲ負ハサル可カラス然レ𪜈此責ヲ負フニハ左ノ要件ヲ具備ス

ルヿヲ要ス

（イ）未成年者タルヿ

人成年ニ達シタル片ハ智識充分ニ發達シタル者ト推定スルヲ不良解怠ノ行爲アリテ他人ニ損害ヲ蒙ラシムルヿアルモ父母ハ敎育監督上ニ過失アリト推測ス可カラス然レ㕝成年者ノ所爲タリ㕝父母カ監督ヲ怠リタルカ爲メ生シタルモノナルヿヲ被害者充分証明シタル片ハ如何曰ク父母ハ其責ヲ負ハサル可カラサル者ト信ス父母カ幼年者ノ過失ノ責ニ任スルハ父母ニ過失アリトノ法律上ノ推測ニ基キ成年者ノ過失ノ責ニ任セサルハ父母ニ過失ナシトノ法律上ノ推測ヨリ來ルモノナリ反之此推測ヲ破ル可キ確實ナル反對証アル片ハ之ヲ採用スル何ノ不可カ之アラン

（ロ）父權ヲ行フ尊屬親ト居ヲ同フスルヿ

父母ハ其子ヲ敎育監督スルハ自已ノ膝下ニ置クニアラサレハ能ハ

サル可シ故ニ居ヲ分チ他所ニアラシムル以上ハ其過失ノ責ニ任スルニ及ハス然レ𪜈父母タル者正當ノ事由ナクシテ擅ニ居ヲ分ツ𪜈ハ其責任ヲ免ル、ヿ能ハサル可シ法律カ所謂居ヲ分ツトハ正當ノ事ニテ爲シタル塲合則チ父母其子ニ學藝其他ノ技術ヲ學ハシムル爲メ授業師ノ塾ニ寄宿セシムル等ノ如キヲ指示シタルモノナリ

(二) 後見人ハ已レト同居スル被後見人ノ加ヘタル損害ニ付其責ニ任ス(第二百七十二條第二項)

本項ハ前項ト略同一ナルヲ以テ別ニ説明セス唯異ナル所ハ前項ハ自治產者ノ幼者ト否トヲ論セス成年ニ至ラサル者ノ加ヘタル損害ノ責ニ任シ本項ハ自治產ニ至ラサル幼者ノ加ヘタル損害ノミノ責ニ任ス刑事上ノ犯罪ニ就キ幼者カ言渡サレタル罰金科料ハ父權ヲ行フ者又ハ後見人ニ於テ負担スルヿナシ何者罰金科料等ハ民事ノ賠償ニアラスシテ犯者本人ヲ罰スル刑即苦痛ナレハ他人ニ其苦痛ヲ及ホス可キ

者ニアラサレハナリ然レ𪜈法律カ特定シテ其責ヲ課シタル𬼂ハ此限ニアラス(税則違反等ニ多シ)

(三) 瘋癲白痴者ノ加ヘタル損害ハ其保管者賠償ノ責ニ主ス(第三百七十二條第三項)

瘋癲白痴ノ如キハ善惡ヲ識別スルノ智力ナシ故ニ是等ノ者カ他人ニ不正ノ損害ヲ蒙ラシムルヿアル𬼂ハ保管者ハ其責務ヲ怠リタルモノト推定セラレヲ以テ其損害ヲ賠フベキ責アルハ當然ナリ

(四) 敎師師匠又ハ工場長ハ生徒習業者職工カ加ヘタル損害ノ責ニ任ス(第三百七十三條第四項)

敎師師匠工場長等カ本條ノ責アルハ左ノ條件ヲ具備スルヲ要ス

(イ) 生徒習業者職工ノ未成年者ナルヿ

本項ノ理由ハ(一)ノ場合ニ說明シタル者ト同一ナルヲ以テ茲ニ贅セス

(ロ) 自巳ノ監督ノ下ニ在ルヿ

敎師ハ未成年ノ生徒カ自已ノ校舍寄宿舍等ニアル間ハ其行爲ヲモ監督スルノ義務アリト雖𪜈已ニ生徒カ校舍ヲ去リ寄宿舍ヲ退キタル後ハ敎師ノ監督ヲ離レタルモノナレハ其損害ノ責ヲ負フニ及ハス然レ𪜈通學ノ生徒其途上ニ於テ不良ノ行爲アル場合、寄宿生ノ偶一日ノ暇ヲ得テ父母ノ家ニ來リ不良ノ行爲ヲ爲シアル場合、生徒ノ入校未タ數日ヲ經サリシカハ充分監督ノ道ヲ盡スコ能ハサル前ニ不良ノ行爲アリタル場合ニ於テハ實際ニ就キ生徒ノ爲シタル所爲ノ性質ト其時ノ情況トヲ詳悉シ父母ニ過失アリヤ又ハ敎師ニ過失アリテ存スルカヲ吟味シ其過失アル者ヲシテ負擔セシム可キナリ例之ヘハ通學ノ生徒學校ヨリ父母ノ許ニ歸ル途中鬪爭ヲ爲シ他人ニ負傷セシメタリトセンニ敎師ハ常ニ敎誨ヲ怠ルコト無ク薫陶シタルモ其生徒ニ限リ敎誨ニ背キ行路人ト爭ヒタル場合ノ如キハ敎師ニ怠リアリト云フコヲ得サレハ父母其責ニ當ラサル可カラス反之敎師ノ薫陶至ラサルカ爲メ生徒等ハ退校ノ途上屢々互ヒニ爭論ヲ爲シ等ノ事アル片ハ敎師ニ怠慢ノ責アリト云ハサルヲ得ス又生徒カ校舍ニアル可キ時間ニ於テ擅ニ他所ニアリテ爲シタル所爲ハ敎師ニ於テ猥リニ校舍ヲ離レシメタル過失アルヲ以テ如何ナル所爲タルヲ論セス其責ヲ負擔ス可キナリ然レ𪜈此決定ハ假リニ與ヘタルモノニシテ要スルニ事實ニ付キ決定セサルヘカラス

右ハ敎師ト生徒ノ關係ニ就キ記述シタルモ師匠ト習業者工場長ト職工トノ干係ニ就テモ亦同一ナリトス其他是ト類似ノ塲合醫家ノ藥局生ノ如キ者ハ如何ニ決定ス可キヤ曰ク是等ノ者ハ右三ケノ塲合ト同一ニ決定シテ差支ナキモノト信ス何ントナレハ總テ未成年者ハ父母後見人ノ監督ノ下ニアラサレハ他何人カノ監督ノ上ニアラサルハ莫シ醫家カ未成年ノ者ヲ藥局生トシテ置キタル片ハ其者ハ父母ノ家ニ在ラサレハ醫師ハ無論其者ノ行爲ヲ監督スルノ任務アルモノト云ハ

サル可カラス然ラハ其未成年者カ他人ニ損害ヲ被ラシム可キ行爲アリタルトキハ醫師即其監督ヲ怠リタル過失アレハ其責ニ任ス可キハ至當ナリト云フベシ是等ノ塲合ニ多クハ主人ト雇人トノ關係ヲ以テ損害ノ責ヲ醫師ニ負ハシムルコトヲ得ルモ主人ト雇人トノ關係ヲ以テスルト本項ノ關係ヲ以テスルトハ實際大ナル差異アリ(下ニ見ユ)

以上監督者ニ懈怠ノ責アリトノ推測ハ絶對的ノモノナラス監督者カ損害ノ所爲ヲ防止スルコト能ハサリシコトヲ証スルニ於テハ其責任ヲ免ルヽコトヲ得可シ例之一夜偷兒少女ヲ拐帶シ途中ニ委棄シタルカタメ少女ハ饑餓ニ迫リ他人ノ食物ヲ盜食シタリシ塲合ノ如キ其少女ノ親ハ懈怠アリト云フ可カラサレハ之カ賠償ノ責ニ任スル及ハス

動物ノ加ヘタル損害ヲ所有主又ハ使用者ニ於テ賠償スル理由如何

(五) 動物ノ加ヘタル損害ハ其所有者又ハ損害ノ時ニ於ケル使用者其責ニ任ス(第三百七十四條)

動物モ病痴瘋癲者ノ如ク是非ヲ識別スルコト能ハサルモノナレハ之レ

カ所有者又ハ使用者ハ注意シテ他人ニ損害ヲ蒙ラシム可カラサルモノナレハ從テ本項ノ責ヲ負担スルハ當然ナリ例之ヘハ借馬場ノ馬ヲ借リ菜所ニ至リ途中馬狂走シテ行人ヲ蹴飛シ爲メニ負傷セシメタリトセンカ其馬ノ使用人ハ相當ノ賠ヲナス可キ責務アリ

所有者使用者ト自已ノ過失ニアラスシテ天災又ハ不可抗力ヨリ損害ヲ生セシメタルコトヲ証明スルトキハ其責任ヲ免ルヽコトヲ得假令ハ非常ナル雷鳴ノ爲メ牧場ノ群馬恐奔シ爲メニ行人ヲ傷ケタル如キ又盜賊牧場ニ入リ馬ヲ盜ミ去ルノ後柵ノ入口ヲ閉ザサリシタメ馬柵外ニ出テヽ損害ヲ他人ニ蒙ラシメタル如キハ不可抗力ヨリ生シタル損害ナリ故ニ是等ノ損害ハ之ヲ賠償スルヲ要セス然レトモ天災又ハ不可抗力ヨリ生シタル損害ナルコヲ證明スルハ所有者又ハ使用者ノ責任トス

建物其他ノ工作物ノ加ヘタル損害ヲ

(十八)　建物其他ノ工作物ノ加ヘタル損害ハ其所有者賠償ノ責ニ任ス(第

所有者ニ於テ賠償スル理由如何

（三百七十五條）

建物ノ如キ工作物ノ所有者ハ常ニ其修繕ヲ怠ラス又ハ完全ナル建築ヲ爲シテ敢テ崩頽ノ處アラシム可カラス然ルニ修繕ノ欠缺アルカ築造ノ瑕疵アルカタメ崩頽シテ他人ニ損害ヲ被ラシメタルトキハ之カ賠償ヲナスハ當然ナリ

此他凡テ樹木、看板、屋瓦、等其所有者カ注意ヲ怠リタルカ爲メ或ハ樹木僵例シ或ハ看板屋瓦等墮落シ或ハ堤防破潰シタル爲メ他人ニ損害アラシメタルトキハ之レカ賠償ヲナス責アリ

（附言）爰ニ緊要ナル一事アリ前項ニ於テ損害ヲ要求スル者ハ某ノ所有動物ノタメ何々ノ損害ヲ蒙リタルコトヲ證明スルヲ以テ足レリトスルモ本項ノ要求ヲナス者ハ其所有ノ建物ノタメ何々ノ損害ヲ受ケタルコトヲ証スルノミナラス其損害ハ所有者ノ不注意アリタルカ爲メ生シタルコトヲ證明セサルヘカラサルカ如シ何トナレハ前項ハ單ニ動物ノ加ヘタル損害ノ責ニ任ストス記スルモ本項ハ修繕ノ欠缺築造ノ瑕疵繋纜ノ粗忽云々ノ語ヲ記シ

タルヲ以テ是等ノ條件ヲ具ヘタルヿヲ證明スルニアラサレハ請求ヲ爲スヿヲ得サルカ如ク見ユレハナリ然レ𪜈草案起草ノ時ヨリ斯ク前項ト區別シテ掲載シタルモ起草者カ一言モ此區別アルヿヲ説明セス又道理上ヨリ推究スルモ此區別アルヘキモノニアラサレハ予ハ文章ニ拘泥セスシテ前項ト同一ナル擧証ヲナス可キモノナリト解スルヲ以テ正當ト信ス

建物ノ所有者、築造ノ瑕疵ノタメ崩頽シ爲メニ生シタル損害ヲ賠償シタル𪜈ハ其建築ヲ請負ヒタル者ニ對シテ轉償ヲ求ムルヿヲ得本項ノ所有者トアルモ亦前項ト同シク唯最モ多キ場合ニ就キ例ヲ示シタル者ト解ス可シ

〔主親方等ハ如何ナル場合ニ其雇人等カ加ヘタル損害ヲ賠償スル責アル乎

（七）主人親方又ハ工事運送等ノ營業人若クハ公私ノ事務所ハ其使用人職工又ハ屬員カ受任ノ職務ヲ行フタメ又ハ之ヲ行フニ際シテ加ヘタル損害ニ付キ其責ニ任ス（第三百七十三條）

使用人職工又ハ屬員カ爲シタル所爲ニ付キ其主人親方工業運送等ノ營業人公私ノ事務所ハ如何ナル場合ニ其責ニ任ス可キヤ法律ノ云フ所ニ據レハ職務ヲ行フ爲メ爲シタル所爲ト職務ヲ行フニ際シテ爲シ

タル所爲ト二就キ責任アリトス是レ甚タ明瞭ナルカ如クナレ𪜈之ヲ實際ニ適用スルニ該リテ種々困難ナル塲合ニ遭遇ス可シ聊カ左ニ略述セン

(イ) 職務ヲ行フ爲メ加ヘタル損害

職務ヲ行フ爲メ加ヘタル損害トハ例ヘハ大工カ築造ヲナス際棟上ヨリ木片又ハ道具類ヲ落シ他人ヲ傷ケ坑夫カ穴ヲ穿ツ際欄柵ヲ爲スノ不充分ヨリ隣地ヲ崩壞セシメ運送人カ荷車ヲ轉倒セシメテ荷物ヲ破損シ或ハ登記官吏カ二番ノ記入ヲ爲ス可キヲ一番ノ記入ヲナシタル如キ皆職務ヲ行フタメニ加ヘタル損害ナリ是等ノ損害ハ主管者ニ於テ賠償ノ責ニ任スルハ明瞭ニシテ敢テ說明ヲ要セス

(ロ) 職務ヲ行フニ際シテ加ヘタル損害

此塲合ノ實例ヲ示セハ甲者雇人ナル乙者ヲ丙者方ニ使用セシメタルニ乙者ハ丙者ニ至リ其內庭ニアリタル物品ヲ竊ミ來リタル如キ

又甲者乙者ヲ雇ヒ馬車ノ馭者トナシタルニ一日乙者馬車ヲ馭シテ某所ニ至ル途中兼テ怨ミアル丙者ニ出遭ヒ忽然惡意ヲ發シ丙者ヲ鞭韃シタル如キ又某馬車會社ノ馭者客人ヲ乘セテ某所ニ至ル際客人ノ隙ヲ窺ヒ其荷物ヲ盜ミ取リタル如キ某鐵道會社ノ土方職人工事執務中他ノ職人ノ煙草入ヲ窃取シタル如キ皆其適例トス其等ノ場合ハ必ス其主管者ニ於テ損害ヲ賠償スルノ責任アリヤ法文上ヨリ見ルトキハ然リト答ヘサルヘカラサルカ如シト雖モ予ハ悉ク然リト答フルヿ能ハス左ニ之ヲ述ヘン

今之レカ答ヲナスニ該リ先ツ主人親方ノ責任ハ如何ナル理由ニ基クヤヲ說明セサルヘカラス抑モ主人親方等カ本項ノ責任アル所以ノモノハ前數者ト同ク過失ノ推測ニ基クモノトス即是等ノ者カ使用人職工等ヲ雇入ルヽニ際シテハ能ク其職務ニ堪ヘ且心術正當ナル者ヲ拔選セサル可カラサルノ責務アリ然ルニ輕忽不正ノ職工使

第六十九號

用人ヲ雇入他人ニ損害ヲ蒙ラシメタル𪜈ハ主人親方ハ選拔ノ責務ヲ怠リタルモノハト推測ス然リ而シテ主人親方等ハ其使用人職工等カ技術ノ老練ナルヲ選拔スルノ義務アルノミナラス是等ノ者ノ心術ノ正否ヲモ選擇セサル可カラサルノ義務アリヤ曰ク左ノ如ク區別ヲナスヿヲ要ス

職務ノ性質上ヨリ技師ノ老練ナルヲ要スルノミニテ心術ノ正直ナルヲ要セサルモノアリ是等ノモノヽ親方等ハ唯技術ノ老練ナルヤ否ヲ調査シ雇入ルヽヲ以テ足レリトス假令ハ坑夫土方職人ノ如キ是レナリ若シ是等ノ者ノ心術如何ヲモ調査シテ雇入レサル可カラストスル𪜈ハ數千ノ人夫ヲ使役スル會社ノ如キ殆ント人夫ノ雇入ヲナス能ハサルニ至ル可シ故ニ予ハ坑夫土方職人等ヲ雇入ルヽニハ唯職務ニ老練熟達ノ者ヲ選拔スルヲ以テ足レリトスル者ナレハ従テ是等ノ者ノ雇主ハ唯職務ヲ行フタメ加ヘタル損害即業務ニ不

熟練ナルカ爲メ生シタル損害ヲ償フノミニシテ彼ノ職務ヲ行フニ際シテ加ヘタル損害ハ賠償スルニ及ハサルモノト信スルナリ

右ニ反シテ職務ノ性質上ヨリ技術ノ老練ナルト併セテ心術ノ正直ナルヲ要スルモノアリ馬車屋ノ馭者宿屋ノ下婢及各家ニ使用スル下男下女等ノ如キハ概シテ多クノ客人ニ接シ客人ノ荷物財嚢等ヲ取扱フ者ナレハ是等ノ者ノ主人親方等ハ必ス技術ハ勿論心術チモ能ク調査シテ雇入レサル可カラサル義務アリ然ルニ是等ノ者カ職務ヲ行フ際又ハ職務ヲ行フタメニ他人ニ損害ヲ加ヘタル片ハ其義務ニ違反シタルモノト推定スルヲ以テ之ヲ賠償スルノ責ニ任ス可キナリ

尙茲ニ論定スヘキ一事アリ心術ヲモ調査ス可キ義務アル者ハ職務ヲ行フニ際シテ加ヘタル損害ハ悉ク賠償ノ責ニ當ラサル可カラサルヤ假令ヘハ某紳士家用ノ馬車ノ馭者トシテ甲者ヲ雇入レタルニ

第六十九號

一日甲者馬車ヲ馭シテ其處ニ至ル途中曾テ怨アル者ニ遭ヒ怨ヲ報セント欲シ急ニ之ニ鞭韃ヲ加ヘタル如キ職務ヲ行フ際ニ加ヘタル損害ナリト雖𪜈余ハ紳士ニ賠償ノ責ナキモノト信ス何トナレハ如斯所爲ハ心術ノ端正ナラサルヨリ來ルト云ハンヨリ寧ロ報復ノ念慮ヨリ發スルモノト云フ可ケレハ心術ノ正シキモノト雖モ時ニ或ハ之レナシト云フ可ラス故ニ主人親方等ハ雇入ノ當初如此事ヲモ調査スルト云フハ到底事實上爲シ能ハサルヿト云フ可ケレハナリ其他他人ノタメニ甚タシキ罵詈ヲ受ケ怒リニ堪ヘス他人ヲ毆打シ又ハ抗拒ス可ラサル强制ノ爲メニ爲シタル所爲ニ就テモ同一ナリト信ス然レ𪜈僅カノ怨恨ノ爲メ又ハ輕少ナル罵詈ノ爲メ他人ヲ毆打スル如キ實ニ粗暴ニシテ怨ス可キ點ナキ𪜈ハ其者ハ性來粗暴ナル人物ナレハ主人等ハ選拔ノ不行屆ナル者ト推定スルヲ得可ケレハ從テ賠償ノ責アリト云フ可シ

主人親方等ハ反對擧證ヲ以テ其責ヲ免ルヽヿヲ得ル乎

前數項ノ責任ハ多ク反對ノ擧証ヲ以テ免ルヽヿヲ得然レモ本項ハ決シテ是等ノ證據ヲ提出スルヲ許サス是レ前數者ハ損害ヲ來シタル所爲ノ當時監督ヲ怠リタル者ト推測スルモ本項ハ損害ヲ生セシメタル所爲ノ當時ニ懈怠アリト推測スルモノニアラスシテ雇入レヲ爲ス當時不注意ナリト推測スルノミナラス雇入ノ後ト雖モ夫レ之ヲ爲サスシテ使用シタルハ其者ニ懈怠アリト推測スレハ前數者ト異ナリテ反對ノ証據ヲ擧示スルヲ許サヽルナリ

尙ホ爰ニ一言ス可キヿアリ幼者ニ屬スル動物建物使用人等ノ加ヘタル損害ニ付テハ幼者ハ其責ニ任ス可キ乎

曰ク然リ然モ幼者ハ多クハ是等ノモノヲ監守シ又ハ雇入ヲ自ラナサスシテ父權ヲ行フモノ又ハ後見人ニ於テナス者ナレハ後見人又ハ父權ヲ行フ者ニ轉償ヲ求ムルヿヲ得(第三百七十六條)

以上自已ノ所爲外ノ事ニ付賠償ノ責アル種々ノ場合ヲ説明シタリト

妻ノ所爲ヨリ生スル損害ハ夫之ヲ賠償ス可キ乎

第六十九號

雖𪜈妻ノ加ヘタル損害ニ付テハ法律ハ之ヲ緘默ニ付シタルヲ以テ如何ニ之ヲ決定ス可キヤ抑モ妻ハ法律上一ノ無能力者ト爲シ幼者等ト同一視シタレハ必ス其者ノ加ヘタル損害ニ付テハ何人カ賠償ノ責ニ該ラサル可カラサルカ如シト雖𪜈妻ヲ以テ法律上一ノ無能力者ト爲シタルハ彼ノ幼者等ト同ク智力不完全ナルカ爲メ其者ヲ保護スルノ主旨ニ出テタルニアラスシテ全ク一家ノ秩序ヲ維持スル爲メ妻カ權能ノ一部ヲ殺キタルニ過キズ妻ト雖𪜈他ノ丁年者ト同シク充分ノ智力ヲ有シ是非ヲ識別シ得可キ者ナレハ若シ不正ノ行爲又ハ不行爲ニ據リ他人ニ損害ヲ及ホシタル𪜈ハ妻一身ニ限リ之ヲ賠償スルニ止マル可キハ當然ナレハ妻ニ就キテハ民事担當人テウ者ハナキモノト信ス然レ𪜈佛民法ハ妻ノ民事担當人ハ夫ト定メタルモ我法典カ之ヲ緘默ニ付シタルハ以上ノ理由ニ依リ妻ノ過失ニ付夫ハ無責任ト爲シタルモノナラン

○第七十號　民事担當人ハ加害ノ本主ニ對シ求償權ヲ有スル乎（第三百七十七條）

民事擔當人トハ自已ノ行爲ニアラスシテ加ヘタル損害ノ賠償ヲナス可キ責アル者ヲ云フ例之ヘハ父權ヲ行フ者ハ未成年者ナル子孫ノ民事擔當人ナリ主人ハ使用人ノ民事擔當人ナリトス是等ノ者ニ於テ幼者又ハ使用人等カ他人ニ加ヘタル損害ヲ賠償シタル片ハ其加害ノ本主即未成年又ハ使用人ニ求償スルヿヲ得ル乎以下各種ノ塲合ニ於テ之ヲ説明セン

(一)　未成年者

未成年者ノ所爲ニ付キ父權ヲ行フモノ賠償ノ責アルハ自ラ監督ヲ怠リタルニ基クモノニシテ是レ被害者ト父權ヲ行フ者トノ間ニ用フル推測ナルモ幼者ト父權ヲ行フ者トノ間ニ用フルヲ得ス、何トナレハ未成年者ハ父權ヲ行フ者カ監督ヲ怠リタル間ニ乘シテ爲シタル已レノ所爲ハ自巳ノ過失ニアラスシテ監督者ノ過失ナリト云フヿ能ハサレハナリ故ニ幼者ハ自巳ノ過失ノタメ父權ヲ行フ者又ハ後見人ニ損害ヲ賠償セシメタル片ハ之ヲ賠フ可キ責アリ然レ圧幼者ノ智識ノ發達ハ其年齡性質敎育等ニ依リ同一ナラサレハ一概ニ賠償ノ責アリト云フ可カラス若シ甚シキ幼稚ニシテ事理ノ辨別ナキ者ノ加ヘタル損害ニ付テハ禽獸ノ加ヘタルト一般ナレハ父權ヲ行フ者又ハ後見人ノミ賠償ノ責アルモノトス而メ智識漸ク發達シ事理稍弁別シ得ル片ハ監督者ニ懈怠アルノミナラス幼者ニモ亦過失アリト云フヲ得可ケレハ幼者ト監督者ト各其損害ノ幾分ツヽヲ賠ハサル可カラス此場合ニ於テ諸般ノ模樣ニ參酌シ賠償ノ割合ヲ定ム可キナリ又幼者ノ智識大ニ進ミ善惡ヲ辨別スルノ能力完全シタル片ハ幼者ハ監督者ノ指圖ヲ待タス善正惟レ行ヒ邪惡惟レ避ケサル可カラス故ニ此部分ニ屬ス可キ幼者ニシテ加害ノ所爲アル片ハ自ラ其損害ノ全部ヲ負擔ス可シ若シ

監督者被害者ノ求メニ應シ損害ヲ賠償シタル片ハ之ヲ未成年六者向テ轉償ヲ求ムルコヲ得

（二）白痴瘋癲者

此類ノ者ハ智識ヲ備ヘサルモノナレハ有害ノ所爲アルモ是等ノ者ニ少シモ責任アルコナク其有害ノ原因ハ全ク保管者ノ懈怠ニ在リテ保管者獨リ其全部ニ就キ責任アリ

（三）未成年者ノ生徒習業者職工

此類ノ者ノ加ヘタル損害ニ付教師師匠工場長ノ責任ハ未成年者ト父權ヲ行フ者及後見人等ト同一ノ理由ニ依リ說明スルコヲ得ルヲ以テ茲ニ復言セス

（四）動物建物其他ノ工作物等

是等ノ者ノ加ヘタル損害ハ其所有者使用人等ノ如キ監督ノ責アル者其全部ニ付賠償ノ責ニ任ス可キモノトス其理由ハ白痴瘋癲者ニ同シ

(五)　使用人職工又屬員ノ加ヘタル損害

主人親方等ハ其加害ノ本主ニ對シ賠償額ノ全部ヲ請求スルヿヲ得何トナレハ主人親方等ハ唯被害者ニ對シテノミ使用人等雇入ノ輕忽ナル理由ニ依リ責任アルノミナレハナリ何トナレハ使用人等ハ主人等ニ對シテ不正ナル已レヲ撰ミタルハ汝チニ過失アルモ吾レニ過失ナシト云フハ道義ノ許サヽルヿ明瞭ナリ

○第七十一號　一個ノ所爲ニ就キ數人カ責任アル場合ニハ如何ニ決定ス可キ乎(第三百七十八條)

一ノ不正ノ損害ニ付責任ヲ有スル者數人アル場合トハ例ヘハ一疋ノ獸ヲ數人共有シ居タルニ其獸他人ニ損害ヲ蒙ラシメタル如キ、數人共有ニ係ル一家屋ノ頽崩ノ爲メ他人ニ損害チ及ホシタル如キ數人ノ建築師一家屋ヲ建設シタルニ其建築ノ不注意ナルカ爲メ家屋頽崩シタル如キ是ナリ是等ノ場合ニ於テハ如何ニ決定ス可キカ是レ本問ノ問

フ所ナリ

（イ）過失ノ部分ヲ知リ得ル時

例ヘハ甲乙二者カ建築シタル家屋ナルモ乙ハ壁ト屋根トノ請負ヲナシ甲ハ地塲ノ築立ヨリ柱礎ノ組立等ヲ一切請負ヒ築設シタル後礎ノ水盛リ粗漏ナリシタメ其家屋傾斜シタルキ又ハ數人共有ノ獸ヲ交番ニテ監守スルキ加害ノ當時ハ甲カ監督ノ當番ナリシキノ如キハ過失ノ部分ヲ知ルヿヲ得可キ塲合ナリ此塲合ニ於テハ其過失アル者ノミ賠償ノ責ニ該ル可シ即前例ノ乙者ハ其損害ノ全部ヲ負擔ス

（ロ）過失ノ部分ヲ知ルヿ能ハサルキ

例ヘハ前例ノ甲乙カ建築シタル家屋ハ何レノ部分ニ瑕瑾アリテ家屋カ崩頽シタルヤ分明ナラサルキノ如キ或ハ甲乙部分ヲ定メス共ニ一家ノ建築ヲ請負ヒタル如キ數人共有ノ獸ヲ數人共ニ監守ノ責ニ該ル塲合ノ如キハ何人ニ過失アルヤ其部分ヲ知ルヿヲ得サル者

ナリ是等ノ場合ニ於テハ各人其賠償額ノ全部ヲ負擔スルノ義務アリ(全部義務)然レ圧《ドモ》爰ニ注意ス可キハ此過失ノ部分ヲ知ル能ハサル場合ニ於テ數人ノ監督人カ共謀スル時ハ被害者ニ對スル責任ハ連帶ナリトス之ヲ詳言スレハ一人ノ監督者ニ對シテ義務ノ全部ヲ請求スルヿヲ得ルナリ但シ上ノ全部義務ノ場合ト此連帶義務ト同一ナルカ如シト雖モ其効力ニ到リテ大ニ差違スル所アリ(第四百三十七條担保編第七十三條參照セヨ)

○第七十二號　一個ノ所爲ニシテ刑事犯ト民事犯トニ個ノ性質ヲ具フルモノト單ニ民事犯ノミノ性質ヲ具フモノトヲ區別スルノ利益アリヤ(第三百七十九條)

一個ノ所爲ニシテ民事上ノ制裁ヲ受クルニ止マル者アリ即チ他人ノ物品ヲ過テ破毀シタル如キ是ナリ又單ニ民事上ノ制裁ノミニ止マラスシテ刑事上ノ制裁ヲモ受ケサル可カラサル者アリ即チ過チテ他人

ヲ殺傷シタルカ如キ是ナリ此二ケノ犯罪ヲ區別シテ如何ナル利益アルヤ是レ本問ノ問フ所ナリ

（第一）單ニ民事犯ニ止マル時ハ民事訴訟法カ定ムル規則ニ從ヒ民事裁判所ヘ出訴スルノ外他ニ方法ナシ然レ𪜈刑事犯ノ性質ヲ具フル𪜈ハ公訴ニ附帶シテ刑事裁判所ヘモ出訴スルヿヲ得故ニ前段ノモノハ一ケノ管轄裁判所アルニ止マルモ後段ノモノハ二ケノ管轄裁判アリ此區別アル理由ハ民事ノ裁判ハ總テ民事裁判所ニ於テ判決ス可キハ當然ナルモ刑事犯ニ就テハ刑事裁判所ニ於テ精ク其事實ヲ審案スルヲ以テ公訴ノ裁判ト同時ニ民事ノ判決スル𪜈ハ更ニ民事ノタメ事實ヲ調査スルヿナク簡便ニ訴訟ヲ落着セシムルヲ得ルカ故ニ法律ハ一ノ例外ヲ設ケ斯クハ規定シタル者ナリ

（第二）單ニ民事ニ止マル𪜈ハ民事ノ時效ノ規則ニ依リ被害者ハ其權利ヲ失フ此差異アルハ一應之ヲ考フル𪜈ハ實ニ奇怪ナルカ如シ何ト

ナレハ害惡ノ小ニシテ刑事ノ裁判ヲ加フルニ及ハサルカ如キ過失ヨリ生シタル損害ハ民事ノ時効ヲ適用シ三十年間ハ其請求權ヲ失ハサルモ害惡ノ大ニシテ民事ノ制裁ニ止マラス刑事上大ニ責罰ス可キ所爲ヨリ生シタル損害ハ長キハ十年短キハ六ケ月ニシテ其請求權ヲ失フト云フハ實ニ輕重大小ノ權衡ヲ得タルモノニアラサレハナリ然レ圧能ク視察スル片ハ大ニ然ラサル理由アリ之ヲ辨セン

公訴ノ時效ヲ設ケタル理由ハ犯罪ノ時日ヨリ許多ノ歲月ヲ經過スル片ハ有罪無罪ノ證據共ニ湮滅ニ歸スルカ故ニ眞ニ有罪ナルモノモ屢々無罪ノ言渡ヲ受ケタル丁アル可ク又タ眞ニ無罪ノ者モ屢々寃枉ニ陷ルノ恐レアル可シ然ル片ハ裁判權ノ信用ヲ失ヒ社會ヲ害スルカ故ニ或ル期限ヲ經過スル片ハ如何ナル確定ノ証據アルニモセヨ犯罪事件ハ未タ曾テ存セサルモノト見做シ公訴ヲ提起スル丁ヲ許サス是レ即チ公訴期滿免除ナク如此公訴期滿免除ヲ設ケタルノ理由ハ公益ニ

基キ社會ノ安寧ヲ維持スルニ出タルカ故ニ前ニ云ヘルカ如キ不權衡アルニモ係ラス刑事ノ犯罪ヨリ起リタル損害要償ノ訴權ハ公訴ノ時效ト同一ノ期限ニ依リ其權利ヲ失フ是レ私益ハ公益ニ向テ抂ケサル可カラサルカ故ナリ

右ニ反シ私訴ノ時效ヲ以テ公訴ノ時效ニ比シ一層長キ期限ニ定メタル片ハ未タ曾テ存在セサリシモノト見做サレタル犯罪事件ヲ私訴ノ要償ヲ得ルカ爲メ滔々訟庭ニ於テ之カ証明ヲナスヿヲ許ス片ハ曾テ有ラサリシ所ノ犯罪事件ノタメ損害ノ要償ヲ得ルノ奇怪ナル結果ヲ見ルヿアル可シ

第四節　法律ノ規定

○第七十三號　法律ノ規定ヨリ生スル義務トハ如何（第三百八條）

法律ノ規定ヨリ生スル義務トハ法律カ或ル關係上ヨリ或ル義務ヲ吾人ニ命シタル者ヲ云フ彼ノ合意不當利得不正ノ損害等ハ皆吾人カ適

第七十三號

法又ハ不適法ノ所爲アリテ義務ヲ發生セシムルモノナルモ法律ノ規定ニ因リ生スル義務ハ吾人カ何等ノ所爲ヲ要スルヿナク法律カ或ル關係上ヨリ命シタルモノトス然レ𪜈當初吾人カ或ル關係ヲ生セシムルニハ必ス或ハ所爲ナカラサルハナシ則親屬ノ關係ハ婚姻ヨリ生シ相隣者間ノ關係ハ所有權ノ獲得ヨリ生スルカ如シ如此或ル關係ヲ生セシムルニハ必ス人ノ所爲ヲ要スルモ其關係ニ成立スル片ハ直ニ法律ノ規定ニ據リ義務發生ス可キモノナリ例ヘハ隣地ニ接シテ牆壁ヲ築造シタル場合ニ於テ吾人ハ法律ノ規定ニ依リ互有權讓渡ノ義務アルカ如シ反之合意不當利得等吾人ノ所爲ヨリ生スル義務ハ法律ノ規定ヲ待タスシテ當然發生スルモノナレハ未タ法律ノ規定アラサル時ト雖𪜈尚其義務ヲ免ルヽヿヲ得ス

法律カ列記スル法律ノ規定ニ據ル義務トハ左ノ如シ

(一) 或親屬間又ハ姻屬間ノ養料ノ義務

(二) 法律カ免除ヲ許サヽル後見ノ義務

(三) 共有者間ノ義務

(四) 相隣者間ノ義務但地役ヲ爲サヽル片ニ限ル

地役ノ章ニ規定スルモ其性質地役ニアラスシテ純然タル人權ニ屬スルモノアリ自己所有ノ牆壁ヲ隣人ノ爲メニ共同壁トナスノ義務及共同壁ヲ保存修繕ヲ爲スノ義務ノ如キ是ナリ故ニ法文ハ地役ヲ爲サヽルトキニ限ルト規定セリ

以上列記シタル法律ノ規定ニ據ル義務ハ制限シタルモノニアラサレハ此他尚法律ノ規定ニ據ル義務無シトス可カラス

第二章　義務ノ效力

○第七十四號　義務ノ效果ヲ説明セヨ

債務者カ其義務ノ履行ヲ爲サヽル片ハ債權者ハ法律ノ威力ニ憑リ强テ其目的ヲ達スルヿヲ得之レ即義務ノ效力ナリ

其目的ヲ達スル方法三種アリ第一ハ直接ニ其義務ノ履行ヲ求ムルヿ第二ハ損害賠償ヲ要求スルヿ第三ハ担保ノ訴權是ナリ

第一直接履行ヲ求ムルヿ　債權者ハ債務者カ義務ノ履行ヲ爲サヽル片ハ先ツ第一ニ主トシテ其義務ノ直接履行ヲ裁判所ヘ訴フルヿヲ得裁判所ハ其債務者ノ身体ノ自由ヲ害スルヿナクシテ履行シ得可キ片ハ其請求ヲ許可ス可シ此場合ニ於テ債權者ハ直接履行ヲ得タリト雖モ尚其他債務者カ義務ノ履行ヲ遲延シタルカ爲メ生シタル損害アル片ハ之カ賠償ヲモ合セテ請求スルヿヲ得

第二損害ヲ求ムルヿ債務者カ直接履行ヲ求ムルヿヲ欲セサルカ債務者ノ身體ヲ拘束スルヿアラサレハ執行シ能ハサルカ又ハ事實上履行シ能ハサル場合ニ於テハ唯損害賠償ノミヲ求ムルヿヲ得

第三擔保ノ訴權　凡ソ權利ヲ讓受ケタル者ハ其權利ニ對シ第三者カ妨害ヲ與ヘ追奪ヲ爲シ或ハ其他ノ瑕瑾ノ存セサルヿヲ當然讓渡人ニ

引受ケシムルヲ得ル者ナレハ若シ是等ノ瑕疵アリタルトキハ譲渡人ニ對シ瑕疵ヲ補正セシメ或ハ損害ヲ賠償セシムルコトヲ得

（附言）本問題ノ答案ハ簡單ニ過キルト雖モ精ク之カ辨明ヲナストキハ次ノ數答案ト重復スルヲ以テ態ト之ヲ簡單ニス故ニ實際試問ニ答フニ該リテハ下ノ數答ヲ按チ參酌セサル可ラス

第一節　直接履行ノ訴權

○第七十五號　直接履行ヲナス可ラサルハ如何ナル場合ナル乎（第三百八十二條）

直接履行トハ吾人カ所爲ニ因リ負ヒタル義務ナルト法律ニ因リ命セラレタル義務ナルトヲ問ハス其義務ノ旨趣ニ從ヒ履行スルヲ云フ債權者ハ總テノ場合ニ於テ其義務ノ直接履行ヲ求メ自已ノ滿足ヲ得ルヲ以テ原則トスレトモ或場合ニ在リテハ其義務ノ性質現實ノ履行ヲ爲スコト能ハサルモノアリ請フ左ニ直接履行ヲ爲ス可ラサル場合ヲ記セ

ン

（イ）債務者ノ身体ヲ拘束スルニアラサレハ履行シ能ハサル塲合

吾人ノ身体ヲ拘束シ自由ヲ剝奪スルニアラサルヨリハ義務ノ履行ヲ爲シ能ハサル片ハ直接履行ヲ爲スヿヲ得ス如何トナレハ吾人ノ自由權ナルモノハ其全部若クハ一部タリトモ決シテ之ヲ讓與スルノ權ナケレハ如何ニ双方ノ契約ハ法律ニ等シキ効力アリトスルモ此契約理由トシテ猥リニ自由權ヲ剝奪スルハ吾人ノ權内ニ在ラサルナリ是レ天賦人權ノ貴重ニシテ犯ス可カラサル所以ナリトス

解釋法ヨリ論スルモ債務者カ或ル所爲ヲ約スルニ該リテ若シ其所爲ノ履行ヲ爲サヽル片ハ身体自由ノ拘束ヲ受クルモ必ス直接履行ヲ爲ス可シトノ意思ヲ以テ約シ債權者モ亦債務者カ其約ニ背キタル片ハ必ス彼カ身体自由ヲ拘束スル斥尚ホ直接履行ヲ求ム可シトノ意思ヲ以テ約シタルモノナリトハ解スル能ハサルナリ

（ロ）債權者直接履行ヲ求ムルヿヲ欲セサル時

債權者ハ債務者カ任意ニ義務ノ履行ヲ爲サヽルトキハタトヘ直接履行ヲ求メ得可キ塲合ト雖モ自巳ノ撰ミニ依リ直接履行ヲ求メスシテ損害賠償ヲ請求スルヿヲ得例之ヘハ甲者正宗ノ一刀ヲ乙者ニ賣レリ然ルニ甲者ハ其引渡ノ義務ヲ遲延シテ履行セサリシトキハ乙者ハ其刀ノ引渡ヲ請求スルヿナク直ニ損害賠償ノ請求ヲ裁判所ニ爲スヿヲ得

（附言）因是觀之時ハ直接履行ノ義務ト損害賠償ノ義務トハ權利者ニ撰擇權アル擇一義務ト酷タ相類スルモノナレトモ决シテ然ラス直接履行ノ義務ハ主タル義務ニシテ損害賠償ノ義務ハ從タル義務ナリ此從タル義務ト擇一義務トノ差異ハ後ニ記ス

○第七十六號　直接履行ヲナス可キ塲合及其方法如何（第三百八十二條）

直接履行ヲナス可キ塲合トハ一言以テ之ニ答フルヿヲ得可シ即債權者カ直接履行ヲ請求シ且債務者ノ身体ニ拘束ヲ加フルヿナクシテ履行シ得可キ塲合トス（前問參照）

履行セシム可キ方法ニ就テハ聊左ニ之ヲ述ヘン

(イ) 債務者ノ財産中ニ在ル有体物ノ引渡ノ義務

此場合ニ於テハ裁判所ハ訴訟法ニ定ムル所ノ方式ニ従ヒ威權ヲ以テ其物件ヲ差押ヘ債權者ニ之ヲ引渡ス例之ヘハ甲者乙者ニ一家屋ヲ賃貸ス可キヿヲ約スルモ其家屋ヲ引渡サスシテ依然自ラ其家屋ニ住居セリ此場合ニ於テ裁判所ハ執達吏ヲシテ甲者ヲ其家屋ヨリ退カシメ乙者ニ住居ヲ得セシム

(附言) 無体物即權利ニ就テハ引渡ノ義務ノ生ス可キ場合アルヿナシ何トナレハ權利ハ常ニ双方ノ意思ノミニ依リ移轉ス可ケレハナリ

(ロ) 作爲ノ義務

爲ス可キノ義務ハ凡テ債務者ヲシテ自ラ爲サシムルニアラサレハ直接履行ヲナスヿ能ハス故ニ債務者ニシテ其義務ヲ履行ス可キヿヲ欲セサル𪜈ハ常ニ損害賠償ヲ求ムルニ過キサルモノヽ如シト雖モ法律

ハ或ル方法ニ依リ直接履行ノ目的ヲ達スルヿヲ示セリ即チ爲ス可キ義務ノ性質債務者カ自ラナスモ他人之ニ代リテナスモ債權者ニ於テ利害損益アラサルトキハ債權者ハ他人ヲシテ債務者ニ代リ其事ヲ行ハシメ其費用ハ債務者ヨリ支弁セシムルヿヲ得ト定メタリ假令ヘハ甲者乙者ニ對シテ乙者ノ土地ヲ耕ス可キ義務ヲ負ヘリ甲者其義務ヲ盡サヽルニ因リ乙者ハ丙者ヲシテ甲者ニ代リテ土地ヲ耕作セシメ其費用ハ甲者ヨリ支給セシムルヿヲ得然レモ其義務ノ性質債務者自ラ爲スニアラサレハ債權者ノ目的ヲ達スル能ハサル時ハ損害賠償ヲ求ムルノ外直接履行ヲ得ルノ方法ナシ彼ノ債務者ノ技術才能等ヲ目的トシタル作爲ハ凡テ他人ヲシテ代ラシムルヿ能ハサルモノトス

（ハ）不作爲ノ義務

不作爲ノ義務ノ眞接履行ヲ得ル方法ハ法律カ示ス所ニ據ルトキハ債務者カ其義務ニ背キテ爲シタル所爲ヲ債務者ノ費用ヲ以テ毀壞セシメ

不作爲ノ義務ハ直接履行ヲ求ムルヿヲ得ル乎

及將來ノタメ適當ノ處分ヲナスヿヲ債權者ニ許セリ例令ヘハ甲者乙者ニ對シテ自已ノ土地ニ樹木ヲ植付セサルノ義務ヲ負ヘリ然ルニ甲者ハ此義務ニ負キテ其土地上ニ樹木ヲ栽植セリ此時ニ於テ乙者ハ甲者ノ費用ヲ以テ其樹木ヲ拔キ取リ且其土地ヲ原形ニ復スルヿヲ得然レ氏純正ナル理論ヲ以テ見レハ不作爲ノ義務ノ直接履行ハ無形ニ行ハルヽモノナレハ一旦有形ノ所爲アリテ其義務ニ背キタル片ハ最早ヤ其所爲ヲ取消シ曾テ爲サヽリシモノトナスハ人力ノ能ク爲シ得可キ所ニアラスト信ス唯其所爲ノ長ク繼續ス可キモノニ付テハ將來ニ向テ其所爲ヲ取消スヿヲ得可キノミ例令ヘハ甲乙ト約スルニ後來決シテ演説ヲナサヽルヿヲ以テス然ルニ甲者ハ此約ニ背キテ一日演説ヲ爲シタリトセンカ此場合ニ於テ乙者ハ甲者カ已ニ爲シタル演説ヲ取消サントスルモ最早ヤ能ハサルヿナレハ唯損害賠償ヲ求ムルニ過キス其所爲ノ繼續スルモノニ付テ例スルニ甲者乙者ト約スルニ甲

者ノ土地內ニ乙者ノ害トナル可キ樹木ヲ植付セサルヿヲ以テス然ルニ其約ニ背キ樹木ヲ栽植シタリシトキハ乙者ハ後來ニ向テ直接履行ヲ求ムルタメ其樹木ヲ拔キ取ルヿヲ得ルモ樹木ヲ植付シタルヨリ拔キ取ル迄ノ間ノ所爲ハ之ヲ回收スルヿ能ハス且其樹木ヲ拔キ取ルノ一事ハ不作爲ノ義務ノ直接履行ニアラス唯良接履行ヲ爲スタメニ豫メ行ハサル可カラサルノ一事ト云フ可キノミ

第二節　損害賠償ノ訴權

○第七十七號　義務不履行ノタメ損害賠償ヲ求ムルヿヲ得可キ場合及其之ヲ求ムルニ付要ス可キ條件如何（第三百八十三條第三百八十四條）

義務不履行ノ爲メ損害賠償ヲ得可キ場合如何

債權者ハ左ノ場合ニ於テ損害賠償ヲ求ムルヿヲ得可シ

（一）債務者カ義務ノ全部又ハ一部ノ履行ヲ拒絕シタル時

此場合ハ直接履行ヲ求メ得可キ時ト雖モ債權者ハ直接履行ヲ求メスシテ直ニ損害賠償ヲ求ムルヿヲ得

第七十七號

義務不履行ノタメ損害賠償ヲ求ムルニハ如何ナル條件ヲ要スル乎

(二) 義務ノ全部若クハ一部履行スル能ハサルニ至リタル時但債務者ノ過失ニ出テタルヿヲ要ス

(三) 遲延シテ其義務ヲ履行シタル時

右三ケノ場合ニ於テ債權者カ損害賠償ヲ請求スルニハ左ノ條件ヲ具備スルヿヲ要ス

(一) 債務者ハ債權者ノ意思ニ反シテ不履行アルヲ要ス

債權者ハ或方式ニ從テ債務者ヲ遲滯ニ付セサル間ハ債務者ニ義務履行ノ延期ヲ默許シタルモノト推定セラルヽヲ以テ債權者ハ損害賠償ヲ求メント欲セハ先ツ債務者ヲ遲滯ニ付セサル可ラス然レトモ不作爲ノ義務ニ就テハ債務者カ其義務ニ背クヤ直ニ遲滯ニ置カレタルモノト見做スヲ以テ債權者ハ直ニ損害賠償ヲ要求スルノ權ヲ有ス

(二) 債務者ニ歸ス可キ責アルヿヲ要ス

彼ノ天災其他ノ不可抗力ニ據リ義務ヲ履行スル能ハサルニ至リタ

ルトハ債務者ハ自巳ニ負フ可キ過失アラサルニ因リ損害賠償ノ責アルコナシ例ヘハ洪水ノタメ引渡ス可キ物品ノ流失シタル塲合又ハ予カ先人曾テ一個ノ動産ヲ甲者ニ賣リ之ヲ予ニ通知スルノ遑ナクシテ死亡シ予ハ之ヲ知ラサルニ因リ更ニ之ヲ乙者ニ賣リ而シテ之ヲ乙者ニ引渡シタル塲合ノ如キ是ナリ然レ圧後例ノ先人カ甲者ヨリ受ケ取リタル代金ハ之ヲ償還セサル可ラス是レ予ニ不當利得アルヲ以テナリ

(三) 義務ノ不履行ヨリ損害ハ生シタルコヲ要ス

損害ノ生セサル片ハ之カ賠償ヲ求ムルコ能ハサルハ當然ニシテ多言ヲ要セサルナリ然レ圧義務ノ不履行ノタメ實際損害ノ生セサル塲合アリヤヲ疑ハサルヲ得スト雖モ如此塲合ハ屢々生セスシテ稀ニ見ル所ナル可シ例ヘハ予今日淺草公園ニ遊フ可シト友人某ニ約シタルモ予此約ニ違反シタル時ノ如キ友人某ハ之カタメ若干ノ損害アルコヲ

證明スルハ蓋シ難カル可シ

損害モ賠償ヲ要求スルニ債務者ノ過失ヲ證明セサル可カラサル乎

○第七十七號　債權者損害賠償ヲ求ムルニハ如何ナルヿヲ證明ス可キ乎

義務不履行ノタメ損害賠償ヲ請求スル債權者ハ左ノ事柄ヲ證明セサル可カラス

(一) 己レノ權利ノ本主タルヿ

(二) 債務者ヲ遲滯ニ置キタルヿ

(三) 現ニ損害アルヿ及其高

右三ケノ外過失アルヿヲ証明スルハ債權者ノ任ナルヤ如何ト云フニ抑債權者カ債務者ヲ遲滯ニ置クハ債務者ニ怠リアリトノ法律上ノ推測ヲ得ンカタメナリ故ニ已ニ債務者ヲ遲滯ニ置クトキハ法律ハ債務者ニ過失アルモノト推測スルヿヲ得此推測ニ反シ予ニ過失ナシ予カ義務ノ履行ヲ遲延シタルハ天災ノタメナリト主張スル債務者ハ之ヲ証

明ス可キナリ然レモ法律ハ債務者詐詭即惡意アリトハ推測セサルヲ以テ債務者ハ詐詭ヲ以テ義務ヲ履行セサルヿヲ證スルハ債權者ノ責ナリ故ニ或場合ニ於テハ左ノ一項ヲ證ス可シ

(四) 債務者ニ詐詭アルヿ

○第七十八號　損害賠償ノ額ハ如何ナル標準ニ據リ之ヲ定ム可キ乎（第三百八十五條第二項第三項）

損害賠償額ハ法律ニ於テ定ムルモノト結約者双方ニ於テ定ムルモノハ裁判上ニテ定ムルモノトアリ法律ニ於テ定ムルモノトハ金員ノ義務ノ場合双方ニ於テ定ムルモノトハ過怠約款ノ場合ナリ此等ノ場合ハ既ニ其標準定マリ居レハ別ニ之ヲ論スルニ及ハスト雖モ獨リ裁判上ニテ定ムル所ノモノハ如何ナル標準ニ據リ定ム可キカヲ論定セサル可ラス

損害トハ債權者カ受ケタル損失ト失ヒタル利益トヲ包含ス例ヘハ予

第七十八號

他人ニ家屋ノ建築ヲ爲サシメタルニ約束ノ期日内ニ成功セザリシカタメ予ハ一ケ月間他人ノ家屋ニ住シ家賃若干ヲ支拂ヒタリ是レ即受ケタル損害ナリ又予ハ其家屋ヲ他人ニ貸與スルノ目的ヲ以テ建築セシメタル片ハ予ハ一ケ月間ノ貸賃ヲ得ルヿ能ハス是レ即失ヒタル利益ナリ

右ノ一例ニ據ル片ハ損害ナル區域ハ實ニ容易ニ知ルヿヲ得可キカ如シト雖モ實際ニ至リテハ種々ナル塲合アリテ之ヲ適用スルニ該リ其區域ヲ知ルニ困難ナルモノアリ今法典カ示ス所ノ損害ノ種類ヲ擧クレハ左ノ如シ

法典カ爲シタル損害ノ區別如何

(一) 避ケ得可キ損害避ク可ラサル損害

避ケ得可キ損害トハ債權者カ充分ノ注意ヲ加ヘタランニハ遭遇セサル可キ損害ヲ云ヒ反之避ク可ラサル損害トハ債權者カ如何ナル注意ヲ以テスルモ義務不履行ヨリ生スル必然ノ結果タル可キ損害ヲ云フ

此損害ノ區別ハ事實上ノ問題ニシテ其果シテ避ケ得可キモノナルヤ否ヤハ事實ノ摸樣ニ據リ判決ス可キナリ

(附言) 佛、伊國ノ法典及其他學者ノ設クル區別ニ據ルトキハ直接ノ損害間接ノ損害ナル事アリ直接ノ損害トハ義務不履行カ原因ト爲リテ生シタル損害ヲ云ヒ間接ノ損害トハ義務不履行カ遠因ト爲リテ生シタル損害ヲ云フ假令ヘハ予自ラ住居スルタメ家屋ヲ建築セシメタルニ建築者ノ懈怠ノタメ期日中ニ落成セサリシカハ予ハ從來ノ借家ニ在リテ自己ノ家ニ移住スルヿ能ハス從テ數月間ノ家賃ヲ拂ヘリ予ガ此家賃ヲ拂ヒタルハ即直接ノ損害ナリトス然ルニ予ハ其借家ニ居住中隣人カ火ヲ失シタルカタメ家財ヲ悉ク灰燼ニ歸セシメタリトセンカ此火災ヨリ生スル所ノ損害ハ間接ノモノナリトス今此例ヲ我法典ニ設ケタル區別ノ上ヨリ論スル片ハ家賃ハ勿論火災ヨリ生シタル損害ヲモ避ク可ラサル損害ナリト云ハサル可ラス何トナレハ予ハ如何ニ注意ヲ密ニスルモ隣人ノ失火迄ヲ防遏スルヿ能ハサレハナリ然レ圧今少ク例ヲ轉シテ自己若クハ家人カ火ヲ失シテ家財ヲ燒失セシメタリトセンカ是レ即避ケ得可キノ損害ナリトス因是觀之避ク可ラサル損害ト直接間接ノ損害トハ全ク異リタル點ヨリ觀察ヲ下シ區別シタルモノナレバ間接ノ損害ト雖モ避ク可ラサルモノアリ

如何ナル怠慢者ハ如何ナル損害ヲ賠償ス可キカ

(二) 豫見シ得可キ損害豫見シ得可カラサル損害

豫見シ得可キ損害トハ當事者カ合意ノ當時義務ヲ履行セサルカ或ハ遲延シテ履行スル片ハ生ス可シト想像シタル損害及想像シ得可カリシ損害ヲ云ヒ豫見シ得可ラサル損害トハ其反對ナルモノヲ云フ例スルニ予火災保險ノ金庫ノ買入ヲ約シタルニ賣主ニ於テ其引渡ノ義務ヲ遲延シタルカタメ一夜火災ノタメ予カ所持金ヲ燒失シタリトセンカ此損害タル當事者ニ於テ豫想シ得可キモノト云フヲ得ス然レ圧予カ金庫ノ引渡ヲ受ケサルカタメ隣人ヨリ一時或ル金庫ヲ借入レ之ヲ使用シタリトセンカ其金庫ノ損料ハ(予カ隣人ニ拂フタルモノ)當事者ニ於テ豫想シ得可キ損害ナリト云ハサル可カラス

以上各種ノ損害ニ就キ記述シタリ以下當ニ如何ナル怠慢者ハ如何ナル損害ヲ賠償セサル可ラサルカヲ述ヘシ

(一) 義務不履行又ハ其遲延カ債務者ノ過失ニ出テ惡意ナキ時

此場合ハ債務者ハ契約ノ當時ニ在リテ豫見シ得可キ損害ヲ賠フ義務アルノミ

(二) 義務不履行又ハ其遲延カ債務者ノ惡意ニ出テタル時

此場合ハ債務者カ契約ノ當時豫想シ得ヘキ損害ハ勿論豫想シ得可ラサル損害ト雖モ避ク可ラサル損害ナルトキハ之ヲ負擔ス可キモノトス右二ケノ區別アル所以ハ確乎タル法理ニ基キタルモノニアラス過失ニ依リ義務ヲ履行スル能ハサルニ至リタル債務者ハ契約ノ當時豫見シ得サリシ損害ヲモ負擔セシムルハ酷ニ失スルト云ヘル感情ヨリ起リタルモノナラン或ハ曰ク豫見シ得可キ損害ハ契約ノ當時双方カ義務不履行ノ節之ヲ賠償ス可シト默約シタル者ナレハ惡意ナキ懈怠者ハ之ヲ賠フヲ以テ足レリト予曰ク惡意ナキ懈怠者ハ默約ニ出テタルモノヽ外賠フノ義務ナキモノトスレハ何故ニ惡意アルモノハ默約外ノモノヲモ賠フ可キカ損害賠償ヲナスハ契約當時默約アルカ故ナリ

ト云ヘル道理ヲ以テ説明セントスルハ決シテ此道理ノ適用ヲ二ノ間ニ區別スルヿヲ得サル可シ故ニ要スルニ此二者ノ間ニ如此區別ヲ設ケタル理由ハ單ニ過失アル者ト惡意アルモノトヲ仝一ノ待遇ヲ以テスルハ酷ニ失スト云ヘル道義ノ感情ニ出テタルニ外ナラス

（附言）佛法ハ單ニ過失アル者ハ直接ノ損害ニシテ豫想シ得可キモノヲ賠子惡意アルモノハ直接ニシテ豫想シ得サルモノヲモ賠フ義務アリトス

債權者ニモ非理アル片ハ賠償額ヲ減スルヿヲ得ル乎

右二ケノ區別ノ外法典ハ義務履行ノ遲延又ハ不履行ニ關シ債權者ニモ過失アル片ハ裁判所其賠償額ヲ定ムルニ付其情狀ヲ斟酌シ相當ノ減少ヲナスヿヲ得可キ旨ヲ定メタリ例ヘハ甲者乙者ニ家屋ヲ建築セシムルニ當リ乙者ハ主トシテ其事業ニ從事セサリシカタメ大ニ落成ノ期日ヲ遲延シタリト雖モ甲者モ亦建築中材木ノ供給ヲ充分ニセサリシカタメ乙者ニ手支ヘヲ爲サシメタルヿアリテ幾分カ落成期日ノ遲延セシメタル原因ヲナセリ如此場合ハ裁判所ハ乙者カ拂フ可キ賠

償額ニ就キ幾分カ酌量シテ減輕スル處ナカル可ラス此法典ノ主意ヨリ論スルモ前段債務者ノ過失ト惡意トノ間ニ賠償額ニ付區別シタルハ前ニ予カ論シタル理由ニ外ナラサルヘシ(第三百八十七條)

○第七十九號　裁判所カ損害賠償ヲ言渡ス可キ方法如何(第三百八十五條)

損害賠償カ主タル訴ナルトキ賠償額ヲ言渡ス方法如何

第一　損害賠償カ主タル訴ノ目的タル時

損害賠償ノ訴カ主タル時ハ其損害ハ既往ニ屬シタルモノナレハ之ヲ算定シ得サルニ非ラス故ニ裁判所ハ其額ヲ定メ以テ言渡ス可キナリ而シテ其損害ハ必ス金額ヲ以テ算定セサル可ラス假令ヘハ余甲者ヨリ或物品ヲ買ヒタルニ甲者其物品ヲ引渡サヽルニ依リ予ハ其物品ノ引渡ヲ請求セスシテ單ニ損害賠償ノミヲ求メタリトセンカ其賠償額ハ予カ其物品ヲ自己ニ獲得スルヲ得サリシカタメ生シタル損害ニ因リ金額ヲ以テ算定セサル可ラス

賠償額ハ金員ニテ算定セサル可カラサルノ理由ハ法律カ尤モ便利ニ

シテ尤モ適切ナル方法ヲ採リ以テ當事者ノ爭訟ヲ避クルノ手段ヲ求メタルモノナリ若シ裁判所カ全種類ノ物品ヲ以テ賠償ヲナス可キ旨ノ言渡ヲ爲シ得ルトセンカ之ヲ執行スルニ當リ其全種類ナル品位ヲ定ムルニ付再ヒ爭訟ヲ起スヿアル可シ然ルニ金員ヲ以テ言渡シタル𪜈ハ如此困難ヲ見ルヿナカル可シ

犯罪准犯罪等ノ場合ニ損害賠償ヲ求ムルニ當リ金員ヲ以テ賠償セシムルヨリ他ノ方法ヲ以テスル𪜈ハ却テ輕便ナル場合アリ例ヘハ誹毀罪ノ如キ其名譽ヲ汚シタルノ損害ハ何程ナルヤヲ金錢ニ算定スルハ實ニ最大困難ナルヿト云フ可キモ或ハ新聞紙ニ謝罪狀ヲ廣告セシムルカ如キ方法ヲ取ル𪜈ハ輕便ニシテ殊ニ汚サレタル名譽ヲ囘復スルニ付適切ナル方法ト云フ可シ金錢ヲ以テ言渡スノ外如此方法ヲ採ルヿヲ得サルカ如何法律ノ正文上ヨリ見ル𪜈ハ金錢ヲ以テ言渡スノ外他ノ方法ヲ採ルヿ能ハサルカ如シト雖モ予ハ信ス法律ハ唯世間多例

ニ付尤モ便利ト思量スルモノヲ例示シタルニ過キスシテ決シテ或ル場合ニ於テ或ハ他ノ方法ヲ採ルノ適切ニシテ且輕便ナルモノヲ禁シタルノ精神ニアラサレハ裁判所ハ臨機他ノ方法ヲ採ルモ敢テ法律ニ反シタルモノニアラスト

損害賠償カ訴ノ從タル目的ノ𪜈賠償額ヲ言渡ス方法如何

第二　損害賠償カ訴ノ從タル目的ノ時

損害賠償カ義務直接履行ノ訴又ハ合意解除ノ訴ノ從タル𪜈ハ左ノ二ケノ方法ヲ以テ言渡スヿヲ得

(甲)　主タル請求ヲ決定スルト仝時ニ先ツ數額不定ノ損害賠償ヲ言渡シ其算定ハ事ノ終局ノ後當事者ノ辨明ニ依リナスヿヲ得例ヘハ予甲者ノ有スル書籍ト予ノ机ト交換シタルニ甲者ノ書籍ニハ予カ知ラサリシ大ナル瑕疵アリシカハ予ハ前ノ契約ヲ取消シ書籍ヲ甲者ニ返付シ甲者ヨリハ机ノ返還ヲ得且之カタメ受ケタル損害及甲者カ机ノ返還ヲナス迄ニ予カ受クルヿアル可キ損害ヲモ請求シタ

リ如此場合ニ於テ裁判所ハ裁判言渡ノ日ヨリ甲者カ予ニ机ヲ返還ス可キ月マテノ損害ハ未來ニ關スルヲ以テ其額ヲ算定スルヿ能ハス故ニ先ツ債務者ニ數額不定ノ損害ヲ賠償ス可キ旨ヲ言渡シ而シテ其事終局スルノ日現實ノ損害額ヲ決定スルナリ

（乙）直接履行ヲ債務者ニ命スルト仝時ニ其極度ノ期間ヲ定メ其遲延スル日毎ニ又ハ月毎ニ若干ノ償金ヲ拂フ可キノ言渡ヲナスヿヲ得假令ヘハ予或者ニ對シ米若干俵ヲ引渡ス可キ義務アルモ即時ニ引渡スヿ能ハサルノ事情アリトセンカ此場合ニ於テ裁判所ハ何日マテニ義務履行ス可シト命シ且其日マテ一日ヲ延滯スル毎ニ何程ノ償金ヲ拂フ可シト命スルヿヲ得是レ此方法ハ債務者ニ便利ナル期限ヲ與ヘ且義務ノ履行ヲ勵マスニ尤モ有益ナル方法ナレドモ債務者ニ於テ到底任意ノ執行ヲナサヽルモノト思量スルトキハ徒ラニ日時ヲ遷延スルニ止マレハ債務者ハ其執行ヲ拒絶スル旨ヲ答ヘ本項

ハ言渡ヲ拒ムコトヲ得

○第八十號　過怠約款ノ性質及效用如何（第三百八十八條）

過怠約款トハ債務者カ義務ノ履行ヲ遲延スルカ或ハ全部又ハ一部ヲ履行セサル場合ニ於テ賠フ可キ損害ヲ當事者ニ於テ豫メ確定シ置ク所ノ從タル約束ナリ又豫メ損害額ヲ確定シ置クモノナレハ實際ニ遲延又ハ不履行ヨリ生スル處ノ損害ニ比シ或ハ少額ナルコトアル可ク或ハ多額ナルコトアル可ケレハ一ノ偶運ニ屬スル約束ナリ故ニ過怠約款ノ性質ハ偶運ニシテ且從タル約束ナリ右ノ性質アルニ依リ左ノ結果ヲ生ス

過怠約款ハ主タル合意ニ屬スル附從ノモノナレハ主タル合意カ無效ニ歸スルトキハ過怠約款モ亦當然無效ニ歸ス然レドモ過怠約款カ時トシテ主タル合意ノ遲延又ハ不履行ノ損害ヲ賠フタメニ設ケラレスシテ主タル合意ノ無效ニ歸シタルトキ生スル損害ノ賠償ヲ得ルタメ設ケラ

ルヽコアリ斯ノ如キ場合ハ主タル合意ノ無效ナルカ爲メ却テ有效ト爲ルナリ例ヘハ賣買契約ノ場合ニ賣主ハ其賣渡シタル物件ニ瑕疵ナキコヲ誓ヒ若シ瑕疵アリテ賣買ヲ無效トシタル片ハ金若干ヲ過怠トシテ支拂フ可シト約シタル片ノ如シ此場合ハ主タル合意カ取消サレタル片ニアラサレハ從タル過怠約款ハ其效用ヲ生セサレハ一般ノ原則ノ例外ニ屬ス可キモノナリ

過怠約款ハ主タル合意ノ不履行又ハ遲延シタル時初メテ其履行ヲ請求シ得可キモ主タル合意ト併セテ要求スルコヲ得ス例ヘハ予甲者ヨリ一家屋ヲ百圓ニテ買求メ其賣買ノ契約ニ附帶シテ若シ甲者カ其家屋引渡ノ義務ヲ履行セサル片ハ予ハ過怠トシテ金百五十圓ヲ請取ル可キコヲ要約シタリシニ甲者ハ其引渡ノ義務ヲ遲延セリ因テ予ハ過怠金百五十圓ト家屋引渡トヲ併セテ請求シタリ此場合ニ於テ予カ請求ハ認許セラルヽコナシ何トナレハ百五十圓ノ過怠金ハ予カ全ク家

屋ノ引渡ヲ受ケサリシ片ノ損害ヲ預定シタルモノナレハナリ然レ氏過怠金カ單ニ遲延ノ損害ノミヲ豫定シタル片ハ主タル合意ノ履行ト過怠金トヲ併セテ請求スルヿヲ得

双務合意ノ塲合ニ於テ一方カ義務ヲ履行セサルニ因リ合意ヲ解除スルノ訴權ハ過怠約欵ヲ要約シタル片ト雖モ失フヿナシ前項ノ例ニ於テ予ハ百五十圓ノ過代金ヲ請求セスシテ賣買契約ヲ解除シ以前ノ有樣ニ復センヿヲ請求スルヿヲ得然レ氏債權者カ明ニ解除ノ權ヲ抛棄シタル片ハ此限ニアラス(第三百九十條)

過怠約欵ハ一ノ射倖ノ契約ナレハ實際生シタル損害豫定シタル過怠ノ額ニ比シ甚大ナリト雖モ裁判所ハ其額ヲ增加スルヿヲ許サス又實際損害ノ額小ナリト雖モ過怠額ヲ減少スルヿヲ得ス然レ氏債務者カ義務ノ一部ヲ盡シタル片又ハ義務ノ不履行若クハ遲延カ債務者ノ過失ノミニ出テタルニアラサル片ハ裁判所ハ事情ヲ酌量シテ相當ノ減

少ヲ為スコヲ得(第三百八十九條第二項)
過怠約欵ハ一ノ保証契約ナレハ債權者カ過怠金ヲ請求スルニ當リテハ實際生シタル損害ノ多寡ヲ證明スルニ及ハス主タル合意ノ存立及債務者カ其義務ヲ盡サヽルコ或ハ遲延シテ盡シタルコ及過怠約欵ノ存立トヲ証明スルヲ以テ足レリトス(第三百八十九條第一項)

○第八十一號　金錢ヲ目的トスル義務ノ遲延ニ付損害賠償ノ方法如何(第三百九十一條)

金圓ノ義務ニ付キ法律カ賠償額ヲ定メタルヨリ生スル效果如何

法律ハ金圓ノ義務ニ就テハ他一般ノ義務ト大ニ異ナリタル方法ヲ規定セリ
第一　其賠償額ヲ法律ニ於テ規定セシコ
一般ノ義務ニ就テハ實際生シタル損害ノ高ヲ請求スルコヲ得ルモ金圓ノ義務ニ就テハ法律ニ於テ其賠償額ヲ定メタルヲ以テ債權者ハ實際幾多ノ損害ヲ蒙ムルモ一定ノ賠償額ヲ請求スルコヲ得ルノミ又實

際少許ノ損害ヲモ受ケズ𪜈一定ノ賠償額ヲ請求スルヿヲ得此規則ヨリ左ノ結果ヲ生ス

(イ)債權者ハ實際生シタル損害ノ高ヲ證スルニ及ハス何トナレハ債務者カ義務ノ履行遲延スルヤ、法律ハ直ニ損害アリト推測スレハナリ(第三百九十二條)

(ロ)債務者ハ債權者ノ請求ヲ拒ムタメ意外ノ事又ハ抗拒ス可ラサル變災ノ爲メ義務ヲ盡スヿ能ハサリシヲ申立ツルヿヲ得ス何トナレハ法律カ金圓ノ義務ニ付賠償額ヲ定メタルハ實ニ嚴格ナルモノニシテ容易ニ反對ノ申立ヲ許容セス若シ金圓ノ義務ニ付意外ノ事ニ因リ義務ヲ履行スル能ハサリシヲ申立テ賠償ノ責ヲ免カルヽヿヲ得ルトスルトキハ債權者ハ殆ント常ニ賠償ヲ得ルヿ能ハサル可シ何トナレハ金圓ハ常ニ定量物ニシテ是レ々々ハ返濟ニ充當ス可キ金圓ナリト確定スルヿナシ然ラハ債務者ハ巧ニ盜難ニ罹リタリ火災

ニ焼カレタリ水厄ニ漂失セシメタリナド丶申立容易ニ其義務ヲ免ル丶コヲ得レハナリ且戰亂等ノタメ往來壅塞セラレ事實上辨濟スルコ能ハサリシトスルモ其返還セサル間ハ債務者自ラ利用シタレハ之カ賠償ヲ拂フニ於テ敢テ不當ト云フ可ラス

(六) 双方ニ於テ豫メ過怠約款ヲ設ケ賠償額ヲ定ムルモ其額若シ法律上利子ノ制限ヲ超過スル片ハ其超過シタル部分ハ無效トス反之制限以下ニ定メタル片ハ全ク有效ナリ故ニ實際金圓ノ義務ニ就キ過怠約款ヲ附加シテ豫メ賠償額ヲ定ムルコナカル可シ(第三百九十一條)

金圓ノ義務ニ付法律カ其賠償額ヲ定ムル理由如何

金圓ノ義務ニ就キ法律カ其賠償額ヲ定メタル所以ハ金圓ノ義務モ普通一般ノ義務ト全ク實際生シタル損害ノ一切ノ種類ヲ証スルコヲ得ルトスル片ハ債權者ハ欺騙ヲ逞フシ莫大ナル賠償ヲ求ムルコアル可ク裁判所ヲシテ其賠償額ヲ判定スルニ於テ大困難ニ罹ラシムル可シ是

レ法律ニ於テ賠償額ヲ確定シタル所以ナリ尚ホ他ニ一ノ理由トシテ説明ス可キモノアリ何ソヤ金圓ノ義務ヲ怠リタルカタメ生シタル損害ハ實際算定スルニ尤モ困難ナルモノナレハ法律ハ善良ナル管理ニ因テ獲ラレ得可キ利益ヲ以テ實際蒙リタル損失ト見做スコト是ナリ善良ナル管理ニ因テ得可キ利益トハ其金員ヲ貸與シテ得可キ利子ナリトス

第二　金圓ノ義務ニ就テハ債務者ノ單ナル過怠ト其惡意トヲ區別セスシテ全一ノ賠償額トス

抑モ金圓ノ義務ニ就テハ豫メ法律ニ於テ其賠償額ヲ定メタルヲ以テ債權者ニ於テ或ハ利得ノ幸運アルコトアリ或ハ損害ノ危害ヲ蒙ルコトアリテ債權者ハ損害ニ就テ一ノ請負ヲナシタルモノト云フ可シ法律ニ斯ク規定シタルハ金圓ノ義務ハ實際生シタル損害ノ多寡其原因ノ如何ヲ證明スルモ最モ困難ニシテ到底正確ナル事實ヲ得ルコト難ケレハナ

リ故ニ實際生シタル損害ノ多寡及損害ノ生シタル原因トヲ証明スルヿナク一定ノ賠償額ヲ得ルヿトシタレハ從テ債權者ハ債務者ノ過怠又ハ惡意トヲ証明シテ種々ナル賠償ヲ求ムルヿヲ得ス

普通ノ義務ト金圓ノ義務ト其遲滯ニ置ク方法ヲ異ニスル理由如何

第三　遲延ニ置クノ方法ヲ異ニス(第三百九十三條)

普通一般ノ義務ハ催告書ノ送達裁判所ヘノ出訴或ハ義務ノ性質ニ依リ期限ノ經過等ニテ遲延ニ置クヿヲ得ルモ金圓ノ義務ニ就テハ裁判所ヘ訴フルト債務者ニ於テ認諾スルノ二ケノ塲合ノ外遲延ニ置クノ方法ナシ斯ノ如ク金圓ノ債務者ニ恩遇ヲ許與シタル所以ハ貨物其他行爲ヲ目的トシテ約シタル要約者ハ必ス合意ノ當時將來生ス可キ需要ヲ豫知シテ要約シタルモノナルモ金圓ノ要約者ハ概シテ後來ノ需要ト定額トヲ確定シテ要約シタリト云フ可ラス是レ金額ノ債權者ハ裁判所ヘ出訴スルニアラサレハ急迫ナル需要ニ逼ラレタルモノト推測セサルヲ以テ催告書ヲ送ルノミニテハ遲延ニ置クノ效ナシトスル

所以ナリ又茲ニ金圓ノ債務者ニ此恩遇ヲ與ヘタル他ノ一理由アリ貨物又ハ行爲ノ債務者ハ職業或ハ時宜ノ都合ニ依リ供給ノ特別ニ容易ナルニ非ラサレハ斯ノ如キ約務ヲナス事ナカル可キモ金圓ノ義務ハ其之ヲ得ルノ道尤モ廣キモノナレハ確タル執行ノ目的無クシテ諸約シ其時ニ及ンテ履行スルニ大困難ヲ生スルヿアリ是レ金圓ノ義務ニ就テハ普通ノ義務ヨリモ一層嚴酷ナル逼迫ノ手段ヲ用フルニアラサレハ遲延ニ置クニ足ラストシタル所以ナリ

○第八十一號　利子ヲ元金ニ繰込ミ之ニ利足ヲ生セシムルニ付（叢利複本）要スル條件如何（第三百九十四條）

利子ニ塡補利子ト遲延利子トノ二種アリテ塡補利子ト稱スルモノハ債務者ヨリ債務者ニ向テ債權者カ得可キ收益ノ代償トシテ拂フ可キモノヲ云ヒ遲延利子トハ債務者カ義務辨濟ヲ遲延シタルカ爲メ生シタル損害ノ賠償トシテ拂フ可キ利子ヲ云フ此二ケノ區別ハ本問ニ答

第八十一號

フルニ誤リ其必要ナケレハ單ニ利子トノミ記シテ此二ケヲ包含セシメン

利子チ元金ニ繰リ込ムニ制限チ設ケタル理由如何

金圓ニ利子ヲ添附スル片ハ其額意想外ニ增加シテ債務者ヲシテ非常ナル困難ニ陷ラシムルヿアレハ利子制限法ヲ以テ利子ノ額チ制限シ債務者保護ノ途ヲ立テタリ夫レ單ニ元本ニ利子チ附スルノミニ就テモ尚且此ノ如クナレハ利子ヲ元本ニ繰リ込ミ之ニ利子ヲ生セシムルニ至テハ法律ハ一層嚴格ナル制限ヲ定メ利倍增殖ノ道ヲ妨ケ債務者保護ノ度ヲ一層擴張セリ今其要ス可キ條件ヲ擧クレハ左ノ如シ

(一) 一年分以上延滯シタル利子ナルヿ(第三百九十四條)

一月若クハ二月分ノ利子每ニ元本ニ繰リ入レ之ニ利子ヲ附シテ算スル片ハ利子ハ非常ニ增加シテ忽チ元本ト全類ニ至ル可シ故ニ法律ハ斯ク制限シタルモノナリ然レ𪜈建物又ハ土地ノ貸賃、無期又ハ終身ノ年金權ノ年金、返還ヲ受ク可キ果實又ハ產出物、債務者免責ノタメ第三

者ノ拂ヒタル元本ノ利息ニ就テハ此制限ノ例外トシテ一年未滿ノ分ト雖モ利息ヲ生セシムルヿヲ得トセリ其理由ハ左ノ如シ

土地家屋ノ賃借人カ拂フ可キ賃金、無期又ハ終身ノ年金ノ如キハ決シテ元本ノ共給ヲナス可キモノニアラス定期間賃金又ハ年金ノ支拂ヲナセハ其義務ヲ盡シタルモノナレハ其賃金年金ハ貸金ノ元本ト殆ント全一ノモノナリ故ニ一年未滿ノ賃金年金ト雖モ其利子ヲ附スルヿヲ可得キナリ例ヘハ一家屋ヲ三ケ月毎ニ貸賃ヲ受取ル可キ約束ヲ以テ貸與シタルニ借主ハ之ヲ拂ハサルヲ以テ貸主ハ直ニ裁判所ヘ請求シテ其受取ル可キ貸賃ニ利子ヲ生セシムルヿヲ得

返還ス可キ果實ニ付テモ全一ノ理由ヲ以テ説明スルヿヲ得可シ茲ニ注意ス可キハ果實トハ金額ニ算定セラレタルモノヲ指シタルモノニシテ未タ算定セラレサル他ノ物件ニ付テハ一般ノ損害賠償法ニ據リ處分ス可キモノトス免責ノ爲メ第三者ノ拂フタル利子ニ就テハ已ニ

第八十二號

第三者カ仕拂ヲナシタル片ハ其金員ハ利子ト元本トノ區別アルヿナク第三者ヨリ見ル片ハ一ノ立替金タルニ過キス故ニ一年未滿ノモノト雖モ之ニ利子ヲ附スルヿヲ得ルナリ然レ圧第三者カ債務者ノ事務管理者タル名義ナル片又ハ代位弁濟ノ名義ナル片ハ此規則ヲ適用スル能ハサルモノナリ

一年分以上淹滯シタル利子トハ當ニ受取リ得可カリシ利子一年分ト云ヘル義カ或ハ利子辨濟期限ヨリ起算シテ一年分淹滯シタル利子ト云ヘル意義ナルヤ曰ク法文ニ一年分ノ淹滯セル毎ニトアルヲ以テ見レハ巳ニ期限經過シテ辨濟ヲ怠リタル片其利子カ一年分以上ナル場合ナリト解セサル可ラス

(二) 特別ナル合意又ハ請求アルヿ

一年以上ノ利子ニシテ支拂期限ノ至リタル後其利子ニモ亦利子ヲ添附スルニハ特別ノ合意又ハ請求ヲナサヽル可ラス而シテ其合意ハ期

限經過シタル後ニアラサレハ豫メナスヿヲ得ス假令ヘハ甲者乙者ニ貸與シタル金員ノ利子ニ付若シ一年ヲ經過シテ皆濟セサル片ハ元金全様ニ利子ニモ利子ヲ生セシムル旨ノ約束ヲ貸借ノ當時若クハ其後借用證書ニ附加スルモ其效アルヿナシ何トナレハ如此約束ヲ以テ有效トナス片ハ法律カ債務者ニ與ヘタル恩遇ハ實際有名無實タルニ至ル可ケレハナリ

裁判所ニ爲ス訟求ハ利子ニ利子ヲ附加ス可キヿヲ訟求セサル可ラス元本ノ返還ヲ請求スルモ當然利子ニ利子ヲ附加スルノ效力アルヿナシ此點ニ付テハ佛法典ニ於テ大ニ異論アル所ナルモ我國ニ在テハ明瞭ナリトス

第三節　擔保

○第八十三號　擔保ノ性質及區域如何

擔保ナル語ニハ二義アリ一ハ他人ノ無資力ヲ保證スル抵當質ノ如キ

第八十三號

物上ノ擔保、保証人連帶債務者ノ如キ對人ノ擔保等ハ債權者ノ權利ノ安寧ヲ保護スルモノニシテ一ハ讓渡人、貸主等カ其讓渡シタル權利ニ付キ瑕疵ナキヿヲ引受ケ安全ニ且完全ナル使用自由ナル收益ヲ得セシム可キヿヲ擔保スルモノナリ前者ハ即權利ノ保護或ハ後々楯トモ稱ス可ク後者ハ即妨礙ノ防禦トモ稱ス可キナリ二者共ニ權利ノ完全ナル目的ヲ達スルタメナル可キモ法律ノ適用ニ於テ其間大ニ區別アリ本問所謂擔保トハ後者ヲ指シタルモノニシテ以下專ラ其性質及區域ヲ說明ス可シ

擔保義務ノ性質如何

凡ソ人權ト物權トヲ論セス權利ヲ讓渡シタル者ハ讓受人ヲシテ其權利ノ完全ナル行使則チ物件ヲ賃貸シ讓渡シ變改スル如キ自由ナル収益則チ果實ヲ収取シ賃貸ヲ收得シ其物ノ使用ヲ得セシムル等ノ義務アリ此義務ヲ稱シテ擔保ト云フ故ニ若シ他人來リテ其權利ヲ奪取セント申立或ハ其權利ニ妨害ヲ加ントスル片ハ讓渡人自ラ出テヽ其妨

害ヲ拒却シ讓受人ヲシテ安全ニ行使、收益セシメサル可ラス假ヘハ甲者乙者ニ一ノ田地ノ完全ナル所有權ヲ賣渡シタル片ハ甲者ハ其田地ニ對シ決シテ他ヨリ何等ノ障害ヲモ爲サヽルヿヲ引受クルモノナレハ若シ丙者來リテ或ハ是ハ余ノ田地ナリト云ヒ或ハ余ハ此田地ニ付使用權ヲ有セリト云ヒ或ハ此田地ニ對シ造營土工ヲ爲サシメサルノ地役權ヲ有セリト申立テ乙者ニ對シテ妨害ヲ加フル片ハ甲者ハ之ヲ排斥セサル可ラス是レ即擔保ナリトス（第三百九十九條第四百條）

擔保ノ義務ハ可分ナリ乎可不分ナリ乎

擔保ハ二ケノ方法ニ依リ其目的ヲ達スルヿヲ得第一ハ擔保ノ義務アル者ハ妨害者ヲ排斥シ讓受人ヲシテ安全ナル地位ニ置カシメ第二ハ第一ノ目的ヲ達スルヿ能ハサルカ又ハ其義務ヲ盡スヿヲ怠リタル片ハタメニ讓受人ノ蒙リタル凡テノ損害ヲ賠償ス可キヿ是ナリ故ニ讓受人ハ他人ヨリ訴ヲ受ケタル片ハ擔保義務者ヲ其訴訟ニ參加セシメ以テ其訟求ヲ防御セシムルヲ可トス然セスシテ自ラ訴訟ヲ爲シ敗訴シ

第八十三號

タル後擔保者ニ對シ主タル訴ヲ以テ損害ノ賠償ヲ求ムル片擔保者ニ於テ若シ擔保者ヲシテ訴訟ニ參加セシメハ斯ク々々ノ證據ヲ以テ容易ニ前ノ訟求ヲ排除スルヿヲ得タリシトノ證據ヲ擧示スル片ハ其主タル擔保ノ訴ハ敗訴トナル可ケレハナリ

擔保ハ其第一ノ目的ナル妨害ヲ防止スル事ハ不可分ノモノナリ故ニ數人一物件ヲ賣却スル片ハ其數人ハ皆其物件ニ對シ妨害ヲ加フル者アル片ハ全部ニ付防禦ノ義務アリテ數人ナレハ其妨害ヲ數分シテ一分ヲ防止スレハ可ナリト云フ可ラス又妨害ヲ防止スルヿハ事實上不可分ニシテ決シテ分チ得可キモノニアラサレハ擔保ノ第一ノ目的ハ性質上不可分的ノモノトス第二ノ目的タル損害ノ賠償ニ付テハ性質上可分ノモノナリ何トナレハ損害ノ賠償ハ常ニ金圓ヲ以テ充當サルヽニ依リ尤モ容易ニ分割スルヿヲ得故ニ第一ノ目的ヲ達スルヿ能ハサル擔保者カ損害ヲ賠償スルニ當リテハ己レ一分ヲ擔當スレハ他人

ノ分ニ對シテ義務ヲ負フコトナシ以上略言スレハ擔保ノ第一ノ目的タル妨害防禦ハ性質上ノ不可分ナルモ第二ノ目的タル賠償ハ性質上可分タリ

以上擔保ノ性質ニ就テ說明シタレハ以下特ニ其區域ニ就テ說明セントス

擔保義務ノ區域如何

他人ノ妨害ヲ防止スル義務アリト云ヘル妨害トハ總テ權利上ノ妨害ナラサル可ラス事實上ノ妨害即暴行ノ結果ヨリ來ルモノニ就テハ之ヲ制止スルノ義務アルコトナシ暴行ヨリ來ル奪取及妨礙ハ警察權能ク制止ス可クシテ讓渡人ノ預リ知ル所ニ非ラス假ヘハ乙者甲者ノ地內ニ在ル大樹ヲ買受ケ之ヲ伐採セント欲シ其地ニ臨ミシニ隣人等多人數來リ種々ノ暴行ヲ以テ伐採ニ着手セシメス完全ナル行用ヲ害セリト雖モ乙者ハ甲者ニ對シテ其妨害ヲ拒絕セシムルノ權ヲ有セス何トナレハ隣人ノ妨害ハ事實上ノモノニシテ權利上ノモノニアラサレハ

ナリ
擔保ノ區域ニ就テ尙一ノ制限アリ开ハ法文ニアル如ク權利讓渡以前ハ原因又ハ讓渡人ノ責ニ歸ス可キ原因ニ基キタル追奪又ハ妨害ナルコトヲ要スルコト是ナリ讓渡前ノ原因トハ讓渡ノ當時其權利ハ已ニ消滅ニ歸シ居リタルカ或ハ一部分ニ付テ瑕瑾アリシ等ノコトヲ云フ而シテ其消滅又ハ瑕瑾等ハ讓渡人カ知リシト知ラサリシトニ關セサルナリ又讓渡後ノ原因ト雖モ讓渡人ノ責ニ歸ス可キモノニ付テハ擔保ノ義務アリ假ヘハ甲者一ノ動產ヲ乙者ニ賣渡シ未タ其物件ヲ引渡サヽル前再ヒ丙者ニ之ヲ賣渡シ直ニ引渡シタリ然ルトキハ乙者ハ讓受後ノ原因ニヨリ追奪ヲ受ケタルモノナルモ甲者ニ對シ擔保ノ訴ヲナスコトヲ得何トナレハ甲者ノ責ニ歸ス可キ原因ニ依リ奪取サレタレハナリ

○第八十四號　擔保ハ如何ナル場合ニ存立スル乎（第三百九十六條）

其場合左ノ如シ

本然ノ擔保トハ如何

第一　有償名義ノ行為ノ場合

有償名義ノ行為ニ付テハ當事者相互ニ利益ヲ受授スルモノナレハ亦其利益ニ付キ相互ニ擔保ヲ為サヽル可ラス故ニ是等ノ擔保ハ双方ニ於テ特別ニ約束セサルモ存立ス可シ故ニ之ヲ稱シテ本然ノ擔保ト云フ然レトモ此擔保タル固ヨリ双方ノ者特別ノ約束ヲ以テ排除シ得可キナリ

設約ノ擔保トハ如何

第二　無償名義ノ行為

無償名義ノ行為ニ就テハ當事者ノ一方他ノ者ニ對シ利益ヲ與フルノミニテ己レ毫末モ之カ報酬ヲ受クルコト無ケレハ其利益ノ永ク確然存スルコトヲ擔保スルノ謂レアルコトナシ故ニ無償名義ノ行為ニ就テ擔保ヲ得ント欲セハ必ス特別ナル合意ヲ以テ之ヲ設定セサル可ラス其擔保ヲ稱シテ設約擔保ト云フ

主要ノ擔保トハ如何

第三　右第一ノ場合ニ於テ無擔保ノ特約ヲ為シ第二ノ場合ニ擔保ノ

第八十四號

特約ヲ爲サヽル場合ニ尙一ノ擔保存立ス則チ左ノ如シ

(一) 讓渡人カ詐欺又ハ加害ノ意思ヲ以テ已レニ屬セサル物件ヲ附與シタル時設例ハ甲者乙者ヨリ預リタル物品ナルヿヲ知リナカラ丙者ニ贈與シタリシ場合ノ如シ

(二) 追奪カ讓渡人ノ爲シタル他ノ讓與ノ結果ナル時例ヘハ甲者乙者ニ一ノ不動産ヲ讓渡シ再ヒ同一ノ不動産ヲ丙者ニ讓渡シタリ然ルニ丙者ハ乙者ニ先チ即時ニ登記ヲ爲シタリトセハ丙者ハ乙者ヲ排斥シテ已レ其不動産ヲ獲得スルヿヲ得此場合ニ於テハ乙者ハ甲者ニ對シ擔保ノ訴權ヲ以テ賠償ヲ求ムルヿヲ得

(三) 讓渡人自ラ追奪人トナル時假令ヘハ甲者乙者ニ屬スル物件ナルヿヲ知ラスシテ丙者ニ贈與シ後乙者ノ相續人ト爲リ已レ當然ノ本主ト爲リタルモ丙者ヨリ其物件ヲ追奪スルヿヲ得ス是レ彼ノ有名ナル擔保ノ義務ヲ負フ者自ラ追奪ヲ行ハントセハ抗弁方法(擔

保ノ)ヲ以テ排斥セラル可シ云々ノ原則ニ依リ說明セラル(或ハ自ラ擔保ノ義務ヲ負フ者ハ追奪者ト爲ルヿヲ得ス云々)

以上三ケノ塲合ニ於テ第一ハ本然ノ擔保ト稱シ特ニ無擔保ノ旨ヲ約スルニアラサレハ双方ノ合意ナシト雖モ當然附從スルモノニシテ第二ハ設約ノ担保ト稱シ双方カ特ニ約シテ擔保ヲ附加スルニ非ラサレハ存立セス第三ハ主要ノ擔保ト稱シ双方カ合意ヲ以テ無擔保ノ旨ヲ約スルモ必ス存立スル處ノモノタリ

第四節　義務ノ諸種ノ體樣

〇第八十五號　義務ノ種々ナル變体ヲ問フ(第四百一條)

義務ハ種々ナル體樣ヲ備フルモノニシテ其体樣ヲ異ニスルニ從テ義務ノ効力モ亦差異ナキ能ハス今其体樣ヲ示セハ左ノ如シ

(第一)義務ノ成立ノ單純有期又ハ條件附ナルモノ

是等ノ体樣ハ義務ノ成立時期即發生消滅ニ關シ生スル處ノ區別ニシ

テ單純ノ義務トハ其所立初ヨリ正確ニシテ直ニ執行スヘキモノヲ云ヒ有期ノ義務トハ其履行ニ或ル時期ヲ附シタルモノ又ハ必ス到來ス可キ或ル事件ヲ期シタルモノヲ云ヒ條件附ノ義務トハ或ル條件ノ到着又ハ到着セサルヿニ因リ義務ノ發生又ハ消滅ヲ期スルモノヲ云フ

(第二) 目的ノ單一、選擇又ハ任意ナル義務

是等ノ區別ハ義務ノ目的物ニ關スルモノニシテ單一義務ハ目的物ノ單一ナルモノヲ云ヒ選擇義務ハ目的物數個アリテ其中何レカ一ヲ擇ンテ執行ス可キモノヲ云ヒ任意ノ義務トハ元來其主タル目的物ハ一定シ居ルモ債務者ハ他ノ物ヲ給與シテ其義務ヲ免ルヽモノヲ云フ故ニ一見彼ノ選擇義務ト酷タ相類似スト然レ圧其間重要ナル區別アリテ存ス

(第三) 債權者又ハ債務者ノ單數又ハ複數ナル義務

債權者又ハ債務者ノ一人ナル場合ト數人ナル場合トアリ數人ナル場

合ハ連帶義務、連合義務合部ノ義務ノ區別アリ
（第四）義務ノ性質又ハ執行ニ於テ可分不可分ノ義務
此區別モ亦第二區別ト仝ク目的物ヨリ生スル處ニシテ則其物件ノ性質上又ハ執行上分ツコヲ得ザルモノト分ツコヲ得可キモノトニヨリ生スルモノナリ
以上四ヶノ變体ハ一義務ヲ種々ノ點ヨリ觀察シテ區別シタルモノナレハ一義務ニシテ仝時ニ數ヶノ体樣ヲ具備ス則チ單純ニシテ連帶ナルアリ有期ニシテ單數條件附ニシテ任意ナルアリ或ハ複數ニシテ不可分ナル義務アリトス
右種々ナル變体ノ生スル原因ハ多クハ合意上ヨリ來ルト雖𪜈彼ノ双務合意ノ解除ノ未必條件ヲ含有スル如キ法律上ヨリ來ルアリ又性質不可分義務ノ如キ自然ヨリ生スルアリ恩惠ノ期限ノ如キ裁判上ヨリ生スルアリテ其原因ハ合意法律性質裁判ノ四箇ナリトス

（附言）本答案ハ若シ之ヲ精密ニ記スルトキハ以下ノ答按ト重複スルヲ以テ概略ヲ記シタルノミ

第一款　成立ノ單純有期又ハ條件附ナル義務

○第八十六號　單純ノ義務トハ如何（第四百二條）

單純ノ義務トハ其成立カ初メヨリ正確ニシテ且即時ニ要求スルコトヲ得可キモノヲ云フ其成立カ正確トハ不確定ノ反對ニシテ權利義務全ク確立シ敢テ動ス可ラサルモノヲ云フ彼ノ未來ノ不確定ナルコトニ關シテ成立シ或ハ一旦假リニ成立スルモ既往ニ溯リ消滅スルコトアル可キ權利義務ハ所謂條件附ノ義務ニシテ單純ノ義務ニアラス即時ニ要求スルコトヲ得ルトハ債務者其義務ノ執行ヲ即時ニ要求スルコトヲ得可キコトニテ彼ノ執行ノ期日ヲ他日ニ延ハシタル義務ノ如キハ有期ノモノタリ故ニ單純ノ義務タルニハ義務ノ成立確實ニシテ且即時ニ執行ヲ要求スルコトヲ得ルモノヲ云フ今一例ヲ擧ケテ之ヲ示サンニ甲者一

ケノ動産ヲ乙者ニ賣却シテ別ニ代價拂渡期限及物品引渡ノ期日ヲ定メサリシ庤ハ甲者ハ直ニ其動產ヲ乙者ニ引渡シ而シテ代價ノ請求ヲナスヿヲ得是レ即單純ノ義務ナリトス玆ニ注意ス可キハ合意ニ特別ノ期限ヲ定メサルモ其義務ハ直ニ單純ノモノナリト斷定ス可ラサルヿ是ナリ何トナレハ假令ヒ期日ノ契約ナキモ其義務ノ性質ニ依リ直ニ執行ス可ラサルモノアリ此塲合ニ於テハ裁判所ハ事宜ヲ酌量シテ相當ノ期日ヲ定ム可シ是レ之ヲ默約ノ期限ト云フ有期ノ義務ト雖モ其期限到來スル庤ハ則變シテ單純ノ義務ト爲リ直ニ請求スルヿヲ得又條件附ノ義務モ同樣ニシテ條件一タヒ到着シ義務確定スル庤ハ直ニ請求スルヿヲ得之ニ反シ單純ノ義務ト雖モ有期ノ義務ト變スルヿ有リ彼ノ裁判上ノ恩惠期限ヲ許サレタル時ノ如キ是ナリ

○第八十七號　有期ノ義務トハ如何（第四百三條）

期限ノ性質如何

有期ノ義務トハ其成立ハ正確ナルモ或時期前又ハ必ス到來ス可キ或事件ノ到來前ニ履行ヲ求ムルヿヲ得サルモノヲ云フ

有期ノ義務ハ或時期即何事何月何日ト確定ノ時期ヲ指稱スルヲ通常トスレ𪜈或事件ノ到來ヲ以テ期限トナスモ敢テ妨ケナシ然レ𪜈其事件ハ必ス後來到着ス可キモノタラサル可ラス即予死セハ云々富士山ニ初雪降ラハ云々天氣快晴スレハ云々ト云フ如キヲ要ス若シ予病死セハト云フ如キ不確實ナル條件ヲ附加シタル時予ハ病死セスシテ殺害ニ遭ヒタル時ハ其義務ハ履行スルヿヲ得サレハ有期ノ義務ニ非ラスシテ其成立ノ不確實ナル義務即條件附ノモノナリ

期限ノ種類ヲ擧ケヨ

期限ニ二種アリ曰ク權利上ノ期限曰ク恩惠上ノ期限是ナリ

(一)權利上ノ期限ハ更ニ左ノ如ク區別スルヿヲ得

(甲)當事者双方カ定メタル塲合

(イ)双方カ明約シタル塲合　此塲合ハ通常最モ多クシテ當事者カ

何月何日或ハ何々ノ有リタル後ト云フ如ク明ニ期限ヲ定メタルモノヲ云フ

（ロ）　默約シタル場合　　合意ノ時、期限ノ點ニ付テハ何事モ約束セサルモ其事件ノ性質ニ依リ直ニ執行ス可ラサルモノアリ是等ノ場合ニ於テハ双方ノ者ハ當然履行シ得ル時ヲ以テ期限ト定メタルモノト推測スルヿヲ得之ヲ稱シテ默約ノ期限トス假令ヘハ甲者秋收前ニ當リ新米若干俵ヲ乙者ニ賣渡シ其引渡期限ニ付テハ何事モ約束セサリシト雖モ乙者ハ直ニ其新米ノ引渡ヲ要求スルヿヲ得ス何トナレハ新米ハ未タ收獲セラレサル前ナルニ依リ甲者引渡ノ義務ヲ盡スヿ能ハサレハナリ

（ハ）　債務者カ爲シ得可キ時又ハ欲スル時ニ辨濟ス可シト定メタル片

此場合ハ債務者カ隨意ニ履行スルヿヲ約シタレハ債權者ハ强迫手

段ヲ以テ履行ヲ要求スルヿヲ得サル無效ノ合意ナルカ如シト雖モ無效ノ合意ヲナシタリト解釋スルハ特別ノ事情アルニ非サレハ解釋法ノ許サヽル所ナレハ債權者ハ裁判所ニ請求シテ履行ノ期限ヲ定ムルヿヲ得此場合ニ於テ裁判所ハ事情ヲ參酌シ當事者ノ意思ヲ推定シ以テ其期限ヲ定ム可キナリ是レ默約ニ成ル期限ノ一ナリトス但無期ノ年金ノ元本ハ債權者ヨリ請求ス可ラサルモノナレハ本項ノ例ニアラス

(乙) 法律上ノ期限

法律自ラ期限ヲ定メタル場合アリ則賣買契約ノ賣主ハ物件ヲ引渡サスシテ代價ヲ請求スルヿ能ハサルカ如キ是ナリ

(二) 恩惠上ノ期限(第四百六條)

恩惠期限ヲ與フ可キ場合如何

恩惠ノ期限トハ或ル條件ノ具備シタル場合ニ於テ職權ヲ以テ與フル處ノ期限ヲ云フ其具備ス可キ條件トハ即左ノ如シ

一　債務者善意ナルヿ

二　債務者不幸ナルヿ

三　猶豫ヲナスモ債權者確實ノ損害ヲ受ケサル可キヿ

債務者ハ善意ニシテ債權者ノ權利ヲ害スルノ意志ナク爲シタルヿニシテ偶然ノ出來事ノ爲メ不幸ニ陥リ爲ニ義務ノ履行ヲナス可カラサル片之ニ猶豫ヲ與フルモ債權者ニ確實ナル損害アラサル片ハ裁判所ハ相當ナル猶豫期限ヲ與フルヿヲ得

債務者猶豫期限ノ恩典ヲ請ハント欲スル片ハ自ラ現時不幸ニ陥リ居ルヿ及若干ノ猶豫期限ヲ受ケハ之ヲ除去シテ義務ノ履行ヲ爲シ得ルヿヲ証ス可シ善意ナルヿハ常ニ推測セラルヽヲ以テ之ヲ證スルノ責任ナケレハ之ニ對抗スル債權者ニ於テ惡意アルヿヲ證明セサル可ラス

裁判所ハ權利上ノ期限ノ有無ヲ問ハス猶豫期限ヲ與フルヿヲ得ルハ

勿論ナルモ即時ニ履行ス可キ義務ニ對シテハ其必要ヲ見サルカ如シト雖モ決シテ然ラス例ヘハ甲者乙者ヨリ米若干ヲ買ヒ之ヲ其場ニテ丙者ニ賣リ其代價ヲ得テ乙者ニ拂ハントシタルニ甲者カ乙者ヨリ米ヲ買ヒ未タ丙者ニ賣ルノ約束完結セサル前忽然其米燒失シタル場合ノ如キ甲者ハ乙者ニ對シテハ代價ヲ拂フノ義務アルモ丙者ヨリハ之ヲ請取ルノ權利ナケレハ甲者ハ其義務ヲ盡スヿ能ハサル可シ如此場合ニ際シテハ裁判所ハ相當ノ猶豫期限ヲ與フルヿヲ得

然レ𪜈一度猶豫期限ヲ與ヘ其期限到着シテ尚執行シ能ハサルモ再ヒ猶豫期限ヲ與フルヿヲ許サス是レ數回猶豫期限ヲ與ヘ債務者ヲ保護スル厚キニ失シ債權者ノ權利ヲ害スルヿアレハナリ

執行力ヲ有スル証書アル場合ト雖モ裁判所ハ其條件ノ具備スル上ハ他ノ義務ト全ク猶豫期限ヲ與フルヘヲ得可キハ疑ナシト雖モ裁判言渡書ノ執行ニ對シテハ如何ト云フニ裁判言渡ノ執行ニ猶豫期限ヲ與

フルヿヲ得ルモノトスル片ハ裁判ノ効力ヲ減殺スルヲ以テ裁判言渡ニ對シテハ裁判所ハ猶豫期限ヲ與フルノ權能ヲ有セストノ理由ニ依リ佛國ノ如キ之ヲ聽許セサレ圧裁判言渡アリタル片ト執行ノ時トハ必ス時日ヲ隔ツルヲ以テ其間ニ或ハ不幸ニ陷ルヿアル可ケレハ之ニ對シ猶豫期限ヲ與フルニ於テ何ノ不可カ之アランヤ故ニ我法典ニハ此事ニ就キ何等ノ制限ヲモ設ケサレハ廣ク聽許スルノ精神ナリト解ス可キナリ

恩惠期限ヲ分割スルヿヲ得ル乎

裁判所ハ猶豫期限ヲ與フルニ當リ其義務ノ模樣ニ依リ義務ハ一分ツヽヲ履行セシムルヿヲ得是レ即日本ニテ從來月賦或ハ年賦ト稱ヘ來リタルモノナリ實ニ金錢ノ義務ノ如キハ分割シテ數度ニ弁濟スルヿハ債務者ニ大ナル便益アルモノナルモ裁判所ハ如此權利ヲ猥リニ應用セサルヲ可トス何トナレハ分割シテ弁濟ヲ受クルヿハ債權者ニ大ナル不便アレハナリ故ニ分割シテ義務ノ履行ヲ許ス塲合ニ於テハ其

條件具備ナルヤ否ヤヲ審究シ果シテ債權者ニ確實ナル損害ナキモノト確信シタルニ非サレハ許ス可カラサルナリ

恩惠期限ヲ設ケタル理由如何

抑法律カ恩惠期限ヲ設ケタル理由ハ人ノ世ニ處スルヤ時ニ或ハ不慮ノ災害ニ遭遇スルヿアルハ免ル可ラサルモノニテ如此機會ニ强テ義務ノ履行ヲ爲サシメハ復タ回收ス可ラサル不幸ノ境界ニ沈淪スルヿアル可シ故ニ其不幸ノ模樣ニ依リ猶豫ヲ與フルヿハ之ヲ回收スルノ見込アル場合ニ限リ猶豫ヲ與フルヿヲ許ストセハ債務者一人ノ利益ノミナラス社會全般ノ利益ト云フ可シ果シテ然ラハ猶豫期限ヲ與フルノ制ハ一國ノ公益ニ基クモノナレハ當事者ニ於テ猶豫期限ノ恩典ヲ受ケサルヿヲ約束スルモ其合意ハ總テ無效ナリトス

○第八十八號　期限ノ效果ヲ說明セヨ

義務ニ期限アルモ其義務ノ成立ニ敢テ妨害ヲ與フルモノニ非ス期限ハ唯其義務ノ執行ヲ停止スルノ效アルノミニテ其期限到着セサルニ

於テ義務履行ヲ強ユ可カラサルモノナレハ彼ノ義務ノ成立ニ妨害アル條件附ノ義務トハ大ナル差異アルモノトス

期限ハ何人ノ爲ニ設ケラルヽ乎

期限ノ效果ハ其期限ハ利益ヲ受クル人ニ因リ小異ナキ能ハス債務者ノタメニ設ケタル期限ナル片ハ債權者ハ決シテ期限前ニ義務ノ履行ヲ強制スルヿ能ハサルモ債務者ハ期限前ト雖モ随意ニ履行ヲナスヿヲ得又當事者双方ノ利益ノタメニ設ケタル片ハ双方共ニ期限前ニ義務ノ履行ヲ強ユ可ラス又債權者ノミノ利益ノ爲メ設ケタル片ハ債權者ハ期限ノ利益ヲ拋棄シテ何時ニテモ履行ヲ求ムルヿヲ得ルモ債務者ハ期限前ニ履行セントト提供スルヿヲ得ス

期限ノ利益ヲ受クルモノハ總テ債務者ナリト見做サヽルヲ以テ之ニ反スル合意又ハ特別ノ情況アルニ非ラサレハ債權者ノ利益ノタメニ設ケタル期限ナリト見做サルヽヿナシ賃金ナキ寄托契約ノ如キハ債權者ノタメ設ケタル限期ナリト見做サル可シ

（附言）錯誤ニ因リ期限前ニ爲シタル辨濟ハ不當利得ノ原則ニ基キ爲メニ一方ガ受ケタル損害ヲ他ノ一方ノ受ケタル利益ヲ限度トシテ賠償セシムルヿヲ得可キナリ

○第八十九號　期限ノ利益ヲ失フ可キ種々ノ場合及其理由ヲ示セ（第四百五條）

當事者、法律又ハ裁判所カ期限ヲ設ケタルハ蓋シ義務ノ履行ヲ預定ノ期日マテ遲延スルモ債權者ハ權利ニ危害ヲ與フルノ恐レナシト豫想シタルニ外ナラサル可シ然ルニ一朝債權者ノ權利ニ危害ヲ生ス可キ事實ノ起リタルトキハ其豫想ニ反スルヲ以テ期限ノ利益ヲ失フ可キナリ

期限ノ利益ヲ失ス可キ場合左ノ如シ

（一）債務者カ破産シ又ハ顯然無資力ト爲リタルトキ

破産ハ商人カ支拂ヲ停止シタル場合ニシテ此破産ノ結果トシテ其財産ヲ分配スルモノナレハ債權者ヲシテ尚期限ノ到ルヲ待タシムルヿ

能ハス故ニ破産ノ場合ニハ債務者其期限ノ利益ヲ失ヒ通常單純ノ義務ト變シ債權者ヲ財産配當ニ加ハラシム可キモノトス顯然無資力トナリシ場合モ亦同一ノ理由ニ依リ其利益ヲ失フ盖シ無資力ト爲リシコハ唯債權者ノ想像ヲ以テ定ム可ラス必ス顯然何人モ知リ得可キ時ニ限ル可シ則民事ノ家資分散又ハ財産委棄等ノ場合ヲ云フ若シ債權者ノ想像ヲ以テスルトキハ債務者ハ時々其財産ノ調査ヲ受ケサル可カラサルニ至リ一家ノ安寧ヲ害スルノ虞アル可シ

(二)債務者カ財産ノ多分ヲ讓渡シ又ハ其多分カ他ノ債權者ノ差押ヲ受ケタルトキ

債權者ハ債務者ヲ信シ無擔保ニテ取引ヲナスモ畢竟債務者其者ノ身体ヲ信シタルニアラスシテ其人ノ有スル財産ニ信用ヲ置キタルモノナレハ其信用ヲ置キタル財産即擔保物ノ多分ヲ他ニ讓渡シ或ハ他ノ債權者ヨリ差押ヲ受ケタルトキハ債權者ノ權利ニ危害ヲ與フルノ恐レ

アレハ期限ノ利益ヲ失ハシムルハ當然ナリ
多分トハ漠然タル言詞ナレハ裁判官ハ其實際ニ臨ミ多分ナルヤ否ヤヲ決定ス可キナリ假令ヘハ巨萬ノ資財アルモノニ對シ僅カ數十金ノ權利ヲ有スル者アルニ當リ債權者其財產ノ中半數或ハ七分ノ大部分ヲ賣却スルモ未タ多分ト稱スルヿ能ハサル可シ何トナレハ半數或ハ七分ヲ賣却スルモ其人ハ猶數千金ノ資財ヲ有數十金ノ負債ヲ辨償スルヿ能ハサル恐レアラサレハナリ反之千金ノ資產家ニ九百圓ノ權利ヲ有スル者アル片債務者其資產ノ四分或ハ三分ノ小部分ヲ賣却シタリト雖モ裁判官ハ資產ノ多分ヲ賣却シタルモノト判定シ期限ノ利益ヲ失ハシム可シ是レ債權者ノ權利危害ヲ與フルニ恐アレハナリ故ニ多分トハ債務者ノ資產ノ何分以上ヲ指スモノト預定スルヿ能ハサルナリ

(三) 債務者カ其供シタル特別ノ擔保ヲ毀滅シ或ハ減少シ又ハ豫約シ

タル擔保ヲ供セサル片

債務者ノ財産ハ總テ負債ノ擔保ト爲ル可キモノニシテ之ヲ一般ノ擔保物ト云フ即前項ハ一般ノ擔保物ヲ減少シタル塲合ニシテ本項ハ特別ノ擔保物ヲ毀滅減少又ハ供セサルノ塲合ヲ想像セリ一般ノ擔保物ハ其多分ヲ減少セサレハ期限失却ノ原因ト爲ラサレ圧本項ハ幾分ニテモ減少スレハ期限失却ノ原因トナルナリ

特別ノ擔保トハ特ニ何々ノ義務ノ引當トナス可キヿヲ約シタルモノニテ動産質不動産質抵當等ノ如キモノヲ云フ

毀滅トハ擔保物ノ形体ヲ失ハシムルヿニテ假令ヘハ家ヲ抵當ト爲シタル後之ヲ破壞シタル如キヲ云ヒ減少トハ山林ノ樹木共ニ抵當ト爲シタル後其樹木ヲ伐採シタル如キヲ云フ

(附言) 本項ノ塲合ニ於テ債務者ハ新ナル擔保ヲ供出シテ期限ノ利益ヲ保續スルヿ能ハサルヤ佛國法典ハ(第千八百八十八條)意外ノ變災ニ依リ毀滅

第八十九號

シタル場合ト債務者ノ所爲ニ因リ毀滅シタル場合トヲ區別シ前者ハ新ナル擔保ヲ供出シテ期限ノ利益ヲ保續スルヿヲ許シ後者ハ之ヲ許サストセリ我國ニ於テモ斯ク決定シ敢テ差支ナキモノト信ス何トナレハ債權者ニ危害ヲ與フル恐レアラサレハナリ

(四)、債務者カ塡補利子ヲ拂ハサル時

債務者カ塡補利子サヘ拂ハサルニ於テハ元金ノ弁濟ヲ受クルヿ能ハサルノ恐レ尤モ大ナレハ其期限ノ利益ヲ失フヿトセリ

恩惠上ノ期限ヲ失フ可キ特別ノ場合ヲ示セ

以上四ケノ場合ハ權利上ノ期限ハ恩惠上ノ期限トニ關セス總テ通シ用フルモ唯恩惠上ノ期限ノミニ適用スル數ケノ場合アリ(第四百七條)

(一)債務者カ逃亡シ又ハ住所ヲ去リテ債權者ニ其居所ヲ隱秘スル時

(二)債務者カ一年以上ノ禁錮ノ刑ヲ受ケタル時

(三)債務者カ言渡ヲ受ケタル條件ノ一ヲ行ハサル時

債務者カ恩惠期限ノ利益ヲ受クルハ固ト善意ナラサル可ラサルニ是

等ノ場合ニ於テハ債務者善意ナリト推測スルヿ能ハサレハ其期限ノ利益ヲ褫奪スルハ當然ナリトス

(四)債務者カ法律上ノ相殺ヲ爲シ得可キ場合ニ於テ自ラ其債權者ノ債權者ト爲リタル時

恩惠期限ハ當然ノ期限ニ履行スル能ハサル或ル場合ニ於テ法律カ裁判所ニ之ヲ許スノ權能ヲ與ヘタルモノニテ債務者已ニ容易ク履行シ得ル地位ヲ得タルトキハ其利益ヲ失フハ當然ナリトス假令ヘハ甲者乙者ヨリ金百圓ヲ借リ期日返金スル能ハサルヲ以テ裁判所ヨリ六ヶ月ノ恩惠期限ヲ得タル後甲者ハ乙者ニ對シ百圓ノ貸金アル丙者ノ相續ヲ爲シタル時ハ當然ノ相殺ヲ以テ甲者ハ其負債ヲ辨濟スルヿヲ得可シ若シ此ノ如キ場合ニ期限ノ利益ヲ失ハストスルトキハ甲者ハ己レ相續シタル百圓ヲ乙者ニ請求シ己レ負フ所ノ義務ハ六ヶ月ノ後ニ非サレハ辨濟セストノ抗辨スルヿヲ得可シ豈天下如此理アランヤ

以上期限ノ利益ヲ失フ種々ノ場合ハ法律カ推測ヲ以テ定メタル制限法ナレハ裁判所ハ種々類似ノ場合ヲ引用シテ之カ適用ヲナスヿヲ得ス實ニ權利失却ハ總テ例外ニ屬スルモノナレハ比附援引シテ其區域ヲ擴張スルヿヲ許サス必ス嚴格ニ適用セサル可ラサルナリ

○第九十號　權利上ノ期限ト恩惠上ノ期限トノ差異如何

第一　權利上ノ期限ハ法律又ハ當事者ノ約束ヲ以テ定ムルモノニシテ恩惠上ノ期限ハ當然履行ス可キ時期ニ達シタルモ債務者カ不幸且善意ニシテ債權者ニ顯然タル利害アラサルトキハ裁判所カ債務者ノ請求ニ基キ許ス處ノモノナリ

第二　權利上ノ期限ノ利益ヲ失フ可キ場合ハ四ケアルノミナルモ恩惠上ノ期限ヲ失フ可キ場合ハ其四ケノ場合ノ外尚四ケノ場合アリ故ニ恩惠上ノ期限ハ權利上ノ期限ニ比スレハ其利益ヲ失フ可キ場合許多アリトス

○第九十一號　條件附ノ義務ヲ說明セヨ（第四百八條）

當事者又ハ法律カ義務ノ發生又ハ消滅ヲ未來且不確定ノ事件ノ有無ニ係ラシムル片之ヲ條件附ノ義務ト云フ

其附スル處ノ條件ハ必ス未來ニシテ且不確定ナルヲ要ス故ニ甲國船某湊ニ着セハ云々ト條件ヲ附シタルニ已ニ其船ハ合意ノ當其港時ニ着シ居タル場合ノ如キハ例ヘ當事者双方カ其事ヲ知ラサリシト雖モ其義務ハ條件附ノモノニアラス何トナレハ其條件ハ未來ニアラスシテ現ニ到着シ居タレハナリ余死セハ云々トノ條件ヲ附シタル如キモ亦條件附ノ義務ニアラス何トナレハ生者ノ死スルハ必然ノ事實ニシテ不確定ナル條件ニアラサレハナリ蓋シ是等ノ義務ハ凡テ合意ノ當時ヨリ完全ニ成立スルモノナレハ彼ノ期限アル義務ト全一視シ物件消滅ノ損失等ハ債權者之ヲ負擔ス可キモノナリ

停止條件ト除條件トノ區別

義務ハ發生ヲ未來ノ不確定ナル事件ニ係ラシムルトハ義務ノ成立或

第九十一號

說明セヨ

ハ權利ノ移轉ヲ合意ニ依リ直ニ成就セシメス後來條件ノ成否ニ依リ義務ノ成立權利ノ移轉ヲ確定セシムルモノニシテ即條件成就スル𪜈ハ合意ノ當時ニ溯リ其効力ヲ生シ條件成就セサル𪜈ハ曾テ合意ナカリシト仝一ニテ何等ノ効力ヲモ生セサルモノナリ之ヲ停止ノ未必條件ト云フ

義務ノ消滅ヲ未來且不確定ナル事件ニ係ラシムルトハ合意ニ依リ一且假リニ義務ヲ生シ或ハ權利ヲ移轉セシメ而後或條件ノ成否ニ依リ其義務ノ發生權利ノ移轉ヲ眞實ナラシムルト否トヲ確定スルモノニテ則條件成就セサル𪜈ハ一且生シタル効力ハ其儘保續セラレテ確定ト成リ條件成就スル𪜈ハ一且生シタル效力ハ合意ノ當時ニ溯リ消滅シテ曾テ合意ナカリシト同一ノ有樣ニ復スルモノナリ之レヲ解除ノ未必條件ト云フ

停止ト解除ノ未必條件ノ區別ハ細カニ觀察スル𪜈ハ適正ナル區別ニ

非ラサルカ如シ何トナレハ一方ヨリ見ルキハ停止ノ未必條件ナルモ他ノ一方ヨリ見ルキハ解除ノ未必條件ト爲リ又一方ヨリ見ルキハ解除ノ未必條件ナルモ他ノ一方ヨリ見ルキハ停止ノ未必條件トナレハナリ例ヘハ甲者高等官試驗ニ及第シテ任用セラレナハ乙者ニ金若干圓ヲ月々貸與ス可シト約シタルキハ停止ノ未必條件ナリト雖モ甲者若シ落第セハ甲者ハ其義務ヲ解除セラルヽヲ以テ解除ノ未必條件ナリ又甲者已レノ書籍ヲ乙者ニ賣渡スモ若シ余再ヒ上京セハ之ヲ取消ス可シト約シタルキハ解除ノ未必條件ナルモ甲者ヨリ見ルキハ已レノ權利ハ停止セラルヽモノナレハ停止ノ未必條件ト云フ可シ斯ク各二ケノ性質ヲ有スルハ物權若クハ前ニ成立シタル人權ノ轉移ニ就テハ殊ニ明瞭ナリトス例ヘハ一家屋ヲ停止ノ未必條件ニテ賣買シタルキハ買主ノ權利ハ停止ノ條件ヲ負ヒ賣主ノ權利ハ解除ノ條件ヲ負フ又解除ノ未必條件ヲ以テ約シタルキハ買主ノ權利ハ解除ノ條件ヲ負ヒ賣

主ノ權利ハ停止ノ條件ヲ負フモノナリ斯ク兩性質相混淆シテ曖昧ナルカ如シト雖モ法律上ヨリ見ル片ハ其區別明白ナルモノトス則合意ノ效力ヲ假リニ生セシメ條件到着スル片ハ其生セシメタル効力ヲ解除スルモノ之ヲ解除ノ未必條件ト云ヒ合意ノ効力ノ發生ヲ條件到着マテ停止セシムルモノヲ停止ノ未必條件ト云フ或ハ此區別ヲ觀察スルニ債權者ノ權利上ニ付テ未必條件ノ直接ノ效力ニ據ル可ク債務者ニ貯存シタル權利上ニ付テノ未必條件ノ間接ノ效力ニ據ル可ラス故ニ例ヘハ賣買ニ就テ買主ニ附與セラルヽ權利停止セラルヽ片ハ停止ノ未必條件ト稱ス可ク賣主ニ貯存セラルヽ權利上ニ間接ニ生スル所ノ解除ニハ着目スルヲ要セス反之權利ハ現ニ買主ニ附與セラレテ而シテ解除ニ歸ス可キモノハ解除ノ未必條件ト云フト此方法モ敢テ道理ニ反シタルモノニアラスト雖モ時ニ或ハ曖昧ニ屬シ其區別ニ苦ムヿアリ故ニ前段ノ簡明ナル方法ニ若カサルナリ

義務ニ未必條件ヲ附スルハ當事者双方ノ合意ニ據ル可キモノナルモ法律ニ於テ未必條件ヲ附着セシメタルモノアリ今一例ヲ擧クレハ彼ノ買戻契約ノ如キ賣主ニ於テ期限内ニ代金ヲ返還セハ買主ハ其物件ヲ返附ス可シト云ヘル一ノ解除ノ未必條件ナリ其他幼者ノ結ヒタル合意ヨリ生シタル義務ノ如キモ法律上ヨリ解除ノ未必條件ヲ附加シタルモノナリ

（第九十二號　條件附ノ義務ノ效力ヲ說明セヨ（第四百九條以下））

條件附ノ義務ハ其條件成就シタルトキハ合意ノ當時ニ溯リ效力ヲ生スルモノトス是レ未必條件ノ義務ノ一大原則ニシテ最モ必要ノモノナリ假令ヘハ甲者自己ノ不動產ヲ停止ノ條件ヲ以テ乙者ニ賣渡シ其條件成就シタルトキハ合意ノ當時ヨリ其所有權移轉シタルモノト見做サレ若シ條件成就セサルトキハ曾テ合意ナカリシ如ク見做サルヽ故ニ條件成就ノ塲合ニ於テハ甲者直ニ其物件ヲ引渡シ且合意ノ時ヨリ物件引

第九十二號

渡マテノ間ニ收受シタル凡テノ果實ハ皆乙者ニ返還セサル可カラス是レ乙者ハ契約ノ時ヨリ其物件ノ所有者ト爲リ居レハ甲者ハ他人ノ物件ニ就キ果實ヲ獲得シタルナレハナリ又乙者ハ合意ノ當時其代金ヲ拂フ可キモノナレハ其日ヨリ以後ノ利足ヲ甲者ニ拂ハサル可ラス之ニ反シ條件成就セサル片ハ曾テ合意無カリシ如ク見做サルヽヲ以テ甲者ハ其物件及果實ヲ引渡スニ及ハス乙者モ亦其代金及利足ヲ拂フニ及ハサルナリ又解除ノ條件ヲ以テ賣買セラレタル片其條件成就シタル片ハ曾テ賣買アラサリシ如ク見做サルヽヲ以テ乙者ハ買取リタル物件及其物件ヨリ収受シタル果實ヲ返還シ甲者ハ曾テ受取リタル代金及利足ヲ返還ス可キナリ之ニ反シ條件成就セサル片ハ初メヨリ單純ニ義務成立シタルモノト見做サルヽヲ以テ當事者双方共ニ授受ス可キ物ナシ

條件成就ノ場合ニ於テ互ニ交付ス可キ果實及利足ハ當事者間ニ反對

條件附ノ權利ハ之ヲ讓渡スルヲ得ル乎

ノ意思アル證据アル片ハ互ニ交付スルニ及ハス前例ノ賣買ノ如キハ反對ノ意思アル事情ト見做シテ可ナリ何トナレハ一方カ物件ノ果實ヲ得レハ他ノ一方ハ代價ニ就テ收益ヲ得互ニ利益ヲ獲得シテ交付ス可キモノヲ相殺スルヿヲ得レハナリ(第四百十二條)

未必條件ヲ負ヒタル權利ハ未タ完全ナルモノニアラスト雖モ一ハ權利即財產タルニ相違ナケレハ他ノ完全ナル權利ト同ク他人ニ之ヲ賣却シ或ハ贈與シ或ハ質入抵當ト為スヿヲ得ルノミナラス完全ナル權利ト全ク民法及訴訟法ニ從ヒ權利保存ノ處置ヲ行フヿヲ得(第四百二十五條)然レ圧何人ト雖モ自已ノ有スル權利ニ超ヘタル部分ヲ讓與スルヿ能ハサルヲ以テ其讓受人ハ先主ト全ク條件附ノ權利ヲ獲得スルモノトス假ヘハ甲者乙者ニ對シ解除條件ヲ負ヒタル權利ヲ有シ之ヲ丙者ニ讓渡シタル片ハ丙者ノ權利モ亦解除條件ヲ負ヒタルモノトス又甲者一家屋ヲ乙者ニ解除條件ヲ以テ賣リタル片ハ甲者ノ權利ハ停

止ノ條件ヲ負ヒ乙者ノ權利ハ解除ノ條件ヲ負ヒタルモノナレハ甲者乙者共ニ己レ有スル權利ヲ其儘讓渡スルヿヲ得而シテ其讓渡ヲ受ケタルモノハ凡テ先主ト仝一ナル權利ノ運動ヲ有ス即先主ノ權利消滅シタルトキハ承繼人ノ權利モ亦消滅シ先主ノ權利成立スルトキハ承繼人ノ權利モ亦成立スルナリ

條件附ノ權利ハ何人ニ轉輾スルモ常ニ條件附タルヿヲ免レスト雖モ凡テ法律ニ定メタル公告式ニ從ヒ公示シタルニアラサレハ當事者ノ一方又ハ其承繼人ハ他ノ一方ノ承繼人ニ對抗スルヿヲ得ス假令ヘハ甲者乙者ニ一家屋ヲ解除ノ條件ヲ以テ賣渡シ其解除ノ條件ノ附從スルヿヲ登記セサリシトキ乙者之ヲ丙者ニ轉賣シタルトキハ甲者又ハ甲者ノ承繼人ハ其條件ノ到着シタルトキ丙者ニ對シ其家屋ノ取戻ヲ請求スルヿヲ得ス(第四百十條)

條件中ニ爲シタル管理ノ所

解除ノ條件ヲ帶ヒタル債權者ノ管理ハ所爲モ其條件到着スルトキハ總

爲ノ效力如何

テ他人ノ財産上ニ施シタルモノト見做サルヽヲ以テ無效ニ屬セサル可カラサルカ如シト雖モ法律ハ管理ノ處置ハ未必條件ニ關係セサルモノトシ善意ニシテ法律ニ從ヒ爲シタル所爲ハ第三ノ人ノ爲メニ保持スル旨ヲ規定セリ此理由ハ管理ノ處置迄條件ノ到着ニ依リ無效ニ歸セシムルトキハ其財産ノ有益ナル管理ヲ妨ケ公益ヲ害シ國家經濟ノ原理ニ背クノミナラス其未必條件ニ關セサル他人(借地人借家人ノ如キ)ヲシテ其效力ニ依リ其權利ヲ消滅セシムルハ苛酷ノ恐レアレハナリ

然レトモ管理ノ處置ヲ第三者ノタメニ保持スルニハ善意ニシテ法律ニ適從シタルコトヲ要ス

善意トハ所有者ヲ害セサルノ意思ヲ以テ行フタルトキヲ云フ故ニ所有權ヲ得可キ者ノ利益ヲ減殺スル方法ヲ以テ管理ノ處置ヲナシタルトキハ皆惡意ナリトス假令ヘハ解除條件ノ買主其將ニ條件ノ到達センコト

ヲ覺知シ廉ナル貸賃ヲ以テ其物件ヲ賃貸シタル如キ或ハ賃貸ス可キ性質ノ物件ニアラサルヲ賃貸シタル如キハ善意ヲ以テ爲シタルモノト看做ス可ラス

法律ニ適從シタルヿトハ管理ノ所爲ニ付法律カ禁セサル範圍內ニ於テ爲シタルヿヲ云フ例ヘハ物件ノ賃貸ハ管理處分ニ付テハ或年間ヲ超ユルヿヲ許サヽルニ之ニ超過シテ賃貸ヲ約シタル如キハ法律ニ適從シタルモノト云フヲ得ス(第四百十一條第一項)

條件附ノ權利ト雖モ一ノ財產タルハ勿論ナレハ當事者死亡シタル片ハ其權利ハ相續人ニ移轉ス條件附ノ義務ニ於テモ仝ク其相續人ニ移轉ス(第四百十七條)

○第九十三號　條件到着前當事者ノ一方ヘ言渡サレタル判決ハ他ノ一方ノ當事者ニ對シ如何ナル效力ヲ有スルヤ

本問ニ答フルニ一般既判件ノ效力ヲ以テスルヿヲ得可シ抑モ確定裁

判ノ效力ハ尤モ强大ニシテ直ニ事實ヲ顯ハシタル眞正確適ナル據据ナリトセラルヽト雖モ其效力ハ自ラ制限アリテ其言渡ヲ受ケタル原被告間ニアラサレハ適用スル𪜈能ハス何トナレハ已レ訟廷ニ出テ駁擊スル𪜈能ハスシテ他人カ爲シタル拙劣ナル訴答ノ爲メ敗訴シタル裁判ノ效力ヲ甘受セサル可ラサルノ道理アル𪜈ナケレハナリ然レ𪜊其裁判已レニ利益ナル時ニ於テハ之ヲ援用スルニ敢テ公義ヲ害スルノ恐レアラサル可シ何トナレハ自ラ訟求シ充分ナル駁擊ヲ試ミタル末敗訴ニ及ヒタル一方ハ其事件ニ付テハ何人ニ對スルモ蓋シ其裁判ノ效果ヲ免ルヽノ辞柄ナカル可シ

以上ノ說明ヲ以テ條件附ノ債權者ニ言渡サレタル判決カ他ノ一方ノ當事者ニ如何ナル效力ヲ及ホスヤヲ弁明スル𪜈ヲ得即當事者ノ一方カ受ケタル判決ハ他ノ一方又ハ其承繼人ノ利益ニ反シ對抗スル𪜈ヲ得ス然レ𪜊他ノ一方ノ者其訴訟ニ參加シタル片ハ其判決ニ服セサル

可カラス反之其判決他ノ一方ノ者ノ爲メ有益ナル塲合ニ於テハ之ヲ援用シテ自巳ノ權證ト爲スヿヲ得

今一例ヲ擧ケ以上ノ説明ヲ明ニセン甲者所有ノ家屋ヲ停止ノ條件ヲ以テ乙者ニ賣却シタルニ其條件到着前丙者來リテ其家屋ハ余ニ所有權アリトテ之カ取戻ヲ甲者ニ訟求シ遂ニ勝訴ノ裁判ヲ受ケタリ然ルニ後未必條件到着シテ乙者ノ家屋ニ歸シタル片ハ丙者ハ其裁判ヲ以テ乙者ニ對抗スルヿヲ得サレハ更ニ乙者ニ向テ取戻ヲ訟求セサル可ラス然レ圧乙者前ノ訴訟ニ參加シタル片ハ此限ニアラス反之甲者勝訴シタル片ハ乙者其利益ヲ受クルヿヲ得蓋シ此塲合ニ於テハ甲者ハ乙者ノ擔保人タル資格ヲ以テ買主ノタメ一切ノ妨害ヲ除去シタルモノト見做サル丶カ或ハ甲者ハ乙者ノ事務管理人ト見做サル丶ヿヲ得可キナリ(第四百十一條第二項第三項)

玆ニ注意ス可キハ是等ノ訴訟ハ總テ未必條件ニ係ル合意以前ノ原因

ニ依リ起リタルモノト假定セサル可カラス何トナレハ合意以後ノ原因ニ付テハ未必條件ヲ帯ヒタル債權者ニ因リ讓渡サレタリト主張スル各人ノ權利ハ其條件ノ成就ニ因リ自ラ消滅シ其者ハ停止セラレタル債權者ニ其裁判ヲ利用スルコ能ハサレハナリ

以上ハ權利ノ基本ニ付テアリタル判決ニ就キ説明シタリ以下當ニ管理ノミノ行爲ニ就キ下シタル判決ニ對シテハ如何ニ決定ス可キヤヲ説明セン

管理處分ニ就テノ裁判ノ効力ハ他ノ當事者ハ及フ乎

管理ノ處置ノミニ付起リタル訴訟ノ判決ハ前段ト異ニシテ其効力ハ財産ヲ獲得シタルモノニ對抗スルコヲ得假令ヘハ甲者解除ノ條件ニテ一家屋ヲ保有シ其保有中家屋修繕ヲ丙者ナル大工職人ト約シタルニ此約束ニ付訴訟起リ(管理處置ノ訴訟ナリ)甲者遂ニ敗訴シタリ然ルニ後條件到着シテ其家屋ハ乙者ノ有ニ歸シタリトセンカ乙者ハ甲者カ受ケタル敗訴ノ判決ノ結果ヲ甘受セサル可カラス是レ甲者ハ管理ヲ

第九十三號

ナスノ權能ヲ有スルモノナレハ其管理上ノ事ニ付訴答ヲナスノ權能ヲ有スルハ當然ニシテ前段ノ如ク事務管理或ハ擔保ノ義務ノ執行ト見做サルヽヿナク已レ固有ノ權能ヲ行用シタルモノナリ但シ其管理ノ處置カ善意ニシテ且法律ニ恰好シタルモノタラサル可ラス若シ果シテ善意ニシテ法律ニ好恰セサル管理ノ處置ナル片ハ處置其者カ第三者ヨリ財産ヲ獲得スヘキ者ニ對抗ス可キ價値ヲ有セサレハ其處置ニ付如何ナル判決アルモ其結果ノ不利ヲ蒙ルカ如キ道理アルヿ無シ

第四百十一條第三項)

(附言) 法律ハ解除條件ヲ帶ヒタル權利ヲ有スル當事者ノ一方ト第三者トノ問ニ言渡サレタル判決ノ事ノミヲ明言シ停止條件ヲ滯ヒタル權利ヲ有スルモノニ就テハ緘默ニ附シタリ是レ蓋シ實際其場合ヲ生セサル可シト想像シタルニ依ルナル可シト雖𪜈決シテ其場合ナシト斷定スルコト能ハズ假令ヘハ甲者乙者ニ停止ノ未必條件ヲ附シ一家屋ヲ乙者ニ賣却シタリシ片ハ甲者ノ權利ハ解除ノ條件ヲ帶ヒ乙者ノ權利ハ停止ノ條件ヲ帶ヒタ

ルモノナリ此場合ニ於テ丙者アリ乙者ニ對シ汝カ停止ノ條件ヲ以テ買得シタル家屋ハ余ニ所有權アリテ元來甲者ニ權利有リタルモノニアラス由テ之ヲ余ニ交付ス可シト訟求シタルニ乙者ハ輕操ニモ己レ一人ニテ丙者ニ對シ訴答ヲ爲シタルニ遂ニ其家ハ丙者ノ所有財產ナリト言渡サレタルトキノ如シ實際如此場合ヲ生スルヿ極テ稀ナル可シト雖モ蓋シ絕無ノヿト云フ可カラス若シ之レ有リシナラハ解除條件ヲ帶ヒタル債權者ノ受ケタル判決ト仝一ニ他ノ一方ノ當事者及其承繼人ニ其效力及ハサルモノト判決ス可キナリ但管理處置ノ訴訟ニハ如此場合生スルヿナシ何トナレハ管理處置ヲナス可キモノハ常ニ其物件ヲ保有スルモノニシテ其物件ヲ保有スルモノハ則解除條件ヲ帶ヒタル債權者ニ限レハナリ

○第九十四號　未必條件ノ種類ヲ示シ一々其效力ヲ說明ス可シ

第一　可能不能ハ條件（第四百十三條）

（一）　可能條件ニ繫ラシメタル合意トハ凡テ人ノ爲シ得可キヿノ條件ヲ附加シタルモノニシテ假令ヘハ汝今日能ク十里ノ路ヲ步行セシナラハ汝ニ此書籍ヲ贈與ス可シト約スルカ如キ是ナリ是等ノ合

意ノ有效ナルコハ勿論ニシテ別ニ說明ヲ要セサルナリ

(二) 不能條件ニ繫ラシメタル合意トハ人ノ爲シ能ハサル事ヲ以テ條件ト爲シタル合意ニシテ天ニ登ラハトカ大河ヲ決セハト云フカ如キ條件ヲ云フ

茲ニ注意ス可キハ不能條件トハ當事者其人ニ對シテ觀察セサル可ラス或全一ノ事項ニシテ甲者ニ對シテ可能ナルモ乙者ニ對シテ不能ナルコアレハナリ假令ヘハ法律學士ニ對シテ一月內ニ法律ニ關スル著述ヲナサハ云々ト云ヘル條件ヲ以テ或ル合意ヲ爲シタルトキハ其條件ハ素ヨリ可能ノ事ナリ然ルニ同一ノ條件ヲ以テ法律學ヲ修メサル者ニ對シテ合意ヲ爲シタルトキハ其條件ハ素ヨリ不能ナリトス

不能條件附ノ合意ハ常ニ無效ナル乎

不能條件ニ繫リタル合意ハ有效ナリヤ否ヤ左ニ之ヲ述ヘン

(甲) 停止ニシテ不能ナル場合　此場合ハ不能條件カ有的ノモノタル

𬼂ハ合意ハ無效ニシテ無的ノモノタル𬼂ハ合意ハ有效トス例ヘハ汝明日百里ノ路ヲ行カハ此家屋ヲ汝ニ賣渡ス可シト約シタル如キハ有的ノ條件ナリ是レ到底爲シ能フ可キヿニアラサレハ其合意ハ無效ナリトス反之汝若シ明日百里ノ路ヲ行カサレハ此家屋ヲ汝ニ賣渡ス可シト約シタル如キハ無的ノ條件ナリ其條件タル成就スルヿ當然ニシテ未確定ノモノニ非サレハ未必條件ト稱ス可カラス唯其條件ハ一ノ期限ト見做シ約束ノ當時ヨリ義務ハ確然成立シタルモノトス

(乙)解除ニシテ不能ナル場合　此場合ハ前ト反對ニシテ有的條件ナル𬼂ハ其合意ハ有效ナリ無的ノ條件ナル𬼂ハ其合意ハ無效ナリトス例ヘハ余ハ汝ニ此土地ヲ賣渡ス可シ然レ𪜈予若シ天ニ登ラハ其賣買ヲ解除ス可シト約シタルカ如キハ有的ノ條件ヲ附加シタルモノニシテ其條件生セサルヿ疑アラサレハ是等ノ賣買ハ條件ノ附從セサリシト全一ニ合意ノ當時ヨリ確然其效力ヲ生ス反之天ニ登ラサレハ其賣

第九十四號

買ヲ解除ス可シト約シタルトキハ其條件ノ生スルヿ疑アラサレハ初メヨリ全ク賣買アラサリシモノト見做シ其賣買ヲ無效ニ歸セシム

以上要スルニ不能ノ條件ハ有的ノモノニ在テハ其條件ノ生セサルヿ初メヨリ明瞭ニシテ敢テ疑念アラス又無效ノモノニ在テハ天然ニ成就シテ如何ニ成就セシメサラント欲スルモ能ハサルモノナレハ未必條件ノ性質タル未來ニシテ且不確實ナルヿヲ要スト云フ不確實ノ條件ニ適セサレハ條件附ノ義務トシテハ無效ナリト云フニ在リ

（附言）不能又ハ不法ノ條件ニ繫ラシメタル合意ハ無效ナリトストアルヲ以テ見レハ其合意ハ全ク無效ニシテ何等ノ效力ヲモ生セストノ意ニ解セサル可ラサレトモ是レ立法上議論アル點ニテ予輩此規定ヲ以テ至當ノモノト信セス請フ左ニ之ヲ述ヘン

抑尋常ノ能力ヲ貯ヘタルモノ相會シ多少ノ費用ト時日トヲ要シ結成シタル合意ヲ以テ偶々其合意ニ不能ノ條件アルカタメ無效ナリト斷定スルハ蓋シ當事者ノ意志ニ背戾シタルモノナランカ若シ汝大山ヲ挾ンテ北海ヲ

越エレハ汝ニ此家屋ヲ賣渡スヘシト約スル如キ双方ノ者ハ單純ナル合意ヲナス事ヲ企圖シタリシモノナリト解スルヲ以テ彼ノ合意ヲシテ無效ナラシメンヨリ寧ロ有效ニ解ス可シト云ヘル解譯法ノ原則ニ適シタルモノナリト云フ可シ然レ𪜈此原則ハ法律風儀ニ反シタル條件ヲ附加シタル合意ニハ適用ス可カラスト信ス佛蘭西法典ハ贈與契約ニ不能又ハ不法ノ條件ヲ附加シタル𪜈ハ元來其條件ハナキモノト見做シ全ク有効ノ契約トセリ是レ不能ノ條件ニ付テハ予輩ノ思考ニ適スルモノナルモ有償名義ト無償名義ノ契約ヲ區別シ甲ハ之ヲ無效トシ乙ハ之ヲ有效トシタルノ理由ハ予輩之ヲ知ル能ハサルナリ

不法ノ條件ヲ附加シタル合意無效ナル乎

第二　適法不法ノ條件（前條第二項）

（一）適法條件ニ繫ラシメタル合意トハ凡テ法律ニ適ン風儀ニ反セサルノ條件ヲ以テ爲シタル合意ヲ云フモノニシテ是等ノ合意カ有効ナル事ハ敢テ多言ヲ要セスシテ明カナリ

（二）不法ノ條件トハ當事者ノ一方カ或ハ禁止ノ所爲ヲ行ヒ或ハ本分ノ責務ヲ盡サヽルニ因リ自已ニ利ヲ得或ハ禁止ノ所爲ヲ行ハス

第九十四號

或ハ本分ノ責務ヲ盡スニ因リテ自己ニ害ヲ受ク可キ片ハ其條件ハ不法ナリ

右ノ定義ニ因ル片ハ不法ノ件條ト爲ルニハ二ケノ場合アリ

（甲）爲ス可カラサルヿヲ爲シ、爲ス可キ事ヲ爲サヽルニ因リ利益ヲ得ル片例ヘハ汝、汝ノ父母ニ養料ヲ送ラサレハ余カ家ヲ汝ニ賣ル可シ又某ノ惡事ヲ新聞ニ廣告セハ此品ヲ汝ニ贈與ス可シト約シタル如キヲ云フ此場合ニ於テ父母ニ養料ヲ送ラス新聞ニ惡事ヲ摘發スルモ家屋ノ賣買物品ノ贈與ハ成立セサルモノナリ何トナレハ法律及公ケノ道義ニ反シテ利益ヲ得ントスルハ義ノ許サヽル所ナレハナリ

（乙）爲ス可キ事ヲ爲シ爲ス可カラサル事ヲ爲サヽルカ爲メ害ヲ蒙ル時例ヘハ今汝ニ此家屋ヲ賣却ス然レ圧若シ汝人ヲ殺サス或ハ病者ニ藥餌ヲ投スルナレハ其賣買ヲ解除ス可シト約シ若シ果シテ人

チ殺サス病者ニ藥餌ヲ投スルモ其賣買ハ解除セラルヽコトナシ何トナレハ何人ト雖モ法律ニ遵由シ道義ニ適合シタル行爲不行爲ニ依リ損失ヲ蒙ムル可キ道理萬々アラサレハナリ故ニ如此場合ハ賣買ハ單純ニ成立シタルモノト見做サヽルヘカラサルナリ

以上說明スル如クナルヲ以テ汝人ヲ殺サヽレハ之ヲ賣渡ス可シト約シタル如キハ有效ナリト判定ス可キナリ之レ是等ノ合意ハ社會ニ益アルモ害ナケレハナリ然レ𪜈古來學者間大ニ異論ヲ唱フルモノアリ曰ク法律ヲ遵奉シ或ハ本分ヲ盡シタルカ爲メ之ヲ口實トシテ益ヲ得ント主張スル道德ニ悖戾スルモノナレハ如此合意モ尙無效トス可シト

不法不能ノ條件ニ繫カラシメタル合意カ無效トナルニハ其合意ノ主タル目的ヲ以テ條件ニ繫ラシメタル場合ニシテ從タル效力ニノミ條件ヲ附加シタルトキハ其合意ハ有效ニシテ其條件ヲ附加シタル部分ハ

第九十四號

之ヲ無效トセサル可ラス例ヘハ賣買契約ノ代價支拂期限ニ付テ汝今日天ニ登ラハ或ハ人ヲ殺サハ代價ハ一年間猶豫ス可シト約シタルトキノ如キ條件ニ繫ラシメタル部分即代價支拂ニ付テ猶豫ノミヲ無效トナスニ止マルナリ(第四百十三條第三項)

第三　偶成、隨意、混全ノ條件

(一)　偶成ノ未必條件

成就スルト否トハ當事者双方ノ意向ニ關セス全ク偶然ニ屬スルモノヲ云フ例ヘハ明日雨ラハ云々トノ條件ノ如シ叉第三ノ人ノ意向ニ關スル條件モ亦當事者双方ニ在テハ全ク其意ニ關セサレハ偶成ノ條件ナリトス例ヘハ甲者余ニ(イ)號ノ家屋ヲ賣ラハ余ハ汝ニ(ロ)號ノ家屋ヲ贈與ス可シト約シタル如キハ偶成ニ關スル未必條件ノ贈與ナリ是等偶成ノ未必條件ニ關スル合意ハ凡テ常ニ有效ナリトス(第四百十四條)

隨意ノ未必條件ヲ附加シタル合意ハ有效ナリヤ

隨意ノ未必條件トハ當事者ノ意向ニ關シテ其成否ヲ來スモノヲ云フ今左ノ二ケノ塲合ヲ區別シテ說明セン

（甲）債權者ノ意向ニ關スル條件

債權者ノ意向ニ關スル未必條件トハ條件ヲ成就セシムルト否トハ全ク債權者ノ意中ニ存スルモノヲ云フ例ヘハ予欲スルナラハ云々余明日某所ニ至ラハ云々ト約スルカ如キヲ云フ是等ノ合意ハ總テ有效ノモノトス

（乙）債權者ノ意向ニ關スル條件ヲ更ニ二ケニ區別ス

（イ）條件ヲ成就セシムルヿカ唯債務者ノ意中ニノミ存シテ少シモ他力ヲ要セサル單純ノモノタル時例ヘハ余欲スルナラハ此品ヲ汝ニ贈與ス可シ又余欲スルナラハ汝ノ爲メニ某事ヲ爲ス可シト約スルカ如キハ債權者ハ債務者ヲ强制シテ其義務ヲ履行セシムルヿ能ハサル可シ故ニ是等ノ條件ヲ附シタル合意ハ義務ヲ發生

セシムルノ効力無ク全ク無效ノモノタルヲ免レス

(ロ)・條件ヲ成就セシムルヿカ債務者ノ意向ニ關スルト雖モ幾分カ偶成ノ性質ヲ帶ヒタル時例ヘハ余本日深川ニ行カハ云々ト約スルカ如キハ債務者カ深川ニ行クト行カサルトハ全ク其者ノ意ニ關スト雖モ如何ナル事情起リテ本日深川ニ行ク能ハサルニ至ルヤ知ル可ラサレハ是等ノ條件ハ幾分カ偶成ノ性質ヲ帶ヒタルモノナルヲ以テ前段ノ如キ條件ノ成否カ一ニ債務者ノ意中ノミニ存セス從テ債務者ノ意ニ關セス條件ノ生スルヿアル可キヲ以テ有效ノ合意トス(第四百十四條第四百十五條)

(三) 混同ノ條件

混同ノ條件トハ偶成ト隨意ノ両條件ノ性質ヲ帶有シタルモノヲ云フ例ヘハ余官吏ト爲ラハト云ヘル條件ノ如キ余カ官吏ト爲ルト爲ラザルトハ全ク予カ隨意ナルモ官余ヲ採用スルト否トハ全ク偶成

ノモノナリ又甲者乙者ト約シテ汝丙者ト結婚セハ云々トノ條件ノ如キモ亦全一ナリ是等ノ條件ヲ附加シタル合意ハ凡テ有效ナリトス

第四　有的無的ノ條件

有的ノ條件トハ有リ、爲ス、ト云フ如キ凡テ働方ノ條件ヲ云ヒ無的ノ條件トハ之ニ反シテ無シ、爲サス、ト云ヘル如キ打消シノ條件ヲ云フ假令ヘハ本月余上京セハトイフ條件ハ有的ナリ又本月余上京セサレハトイフ條件ハ無的ナリ

前ニ論シタル不法及不能條件ニ付テハ有的無的ノ區別ヲナスハ必要ニシテ其他合意ノ效力ヲ論スルニハ其必要ナシト雖モ未必條件ノ成就シタルト否トヲ定ムルニ於テ大ニ必要アルヲ見ル

○第九十五號　未必條件ノ成就セサルモノト看做ス可キ時期如何（第四百十六條）

條件カ成就セサルモノト見做サルヽ時期ハ有的條件ト無的條件トニ於テ大ニ區別アリ

有的條件ノ場合ニ於テハ双方カ定メタル期限又ハ定メタリト見做ス可キ期限中ニ豫期シタル條件到着セサル片ハ最早其條件ハ成就セサルモノト見做サル例ヘハ一ケ月內ニ英國船某號着港セハ鐵葉若干ヲ賣ル可シト約シタル片一ケ月內ニ着港セサレハ最早ヤ其條件成就セサルモノト見做サレ賣買ノ約束ハ少シモ成立セサルモノトス反之一ケ月內ニ着港セハ其條件到着シタルモノト見做サレ賣買ハ合意ノ日ニ溯リ效果ヲ生スルナリ又條件カ到着セサルヿ確然明白ナル片ハ豫期ノ期限至ラサルモ條件成就セサルモノト見做サル前例ノ場合ニ於テ一ケ月ノ期限前ト雖モ英船某號ハ航行中難破シタリシ片ハ最早ヤ着港スル可キ謂レナケレハ一ケ月ヲ待タスシテ其時ヨリ條件成就セサルモノト見做サル

未必條件ノ期間ハ裁判所之ヲ伸縮スル權アル乎

無的條件ノ場合ニ於テハ前ト反對ニシテ期限內ニ條件到着セサル片ハ條件ハ成就シタルモノト見做サル例ヘハ一ケ月內ニ英船某號着港セサレハ云々ト約シタル場合ニ一ケ月內ニ着港セサル片ハ最早ヤ未必條件ハ成就シタルモノト見做サル又其着港セサルヿノ確然明白ト爲リタル場合モ未タ一ケ月內ト雖モ已ニ條件到着シタルモノトシテ未必條件成就セシム

條件ノ成否ニ關スル期間ハ適正ニシテ裁判所ハ之ヲ伸縮スルノ權ナキモノトス何トナレハ此期間ハ權利ノ發生解除ニ關スルモノナレハ裁判所カ之ヲ伸縮スルヿヲ得ルトスル片ハ擅ニ權利與奪ノ權ヲ有スルト仝一ニシテ斯ル事ハ決シテ許ス可ラザルナリ裁判所カ彼ノ猶豫期限ヲ與フルノ權アルハ此場合トハ大ニ異ニシテ彼ハ權利ノ發生消滅ニ少シモ關スルヿナク唯其執行ニ關シテノミ猶豫ヲ與フルモノナレハ決シテ債權者ノ權利ヲ害スルヿナシ況ンヤ之ヲ許スニ於テハ多少

ノ條件具備スルヿヲ要スルニ於テヲヤ双方ニ於テ期間ヲ定メサル或ル場合ニ於テ裁判所カ期間ヲ定ムルヿアリト雖モ是レ期間ニ猶豫ヲ與フルニアラスシテ裁判所ハ許多ノ情況ニ依リ双方カ默約シタリト見做ス可キ期間ヲ明定スルノミニテ敢テ猶豫期限ヲ與フルニ非サルナリ

未必條件ノ成就ヲ諸約者ノ一方カ妨止シタルトキハタトヘ條件到着セサルモ成就シタルモノト見做サル是レ契約ハ常ニ誠實ヲ以テセサル可カラサルモノナレハナリ(第三百三十條)例ヘハ甲、乙ニ向テ汝丙ト結婚セハ云々ト約シ置キナカラ竊ニ手段ヲ用ヒ丙ヲシテ其承諾ヲ與ヘサラシメタルカ如キ是ナリ(第四百十四條)

右等ノ場合ノ外未必條件ノ成否ヲ定ムルニハ總テ當事者ノ意思ニ基キ之ヲ決定セサル可カラス即合意解釋ノ方法ニ據リ其旨趣ノ在ル所ヲ知ルヿヲ要ス例ヘハ余甲者ト約スルニ甲者若シ予ノタメニ長崎ニ

使セハ賃金若干圓ヲ與フ可シト約シタル場合ニ於テ甲者ハ長崎ニ至ル途中半ハニテ病ニ罹リ使スルヿ能ハサルニ至リタリ如此場合ニ予ハ甲者カ未タ長崎ニ至ラサルモ已ニ半途ニテ使シタルニ依リ其賃金ノ半ヲ得可キモノナル乎將又未タ其使ヲ總ヘサルニ依リ其條件ハ未タ到着セサルモノトシテ少シモ賃金ヲ拂フニ及ハサル乎ト云フニ使スルヿノ所爲ハ一ノ不可分的ノモノニテ甲者カ中途マテ至ルモ予ノタメニ何等ノ利益ヲ與フルヿナキカ故ニ未タ未必條件成就セサルモノトシテ予ハ毫モ其賃金ヲ拂フニ及ハサルナリ（第四百十八條）

○第九十六號　未必條件ノ成就セサル前ニ當リ目的物ノ全部又ハ一部ノ喪失毀損シタル時ハ合意ノ效力如何（第四百十九條第四百二十條）

本問ハ諾約シタル物件カ諾約者過失ナクシテ喪失毀損シタル場合ト過失ノタメ喪失毀損シタル場合トヲ區別シテ答弁ス可シ

條件到着前天災ニ

第九十六號

第九十六號

因リ目的物滅失シタル片ハ如何ナル效果ヲ生スル乎

第一ノ場合　即諸約者ニ過失ナクシテ喪失毀損シタル時

停止條件ヲ以テ要約シタル物件ハ其條件成就セサル前ハ依然諸約者ノ所有物ニシテ未タ合意ノ效力ヲ生スルヿナリ要約者ハ唯條件成就スル片ハ已レニ之ヲ獲得スルヿヲ得ント云フ希望ヲ有スルノミ然ルニ未タ條件成就セサル前ニ當リ其物件喪失シタル片ハ最早ヤ合意ノ目的ト爲ル可キ物件存在セサルニ依リ他日條件成就スルモ其合意ハ何等ノ效果ヲ生スルヿ無ク曾テ合意カ存セサリシモノト全一ナリトス故ニ諸約者要約者ハ互ニ權利義務ノ關係ヲ有スルヿ無シ

(附言)　此決定ハ或ル點ニ就テ非難ヲ免レサルモノトス抑條件ヲ附加スル所ノ合意ハ一旦條件成就スル場合ニ於テハ其效力ハ合意ノ當時ニ溯ルモノナレハ其物件滅盡後ニ條件成就シタル片ハ即合意ノ效力ヲ生シタル後物件滅盡シタルモノナレハ讓受人ニ於テ其損失ヲ負擔セサル可カラスト然レモ此駁論ハ容易ニ分疏スルコトヲ得ルナリ未必條件ノ效力ヲ合意ノ當時ニ溯ラシムルニハ其發生ノ當時即條件成就ノ際ニ該リ有益ニ發生シ

得可キ自活力ヲ有スルヿヲ要ス然ルニ發生ノ當時合意ノ要素タル可キ目的物ノ缺失シタルニ於テハ決シテ合意ノ效力ヲ生スルヿナシ之ヲ譬フルニ猶胎兒ノ如シ胎兒ハ或ル場合ニ於テ假リニ權利ヲ貯存シ後出產シタル片ハ胎內ニ在ルノ日ニ溯リ其權利ヲ獲得ス然レ𪜈溯及ノ效アルニハ必ス生活シテ出產シタルヿヲ要ス若シ死シテ出產シタル片ハ假リニ貯存シタル所ノ權利ハ曾テ之レ有ラサリシモノト見做サレ何等ノ効果ヲモ有スルヿナシ

條件到着前天災ニ因リ一部ノ滅失アリタル片ハ如何

右ハ物件全部ノ喪失ノ場合ヲ弁明シタルモ若シ其一部分ノ毀損シタル片ハ如何決定ス可キヤ之ニ答フル所ノ論理ハ殊ニ困難ナリトス何トナレハ目的物ハ全ク缺失シタルモノニアラサレハ合意ノ效力生スル能ハスト斷定スルヿヲ得ス又殆ント全部ニ等シキ部分ノ喪失シタル場合モ全部存在スル場合ト同一ニ合意ノ效力ヲ生ス可シト決定スルヿ能ハサレハナリ

法典ハ物件ノ價格ノ半數以上毀損シタル片ハ全部ノ滅失ト全ク合意

第九十六號

ハ全ク成立セサルモノトシ半數以下ニ係ルトキハ合意ニ少モ影響ヲ及ホサヽルモノトセリ此決定ハ能ク公平ト道理ニ適シタルモノト云フ可シ何トナレハ僅カ物件ニ毀損ヲ生シタルカ如キハ合意ノ目的物存在セスト云フ可カラス恰モ胎兒カ小指ヲ失フテ出產シタルト全ク素ヨリ法律ハ一已完全ナル人類トシテ取扱フ可キナリ又物件カ或僅カノ一部ニ於テ存在セスト雖モ殆ント全部ノ毀損ト全一ナル場合ニ於テハ法律ハ目的物全ク無キモノトシテ合意成立セサルモノトセリ法律格言ニ曰ク「殆ント無キモノハ全ク無キニ等シ」ト是レ此場合ニ適用ス可キモノナリ

解除ノ未必條件ニ付テモ全一ノ答ヲナスヿヲ得可シ何トナレハ解除ノ未必條件ヲ附加シタル合意ハ他ノ一方ヨリ見ルトキハ常ニ停止ノ未必條件付ナレハナリ例ヘハ甲者乙者ニ一家屋ヲ賣リ若シ何々ノ條件到着セハ其賣買ヲ解除ス可シト約シタルトキ乙者ハ停止條件ノ賣主ノ

地位ニ在リ甲者ハ買主ノ位置ヲ占ムルモノナレハ其條件到着前ニ家屋滅盡シタル片ハ甲乙間ノ賣買ハ確定シテ滅盡ヨリ生スル損失ハ乙者ノ負擔ト爲ルナリ如斯停止條件モ解除條件モ唯損失ヲ負擔スル者ヲ轉倒スルノミニテ全一ノ論理ニ據リ答辯スルヿヲ得レハ復タ茲ニ贅セス

(附言) 佛法ハ債權者ヲシテ合意ノ効力ヲ存セシムルト否トヲ撰擇セシムルヿトセリ此決定ハ物件ノ毀損カ極メテ僅少ノ部分ニ止マル片ト雖モ債權者ハ猥リニ之ヲ口實トシテ合意ヲ取消シ債務者ヲシテ損失ヲ蒙ラシムルヿアル可シ且ツ法律ハ疑シキ片ハ債務者ヲ保護ス可キハ一般ノ原則ナルニ却テ債權者ニ撰擇ノ權ヲ與ヘ之ヲ保護セリ云々トノ非難ヲ免レス伊國法典ハ一部ノ毀損ハ合意ノ効力ニ少シモ妨害ヲ與ヘサルモノトセリ此決定モ亦或非難ヲ蒙レリ一部ノ毀損ハ少モ合意ノ効力ニ影響セストナス片ハ殆ント價格ノ全部ニ近キ毀損アリテ而シテ其一部ノ毀損ノ爲メ債權者ニ秋毫モ利益アラサル片ト雖モ尚ホ其合意ヲ維持セサル可ラサルノ不

第九十六號

都合アリ我國ノ法典ハ兩國カ決定シタル所ヲ折衷シテ以テ其非難ヲ免レタリ

諸約者ノ過失ノ為メ目的物滅盡又ハ毀損シタル𪜈ハ如何

第二ノ場合　即當事者ノ一方ニ過失アリタルカ為メ物件ニ喪失毀損ヲ生シタル時

此場合ハ過失ナキ他ノ一方ハ自已ノ選擇ヲ以テ損失ノ償金ト合意ノ履行トヲ請求シ又ハ合意ヲ解除シテ損害賠償ノミヲ請求スルヿヲ得」

抑未必條件ノ合意カ物件ノ喪失ノタメ成立セサル所以ハ前段ニ於テ說明シタルカ如ク目的タル物件ナキカタメナレハ其喪失ノ原因カ天災ニアルト他人ニ在ルト當事者ノ一方ニ在ルトヲ論セス常ニ全一ノ決定ヲ下サヽル可ラス故ニ此場合モ法理ニ訴ヘ合意ノ成否ヲ審究スル𪜈ハ前段ト全一ニ決定セサル可ラス然ルニ法律カ特別ニ此場合ヲ規定シタルハ一ニ損害賠償ノ原理ニ則リタルモノトス則物件全部喪失シタル𪜈ハ合意成立セサルハ勿論ナレハ過失ノ責任者ハ損害賠償

ノ責ニ任シ半數以上毀損シタル時ハ目的物ノ缺失ニ依リ合意成立セサルモ法律ハ一ノ變体ナル損害賠償方法トシテ其合意ヲ維持シ尚其他ノ損害ヲ賠償セシムルヿヲ得トセリ又半數以下ノ毀損ノ時ハ合意ハ成立ス可キモノナルモ損害賠償ノ適切ナル一ノ變法トシテ其合意ヲ取消シ尚且他ニ損害アル𪜈ハ之ヲ賠償セシムルヿヲ得トセリ

○第九十七號　雙務合意ニ附從スル解除ノ未必條件ヲ説明セヨ（第四百廿一條）

双務合意ノ場合ニ於テ當事者ノ一方カ完全ニ義務ヲ履行セサル𪜈ハ他ノ一方ハ已ノ利益ノ爲メ其合意ヲ解除スルヿヲ得法律カ契約ニ違背セサル一方ノタメ此解除ヲ許シタル所以ハ一方カ義務ヲ負ヒタルハ他ノ一方カ確實ニ義務ヲ行フ可シト思料シタルニ由ル然ルニ若シ一方ニ於テ確實ニ義務ノ履行ヲ爲サヽレハ他ノ一方モ亦其義務ノ履行ヲ爲サストノ暗ニ企圖シタルモノナリトノ推測ニ由ルナリ

第九十七號

此解除ハ契約ニ違背セサル者ノ爲メ大ナル便益アルモノトス何トナレハ此解除ヲ許サヽルモノトスル𪜈ハ單ニ直接履行ヲ求ムルノ訴權ノミヲ有シ違約者ノ一般ノ債主ト仝一ノ地位ニ立タサル可カラス然ルニ此解除ノ訴權ヲ行フ𪜈ハ曾テ合意アラサリシ𪜈ノ如キ有樣ニ復シ若シ未タ自己ノ義務ヲ履行セサリシナラハ他ノ一方ヲシテ義務ヲ免脫セシムルト仝時ニ己レモ亦義務ヲ免レ已ニ履行シタル後ナレハ現物ヲ取戻シ又ハ豫テ與ヘタル物ニ相當スル物ヲ取戻スヿヲ得假令ヘハ予一冊ノ書ヲ甲者ニ賣リ期日ヲ定メ代價ト書物トニ受授スルヿヲ約シタルニ甲者其期日ニ代價ヲ拂ハサリシナラハ予ハ賣買ヲ解除シテ其書物ヲ己レノ物件トナスヿヲ得ルモ若シ解除スルヿ能ハストスル𪜈ハ予ハ其書物ヲ渡シ別ニ代價ノ請求ヲナサヽル可ラス實際是等ノ塲合ニハ予ニ於テ留置權先取特權等ヲ有スト雖モ此等ノ權利ハ唯代價ヲ獲得スルノ擔保ノ權利ニシテ解除ノ訴權トハ其間大ナル

差異アリ

解除ノ訴權ハ一部ノ義務ヲ盡サヽル塲合ニモ成立ス換言セハ双務合意ノ債務者完全ニ義務ヲ履行スルニ非サレハ他ノ一方ノ者ヨリ解除ヲ請求セラル可シ何トナレハ一部ノ履行ハ債權者ヲシテ未タ全ク豫期シタル利益ヲ得セシメサレハ法律ハ此塲合モ尙解除ノ訴權ヲ許セリ斯ク双務合意ニハ自ラ解除ノ未必條件ヲ包含スト雖モ當事者ハ豫メ此解除ヲ行ハサル旨明約スルヿヲ得是レ解除ハ前段ニ說明スル如ク當事者双方ノ意思ヲ推測シテ規定シタルモノナルニ因リ當事者カ其意思ナキヿヲ明言シテ解除ヲ行フノ權ヲ拋棄スルニ於テ法律ハ之ヲ拒ム可キ道理ナケレハナリ（第四百廿二條第一項）

此解除ハ契約ニ違背セサル一方カ裁判所ヘ解除ヲ請求シテ其言渡ヲ受クルニ非サレハ行ハレサルモノトス然レﾄﾓ一旦解除ノ言渡ヲ受クルヤ其效力契約ノ當時ニ溯ルヿ一般ノ解除ノ未必條件ト全一ナリ

第九十七號

裁判所ハ解除ノ請求ヲ受ケタル塲合ニ於テ債務者善意ニシテ不幸ナル等ノ一般猶豫期限ヲ與フル條件ヲ具備シタル片ハ其契約ノ解除ヲ言渡サスシテ相當ノ期限ヲ定メ契約ノ履行ヲ爲サシムルヿヲ得(第四百廿一條第二項)

當事者ハ遲滯ニ付セラレタル一方ニ對シ解除ノ當然行ハル可キ旨明約スルヿヲ得然レ𪜈此明約アルカ爲メ一方カ義務ヲ行フ可キ期限ヲ空過スル片ハ直ニ解除シタリト見做ス可カラス必ス法律上ニ於テ義務ヲ怠リタリト見做ス可キ時即義務ヲ盡サヽル一方ヲ遲滯ニ置キタル上ナラサル可カラス

右明約ノ解除ト暗默ノ解除トヲ論セス其解除ヲ訟求若シクハ申立ル者ハ契約ニ違背セサル一方ナラサル可ラス何トナレハ何人ト雖モ已レノ過愆ヲ以テ訴權ノ名義トナスヿ能ハサレハナリ(第四百廿二條第二項)又當事者ノ一方カ解除ヲ訟求シ若シクハ申立テ合意以前ノ形狀ニ復セシ

双務合意ニ於テ當然解除ノ明約アリタルト否トニ依リ差異アル乎

解除ノ訴權ヲ援用シタル後之ヲ抛棄スルコヲ得ル乎

ムルト雖モ實際返還ヲ受ク可キ物品カ之ヲ返付スル者ノ責ニ歸ス可キ原因ニ由リ減損シタルコ等アリテ損害ヲ蒙リタルトキハ之ヲ賠償セシムルコヲ得(第百廿四條)

(附言) 明約ノ解除ト暗點ノ解除トハ二ケノ差異アリ第一明約ノ解除ハ當然行ハルヽモ暗點ノ解除ハ裁判所ヘ請求セサル可ラズ第二明約ノ解除ニ付テハ裁判所ハ猶豫期限ヲ與フルコ能ハサルモ暗默ノ解除ノ塲合ニハ猶豫期限ヲ與フルコヲ得

(附言) 玆ニ記臆ス可キ緊要ナル一事アリ右解除ノ訟求又ハ援用ハ隨意ノ權ニシテ債權者ハ之ヲ請求セスシテ直接履行ヲ仕遂クルコヲ得可シ然レモ一旦何レモ撰擇シタル上ハ最早ヤ之ヲ變改スルコトヲ得ス假令ハ明約ノ解除ノ塲合ニ於テハ明白ニ解除ノ申立ヲ爲シ又暗默ノ解除ノ塲合ニハ裁判所ヘ解除ノ請求ヲ爲シタル後翻テ直接履行ヲ求ムル如キ又直接履行ヲ訟求シタル後翻テ解除ヲ請求スルカ如キハ之ヲ許サズ是一方ノ權利ヲ害スルコアレハナリ

○第九十八號　双務合意ニ附從スル解除條件ト他ノ解除條件トノ差異如何

(第一)　双務契約ニ附從スル解除ハ裁判所ヘ訟求ヲナシ之カ言渡ヲ受クルニアラサレハ行ハレス(明約アル場合ハ此限ニアラス)反之他ノ解除ハ條件到着スルヤ何等ノ所爲ナクシテ直ニ解除セラレタルモノトス此差異アルカ爲メ一ハ解除ノ言渡ヲ受ケタル後ニアラサレハ曾テ合意ニ基キ交付シタル物件ノ取戻ヲ當事者ノ一方又ハ第三者ニ向テ訟求スルヿ能ハス然ルニ他ノ一ハ條件到着シタル片ハ直ニ何人ニ對スルモ取戻ヲ請求スルヿヲ得

(第二)　一ハ裁判所ヘ訟求ノ上ニ非ラサレハ解除ハ行ハレサルニ由リ或ル場合ニ於テ裁判所ハ解除ノ宣告ヲ爲サスシテ猶豫期限ヲ許與シ義務ノ履行ヲ爲サシムルヿアルモ他ノ一ハ當然解除セラルヽヲ以テ如斯場合ナシ

（第三）一ハ契約ニ違背セサル一方ノミ解除ノ請求ヲ爲シ得ルノミナルモ他ノ一ハ條件到着セハ双方ヨリ解除ノ申立ヲ爲スコヲ得

（第四）一ハ契約解除ノ爲メ利益ヲ有スル第三者アリト雖モ解除ノ言渡アリタルニアラサレハ之ヲ申立ツルコヲ得サルモ他一ノハ條件到着シタル片ハ何人モ巳レノ利益ノ爲メ解除ヲ援用スルコヲ得

（第五）一ハ契約ノ解除ヲ請求セスシテ直接履行ヲ逼迫スルコヲ得レ圧他ノ一ハ如斯隨意ノ權利アルコ無シ

第二款　目的ノ單一選擇又ハ任意ノ義務

○第九十九號　義務ノ目的ノ單一ナルモノトハ如何（第四百廿七條）

目的ノ單一トハ債務者カ負フ所ノ義務ノ目的ハ全部ヲ履行スルニ非サレハ義務ハ完了ヲ告ケサルモノヲ云フ尙ホ換言セハ債務者カ盡ス可キ義務ノ目的ハ唯一ニシテ他ニ擇フ可キモノ無キ義務ヲ云フ

法典カ與フル所ノ定解ヲ見ルニ義務カ一箇若クハ數箇ノ特定物又ハ

定量物或ハ物ノ聚合財産ノ包括ヲ目的トスル片ハ其義務ハ單一ナリト此定解ニ據ル片ハ茲ニ明記スル所ノ物品ヲ目的トスル所ノモノハ常ニ單一義務ナリト云フモノヽ如シト雖モ此區別ハ目的トスル物品其物ノ性質ニ因テ生シタルニアラサレハ一箇若クハ數箇ノ特定物或ハ定量物ヲ目的トスル塲合ニモ選擇義務ナシト云フ可ラス又茲ニ明記スル物品ノ外他ノ物品即不確定物等ヲ目的トスル義務ハ悉ク單一義務ニアラストノ裏面解釋ヲ下サヽル可ラサルカ如シ然レ圧單一義務トハ予カ前段ニ下シタル意義ニ外ナラス法典ノ精神モ亦此外ニ出テサル可シ故ニ目的カ特定物即此書籍ト特定シタル物品ナルト定量物即米何石麥何石ト指稱シタル物品ナルト或ハ予ノ財産悉クト云ヘル如キ包括物ナルト此藏ニ在ル米麥悉クト云ヘル如キ聚合物ナルトヲ問ハス其負擔ノ目的ノ全部ヲ盡スニ非サレハ義務ノ免脱ヲ得サルモノナリ假ヘハ五年間毎月金五圓ツヽ給與ス可キヿナ約シタル片ハ

毎月ノ給與ヲ怠ラスシテ五年ヲ經過スルニ非サレハ義務ノ免脱ヲ得ル能ハス又一ノ家屋ト一ノ土地トヲ贈與ス可シト約シタル片ハ家屋ノミヲ渡スモ未タ義務ヲ免レタルモノニアラス家屋ト土地トノ引渡ヲ終ヘ始メテ義務ヲ免レタルモノナリ

○第百號　選擇義務ノ定義ヲ示シ且其性質ヲ說明ス可シ

選擇義務トハ負擔ノ目的數箇アリテ其內一箇ハ目的ヲ履行スル片ハ他ノ負擔ヲ免ルヽ所ノモノヲ云フ

負擔ノ目的數箇トハ目的タル事物ノ員數ノ數箇ヲ云フニ非ス假ヘハ予カ甲ニ對シ辨濟ス可キ牛五頭ヲ有スル片ハ予ノ義務ノ目的タル物件ハ數箇ナルモ義務ノ目的ハ唯一箇ニシテ他ノ物ヲ以テ五頭ノ牛ニ換ユルヿ能ハサルナリ又其內一箇ノ目的云々ノ一箇モ亦物件ノ員數ニアラスシテ義務ノ目的ノ一箇ヲ云フナリ

（附言）審査ヲ經タル草按ニ義務ハ各別ナル二箇又ハ數箇ノ目的ヲ有スル

モ債務者カ其中ノ一箇又ハ數箇ノ供與ヲナスニ因リテ義務ヲ免ル可キ片ハ其義務ハ選擇ナリト云ヘリ然レ圧予ハ此定義ヲ以テ精確ナルモノト信セサリシ何トナレハ一箇又ハ數箇ノ供與ト云フモ數個ノ目的ノ供與ヲナス可キ塲合アルヲ見ス然ルニ數箇ト記シタルハ蓋シ下ノ如キ塲合ヲ想像シタルモノナル可シ譬ヘハ甲者乙者ニ對シ五頭ノ牛及ヒ二頭ノ羊カ或ハ六頭ノ馬ヲ辨濟セサル可カラサル義務ヲ負ヒタル塲合ノ如キ是ナリ此塲合ハ五頭ノ牛ト二頭ノ羊ハ目的タル物件二ケナルニ依リ義務ノ目的二ケノ如シト雖モ決シテ然ラス義務ノ目的ハ唯一箇ナリ何トナレハ牛ト羊トハ一箇ニ包抱セラレ義務唯一ノ目的ト爲シタルモノナレハナリ然ルニ須布法ニ於テ二個又ハ數個ノ文字ヲ删リタルハ實ニ賞讃ニ勝ヘサルナリ

選擇義務ノ性質ヲ説明セヨ

選擇義務ノ最モ平易ナル例ヲ示スニ甲ハ乙ニ金五圓ヲ與フルカ又ハ米二俵ヲ與フ可シト約シタル時ノ如シ此塲合ニ乙者ノ權利ハ金五圓ニモ對シテモ存在スレ圧甲若シ米ノ義務ヲ履行シ（選擇權債務者ニ在ルト想像ス）タル片ハ乙ハ金ニ對スル權利ヲ失フ反之若シ金ノ義務ヲ履行シタル片ハ米ニ對スル權利ハ消滅ス故ニ選擇義務ノ性質ヲ論スル片ハ皆未必條

件ハ義務ナリトス前例ニ就テ云ハヽ甲カ金ヲ擇マハ乙金ノ所有者ト爲リ米ヲ選マハ米ノ所有者ト爲ルモノニテ甲ノ選擇ハ即條件ノ到着ナレハ選擇前ハ乙ハ米及金ニ對シテ未必ノ所有者ナルモ一旦甲カ選擇ヲ行ヒタル片ハ乙者ハ一ノ目的物ニ就テハ合意ノ當時ヨリ確定ノ所有者ノ如ク見做シ又他一ノ目的物ニ就テハ初メヨリ少シモ權利ヲ有セサリシ如ク見做スナリ

右ノ如ク選擇義務ハ未必條件ニ繫ルモノニテ一方ノ行フタル選擇ハ條件ノ到來ト見做シ合意ノ當時ニ溯リ效力ヲ生スルモノナルヲ以テ債務者ニ選擇權アル塲合ニハ義務履行ノ提供ヲ爲シ債權者ニ選擇權アル塲合ニハ義務ノ履行ヲ要求シタル片ハ則條件到着シテ選擇義務ハ單一義務ト爲ルヲ以テ最早ヤ其選擇ヲ取消シ更ニ他ノ義務ヲ選ムヿヲ得ス然レ𪜈他ノ一方カ選擇ノ變更ヲ肯諾シタル片ハ此限ニ非ラス(第四百三十條)

第百號

第百號

選擇權ハ何人ニ在ル乎

選擇權ノ何人ニ屬スルヤハ當事者ニ於テ合意ヲ以テ明定シタル片ハ之ニ從フ可キハ勿論ナリト雖モ若シ之ヲ緘默ニ附シタル片ハ如何決定ス可キ乎曰ク地位同等ナル片ハ債務者ヲ保護ス可シトノ原則ヲ適用シ債務者ニ選擇權アリト決ス可キナリ（第四百二十八條）當事者中孰レニ選擇權アルモ一ノ目的ト他ノ目的トノ一部ツヽノ履行ヲ強ユルヿヲ得ス假令ヘハ牛二頭カ又ハ馬二頭カヲ與フル義務アル場合ニ牛一頭ト馬一頭トヲ與ヘント強ユルヿヲ得サルナリ何者一部ツヽノ辨濟ハ債權者ノ利益ヲ害スルヿアル可ク又債務者ハ一部ツヽ分離セラルヽヿニ因リ遺存スル物品巳レノ用ヲ滿サヽルヿアル可ケレハナリ（第四百二十八條三項）

右ト同一ノ理由ニ依リ選擇權ヲ有スル當事者ノ特定ノ承繼人數人アル場合（一個ノ權利ヲ數人カ讓リ受ケタル如キ）ニ各異リタル目的ヲ選ムヿヲ得ス必ス相協合シテ同一ノ目的ヲ選擇セサル可カラス

○第百一號　債務者ニ撰擇權アル場合ニ目的物件ノ一ガ毀損滅盡シタルトキハ選擇義務ハ如何ナル變化ヲ來ス乎

債務者ニ選擇權アル場合ニ目的物カ天災ニテ滅失シタルトキハ如何ナル結果ヲ生スル乎

第一　毀損滅盡カ意外ノ事叉ハ不可抗力ニ原因セシ場合（第四百二十九條）

（甲）數個ノ目的ノ一ノ全部カ毀滅シタルトキハ義務ハ他ノ目的ノ上ニ存在ス例ヘハ牛カ馬カヲ與フル義務アル場合ニ若シ牛ノミ斃死シタルトキハ馬ノミノ單一義務ト爲ルナリ

（乙）數個ノ目的タル事物盡ク滅失シタルトキハ義務ハ總テ消滅ス

（丙）數個ノ目的タル事物ノ内其一カ其價ノ半額ヨリ多キ部分毀滅シタルトキハ債務者ハ之ヲ選ムコトヲ得ス是レ彼ノ未必條件ノ場合ニ因リ半額以上ノ毀損ハ全部ノ滅失ト同一ニ決定シタルモノナリ（第百五號參照）

第二　毀損滅盡カ債務者ノ過失ニ原因セシ場合（第四百三十一條）

（甲）數個ノ目的ノ内一個若クハ二個カ滅盡叉ハ價ノ半額以上毀損

シタル片ハ義務ハ他ノ目的ノ上ニ存ス故ニ債務者ハ滅盡シタル物件ノ價ヲ拂フテ義務ヲ免ル、ヿヲ得ス

(乙) 數個ノ目的タル物件カ順次ニ悉ク滅失シタル片ハ債務者ハ最後ニ滅失シタル物件ノ價ニ付テ其義務ヲ負擔ス例ヘハ甲乙丙三ケノ目的アル選擇義務ノ場合ニ初メ甲物件滅盡シタル片ハ乙丙二者ヲ目的トスル選擇義務ト變シ次ニ乙物件滅盡シタル片ハ最早ヤ選擇義務ニアラスシテ唯一ノ目的アル單一義務ナリ此場合ニ於テ單一義務ノ目的物ヲ債務者己レノ過失ニ依リ毀損滅盡セシメタル片ハ其對價ヲ賠フ可キハ當然ナリトス

(丙) 數個ノ目的タル物件同時滅失シ其數個若クハ一個ニ對シ債務者カ過失アル片ハ選擇權ハ債權者ニ移轉シ債權者ハ巳レノ欲スル目的物ノ一ニ付キ賠償金ヲ求ムルヿヲ得例ヘハ牛若クハ馬ヲ選ム場合ニ牛ハ天災ニ依リ馬ハ債務者ノ過失ニ依リ同時ニ滅失シタリ

シ𪜈ハ債權者己レノ選ミニ任セ馬又ハ牛ノ價ヲ拂ハシムル權アリ

同上ノ場合ニ債權者ノ過失ニ依リ滅失シタル𪜈ハ如何ナル結果チ生スル乎

第三　債權者ノ過失ニ因リ滅失シタル場合（第四百三十二條）

（甲）數個ノ目的タル物件ノ中一個カ債權者ノ過失ニ因リテ滅失シタル𪜈ハ債務者ハ義務ヲ免ル但自己ノ撰擇ヲ以テ他ノ目的ノ義務チ履行シ滅失シタル物件ノ償金ヲ要求スルヿヲ得是レ債務者ハ債權者ノ過失ノ爲メ巳レ有スル撰擇權ヲ失フコトナケレハ他ノ目的ノ義務ヲ履行シ滅失シタル目的物ノ價金ヲ債權者ニ要求スルヿチ得

（乙）數個ノ目的タル物件カ皆債權者ノ過失ニ因リ滅失シタル𪜈ハ債務者己ノ選ム所ノ目的タル物件ノ價ヲ債權者ニ要求スルヿヲ得」

（丙）數個ノ目的タル物件ノ內一個カ債權者ノ過失ニ依リ滅失シ他ハ悉ク意外ノ事變又ハ不可抗力ニ因リ滅失シタル𪜈ハ債務者ハ義務ヲ免ル此場合ニ債務者ハ天災ニ因リ滅失シタル物件ヲ與フル意

思ナリシヿヲ述ヘ債權者ノ過失ニ因リ滅失シタル物件ノ價ヲ要求シ天災ニ因リ滅失シタル物件ノ價ヲ與フルヿヲ要求スルヲ得ス然レ圧數個ノ目的物ノ內二個以上債權者ノ過失ニ因リ滅失シタル片ハ前段(乙)ト同樣ニ決定ス可キナリ

(一)第百二號　債權者ニ選擇權アル場合ニ物件カ毀損滅盡シタル片ハ選擇義務ハ如何ナル變化ヲ來タス乎

債權者ニ選擇權アル場合ニ目的物カ天災ニ因リ滅失シタル片ハ如何ナル結果ヲ來ス乎

(第一)　毀損滅盡カ意外ノ事叉ハ不可抗力ニ原因セシ場合(第四百廿九條)

此場合ニ目的タル物件ノ數個カ悉ク滅失シタル片ハ債權者ハ何物ヲモ要求スルヿ能ハサルモ其內一個若クハ數個ノ目的物カ存在シタル片ハ其存在シタル物件ニ就テ猶權利ヲ有スルモノナレハ債權者ハ之カ履行ヲ請求スルヿヲ得

茲ニ注意ス可キハ債務者ニ選擇權アル場合ハ物件ノ價ノ半額以上毀損シタル片ハ最早ヤ之ヲ選ムヿ能ハサルモ債權者ニ選擇權アル場合

ハタトヘ半額以上毀損スルモ已レ欲スル𪜈ハ之ヲ選ムヿヲ得

同上ノ場合ニ目的物カ債務者ノ過失ニ因リ滅失シタル𪜈ハ如何ナル結果ヲ生スル乎

（第二）債務者ノ過失ニ依リ滅失セシ場合（第四百三十三條）

（甲）目的物ノ一カ債務者ノ過失ニ依リ滅失シタル𪜈ハ債權者ハ他ノ目的ヲ履行セシムルカ又ハ滅失シタル物ノ價ヲ要求スルヿヲ得此滅失シタル物件ノ價ヲ要求スルヿヲ得ルハ債務者ノ過失ヲ原由トスル損害賠償ノ原則ニ基クモノトス

（乙）數個ノ目的タル物件悉ク債務者ノ過失ニ因リ滅失シタル𪜈ハ債權者ハ已レ選ム所ノ目的物ノ價金ヲ要求スルヿヲ得是レ亦損害賠償ノ原則ニ基クモノナリ

（丙）數個ノ目的ノ一カ債務者ノ過失ニ依リ他ノ一ハ意外ノ事又ハ不可抗力ニ依リテ同時ニ滅失シタル𪜈モ亦前假ニ同シ

全一ノ場合ニ債權者ノ過失ニテ滅失シタル𪜈

（第三）債權者ノ過失ニ因リ滅失シタル場合

（甲）數個ノ目的ノ一カ債權者ノ過失ニ因リ滅失シタル𪜈ハ債務者

第百二號

如何ナル結果ヲ來スヤ

其義務ヲ免ル是レ債權者カ一物ヲ滅失セシメタルハ已レ自ラ選擇ヲ行ヒタルモノト見做セハナリ然レ𪜈此場合ニ滅失シタル物件殘存カ債務者ノ手ニ存スル片ハ之ヲ引渡サヽル可カラス

(乙) 數個ノ目的カ仝時ニ債權者ノ過失ニ因リ滅失シタル片ハ選擇權ハ債務者ニ移轉シ債務者ノ欲スル目的物ノ償金ヲ請求スルヿヲ得

(丙) 目的物ノ一カ債權者ノ過失ニ依リ滅失シ他ノモノカ意外ノ事又ハ不可抗力ニ因リテ滅失シタル片ハ債務者ハ義務ヲ免レ債權者ハ滅失シタル物件ノ償金ヲ出スニ及ハス是レ當然ニシテ別ニ說明ヲ要セサルナリ

以上各種ノ場合ヲ想像シテ之カ說明ヲナシタリト雖モ素ヨリ總テノ場合ヲ網羅シタルモノニアラサレハ實際ニ臨メハ種々錯綜シタル場合ヲ生スルヿアル可シト雖モ以上ノ類例ヲ以テ推ス片ハ之カ決定ヲ

下スニ難カラサル可シ

○第百二號　任意義務ノ性質ヲ説明ス可シ（第四百三十六條）

任意ノ義務ハ選擇義務ニ於ケルカ如ク義務ノ目的數箇アルニアラス唯一ナルモ債務者ハ主タル義務ノ目的ヲ履行セスシテ之ニ換フルニ他ノ目的ヲ以テスルヿヲ得ル所ノ義務ヲ云フ故ニ任意ノ義務ノ目的ハ唯一ナリト雖モ其義務ヲ免ル方法ニ至リテハ數箇アル所ノモノナリ

（附言）　法典カ下ス處ノ定義ヲ見ルニ曰ク債務者一定ノ物ヲ主トシテ負擔スルモ他ノ物ヲ與ヘテ義務ヲ免ルヽノ權能ヲ有スル片ハ其義務ハ任意ナリ云々ト此定義ニ據ルトキハ任意ノ義務ハ常ニ與フルノ義務ニノミ存シ爲スノ義務爲サヽルノ義務ニハ存セサルカ如シト雖トモ是等ノ義務ニモ任意ノ義務アルコト明白ナレハ予ハ之ヲ敷衍シテ債務者一定ノ事物ヲ義務ノ主タル目的トシテ負擔スルモ他ノ事物ヲ提供シテ主タル義務ヲ免ルヽコトヲ得ル權能ヲ有スルトキハ其義務ハ任意ナリトスルヲ可ナリト信

第百三號

ス

今任意ノ義務ノ一例ヲ擧クルニ甲者乙者ニ對シテ金五圓ヲ與フルヿヲ約シ且甲者若シ五圓ノ金ヲ渡スヿヲ欲セサル𪜈ハ乙者畑若干ヲ耕作シ遣ハスヿヲ約シタル𪜈ハ甲者カ負フ處ノ義務ハ任意ナリ故ニ甲者ノ義務ノ目的ハ金五圓ヲ渡スニアルモ之ヲ欲セサル𪜈ハ畑ノ耕作ヲ爲シ以テ其義務ヲ免ルヽヿヲ得此場合ニ於テ五圓ノ義務ハ恰モ甲者カ畑ヲ耕作スルナレハ云々ト云ヘル條件ヲ附加シタル解除ノ未必條件ノ義務ト同一ナリ故ニ任意ニ負擔スル主タル義務ハ常ニ解除ノ條件ニ繋カルモノナリ

（附言）法典ハ專ラ債務者ノ任意ニ屬スル義務ノヿノミヲ規定シタルモ債權者ノ任意ニ係ル場合即債務者ハ唯一ノ義務ヲ負擔スルノミナルモ債權者若シ欲スルナレハ他ノ義務ヲ履行シテ主タル義務ヲ免ルヽヲ得ルヿヲ約シタル場合ノ如キモ實際生スルヿアル可キナリ

○第百四號　任意義務ノ目的物滅失シタル件ハ如何ナル效果ヲ生スル乎

負擔ノ目的物ノ滅失ハ(半額以上ノ毀損モ又滅失ト稱ス可シ其理由ハ選擇義務ノ場合ニ於テ說明セリ)其原因ノ如何ト主タル目的物ト從タル目的物トニ因リ其效果ヲ異ニセリ

(一)　主タル負擔物カ天災又ハ不可抗力ニ因リ滅失シタル場合ハ債務者ハ義務ヲ免ルヽコヲ得是レ此場合ハ單一義務ト同シク義務ノ目的ハ唯一ナレハナリ選擇義務ハ之ニ反シテ義務ノ目的數箇アルヲ以テ一箇滅失スル件ハ義務ハ他ノ一個ニ存在スルナリ(四百三十六條三項)

(二)　主タル負擔物カ債務者ノ過失ニ因リ滅失シタル件此場合ハ債務者ハ滅失シタル物件ノ價及其他ノ損害ヲ賠償スルカ或ハ任意ニテ負擔スル義務ヲ履行シテ其義務ヲ免ルヽコヲ得(仝條四項)

(三)　主タル負擔物カ或ハ任意ノ負担物カ債務者ノ過失ニ依リ滅失シ

タル片此場合ハ義務ノ免脱ヲ申立ツルカ或ハ滅失セサル他ノ義務ヲ履行シ債權者ノ過失ヨリ生シタル損害ヲ要求スルヿヲ得(仝條五項)

(四)主タル負擔物任意ノ負擔物共ニ債權者ノ過失ニ因リ滅失シタル片ハ債務者ハ義務ヲ免レ且已レノ擇ミニ任セ一箇ノ物ノ損害ヲ賠ハシムルヿヲ得(仝條六項)

(五)主タル負擔物任意ノ負擔物ノ一ハ意外ノ事又ハ不可抗力ニ因リ一ハ債權者ノ過失ニ因リ同時ニ滅失シ其過失カ任意ニテ負擔シタルモノヽ上ニ存スル片又ハ其過失カ何レノ物ノ上ニ存シタルヤ知ル可カラサル時ハ債務者ハ義務ヲ免レ且任意ニテ負擔シタル物ノ價金ヲ要求スルヿヲ得是レ債權者ノ過失ハ任意ノ負擔物ニ存スルモノト見做サルレハナリ此場合ニ債權者ノ過失ハ主タル負擔物ノ上ニ在リト見做ス片ハ意外ノ事ニ因リ滅失シタル物ハ任意ノ負擔物ナルヲ以テ債務者ハ其損害ヲ求ムルヿ能ハス債權者ノ過失アルモノハ債權者カ將

ニ得可キモノナレハ唯已レニ得ヘキ物ヲ得サルニ止マルノミ反之債權者ノ過失任意ノ負擔物ニ在リトスル片ハ意外ノ丁ニ因リ滅失シタル物ハ主タル負擔物ニ在ルヲ以テ債務者義務ヲ免レ債權者ノ過失アル任意ノ負担物ノ損害ヲ要求スル丁ヲ得如此過失ハ何レニアル可キモノト見做スヤニ付大ナル差異アリ法典ハ此點ニ就テ債權者ノ過失ハ任意ノ負擔物ノ上ニ在ルモノト見做シ債務者ヲシテ其損害ヲ要求セシムル丁ヲ許セリ（第四百三十六條七項）

○第百五號　選擇義務ト任意ノ義務トノ差異ヲ問フ

（第一）選擇義務ハ負擔ノ目的數箇アリト雖圧任意ノ義務ハ負擔ノ目的ハ單一義務ト同ク唯一ナリ然レ圧主タル義務ノ目的ノ外尙債務者カ任意ニ負擔シタル目的物アルモノナリ

（第二）選擇義務ノ目的ハ各停止ノ條件ニ繫カル義務ノ性質ヲ有スルモ任意ノ義務ノ主タル目的ハ解除ノ條件ニ繫カル義務ノ性質ヲ有ス

何トナレハ負擔物ハ確然義務ノ目的タルモ債務者若シ任意ノ負擔物ヲ選ミ之ヲ履行シタル片ハ主タル義務ハ解除セラル丶ヲ以テナリ以上二ケハ其性質上ヨリ起ル所ノ區別ナリ

(第三)　選擇義務ノ目的物ノ一カ滅失スルモ其義務ハ尙他ノ目的物ノ上ニ存ス然レ𪜈任意ノ義務ハ主タル目的物滅失シタル片ハ債務者ハ全ク義務ヲ免ル丶コヲ得然レ𪜈其滅失シタル原因債務者ノ過失ニ基ク片ハ債務者ハ其損害ヲ賠フカ或ハ任意ニ負擔シタル義務ヲ履行セサル可カラス是レ此場合ハ單一義務ト同ク目的物ノ消滅ニ因リ義務消滅ニ歸スト雖𪜈消滅ノ原因ニ債務者ノ過失アルヲ以テ民事上ノ犯罪ニ因リ一ノ新ナル義務ヲ負擔スルニ過キサルナリ本項ノ區別ハ性質上ニ於テ第一ノ差異アルカ爲メ自ラ生スル效果ノ差異ナリ

(附言)　以上ノ外物件ノ滅失ノ場合ニ於テ種々ナル場合ヲ想像スル片ハ皆小異アリト雖𪜈性質上ニ於テ第一第二ノ差異アルコヲ了得スル片ハ自ラ

明解スルコトヲ得可キヲ以テ玆ニ之ヲ省略ス

第三欵　債權者及債務者ノ單數又ハ複數ナル義務

○第百六號　債權者ノ單數又ハ複數ナル義務ヲ說明セヨ（第四百三十七條）

債權者一人ナル片ハ債權者ノ單數ナル義務ト云ヒ數人アル片ハ債權者ノ複數ナル義務ト云ヒ債務者唯一人アルノミナル片ハ債務者ノ單數ナル義務ト云ヒ數人アルトキハ債務者ノ複數ナル義務ト云フ

債權者債務者ノ複數ナル義務ノ中ニハ種々ノ義務アリ

(一) 連合ノ義務、連帶ノ義務、全部ノ義務

連合義務トハ共同ノ債權者債務者數人アリテ債權者ハ已レノ權利部分ニ在ラサレハ請求スルコト能ハス又債務者ハ己レノ負担スル部分ニアラサレハ弁濟スルニ及ザルモノヲ云フ連帶義務トハ共同ノ債權者債務者數人アリト雖モ各權利者ハ債務者ニ向テ義務ノ全部ヲ履行セシムルコトヲ得可ク又各債務者ハ已レノ負担部分ノミナラス他ノ債務

者ノ負担部分ヲモ擧テ履行セサル可カラサルモノヲ云フ然レ圧全部ノ履行ヲ受ケタル債權者ハ他ノ債權者ニ向テ償還ヲ爲サヽル可カラス又全部ノ履行ヲ爲シタル債務者ハ他ノ債務者ニ向テ償還ヲ受クルヿヲ得全部ノ義務トハ他人ト共ニ全部ノ義務ヲ負擔スルモ其全部ノ義務ヲ弁濟シタルモノハ他ノ債務者ニ向テ事務管理又ハ代位弁濟ノ訴權ニ依リ轉償ヲ求ムルヿヲ得ヘキモノトス(三百七十八條四百九十七條)

(二) 可分義務、不可分義務

此義務ノ區別ハ債權者債務者ノ多數ニ因リ生スルモノニアラスシテ義務其者ノ性質ヨリ起ルモノナレハ假令單數ノ義務ト雖圧可分ナルモノアリ又不可分ナルモノアリテ債權者債務者複數單數ニハ少シモ關係スルヿナシ然レ圧此區別ノ利益ハ債權者債務者ノ複數ノ場合ニノミ存スルモノナルニ依リ爰ニ之ヲ列セシモノナリ此區別ニ關シテ

ハ次款ノ各問題ニ明ナレハ茲ニ贅セス

（附言）此義務ノ區別ハ單ニ外形上債權者債務者ノ一人ナルトノ點ヨリ爲シタルニ過キス故ニ少シモ其必要ナケレモ注典カ義務ノ變体ヲ列記スルニ當リ其体載ヲ裝フタメ唯其區別アルヿヲ示シタルノミ故ニ其性質效果等ハ各其義務ノ下ニ說明セリ

第四款　性質又ハ履行ノ可分又ハ不可分ナル義務

○第百七號　可分義務ノ性質及其效果ヲ說明セヨ

可分義務トハ其義務ノ目的物ヲ性質上及權利上數箇ニ分割スルヿヲ得ルモノ是ナリ性質上分割スルヿヲ得ルモノトハ金圓其他度量衡ヲ以テ算スル處ノ定量物ノ如キヲ云ヒ權利上分割スルヲ得ルモノトハ有形上分割スルヿ能ハサルモ權利ノ上ニ於テ分割スルヲ得ルモノ則チ一疋ノ馬ヲ甲乙共有スル場合ニ甲ハ乙ニ屬スル部分ノ所有權ヲ丙ニ賣リ渡スヿヲ得ルカ如キ是ナリ

第百七號

可分義務ハ前段解スルカ如クナルモ合意ノ性質及双方ノ意思等ニ因リ元來可分ノ性質アル義務モ不可分義務ト見做ス場合アルヲ以テ法律ハ義務ハ總テ可分ノモノト見做シ不可分ノモノヲ以テ例外トナスニ依リ不可分義務ニ屬セサルモノハ總テ可分義務ト知ル可キナリ

可分義務ノ效果ヲ示セ

凡ソ義務ノ單數ノ場合則チ債權者一人ニシテ債務者モ亦一人ナル片ハ假令ヘ其義務ハ可分ナリト雖圧之ヲ數度ニ分割シテ履行スルヿヲ許サス假令ハ甲者乙者ニ百圓ヲ弁濟スル義務アル場合ニ甲者ハ期限前ト雖圧其百圓ヲ分割シテ二度又ハ二度以上ニ弁濟ヲナスヿヲ强ユルヲ得スシテ必ス一次ニ之カ弁濟ヲ爲サヽル可カラス然レ圧裁判所カ債務者ノ善意ニシテ且不幸ナル位地ニ沈淪シ一次ニ弁濟スルヿ能ハサル場合ニ猶豫期限ヲ許シ且數次ニ弁濟ヲ爲スヿヲ得セシムル場合ハ此限ニアラス(第四百三十九條)

右述フル如クナルヲ以テ義務ノ可分不可分ヲ區別スルノ利益ハ專ラ

複數義務ノ場合ニアリ依テ以下複數義務ノ場合(單數義務カ中途ニテ複數義務トナル場合モ含蓄ス)ニ就テ其效果ヲ說明ス可シ

(第一) 數人ノ債務者一個ノ可分義務ヲ負擔シタル片ハ各自ノ負擔スル部分ヲ弁濟シテ其義務ヲ免脫スルコヲ得之レ義務ハ猥リニ負荷セシム可キモノニアラサレハ各債務者ハ已レノ部分ノミヲ諾約シタルモノト見做サル故ニ甲乙二人百圓ノ義務ヲ負擔スル片各自ノ負擔部分五十圓ヲ弁濟シテ義務ヲ免ルヽコヲ得

負擔部分ヲ定ムルニハ或ハ合意ヲ以テシ或ハ種々ノ事情ニ從ヒテ爲ス可キ場合アル可シ故ニ各債務者ハ常ニ平等ニ負擔スト云フヲ得ス(四百四十條第一項)然レ圧權利者ニ於テ實際ノ負擔部分ヲ知ルコ能ハサル片ハ各債務者ハ平等ノモノト見做シ其頭數ニ分割シテ請求ヲ爲スコヲ得(仝條二項)此ノ場合ニ於テ實際已レノ分擔ヨリ多ク弁濟シタル債務者ハ他ノ債務者ニ對シ償還ヲ受クルノ權アリ(仝條第三項)假令

第百八號

ヘハ甲者ヨリ乙丙ノ二人金百圓ヲ借リ受ケタルニ其借用證書中ニ乙ハ六十圓丙ハ四十圓ヲ使用スル旨ヲ記シタル片ハ甲者ハ乙ニ對シ六十圓丙ニ對シ四十圓ヲ請求スルモ之等ノ記載ナキ片ハ其負担部分ヲ知ルニ由ナケレハ甲者ハ乙丙ニ對シ各五十圓ヲ請求ス可シ此時丙ハ實際已レノ分担ヨリ拾圓多ク辨濟シタルヲ以テ乙ニ對シ其償還ヲ求ムルヿヲ得

（第二）可分義務ヲ數人ノ債權者ニテ有スル片ハ各債權者ハ自己ニ有スル權利ノ部分ニアラサレハ請求スルヿヲ得ス此場合モ前段ト仝ク實際己レノ有スル部分ハ常ニ平等ノモノニアラス又己レノ有スル部分ヨリ多クノ利益ヲ得タル片ハ他ノ權利者ニ向テ償還セサル可カラサルナリ

（第百八號　不可分義務ノ種類ヲ示セ（四百四十一條四百四十二條））

不可分義務トハ義務ノ執行ヲ爲スニ該リ分割ス可カラサルモノヲ云フ即權利者數人アリト雖圧自巳ノ部分ノミノ執行ヲ求ムルヿ能スハ

又債務者數人アリト雖モ自己ノ負擔部分ノミノ執行ヲ爲スヿ能ハス必ス同時ニ全部ノ執行ヲ爲サヽル可カラサルモノヲ云フ今不可分義務ノ種類ヲ擧クレハ左ノ如シ

(一)債權者債務者間共ニ不可分ナル義務

(イ) 性質上不可分ノモノ

(ロ) 當事者ノ意思上不可分ノモノ

(二)債務者間ニノミ不可分ナル義務

○第百九號　如何ナル義務カ性質上ノ不可分ナル乎

性質上不可分ノ義務ハ執行ヲ受クル一方モ爲ス一方モ之ヲ數個ニ分割シテ形体上及智能上履行シ能ハサルモノヲ云フ左ニ種々ナル場合ヲ示シ以テ之ヲ明ニセン

不作爲ノ義務ノ過半ハ性質上不可分ナリ隣地ノ所有者ニ通行權ヲ與ヘタル片其通行ヲ妨害セサルノ義務ノ如キ是ナリ此義務ハ一ノ妨害

ノ所爲アルヤ直ニ其義務ノ全部ニ背クモノニテ事實上ハ勿論智能上ニ於テモ決シテ分割ス可カラサルモノナリ不作爲ノ義務ノ内可分義務ノ例ヲ求ムルニ甲、乙ト約スルニ自已所有地ノ内三段歩ハ桑苗ヲ植付セサルヿヲ以テシタル塲合ノ如キ是ナリ

作爲ノ義務ニ就テモ性質上不可分的ノモノ多シ例ヘハ一家屋ヲ建築スル義務ノ如キ其家屋ノ全体カ成就スルニ非レハ家屋ト名稱ス可カラサルヲ以テ柱梁ノ結構ヲ終ハリタリ𪜈其義務ノ一部ヲ盡シタリト云フ可カラサレハ是等ノ義務ハ不可分的ノモノナリ

讓與ノ義務ハ性質上不可分ノモノノ尠シ金圓及量定物ノ如キ度量衡ヲ以テ算定スル所ノ物件又ハ標記ヲ以テ分割スルヿヲ得可キモノ即土地ノ如キハ凡テ性質上可分的ナリ反之實際上及標記上ニテ分割ス可カラサル義務即一疋ノ馬ヲ與フル義務ノ如キハ性質上ノ不可分ナリトス多クノ著述家ハ此義務ノ性質ヲ可分義務ナリト論シ而メ執行ニ

付テハ不可分ナリトセリ其理由ニ曰ク一疋ノ馬ト雖モ之ヲ數人ニテ共有スルヿ自由ナレハ想像上其馬ノ半ヲ渡シ他ノ半ヲ自巳ニ保有スルヿヲ得レハ性質上ハ可分ノモノナリト是レ恐クハ權利ノ移轉スル事實ト權利ヲ移轉セシムル義務ト混同シタルニ坐スルモノナラン請フ試ニ之ヲ論セン

甲乙ノ二人一疋ノ馬ヲ丙者ニ與フルヿヲ約セリ此契約ハ一疋ノ馬ト云ヘルノミナルヲ以テ丙者ハ未タ馬ノ所有權ヲ得タルモノニアラス甲乙ハ何レノ馬ニテモ一頭ヲ丙者ニ與フ可キ義務アリ此義務ハ即不可分的ノモノト云ハサルヲ得ス何トナレハ甲乙各自ニ義務ノ履行ヲ為ストスル𪜈ハ甲ハ(イ)號ノ馬ノ半ヲ與ヘ乙ハ(ロ)號ノ馬ノ半ヲ與フルニ至ルヲ以テ丙ハ遂ニ一疋ノ馬ヲ得ルヿ能ハスシテ二疋ノ馬ノ半ツヽヲ得ルヲ以テ甲乙ハ丙ニ與フ可キ馬ヲ指示スルニハ必ス共同シテ同一ノ物ヲ選擇セサル可カラサルニ依リ如此義務ハ性質上不可分的

第百九號

ナリ而メ此場合ニ甲乙共ニ同一ノ馬ヲ指定シタル片ハ馬ハ確定物ト爲ルヲ以テ其所有權ハ直ニ丙ニ移轉ス此所有權ノ移轉ハ各別ニ行ハルヽモノニテ甲乙ハ各自己ニ有スル所有權ノ部分ヲ移轉シタルモノト見做ス故ニ所有權ノ移轉スル事實ハ無形的ノ中ニ行ハレ且其性質分割スルヲ得ルモノナルニ因リ學者之ヲ目シテ物ヲ與フルノ義務ハ總テ可分的ナリト誤認セリ此場合ニ甲乙カ指定シタル馬ヲ引渡ス義務ハ性質上不可分的ノモノナリ

以上述ヘタル所ヲ略述スレハ左ノ如シ

(一) 甲乙カ丙ニ一定ノ馬ヲ與ヘシト約シタル義務ハ不可分ナリ

(二) 甲乙カ共ニ與フ可キ馬ヲ指定シタル片ハ所有權ハ無形ニ移轉スルヲ以テ此移轉スル事實ハ可分ノ性質ナリ

(三) 右馬ヲ引渡ス義務ハ不可分的ノモノナリ此場合ニ引渡シヲ以テ所有權移轉ノ效アリトスル片ハ所有權移轉ト引渡ト混同スルヲ以

テ所有權移轉モ不可分ノ如キ感アレ𪜈所有權ハ各別ニ移轉スルヲ以テ所有權移轉ノ事實ハ可分ノモノナリ

○第百十號　如何ナル義務カ當事者ノ意思上不可分ナル乎（第四百四十一條）

當事者ノ意思上不可分トハ義務ノ性質ハ元來可分的ナルモ當事者ノ明示又ハ默示ノ意思ニ基キ不可分的ノモノト爲シタル義務ヲ云フ默示ノ意思ハ當事者カ希望シタル目的其他諸般ノ情況ニ據リ之ヲ推知セサル可ラサルモノナルニ因リ實際判定ヲ下スニ困難ナル場合アル可シ今默示ノ意思ト認ム可キ例ヲ擧クルニ買戻權ヲ行フ爲メニ金若干ヲ借入ルヽコヲ約シタル如キ是ナリ此場合ハ約諾者ノ希望シタル目的ニ因リ不可分ナリ何者買戻權ハ其代金ノ全部ヲ一時ニ提供セサレハ其效無キヲ以テ約束ノ金員全部ヲ得ルニ非ラサレハ其目的ヲ達スルコ能ハサレハナリ其他或事業ニ要スル一切ノ器械ヲ買入レタルトキ其器械ノ全部具備セサレハ事業ニ着手スル能ハサル情況アルトキ

ハ默示ノ意思ニ據ル不可分ノモノナリト斷言セサル可カラス

○第百十一號　如何ナル義務カ債務者間ニノミ不可分ナル乎（第四百四十二條）

債務者間ニノミ不可分ナル義務トハ其性質ハ可分ナルモ當事者ノ意思ヲ以テ債務者間ニノミ不可分ト爲シタルモノヲ云フ即左ノ如シ

（一）債務者一人ノ處分權內ニ在ル特定物ノ引渡ニ關スル𪜈

確定物引渡ノ義務ハ目的物ノ性質ニ依リ不可分ノモノアリ即一疋ノ馬ヲ引渡スカ如シ又可分ノモノアリ即數枚ノ夜具ヲ引渡スカ如シ如斯可分的ノモノト雖モ其引渡ス可キ物品數人ノ債務者ノ內一人ノ保有ニ係ル𪜈ハ其保有者一人ニテ全部ノ義務ヲ盡サヽル可カラス是レ他ノ債務者ハ義務ヲ履行スルヿ能ハサレハナリ此場合ニ於テ債權者數人アリテ一人ノ債權者ヨリ訴訟ヲ受ケタル𪜈ハ債務者ハ此數債權者ニ對シテ同時ニ義務ヲ免ルヽタメ其數債權者ヲ訴訟ニ參加セシムルヿヲ得

(二) 債務者中ノ一人カ設定權原ニ因リ獨リ履行ニ任シタル片此場合ハ當事者ノ明示ノ意思ヲ尊崇シタルモノニテ極テ明白ナリトス設定權原トハ義務ヲ約シタル合意ハ勿論遺贈モ此權原中ニ含蓄セラレタルモノナリ

○第百十二號　不可分義務ノ效果ヲ詳説セヨ

不可分義務ノ效果ハ債權者若クハ債務者數人アル場合又ハ債權者債務者同時ニ數人アル場合ニ其義務ノ分割ヲ妨クルヲ以テ重要ノモノトス此效果ヨリ許多ノ從タル效果ヲ發ス即左ニ之ヲ列擧ス

(イ) 債權者ノ一人ハ債務者ニ對シ義務ノ全部ヲ履行セシムルヿヲ得又債務者ノ一人ハ義務ノ全部ヲ履行シテ他ノ債務者ヲシテ義務ヲ免レシムルヿヲ得(第四百四十六條)

斯ク債權者ノ一人ハ義務ノ全部ヲ履行セシムルヿヲ得ルト雖モ必ス要約シタル如クノ辨濟ヲ受ケサル可カラス故ニ或ハ代物辨濟ヲ受ケ

不可分債權者ノ一人カ爲シタル更改免除代物辨濟ハ全ク無效タルヤ

第百十二號

或ハ義務更改ヲ約スルカ如キ他ノ債權者ノ權利ヲ變更シ或ハ減少セシムル等ノヿヲ爲スヲ得ス何者債權者ハ其權利カ不可分タル理由ニ因リ其全部ノ辨濟ヲ受クルモ素ヨリ其權利ヲ處置スルノ權アルニ非ラサレハナリ若シ斯ノ如キ行爲ヲ有效ニ爲シ得ルトスル片ハ他人ノ權利ヲ自由ニ處分スルノ結果ヲ生ス可シ（第四百四十五條一項）

（附言）債權者ノ一人ハ他ノ債權者ノ權利ヲ減少シ消滅セシムルヿヲ得サルハ當然ナルモ代物辨濟又ハ義務更改等ニテ舊權利ヨリ更ニ優等ナル權利ヲ約シタル片モ無效ト爲ス可キ乎或論者ハ必ス要約シタル如ク辨濟ヲ受クルニ非レハ有效ナラスト主張スレ氏是レ畢竟膠柱ノ論タル譏ヲ免レス義務ノ目的中珍器翫弄品ノ如キ人ノ需用ノ緩急ニ因リ價格ニ等差ヲ來ス物品ヲ目的トスル片ハタトヘ債權者ノ一人優等品ナリト思料スルモ他ノ債權者ニ於テ或ハ不用ナルヿアル可ク或ハ嗜好ニ適セサルヿアル可ケレハ代物辨濟等ヲ受クルヿ能ハサルモ穀類其他ノ商品等ノ如キ市場ニ於テ價格ノ定マル物品ニ至テハ彼是ノ優劣ヲ判別スル寔ニ容易ナレハ債權者ノ一人カ優等ナル物件ヲ擇ンテ他物ノ辨濟ヲ受ケタレハトテ他ノ債權

者ハ之ニ向テ苦情ヲ訴フルノ辞ナカル可シ然ルニ更ニ辨濟期限ヲ約シ又ハ義務更改ヲ爲シタル片ハ最早ヤ同一ノ決定ヲ下スヿ能ハス何者此等ノ場合ハ他ノ債務者ヲシテ後來無資力ノ危險ニ當ラシムルヲ以テナリ然レ圧是等ノ行爲ハ全ク無效ニアラス債權者中ノ更改免除ヲ約シタル者ニ對シテハ有效ナルヲ以テ其者ノ部分ニ應スル利益ノ償還ヲ求ムルヿヲ得

債權者ノ一人ニ於テ全部ノ辨濟ヲ受ケタル片ハ其權利ノ割合ニ應シテ他ノ債權者ニ利益ヲ分配セサル可カラス若シ性質上分配ス可カラサルモノナル片ハ評價格ニ換算スルヿヲ要ス又債務者ノ一人ニ於テ全部ノ履行ヲ爲シタル片ハ他ノ債務者ニ對シ義務ノ割合ニ應シ求償ヲ爲スヿヲ得此場合ニ他ノ債務者ニ求償シ得ル部分ハ唯其者ノ負擔部分ニ限ルモ若シ其中無資力者アル片ハ他ノ債務者ニ對シ義務ノ割合ニ應シテ損失ノ共擔ヲ要求スルヿヲ得（第四百四十四條）

（ロ）債權者ノ一人ノ爲シタル付遅滯其他保存ノ行爲ハ他ノ債權者ヲ利益ス

（ハ）債權者ノ利益ノ爲メ時效ヲ停止スル適法ノ原因ハ他ノ債權者ノ爲メニモ亦時效ヲ停止ス

右（ロ）（ハ）ノ效力ハ不可分義務ノ性質ヨリ生スル自然ノ效果ナリト云フ可シ元來數部ニ分割スル能ハサル義務ニ在リテ其一部ヲ存在セシメ他ノ一部ヲ消滅セシムルコハ事實上想像スルヲ得サルコナレハ債權者一人ノ保存ノ所爲ハ義務ノ全部ニ對シ效アルモノトセサルヲ得ス（第四百十六條）

（ニ）債務者ノ一人ニ對抗スルコヲ得可キ時效ノ中斷停止ノ原因ハ之ヲ以テ他ノ債務者ニ對抗スルコヲ得此理由モ前段ト同ク不可分義務ノ性質ヨリ發スル當然ノ效果ナリトス（同前條）

（ホ）債務者ノ一人ニ對スル付遲滯ハ之ヲ以テ他ノ債務者ニ對抗スルコヲ得ス（第四百十七條）

此論決ハ前段ト相反シ事理相撞着スルニ似タリト雖モ決シテ然ラス

抑不可分債務者ハ連帶債務者ノ如ク互ニ相代理スルモノニアラス故ニ債務者ノ一人カ遲滯ニ置カルヽモ其者一人ノミ懈怠アル推測ヲ受ケ物件ノ危險ヲ負擔シ又遲延ヨリ生スル損害等ヲ賠フノ責ニ當ラサル可カラス然レ𪜈付遲滯ヨリ生スル效果ノ一タル時效ノ中斷停止ハ總債務者之カ影響ヲ受ク是レ前段說明スル所ナリ

(一)債務者ノ一人ノ過失ニ因リ不可分義務ハ履行ス可カラサルニ至リタルトキハ其債務者獨リ損害賠償又ハ過怠約款ノ責ニ任ス過失ニ因リ義務不履行ニ至ルトハ債務者ノ一人カ遲滯ニ付セラレタル後天災又ハ過失ニ因リ毀滅シタルトキ付遲滯前ト雖モ其過失ニ因リ毀滅シタル等ノ塲合ヲ云フ此等ノ塲合ハ過失者獨リ其責ニ當ラサル可カラス其理由ハ前段ト同一ナリトス(第四百四十七條)

○第百十三號　不可分義務ノ債務者ノ一人ハ他ノ債務者ヲ訴訟ニ參加セシムル爲メ期間ヲ請求スルコトヲ得ル乎

（第四百四十九條）

不可分義務ノ債務者ノ一人カ義務履行ノ請求ヲ受ケタル塲合ニ他ノ債務者ヲ訴訟ニ參加セシムル目的二アリ曰ク他ノ債務者ト共ニ履行ヲ爲ス可キ言渡ヲ受クルコ曰ク己レ一人履行ヲ爲シタル片ハ他ノ債務者ニ對シ求償ノ言渡ヲ受クルコ是ナリ此目的ハ能動所動ノ不可分ニハ常ニ存スルモノナルモ所動上ノ不可分義務ハ履行ス可キ債務者已ニ確定シ居ルヲ以テ此義務ニ就テハ第一ノ目的存スルコ無シ故ニ法律ハ利益ノ多少ヲ斟酌シ能動所動共ニ不可分ナル片ハ訴ヲ受ケタル債務者ハ他ノ債務者ヲ訴訟ニ參加セシムル爲メ或ル期間ヲ請求スル權ヲ許セリ是レ此期間請求ノ權ヲ許シタルハ一訴訟ヲ以テ許多ノ訴訟ヲ落着セシメンコノ希望ニ出テタルモノナリ

○第百十四號　不可分義務ト連帶義務ノ差異ヲ示セ

（イ）不可分義務ハ債務者ノ過失又ハ履行遲延ニ因リ損害賠償ニ變シ

タルトキハ義務モ亦其性質ヲ變シ債權者債務者間ニ能動所動ニテ分割セラル然ルニ連帶義務ハ幾回義務ノ性質ヲ變スルモ常ニ連帶ノ效力ヲ失フコト無シ

(ロ)不可分債務者ノ一人過失アルカ為メ生シタル損害ハ他ノ債務者之ヲ負担セス故ニ債務者ノ一人過失ニテ目的物ノ全部ヲ滅失セシメタルトキハ他ノ債務者ハ義務ノ全部ヲ免ル其損害賠償ハ過失アル債務者ノミノ負担トス反之連帶債務者ノ一人過失ニ因リ義務不履行ニ至リタルモ全体ノ債務者連帶ニテ賠償ノ責ヲ負ハサル可カラス但過失ナル債務者ニ求償ヲ為スコトヲ妨ケス

(ハ)不可分義務ハ數人ノ承繼人間ト雖モ敢テ分割セラルヽコト無シト雖モ連帶義務ハ數人ノ承繼人アルトキハ其者ノ間ニ分割セラル

以上ノ差異アル所以ハ不可分ハ其義務ノ性質ヨリ生スルモノナレハ其性質ヲ變セサル以上ハ何回地位ヲ變スルモ常ニ不可分タラサル可

カラス反之一タヒ性質ヲ變シ分割シ得可キモノト爲ル片ハ當然可分義務ト爲ル然ルニ連帶義務ハ其性質ヨリ生スルニ非ラスシテ當事者ノ合意又ハ法律ノ規定ヨリ生スル債務者相互ノ保證人ニシテ而モ各債務者ハ總債務者ヲ代表スルモノナレハ一人ノ債務者ノ所爲ハ總債務者ノ所爲ト見做サレ其結果ハ總債務者ニ及ホスモノナリトノ理由ニ基クモノトス

第三章　義務ノ消滅

○第百十五號　義務ハ如何ナル原因ニ因リ消滅スル乎（第四百五十條）

義務ハ左ノ事項ニ因リ消滅ス

（一）辨濟

辨濟トハ已レカ負フ所ノ義務ノ旨趣ノ如ク履行スルヲ云フ

（二）更改

從來負フ所ノ義務ニ代ヘ新ニ他ノ義務ヲ約スルヲ云フ

（三）合意上ノ免除

義務ノ全部若クハ一部ヲ合意上ニテ免除スルヲ云フ免除カ有償ノモノナルトキハ代物辨濟、更改、和解、解除ヲ成ス又無償ノモノナルトキハ一ノ贈與ヲ爲ス然レ𪜈無償ノ免除ハ普通ノ贈與ト異リテ公式ヲ要セスシテナスヿヲ得本項ニ所謂免除トハ無償ノモノヲ指ス

（四）相殺

二人互ニ債權者タリ債務者タルトキハ二ケノ債務ヲシテ其寡少ナル債務ノ數額ニ滿ツルマテ消滅セシムル方法ナリ

（五）混同

一箇ノ義務ノ債權者タリ債務者タル分限カ相續等ニテ一人ニ合併シタルトキハ混同ニ因リ其義務ノ消滅ヲ來ス

（六）履行ノ不能

義務カ履行スルヿ能ハサルニ至リタルトキハ履行不能ニ因リ消滅ス然

レ𪜈履行不能ニ至リタルハ債務者ニ過失ナキヿヲ要ス若シ過失アル𪜊ハ主タル義務ノ履行ニ換ヘ損害賠償ノ責ニ任セサル可カラス、履行不能ノ塲合トハ特定物ノ義務ニ付テハ其物ノ滅失紛失等ノ塲合ヲ云ヒ作爲不作爲ノ義務ニ付テハ債務者ノ病痾等ノ塲合ヲ云フ

（七）鎖除

有效ノ條件ノ欠缺ノタメ一方ノ請求又ハ抗辨ニ因リ合意ヲ取消シタル𪜊ハ銷除ニ因リ義務消滅ス

（八）廢罷

債務者カ債權者ヲ害スルノ意思ヲ以テ自巳ノ財產ヲ減ス可キ合意ヲ爲シタル𪜊ハ債權者ハ其合意ヲ取消スヿヲ得

（九）解除

未必條件ノ到着又ハ双務契約ノ一方カ義務ヲ履行セサルカタメ合意ヲ解除スル塲合ヲ云フ

以上九ケノ原因ノ外時效ヲ以テ義務消滅ノ原因ト爲ス論者アルモ我法典ハ之ヲ掲記セス其理由ハ歳月ハ義務ヲ消滅セシムルノ力アルモノニアラス唯經久ノ時間債權者カ權利ノ執行ヲ爲サスシテ等閑ニ付セシハ已ニ辨濟ヲ受ケタルカ又ハ其他ノ事ニ因リ權利ヲ失フタルニ由ルナル可シトノ推測ヲ惹起スルノ力アルノミナリト蓋シ正鵠ヲ得タルモノト云フ可シ

又或ル期限間供給ヲナス可キ義務ニ付キ期限ノ終了ヲ義務消滅ノ原因ト論スルモノアルモ期限間供給ヲ爲シ終リタルハ所謂義務ノ旨趣ニ基ク所ノ履行ニシテ彼ノ辨濟ト敢テ異ナルヿナケレハ此場合ハ辨濟ノ中ヘ包含シタルモノトス

代理、付托、會社等ノ義務ニ付テハ一方ノ者ノ意思ト其死亡トニ因リ消滅スルヿアリト雖𪜈凡テノ義務ニ普通ノモノニアラサレハ法律ハ茲ニ掲載セス

第一節　辨濟

○第百十六號　辨濟ノ定義如何（第四百五十一條第一項）

辨濟トハ已レカ負フ義務ヲ盡ス方法ヲ云フト云ヘル意義ニ解スル片ハ總テ義務消滅ノ原因タル更改相殺等ヲ含蓄ス可シト雖圧法典カ所謂辨濟トハ如此汎廣ナルモノニアラス今其定義ヲ下ス片ハ左ノ如シ
辨濟トハ義務ノ本旨ニ從フノ履行ナリ此定義ニ據ル片ハ義務カ命スル如ク履行スル之ヲ辨濟ト云フ故ニ代物辨濟ハ辨濟ノ節目中ニ規定スルモ其實眞ノ辨濟ニアラス何トナレハ代物辨濟ハ義務ノ目的物以外ノ物ヲ以テ辨濟スルモノナレハ債權者ニ於テ之ヲ承諾セサレハ例ヘ眞ノ義務ノ目的物ヨリ一層高價ナル物品ヲ以テスルモ强テ受取ラシムルヿ能ハサレハ辨濟ノ行ハル、前ニ一ノ合意アルヿヲ必要トス此合意ハ即チ義務ノ目的物ノ更改ニシテ其更改アルヤ直ニ辨濟ヲ行フ所ノモノナリ眞ノ辨濟ハ何等ノ合意ヲ要セスシテ之ヲ行フヿヲ得

可シ若シ債權者辨濟ヲ拒ムトキハ強テ之ヲ受取ラシムル處ノ方法ヲ有スルモノナリ

辨濟ニハ二種アリ一ヲ單純ノ辨濟ト云ヒ一ヲ代位辨濟ト云フ代位辨濟ハ債務者共同債務者或ハ保證人又ハ債務者ト約束シタル他人等カ債務者ニ代リテ辨濟ヲ爲シ而シテ債權者ノ權利ヲ承繼スルモノヲ云フ故ニ代位辨濟ハ債權者ニ對シテハ義務消滅スルモ債務者ニ對シテハ依然曩キノ義務存在ス此代位辨濟ニ屬セサルモノハ凡テ單純ノ辨濟トス

第一款　單純ノ辨濟

（附言）單純ノ辨濟トハ代位辨濟ニ對スル區別ニシテ義務ノ單純ナル執行ヲ云フ代位辨濟ハ一面ハ辨濟ノ性質ヲ有スルモ一面ハ債權者ノ承繼人タル性質ヲ有スル複雜ナルモノナリ

○第百十七號　辨濟ヲ爲シ得ル者ハ何人ナル乎（四百五十二條四百五十三條四百五十四條）

第百十七號

辨濟ハ債務者及ヒ負債ニ關係アル者ハ勿論關係ナキ第三者ト雖𪜈概シテ適正ニ之ヲ爲スヿヲ得可キモ各場合ニ因リ其結果ヲ異ニスルモノナレハ左ニ之ヲ略述セン

（第一）債務者

債務者カ爲シタル辨濟ハ實ニ完全ノモノニシテ主タル義務ハ勿論他ノ總テノ附属義務ヲモ悉ク消散セシメ何等ノ權利關係ヲ殘スヿナキモノナリ

義務ニ關係アル者ノ爲シタル辨濟ノ效果如何

（第二）義務ニ關係アル者

義務ニ關係アル者トハ保證人、連帶債務者、不可分債務者其他ノ共同債務者及其義務ノ物上担保ヲ負フ物件ノ所有者等ヲ云フ

（附言）連帶不可分ノ債務者ハ債權者ノ目ヨリ視ル𪜈ハ債務者ノ一人ナルモ債務者間ノ關係ニ至テハ他ノ債務者ノ負擔部分ニ付テハ保證人ト同一ノ地位ニ在ルヲ以テ本項ニ含蓄セシメタルモノナリ

右等ノモノ丶辨濟ハ債權者債務者共ニ其辨濟ヲ拒ムヿヲ得サルモノトス何トナレハ是等ノ者ハ債務者ト同一ノ地位ニ在リテ利害ヲ共ニスルモノナレハ是等ノ者ノ辨濟ハ他ノ債務者ニ於テモ亦利益アルモノト認定ス可クシテタトヘ他ノ債務者カ拒否スルモ其ハ頑固敖慢ニシテ利害ヲ顧ミサルモノトス可キナリ又債務者ハ何人ヨリノ濟辨ト雖モ義務ノ旨趣ノ如ク履行セラルヽニ於テハ拒ム可キ道理ナシ是等ノ者ノ爲シタル辨濟ハ當然代位辨濟ノ效力アルヲ以テ代位ノ訴權ニ據リ他ノ債務者ニ對シ求償ヲナスヿヲ得ルモ代位ノ利益ヲ拋棄シテ自己固有ノ訴權ニ據リ求償スルヿヲ得自己固有ノ訴權トハ左ノ如シ

(一) 連帶債務者ノ一人カ爲シタル辨濟ニ付テハ代理訴權

(附言) 連帶債務者ハ互ニ相代理シ居ルモノナレハ例ヘ他ノ債務者ヨリ弁濟ニ付キ特別ニ依頼ヲ受ケサルモ委任ヲ受ケテ弁濟シタルモノト見做サルヽニ因リ常ニ代理訴權ヲ有スルモノナリ

第百十七號

(二) 不可分債務者保證人等カ他ノ債務者又ハ主タル債務者ノ依賴ヲ受ケテ爲シタル辨濟ニ付テハ代理訴權

(三) 右等ノ者カ他ノ債務者又ハ主タル債務者ノ依賴ナクシテ爲シタル辨濟ニ付テハ事務管理ノ訴權

(附言) 此ノ場合ニ於テ他ノ債務者又ハ主タル債務者ニ於テ弁濟ヲ拒ミタルモ其弁濟ハ是等ノ者ニ利益アルモノトシテ尙ホ事務管理ノ訴權ヲ與フヘキモノトス

事務管理ノ訴權ト代理訴權トノ差異ハ代理訴權ハ其權限內ニ於テ爲シタル立替及費用ハ凡テ弁償ヲ受ケタルノ權アルモ事務管理ノ訴權ハ立替ヲ爲シタル日ニ於テ被管理人ニ與ヘタル利益ヲ限度トシテ自己ノ立替額ヲ弁償セシムルヿヲ得ルノミ故ニ例令ヘ與ヘタル利益カ立替ヘタル額ヲ超過シタルモ其立替額ヲ請求スルヿヲ得ス何トナレハ事務管理ハ自己ノ利益ニ於テナス可キモノニアラサレハナリ

義務ニ關係ナキ第三者ノ爲シタル弁濟ノ效果如何

(第三) 義務ニ關係ナキ第三者

義務ニ關係ナキ第三者ト雖モ當事者一方ノ承諾ヲ得テ適正ニ辨濟ヲ

爲スコヲ得然レ𪜈當事者双方共ニ其辨濟ヲ肯セサル片ハ之ヲ爲スコヲ得ス又作爲ノ義務ニシテ債務者ノ名譽技倆等ヲ目的ト爲シタル片ハ債務者ニ於テ拒否スル片ハ第三者辨濟ヲ强ユルコヲ得ス又不作爲ノ義務ニ就テハ性質上債務者ニ非サレハ履行ヲナスコ能ハサレハ第三者代テ義務ヲ盡スコ能ハサルハ勿論ナリ(不作爲ノ義務及債務者ノ名譽技倆等ヲ目的トスル作爲ノ義務ニ付テノ保證人モ亦此塲合ト同一ナレハ保證人ハ主タル義務者カ履行ヲ怠リタル片損害賠償ノ責ニ任スルノミ)

第三者ニ於テ辨濟ヲ爲シタル片ハ左ノ區別ニ從ヒ債務者ニ對シ求償權ヲ有ス

(一) 第三者債務者ノ依賴ニ據リ債務者ノ名ヲ以テ爲シタル辨濟ニ於テハ代理ノ原則ニ基キ代理訴權ヲ以テ求償ヲ請求スルコヲ得

第百十七號

（一）第三者債務者ノ依賴ナキモ急迫ナル訴訟ヲ防キ又ハ苛酷ナル債權者ヲ却クルタメ其利益ニ於テ爲シタル辨濟ハ事務管理ノ訴權ヲ以テ求償ヲ請求スルヿヲ得

（二）第三者債務者ノ利益ニ於テ爲シタルニ非ラスシテ自己ノ不用ナル資產ヲ使用シテ利益ヲ收ムルノ目的ニテ爲シタル辨濟ハ不當利得ノ訴權ヲ以テ求償ヲ請求スルヿヲ得

（附言）不當利得取戻ノ訴權トハ何人ヲ論セス他人ノ損失ヲ以テ自己ヲ利益スルヿヲ得スト ノ原則ニ依リ生シタルモノニシテ則第三者カ例ヘ自己利益ノ爲ニ爲シタル辨濟ト雖モ其辨濟ノ爲メ債務者ニ現實ノ利益アリシトキハ其利益ヲ限度トシテ第三者ニ對シ之ヲ賠償ス可キ義務アルモノトス故ニ事務管理ノ訴權ト酷タ相類スルモ事務管理ノ訴權ハ辨濟ノ當時債務者カ受ケタル利益ニ付テ計算スルモ不當利得取還ノ訴權ハ其訴權ヲ行用スル當時存スル利益ニ付テ計算ス故ニ辨濟ノ當時未タ時效ニ繫ラサル義務ナリシモ求償ノ時旣ニ時效ノ期限ヲ經過セシトキハ第三者ハ最早ヤ其訴

權ヲ失フモノトス何トナレハ求償ノ當時ハ債務者ニ得セシメタル利益アリト云フ可カラサレハナリ

辨濟ヲ行フタル第三者ハ代位ノ訴權ヲ拋棄シ自己固有ノ訴權ヲ行フニ於テ却テ利益アル乎

第三者ノ辨濟ニ付キ合意上ノ代位辨濟ノ成立シタル片ハ代位ノ訴權ヲ以テ求償ヲナスヿヲ得ルハ勿論ニシテ猶ホ第三者ハ代位訴權ノ利益ヲ拋棄シ右ニ述ヘタル自己固有ノ代理訴權或ハ事務管理ノ訴權等ヲ以テ償還ヲ求ムルヿヲ得

（附言）代位訴權ノ利益ヲ拋棄シ第三者固有ノ訴權ヲ行用スルヲ以テ利益アリトスル場合アルカ曰ク之レアリ凡ソ代位辨濟ハ債權者ノ權利ヲ附屬權共ニ承繼スルモノナルヲ以テ債務者ニ於テ充分ナル資產ヲ有スル片ハ前義務カ無利息ノ貸借又ハ低廉ナル利子ノ貸借ナリシ片ハ代理訴權ヲ行用スルヲ以テ却テ利益アルモノトス何トナレハ代理人ハ其立替金ニ付立替ヘタル日ヨリ法定ノ利子ヲ要求スルヿヲ得レハナリ又前義務ハ已ニ時效ノ期限ヲ經過スル片ハ自己固有ノ事務管理或ハ代理ノ訴權ヲ以テセサレハ求償權ヲ行フヿ能ハス

○第百十八號　辨濟ヲ爲ス人ニ要スル資格如何

第百十八號

辨濟ヲ爲ス人ハ義務カ定量物ノ所有權ヲ移轉スルヲ以テ目的トスル片ハ其物ノ所有者ニシテ且讓渡ノ能力アルヿヲ要ス（第四百五十五條一項二項三項）

（一）所有者タルヿヲ要ス

合意ニ依リ直チニ所有權ノ移轉スル確定物ノ讓渡ノ塲合又ハ賃借權寄託期限ノ終了等ノ塲合ニ於テ物ヲ引渡ス可キ時ハ債務者ハ常ニ物ノ所有者タルヿヲ要スルヿナシ又常ニ物ノ所有者タルヿ能ハサルナリ此條件ヲ要スルハ定量物ノ辨濟ノ塲合ニアリトス何トナレハ定量物ハ特定物ニ變スルニ非ラサレハ其所有權移轉セス加フルニ定量物ハ常ニ辨濟ニ因リ所有權轉移スルヲ以テ辨濟ノ當時債務者自ラ所有權ヲ有スルニ非ラサレハ其辨濟ハ無效タル可キナリ

（附言）此要件ノ如キハ一般ノ原則ニ因リテ解スルヿヲ得ルモノナレハ法律ニ於テ殊更明言スルニ及ハスト速了ス可カラス法律ハ此要件ヲ明言スルヲ主トスルニアラスシテ此要件ヲ欠缺シタル片ハ如何ナル結果ヲ生ス

ルヲ明言セシカタメ法文ノ体載上止ムヲ得ス之ヲ明言シタルモノナリ
次ノ能力ノ要件モ亦然リ

他人ノ物ノ辨濟ハ如何ナル故ナル乎

他人ノ物ノ辨濟ハ全ク無效(合意成立ノ條件ノ缺ケタルト同樣)ナレハ其辨濟ハ何等ノ效果ヲモ發セス其義務ハ依然ト存在シ債務者ハ未タ法律上ノ羈束ヲ脱セス債權者モ亦制迫ノ手段ヲ失ハサルモノナレハ債權者債務者共ニ其辨濟ノ無效ヲ申立ルヿヲ得可シ
債權者ニ於テ辨濟ノ無效ヲ申立テ更ニ正當ノ辨濟ヲ要求シ得ルハ無論タルモ若シ其物件眞ノ所有者ヨリ奪取セラル丶憂ナキ場合ト雖圧尙ホ無效ヲ申立ツルヿヲ得ルカ曰ク時效ニ因リ奪取ノ憂ヲ免レタル圧ハ無效ノ申立ヲ爲スヿヲ得ルモ債務者カ辨濟後其物件ヲ眞ノ所有者ヨリ讓受ケタル圧ハ無效ノ申立ヲ爲スヿヲ得ス何トナレハ時效ハ法律上所有權獲得ノ方法ニ非ラスシテ權利ノ證據ト爲ル可キ一ノ推測ナレハ債權者ニ於テ此推測ヲ以テ證據ト爲スヿヲ本心潔シトセサ

ル片ハ他人之ヲ強ユルヿ能ハス反之債務者カ後ニ權利ヲ得タル場合ハ確然タル辨濟ノ成立シタルト一般ナレハ債權者之ニ對シ無效ヲ申立ツルモ何等ノ利益ナカル可シ

(附言) 債務者後ニ權利ヲ得タルトハ假令ハ予汝ニ對シ二頭ノ馬ヲ(定量物)讓渡ス可キ義務ヲ負ヘリ此義務ノ辨濟トシテ予ハ曾テ他人ヨリ預リタル馬二頭ヲ汝ニ引渡シタリ此時予カ爲シタル辨濟ハ無效ナリ然レ𪜈予ハ其引渡ノ後右二頭ノ馬ヲ眞所有者ヨリ買得シテ眞ノ所有者ト爲リタル場合ノ如シ

債務者ヨリ辨濟ノ無效ヲ申立テ得可キヿニ就テハ下ノ非難ヲナスモノアリ曰ク債務者ハ辨濟シタル物件ニ對シテ奪取擔保ノ責ヲ負フモノナルニ辨濟ノ無效ヲ申立ツルヿヲ得ルトスル片ハ己レ自ラ奪取者ト爲ルモノナリト(格言ニ曰ク奪取擔保ノ債務者ハ自ラ奪取者ト爲ルヿヲ得ス)此論一應理アルカ如シト雖𪜈現物カ債權者ノ手中ニ存スル場合ニ於テ債務者債權者ニ向テ予ハ他人ニ屬スル物件ヲ以テ汝ニ辨

濟セリ他人將ニ予ニ向テ訴ヲ起サントス請フ君其物件ヲ還セ予ハ汝ニ他ノ正當ナル物品ヲ以テ辨濟ス可シ云々ト陳述セハ債權者ハ公平ナル道義心ヲ以テシタランニハ之ヲ拒ム道ナカル可シ

無能力者ノ爲シタル辨濟ノ效果如何

(二) 能力アルヿヲ要ス

辨濟ニ因テ權利ノ移轉スル場合ニ於テハ辨濟ハ一ノ權利讓渡ノ方法ナレハ其權利ヲ讓渡スル能力アルヿヲ要スルナリ

無能力者ノ爲シタル辨濟ハ前段ノ如ク成立上無效ニアラス恰モ合意ニ有效條件ヲ缺キタル如ク唯瑕疵アルモノナリ故ニ其辨濟ノ無效ヲ申立ツルヿヲ得ルハ獨リ無能力者ノミトス然レﾄﾓ刑罰ヨリ生スル無能力者ノ爲シタル辨濟ハ双方ヨリ共ニ無效ノ申立ヲナスヿヲ得可キモノト信ス

(附言) 辨濟ノ當時無能力者ナレハ必ス合意ノ當時モ亦無能力者ニ相違ナケレハ合意ノ無效ヲ申立ツルニ如カサルナリト速斷ス可カラス合意ノ當

第百十八號

時ハ能力者ニシテ後ニ無能力者ト爲ル場合許多アリ例ヘハ能力者死シテ無能力者相續ヲ爲シタル時又合意ノ後病疾或ハ刑罰ノタメ無能力者ト爲リタル時ノ如キ是ナリ

(附言) 辨濟ヲ取消シ更ニ有效ノ辨濟ヲ爲シテ如何ナル利益アルカ曰ク期限前ニ辨濟ヲ爲シタル𪜈ハ之ヲ取戻シ期限マテ利用ヲ爲スヿヲ得可ク中等品ヲ渡セハ義務ノ旨趣ニ戻ラサルニ上等品ヲ渡シタル𪜈之ヲ取戻シ更ニ中等品ヲ渡スヲ得ベク數中擇一義務ノ場合ニ高價品ヲ辨濟シタル𪜈ハ之ヲ取戻シ更ニ低價品ヲ渡スヿヲ得可キ類ハ皆利益アリトス

右二ケノ要件欠缺シタルヲ理由トシテ辨濟ヲ取消サント申立ツル債務者ハ更ラニ適當ナル辨濟ヲ爲スヿヲ提供スルニ非ラサレハ辨濟ノ無效ヲ請求スルヿヲ得ス是レ債權者ヲ保護スルタメ債權者ニ一ノ留置權ヲ與ヘタルモノナリ(第四百五十五條第四項)

(附言) 留置權トハ一ノ物上擔保ニシテ債權者債務者カ適當ナル辨濟ヲ爲スニ至ルマテ前ニ受取リタル物品ヲ保有シ居ル權利ヲ云フ

債權者カ辨濟トシテ受ケタル物品ヲ善意ニテ消費シ又讓渡シタル𪜈

ハ債務者ハ之ヲ取戻スコトヲ得ス何トナレハ他人ノ物ヲ以テ辨濟ヲ爲シタル債務者ハ必ス自巳ニ多少ノ過失ナキヲ免レサル可シ然ルニ之ヲ受ケタル債權者ニハ毫モ過失ナク眞ニ自巳ノ所有ニ歸シタリト思慮シ之ヲ消費シタル片ハ過失アル債務者ヲ保護シテ善意ナル債權者ヲ害スルコ能ハサレハナリ然レ𪜈若シ惡意ニテ(他人ノ物タルヲ知リ)之ヲ消費シタル片ハ債務者ハ辨濟無效ノ請求ヲ爲スコヲ得可キナリ(第四百五十條五頁)

(附言) 辨濟トシテ受タル物品カ天災其他ノ不可抗力ニ因リ滅失シタル片ハ債權者ハ辨濟ノ無效ヲ申立ツルコヲ得債務者モ亦其申立ヲ爲スコヲ得ルモ却テ損失ヲ蒙ル可ケレハ實際之ヲ申立ツルモノ無カル可シ此點ニ付テ所有者タル條件ヲ缺ギタルト能力ノ條件ヲ缺キタルトニ付キ大ナル差異アリ第一ノ條件ヲ缺キタル片ハ債權者更ニ有效ノ辨濟ヲ受クルコヲ得ルモ第二ノ條件ヲ缺キタル片ハ債權者辨濟ノ無效ヲ申立ツルコ能ハサレハ其滅失ノ損失ヲ蒙ラサル可カラス

第百十八號

他人ノ物又ハ無能力者ノ爲シタル辨濟物カ天災ニテ滅失シタル片ノ效果如何

債權者ハ他人ノ物ヲ以テスル辨濟ヲ認諾スルコヲ得然レ𪜈眞ノ所有

者ヨリ其物ノ奪取ヲ蒙リタルトキハ債務者ニ對シテ奪取擔保ノ訴權ヲ以テ損害ヲ賠償セシムルヿヲ得可シ(第四百五十條六項)

辨濟ヲ爲シタル者ノ資格ニ欠缺アリテ辨濟無效ニ歸スルトキハ從前ノ義務ハ依然存在スルヲ以テ之ニ附屬スル物上對人ノ担保モ亦依然存在ス然レトモ一旦辨濟ノ行ハルヽヤ其担保ヲ證スル證書ヲ毀滅シテ之ヲ證明スルヿ能ハサルヿ往々之レ有ル可キモ尙ホ債務者ハ債權者ニ對シテ辨濟無效ヲ申立ツルヿヲ得ルカ曰ク然リ此場合ニ債權者カ担保ヲ失フモ實際損失ヲ蒙ルヿ無カル可シ何トナレハ債權者ハ前ニ受ケタル物品ニ付留置權ヲ有スレハナリ且其物品ハ更ニ適當ノ辨濟トシテ受クル物品ヨリ優等ナルヿヲ推定シ得可ケレハナリ

○第百十九號　辨濟ヲ受ク可キ者ハ何人ナル乎

辨濟ハ殆ト何人モ之ヲ爲スヿヲ得ルモ辨濟ヲ受クル者ハ或ル特定ノ人ニ非ラサレハ其權利無キモノナリ是レ何人モ債權者ノ承諾ナクシ

テ其權利ヲ奪フヿ能ハサレハナリ

辨濟ヲ有效ニ受クルヿヲ得ル人ハ左ノ如シ

(第一) 債權者又ハ其代理人

(第二) 債權ノ占有者

右二ケノ場合ニ就テ說明ス可シ

(第一) 債權者又ハ其代理人(第四百五十六條)

債權者ニ爲ス辨濟ニ就テハ別ニ說明ヲ要スルヿナキモ代理人ニ爲ス辨濟ニ就テ一言セサル可カラス

代人ニ爲シタル辨濟ノ效如何

代理人ニ爲ス辨濟ノ有效ナルニハ正當ノ代理權內ニ在ルヿ及其代理權ハ止息セサルヿヲ要ス而〆代理權內ニ在ラサル片例ヘハ利子ヲ受取ル權アル代理人ニ元金マテ共ニ辨濟シタル如キハ無論無效タルモ代理權ノ止息シタル後ニ爲シタル辨濟ハ如何ト云フニ債務者ハ其代理權ノ終了シタルヿヲ知ラスシテ眞ノ代理人ナリト信シ爲シタル片

ハ其辨濟ヲ有效ナリトセサル可カラス故ニ能ク事務ヲ斡旋スル債權者ハ必ス代理權ノ終了ヲ債務者ニ告知ス可シ此告知ヲ怠リタルカタメ債務者ヲシテ外見ノ代理人ニ辨濟ヲ爲サシメタル片ハ債權者ハ其代理人ニ對シテ賠償ヲ求ムルノ外ナシ商人カ番頭ヲ解雇シタル片其旨ヲ得意先キヘ通知スルハ蓋シ此災害ヲ免カレンカ爲メノ處置ナリ

(附言)代理委任カ有期ナル場合ニ債務者ハ其期限ノ終了シタルヿヲ偶然遺忘シ辨濟シタル片ハ過失ノ責ハ債務者ニ在レハ其辨濟ヲ以テ債權者ニ對抗スルヿヲ得ス代理人ニハ合意上法律上裁判上ノモノアリ後見人父若クハ夫ハ法律上ノ代理人ニシテ失踪者處刑者相續人ナクシテ死去シタル者ノ財産管理人等ハ裁判所ヨリ委任シタルモノニシテ裁判上ノ代理人ナリ(訴訟法四十六條)

(第二)　債權ノ占有者(第四百五十七條)

債權ノ占有者トハ如何ナル者ヲ指ス乎

債權ノ占有者トハ如何ナル謂ナル乎債權ハ有体ノ目的物ナシ故ニ彼ノ動產ノ如ク現實ニ握有スルヿ能ハサルハ勿論ナレハ如何シテ占有

スルヿヲ得ル乎債權ノ證書ノ所持人ヲ以テ占有者ト見做ス可キ乎曰然ラス證書ハ唯債權ヲ證スル一ノ資料タルニ過キス且委托盜奪拾得等ニ依リ所持スルヿアルヲ以テ其證券ニ記名シタル以外ノ人ヲ以テ(タトヘ證書ヲ所持スルモ)債權者ト推測スルヿ能ハス此所持人ニシテ弁濟ヲ請求スルヿアルモ債權者ハ予ハ汝ニ對シ之ヲ弁濟スルノ責ナシ汝債權者ナリト主張セハ之レカ證明ヲ爲スベシ證書ノ所持ノミヲ以テ汝ハ正當ノ債權者ト推定スルヿ能ハスト答フルヿヲ得ベシ

法典ハ債權ノ占有者ノ例示ヲ爲セリ即表見ナル相續人其他ノ包括承繼人記名債權ノ表見ナル讓受人及無記名證券ノ占有者ハ之ヲ債權ノ占有者ト看做スト云ヘリ因是觀之ハ債權ノ占有者ハ無記名證券ノ債權ヲ除クノ外他ノ債權ニ就テハ其之ヲ獲得シタル權原ナカル可カラス其權原ニシテ正當且少シモ瑕瑾ナキ片ハ眞ノ債權者タルモ其權原ハ表見ノミ成立シテ其實虛無タル片ハ之ヲ債權ノ占有者トスルナリ

然レモ無記名證券ハ權利ト其權利ヲ證スル證券トハ殆ント一体ヲ爲シテ證券其物ハ直ニ權利其物ト稱スルモ敢テ不可ナケレハ證券ノ占有者ハ其權利ノ占有者ト見做スコ恰モ動產ノ目的物ノ占有者ハ其權利ノ占有者ト見做スト同一ナリトス

サテ右等ノ債權占有者ニ爲シタル弁濟ハ如何ナル效果ヲ生スルヤト云フニ債務者ニ於テ眞ノ債權者ナリト思考シ弁濟ヲ爲シタル片ハ有効ナリ是實ニ債務者ニ毫モ責ム可キ點ナケレハナリ

(附言)表見ナル相續人トハ眞正ノ相續人アリシモ其人巳ニ死シタリトシテ他人相續ヲ爲シ相續人ノ位置ニ立チ權利義務ノ履行ヲ爲シ居タリシニ豈圖ラン眞ノ相續人ハ死亡シタルニアラスシテ永ク孤島ニ漂寓シ偶々船便ヲ得テ歸リ來リシ時ノ如キ是ナリ表見ナル包括承繼人トハ死者一通ノ遺言書ヲ殘シテ其財產全部ヲ或人ニ遺贈セリ其人ハ眞ノ遺贈ヲ得タリト思ヒ權利義務ヲ履行シ居タルニ豈圖ランヤ其遺贈ハ第二ノ遺言書ヲ以テ取消サレ居タル塲合ノ如シ記名債權ノ表見ナル讓受人トハ讓渡人ガ眞ノ債權者ニアラサリシカ爲メ其讓渡ノ無效ナリシ塲合ノ如シ此等ノ塲合ニ

於テ表見ナル債權者ニ弁濟シタル債務者ニハ毫モ過失アルヿナケレハ其弁濟ヲ以テ無效ト爲スヿ能ハサルナリ又無記名證劵ノ占有者ニ爲シタル弁濟モ本文ニ云フ如クナレハ之ヲ無效トナス道理ナキモノトス

第三者ニ爲シタル辨濟ノ效如何

右二ケノ外第三者ニ爲シタル辨濟ハ如何ナル決定ヲ下ス可キカ原則ヨリ云ヘハ第三者ニ爲シタル辨濟ハ何等ノ效果ヲ生スルヿナキモノナルモ債權者カ後チニ其辨濟ヲ認諾スル片ハ債權者ノ代理人ニ爲シタル辨濟ト同一ニ看做サヽルナリ是認諾ハ代理契約ニ等シト云ヘル原則ヲ適用ス可キ場合ナリ又債權者カタトヘ諾認セサル片ト雖圧實際其辨濟ニ因リ利益ヲ得タル片ハ其利益ヲ得タル部分ニ對シ辨濟ヲ有效ナリトセサル可カラス

(附言) 第三者ニ爲シタル弁濟ヲ認諾スルハ實際稀ナリト云フ可カラス假令ハ金圓弁濟ノ爲メ債權者ノ宅ニ至リシニ偶々不在ナリシタメ其妻子等ニ渡シ來ル片ハ債權者ハ必ス之ヲ後ニ認諾スルナル可シ又利益ヲ得ル場

合モ少シトセス例ヘハ債權者ノ債權者ニ爲シタル弁濟ニシテ債權者(直接)ノ爲メニ其責チ免レタル場合及前段ノ例ニシテ債權者カ認諾セサルモ實際利益シタルトキノ如キ是レナリ

○第百二十號　辨濟ヲ受ク可キ者ニ要スル資格如何

辨濟ヲ受ク可キ者トハ眞ノ債權者及債權占有者ナリ是等ノ者ニ要スル資格トハ左ノ如シ

(一)無能力者タラサルヿ

(二)債權ノ差押ヲ受ケサルヿ

以下右二項ニ就テ説明セン

無能力者ニ爲シタル辨濟ノ效如何

(一)無能力者タラサルヿ

抑モ辨濟ハ債權者ヨリ論スルトキハ已レノ財產ヲ消滅セシムル方法ニシテ即從來有スル處ノ權利ヲ債務者ニ有償名義ニテ讓渡スト一般ナレハ債權者カ有效ニ辨濟ヲ受クルニハ其權利ヲ讓渡スヿヲ得可キ能

力アルヲ要スルナリ
無能力者ナル債權者ニ爲シタル辨濟ハ如何ナル結果ヲ來タスカ曰ク無能力者カ其財產ヲ有益ナルヿニ消費スレハ有效ナレ𪜈無益ナルヿニ消費シタル𪜈ハ再ヒ辨濟ヲ爲サヽル可カラス無能力者タリ𪜈辨濟ヲ受ケタル財產ヲ以テ有益ニ使用シタル𪜈ハ其ヿニ就テハ完全ナル能力ヲ具ヘタリシモノト推定スルニ足ルヘク且無能力者自身ニ於テモ己レ有益ナルヿニ費消シタル上ハ其辨濟ヲ取消ス可キ理由ナカル可シ
無能力者カ無益ノヿニ消費シタル時トハ辨濟ヲ受ケタル時ヨリ能力ヲ得ルニ至ル間ニ無用ノ物品又ハ奢澤物ヲ買得シ其他無益ノ宴會又ハ無稽ノ營業ノタメ消耗シタル𪜈ハ利得ナキヿニ消費シタルモノトス然レ𪜈一旦有益ノヿニ消費シ後偶然ノヿニ依リ其物ニ就キ利得ヲ得ルヿ能ハサリシ𪜈トハ以テ無益ニ費消シタルト云フヘカラス例ヘ

ハ辨濟ヲ受ケタル金圓ヲ以テ有益ナル物品ヲ買ヒタルニ後其物品天災ニテ消滅シタル場合ノ如キ是ナリ

右ノ如ク無能力者カ能力ヲ得ルニ至ル間ニ無用ノ事ニ使用シタル𪜈ハ辨濟ヲ無效トセラル丶ヲ以テ辨濟ヲ爲シタル債務者ハ債權者ノ處置ニ依リ左右セラル可キ危險ナル地位ニ長ク繫留セラレサルヲ得サルノ不當ヲ生スルヲ以テ債務者ハ此危險ヲ救フ道ナカル可カラス則チ債務者ハ自ラ辨濟ノ無效ヲ申立ツルヿヲ得サルモ債權者ニ於テ受取リタル物品ヲ猶ホ保有シ居タル𪜈又ハ有益ナルヿニ費消シタル𪜈ハ後見人管財人等ノ立會ヲ求メ而メ其辨濟ヲ認諾セシムルヿヲ得又其幾部ヲ無益ニ消費シタル𪜈ハ其部分ヲ引去リ其他ノ部分ノ有效ナルヿヲ認諾セシムルヿヲ得

(附言) 有益ノ事ト無益ノ事トノ區別ハ實際債權者ノ身上ニ依ル故ニ同一ノ事柄ニシテ甲者ニハ無益ト爲リ乙者ハ有益ト爲ルヿアリ假令ヘハ華美

ナル衣服ヲ調製スル如キ或ハ友人ヲ招キ酒宴ヲ開ク如キハ其人ノ身上富裕ニシテ其身ニ適當ノ衣服ナリシカ又ハ其人ノ身分上至當ノ宴會ナリシ片ハ敢テ無益ト云フ可カラサルモ若シ其人貧ニシテ華美ナル服ヲ着ス可キ者ニ非サルカ或ハ為ス可キ交際ニ非サル片ハ以テ有益ト云フ可ラサルナリ其他総テ投機ノ商業ヲ為シ損失ヲ招キタル片ハ常ニ其業ヲ職トスルニ非ラサル者ハ無稽ノ事業ヲ為シタルモノト見做シ辨濟ノ無效ヲ求ムルコトヲ得

差押ヲ受ケタル債務ヲ辨濟シタル效如何

（二）債權差押ヲ受ケザルヿ（第四百五十九條）

債權差押トハ債權者ノ債權者（第二ノ）カ己レノ權利ヲ確保スルタメ債權者（第一ノ）ニ對シ債權受取ノ禁止ヲ為シ債務者ニ對シ債務拂渡シノ停止ヲ為シタル場合ヲ云フ此差押ヲ受ケタル片ハ債權者（第一ノ）ハ債權ヲ受取ル可キ能力ヲ失フ然レ圧爰ニ云フ無能力ハ一般ノ無能力ト異レリ一般ノ無能力ハ其者ヨリ無效ノ申立ヲナスヿヲ得可キモノナルニ此場合ハ差押人（第二ノ債權者）ノ求ニ依リ第二債務者

ハ差押人カ受ケタル損害ノ限度ニ於テ更ニ辨濟ヲ爲サヽル可カラス是レ其禁止ヲ犯シタル制裁ナリ故ニ辨濟ノ無效ヲ申立ツルハ差押人ニ在リトス第二ノ債務者カ再ヒ差押人ニ辨濟ヲ爲シタル片ハ被差押人(己レノ債權者)ニ先ニ爲シタル辨濟ヲ取戻スヿヲ得可シ

(附言)　甲者(債權者ノ債權者)乙者(債權者即被差押人)ニ五百圓ノ債權ヲ有スルモ辨濟ヲ受クルヿ能ハサルノ恐レアルヲ以テ乙者カ丙者(債務者即第二ノ被差押人)ニ對シテ千圓ノ債權ヲ有スルヿヲ知リ訴訟法ノ規定ニ從ヒ乙者ニ對シテ債權ノ辨濟ヲ受クルヿヲ禁シ丙者ニ對シテハ乙者ヘ債務ノ履行ヲ爲スヿヲ禁シタル場合ニ丙者ハ差押ヘノ告知ヲ受ケタル後乙者ニ辨濟ヲ爲スモ甲者ニ對シテハ義務消滅ノ效ヲ生セサレハ再ヒ之ヲ拂ハサル可カラサルニ至ルヿアル可シ然レ圧前例ノ甲者カ五百圓ノタメ千圓ヲ差押ヘタル片ハ丙者ハ其過剩スル五百圓ヲ乙者ニ拂フモ甲者ハ異議ヲ唱フルヿ能ハサル乎一見スル片ハ然リト答フルヿヲ得可キカ如シト雖圧差押ヘ先取權組成セサレハ丙者カ過剩スル五百圓ヲ拂フタル末乙者ノ他ノ債權者ナル丁者ニ於テ更ニ差押ヲ爲シタル片ハ甲者丁者ハ等シク分配ヲ受クル權利ヲ有スレハ丁者ヲ五百圓ノ債權者ナリトセハ各二百五十圓ノ分

配ヲ受ク可キモノナレハ丙者ハ甲者ニ對シ爲メニ蒙ラシメタル損害二百五十圓ヲ更ニ辨濟セサル可カラス故ニ差押債權者(甲者)ノ債權カ被差押債權者(乙者)ノ債權ノ額ヨリ少數ナリト雖モ丙者即チ被差押人ノ債務者ハ其余分ヲ支拂フ可カラス

○第百二十一號　如何ナル物ヲ以テ辨濟ヲ爲ス可キ乎

此問題ニ對シテハ辨濟ノ定義ヲ以テ一言ノ上ニ答フルヿヲ得可シ即義務ノ旨趣ニ據ル履行是ナリ此意義ヲ換言セハ債務者ハ應ニ已ニ負擔シタル物ヲ以テ履行ス可キモノナレハ例ヘ負擔シタル物ヨリ高價ナル物ヲ辨濟シタル場合ト雖モ債權者ヲシテ強テ之ヲ受取ラシムルヿ能ハス債權者モ亦之ヲ受取ル可キ責ナシ又債權者ハ例ヘハ負担物ヨリ價格低廉ナル物ト雖モ之ヲ受取ラント迫ルヿ能ハサルナリ(第四百六十條)

(附言)　經濟學者ノ言ニ物ノ價ハ人ノ之ヲ得ント欲スル欲望ナリト故ニ物ノ眞ノ價値ハ人々ノ意中ニ在ルヿナレハ同一ノ物ハ常ニ何人ニ對スルモ

同一ノ價値アリト云フ可カラス故ニ低價ナル物ト雖𪜈却テ其人ノ爲メニハ高價ナル物ト云フ可キ場合アレハナリ

本問ハ斯ク簡單ノ答案ヲ以テ足レリトスルモ其目的物ノ定量物ナルト特定物ナルト金錢ナルトニ從ヒ其履行上ニ變体無キ能ハサレハ左ニ之ヲ陳ヘン

(一) 定量物ノ辨濟ニ關スルトキ(第四百六十條)

定量物ノ辨濟ニ關シ其品位ヲ明約セサルカタメ之ヲ知ルヿ能ハサルヿアリ此場合ハ物ノ最良品ヲ約シタリト判定スルハ允當ナラス去リトテ又下等品ヲ約シタリ𪜈看做スヿ能ハサレハ法律ハ斯ル場合ニハ中庸ナル品質ノ物ヲ以テ辨濟ヲ爲スヿトセリ是レ素ヨリ間然スル所ナシト雖𪜈法律カ斯ク規定シタルハ當事者ノ意斯クアル可シト推定シタルニ過キサレハ若シ實際ノ事情ニ照シ双方ニ反對ノ意思アリシヿヲ識認シ得ルトキハ法律ノ規定ニ反シ其辨濟ノ品質ヲ定ムルヿヲ得

可シ

(二) 特定物ノ辨濟ニ關スルトキ(四百六十二條)

特定物ハ合意ニ依リ直ニ所有權ノ移轉スルヲ以テ合意ヨリ引渡ニ至ル間如何ナル有様ニ變スルモ其儘之ヲ引渡ス可キナリ又債借者、受托者等ノ義務終了ノ場合ニ返還ス可キ物ト雖ドモ同一ナリトス但自已ニ保管スル間ニ其物ニ改良ヲ加ヘタルトキハ事務管理或ハ代理契約ノ規則ニ依リ之レカタメ要シタル費用ノ償還ヲ受クルコヲ得又他人ノ物ヲ保管スル者ハ善良ナル管理者ノ注意ヲ以テ之ヲ保管スル義務アルモノナレハ若シ其注意ヲ怠リ爲ニ其物件ナ毀損セシメタルトキハ之ヲ賠償スルノ責アリ是等ノ事項ヲ詳説スルハ本問ノ要旨ニ非ラサレハ之ヲ省略ス

停止條件ノ成就前ニ物件滅失シタルカタメ合意成立セサル場合ハ前段ノ規定ノ外ニ在リトス

第百二十一號

金錢ノ辨濟ニ關スル場合

金錢ヲ目的トスル義務ハ債務者ノ選擇ヲ以テ法律上ノ通貨ヲ以テ其辨濟ニ充當スルヿヲ得且實際貨幣ノ價格如何ニ係ラス法律上附シタル名價ニ從ヒ辨濟ヲ爲スヿヲ得可キナリ(銅貨及五十錢以下ノ銀貨ハ制限アリ)

貨幣辨濟ニ付テ法律或ル制限ヲ設ケサル乎

(三) 貨幣辨濟ニ付テ重要ナル二ケノ禁制アリ辨濟ス可キ貨幣ハ種類ヲ約束シ其貨幣ヲ以テ辨濟ヲ受ケント求ムルヿ能ハサルヿ其一ナリ何トナレハ政府ハ貨幣ヲ發行シ全國一般何人ニ限ラス之ニ强制通用ノ効力ヲ有セシメ何人モ其授受ヲ拒ムヿ能ハサラシムルモノナルニ甲ノ貨幣ニ非ラサレハ領收セスト拒ムヿヲ得ハ政府カ强制通用力ヲ附シタル貨幣ハ其效用ヲ失フニ至リ其結果終ニ或ル種ノ貨幣ハ殆ント通用力ヲ失スルト同一タラン故ニ此種ノ合意ハ公益ニ戻ルモノナレハ無效ノモノト云ハサル可カラス(後段參看)又法律ニ依リ貨幣ノ名價又

ハ其純分ハ割合ニ變更ヲ生シタル𪜉ト雖𪜈諾約シタル數額ヨリ多ク又ハ少ク負擔セサルヿ其一ナリ名價ニ變更ヲ生スルトハ當百錢ヲ八厘ト定メ四文錢ヲ二厘ト爲シタル如キハ其實例ナリ是等ノ場合ニ債務者ハ契約ノ當時當百錢ハ一錢トシテ通用セシヲ以テ其割合ニテ辨濟ヲ爲サントスルヲ得サルナリ純分ノ割合ニ變更ヲ生ストハ政府ハ常ニ金銀貨純分ノ割合ヲ定メ之ヲ公示スルモノニシテ則チ我國ノ金貨ト銀貨ハ一ト十六半ノ割合ナリ金貨ハ銀貨ニ比シ十六倍半ノ價値アルモノトセリ(實際ノ價格ハ時々變更スルヲ以テ之ニ適合セス)然ルニ政府ハ其純分ノ割合ヲ變シ一ト十七ノ割合トシタル𪜉ニ債權者ハ契約當時ノ割合ニ準シ目下ノ十七圓ヲ十六圓五十錢ノ割合トシテ辨濟ヲ受ケントスルヿ能ハス此理由モ前段ト殆ント同一ニシテ貨幣ヲ發行シ其標準ヲ定メ價格ヲ命スル等ハ政府ノ特權ニシテ而モ公益ニ關スルモノナレハ人民相互ノ合意ヲ以テ其規定ヲ破ルヿ能ハサル

第百二十一號

モノトス故ニ將來政府カ貨幣ノ名價ヲ變シ又ハ其純分ノ割合ヲ變スルト雖モ合意當時ノ割合ヲ以テ辨濟セント約スルモ無效ノ合意タラサルヲ得ス(第四百六十三條)

(附言) 以上ハ合意成立ノ一般ノ原則ニ因リ說明セラル可キモノナリ即公益ニ反スル合意ナルヲ以テ不成立ノモノナリ從テ辨濟ノ場合ニ至リテモ亦之カ履行ヲ爲ス可カラサルハ當然ナリ又貨幣ハ債務者ノ選擇ヲ以テ辨濟スルコトヲ得故ニ此場合ハ債務者ノ選擇ニ因ル擇一義務ト同一ナルモ一般ノ擇一義務ト異ナル點ハ債權者ニ選擇權ノ無キコト是ナリ若債權者ニ選擇權ヲ與フルモ禁制第一ノ理由ヲ以テ無效トス

諸種ノ貨幣ノ爲換相場ヨリ生スル平均相場ヲ以テ辨濟スヘキ約束ハ有效ナル乎

右ニ反シテ辨濟期日ニ諸種ノ貨幣ノ爲替相場ヨリ生スヘキ相互ノ高低ノ差ハ債務者ノ選擇スル法律上ノ貨幣ヲ以テスル平均價格ノ辨濟ニ因リテ當事者間ニ之ヲ塡補スル合意ヲナスコトヲ得此規定ハ我法典ノ新發明ニシテ貨幣ノ辨濟ニ生スル不公平ヲ救治スル一策ト云フ可シ盖シ國中ニ行ハルヽ處ノ貨幣唯一種(單本位)ノミナル片ハ貨幣ノ辨

濟ニ付キ生スル不公平アルヿ無シト雖モ金銀貨並ヒ行ハルヽ場合(複本位)ニハ兩貨幣ノ相場ノ高低ニ依リ云フ可カラサル不公平ヲ生スルヿアリ何トナレハ貨幣モ亦他ノ商品ト同ク一般ノ原則ニ依リ實價ノ高低ヲ生スルハ數ノ免レサル所ナレハナリ例ヘハ今某所ニ於テ一大銀鑛ヲ發明シタルカ或ハ内國ノ商品ヲ大ニ輸出シタルカタメ銀貨蝟集シ來リタルカ如キ場合ニハ銀貨ノ相場下落シテ金貨ノ騰貴ヲ來タス可シ又政府大ニ紙幣ヲ發行セハ必ス紙幣ノ下落ヲ來ス可シ故ニ茲ニ金銀貨其價格ヲ同フスル𪜈ニ當テ取結ヒタル百圓ノ辨濟ヲ要スル合意アリトセヨ然ルニ辨濟ノ𪜈ニ當テ銀貨下落シテ金貨ノ百圓ハ銀貨ノ百二十圓ニ相當スルニ至リシ𪜈債權者ハ銀貨ニテ百圓ノ辨濟ヲ受クルモ其實百圓ノ利益ヲ得ルヿ能ハサル可シ當事者ハ斯ル不公平ノ生センコトヲ恐レ辨濟期ニ於テ諸種ノ貨幣爲替相場ノ平均價格ニテ債務者ノ選ム所ノ貨幣ヲ以テ辨濟スルコトヲ合意スルヲ得可キナ

リ

負擔ノ貨幣ノ種類ヲ定メ又ハ辨濟スヘキ貨幣ノ種類ヲ定メタル合意ノ效如何

負擔ノ貨幣ノ種類ヲ定メタル片即チ金貨何圓借用ス云々金貨何圓ニテ買受ケタリ云々ノ如キ場合是ナリ此場合ハ債務者ハ何種ノ貨幣ヲ以テ辨濟スルモ可ナレ𪜈其金貨ノ爲換相場ニ對スル割合ヲ以セサル可カラス金貨百圓ノ辨濟トシテ銀貨ヲ與ヘント欲セハ金貨百圓ニ對スル銀貨百二十圓(假定相場ナリ)ヲ以テセサル可カラサルカ紙幣ヲ以テセント欲セハ百四十圓(假定相場ナリ)ヲ與ヘサル可カラサルナリ(第四百六十五條)

辨濟ヲ受クヘキ貨幣ノ種類ヲ要約シタル片則金貨又ハ銀貨ニテ辨濟ヲ受ク可シト爲シタル片ハ原則上無效ノモノナリ(前ニ論シタル禁制第一ノ理由)然レ𪜈法律ハ解釋法ノ原則ニ基キ有效ナリト決定シ前段ト同シク債務者ノ擇ム處ノ貨幣ヲ以テ指定シタル貨幣ノ爲替相場額ヲ拂フヘキモノトセリ彼ノ合意ハ寧ロ有效ニ解ス可シトノ原則ニ基

キ金貨若クハ銀貨ニテ辨濟ス可シト約シタル當事者ハ必ス金貨若クハ銀貨ヲ得ント欲スルニ非ラス他ノ貨幣ヲ以テスルモ約シタル貨幣ノ爲替相場ノ差額ヲ塡補スレハ足レリトノ意思ナリシト推定シタルナリ(仝條)

外國ノ貨幣ヲ以テシタルトキハ如何

外國貨幣ヲ以テ辨濟ス可キコトヲ合意シタルトキハ債務者ハ法律上ノ貨幣ヲ以テ其外國ノ貨幣ノ格價ヲ辨濟シテ義務ヲ免ルヽコトヲ得是レ我國ノ如キ外國貨幣ヲ得ル殊ニ困難ナルト其外國貨幣ノ相場額ヲ我國强制通用力ヲ有スル貨幣ヲ以テ辨濟スルニ於テ債權者ハ之レヲ拒否スヘキ理由無シトノ理由ニ基ツキ斯ク定メタルモノナリ(仝條)

銅貨等ノ補助貨ヲ以テスル辨濟ハ如何

銀貨及五十錢以上ノ銀貨ノ辨濟(第四百六十六條)

是等ノ貨幣ハ補助貨ト稱シ法律上相當ノ價格ヲ有スルモノニ非ラサルノミナラス其重量重クシテ之ヲ運搬スルニ不便ナルヲ以テ法律ハ

第百二十一號

債權者ニ受取ヲ拒ムヿヲ得可キ一定ノ額ヲ定メタリ然レ𪜈是素ヨリ公益ニ關スル規定ニ非ラサレハ當事者間ニ合意アル片ハ法律ノ規定ヲ超ヘテ辨濟ヲ爲ス得ヘシ

法律ハ白銅貨ノ事ヲ明言セサルモ白銅貨モ又銅貨及(舊一厘錢等モ包含ス)五十錢以下ノ銀貨等ト同ク補助貨ナレハ前段同一ノ決定ヲ與フヘキナリ

金銀ニ關スル以上諸規則ノ外金錢貸借ニ特別ナル規則ハ其事項ノ場合ニ於テ見ル可キナリ(取得編第百八十五條)

(附言) 補助貨受授ノ制限ハ五十錢以下ノ銀貨ハ其一種又ハ數種ヲ併セ用フルモ一口ノ拂方ニ十圓ヲ以テ限リトス銅貨ハ都テ一口ノ拂方ニ一圓ヲ以テ限リトス(明治八年第百八號布告貨幣條例)白銅貨ニ付テハ明治廿一年敕令第七十四號ニ曰ク補助ノ白銅貨及銅貨ハ都テ一口ノ拂方ニ一圓ノ高ヲ限ル可シ云々又明治八年貨幣條例ニ補助トハ本位貨幣補助ニシテ制度ニ依リテ其價値ヲ定メテ融通ヲ資クルモノナリ故ニ通用ノ際之カ制限ヲ

設ケテ交通ノ定規トスト宣言セリ又金貨及一圓銀貨ハ純金銀ト混和物トハ九ト一ノ割合ニテ定メ補助銀貨ハ純銀ト混和物トハ八ト二ノ割合ニ定メタリ又明治廿一年敕令第七十四號ニ白銅貨ハ「ニッケル」二分五厘ト銅七分五厘ノ割合ニ定メタリ

第百二十二號　更物辨濟ノ性質如何（第四百六十一條）

更物辨濟トハ物ヲ金錢ニ代ヘ、金錢ヲ物ニ代ヘ、又或ル物ヲ他ノ物ニ代ヘテ辨濟ヲ爲スヲ云フ故ニ此辨濟ハ義務ノ旨趣ニ依ル履行ニアラサルヲ以テ眞ノ辨濟ニアラスシテ一ノ義務更改ヲ爲シ而メ其新義務ノ直ニ履行セラルヽモノナリ

此辨濟ハ必ス一ノ合意ノ成立スルニアラサレハ行ハレサルモノナレハ其合意ニシテ瑕瑾アルトキハ合意ノ一般ノ原則ニ基キ之ヲ取消スコトヲ得可シ若シ完全ニ更物辨濟ノ行ハレタルトキハ塲合ニ依リ或ハ賣買或ハ交換ノ規則ニ服從スヘキモノトス例合ヘハ金錢ノ義務ヲ負擔スル者其義務ニ代ヘ一家屋ヲ引渡シタルトキハ債務者ハ賣主ノ義務ニ從

ヒ其物件ノ追奪担保ノ責ニ任セサル可カラス又一家屋ヲ與フル義務ニ代ヘテ一ケノ地所ヲ與ヘタルトキハ交換ノ規則ニ從ハサル可カラス然レトモ債務者カ元來負ヒタル義務ノ目的物ヲ追奪セラルヽモ債權者ニ對シテ擔保ノ訴權ヲ有セス何トナレハ其物ハ素ト己レヨリ與ヘタリシモノト見做サレタルヲ以テ擔保ノ義務ハ己レニアレハナリ前例ノ甲乙ニ對シ家ヲ與フル代リニ田地ヲ與ヘタルトキハ甲ハ乙ニ田地ヲ與ヘ乙ハ甲ニ家ヲ與ヘタルト同一ナレハ交換ノ原則ニ從フトキハ甲乙互ニ擔保ノ義務アル可シ然レトモ甲カ乙ヨリ得タル家ハ素ト甲ヨリ乙ニ與ヘタリト見做サレタルモノナレハ乙ニ對シテ擔保ノ訴權ヲ行フコトヲ得ス又甲カ家ヲ與フルノ義務ニ代ヘ金錢ヲ與ヘタルトキハ賣買ノ原則ニ從ヒ甲ハ家ノ買主ノ位地ニアルモノナルモ前ト同一ノ理由ニテ乙ニ對シ擔保ノ訴權ヲ行フコトヲ得サルモノトス

○第百二十三號　債務者ハ辨濟ヲ數回ニ分割シテ爲スコトヲ得ル

平

如何ナル義務タルヲ問ハス債務者ハ辨濟ヲ數回ニ分割シテ爲スコヲ得ス蓋シ一時ニ巨額ノ資產ヲ得ルトキハ之ヲ利用シテ業ヲ爲スニ容易ナルモ數回ニ分割シテ之ヲ受クルトキハ之ヲ利用スル困難ニシテ債權者ハ何事ニモ利用スルコナク識ラス知ラス之ヲ耗盡スルコアレハ斯ク規定シタルモノナリ

然レトモ或ル塲合ニ於テ一部ノ辨濟ヲ許スコアリ即チ左ノ如シ

(一) 一部ノ辨濟ヲ爲スコヲ約シタルトキ

當事者双方カ明約シタルトキハ勿論明約ナキモ一部ノ辨濟ヲ諾シタルノ意思ヲ視ル可キ點アルトキハ默約ト見做スコヲ得假令ヘハ毎月二十圓ノ俸給ヲ受クル甲者乙者ヨリ一百圓ヲ借リ受ケ而メ其返濟ハ俸給ヲ以テ辨濟ス可シト約シ其期限等ヲ默秘ニ付シタルトキハ甲者ハ必ス二十圓ヲ以テ一家ヲ經管シ其殘余ヲ毎月辨濟ニ充ツル意思ナリシナラ

ン乙者モ亦之ヲ承諾シタリシモノナラント推定スルヿヲ得ルカ如シ

(二) 義務相殺ノ場合

甲者乙者ヨリ一百圓ヲ借リ乙者又甲者ニ對シテ五十圓ノ義務ヲ負ヘリ此場合ニ双方共ニ辨濟期限至リタル𪜈ハ二ケノ義務ハ當然相殺セラレ乙者カ甲者ト對スル一百圓ノ債權ハ唯五十圓トナルヲ以テ乙者ハ其五十圓ノ辨濟ヲ受クルヿヲ得ルノミ故ニ乙者ハ百圓ノ債權ヲ二回ニ分割シテ受取リタルト同一ノ結果ヲ生ス(第五百廿條)

(三) 同一ノ債務ニ就テ數人ノ保證人アル場合

一人ノ債務者ノタメニ數人ノ保證人アル𪜈ハ其債務ハ保證人間均一ニ分割セラルヽナレハ債權者若シ保證人ニ對シ辨濟ヲ求ムル𪜈ハ一部ノ辨濟ヲ受ケサルヲ得ス(担保編二十三條)

(四) 裁判所ヨリ恩惠期限ヲ以テ數回ノ辨濟ヲ許シタル𪜈

裁判所ハ債務者カ不幸且善意ニシテ債權者ニ顯著ナル損害アラサル

𪜈ハ債務者ニ恩惠上ノ期限ヲ與ヘ且數回ニ分割シテ辨濟シ得可キヿヲ許ス權アリ故ニ債務者カ此利益ヲ得タル𪜈ハ一部ノ辨濟ヲ爲スヲ得

○第百廿四號　辨濟ヲ爲ス可キ場所如何（第四百六十八條）

辨濟ノ塲所ハ双方合意ヲ以テ之ヲ指定シタル𪜈ハ其塲所ニ於テ爲ス可キハ當然ナルモ若シ其指定ヲ爲サヽリシ𪜈ハ如何ト云フニ特定物ニ付テハ合意ノ當時物件ノ存在セシ塲所ニ於テ爲ス可ク代替物ニ付テハ債務者ノ住所ニ於テ爲スヘキナリ

債務者カ合意ノ後住所ヲ轉セシ𪜈ハ新住所ニ於テ爲スヘキカ舊住所ニ於テ爲スヘキカ盖法律カ債務者ノ住所ニ於テス可シト命シタル解釋法ノ原則（二樣ニ解シ得可キ𪜈ハ債務者ノ利益ニ解スヘシ）ニ從ヒ合意ノ當時双方カ債務者ノ住所ニ於テ爲スヘシト約シタルモノト推定シタルモノナリ然ラハ明約ナキモ債務者ノ住所ニ於テ爲スヿハ暗ニ

第百二十四號

約束シタルモノナレハ既ニ其約束後幾數回住所ヲ轉スルモ合意當時ノ住所ニ於テ辨濟スヘキナリ然レ𪜈之レハ是レ徒ラニ法理ニ依着シタル論ニシテ實際斯ク決定スル𬼀ハ双方ニ贅費ヲ要シ債務者ニ甚タシキ困難ヲ蒙ラシムルヿアルヲ以テ法律ハ此論ヲ採ラスシテ下ノ如ク決定セリ即債務者カ住所ヲ轉シタルハ債權者ヲシテ困難セシムルノ目的ニアラスシテ一家ノ生計其他止ムヿナクシテ轉住シタ𬼀ハ新住所ニ於テ辨濟ヲナスヿヲ許セリ然レ𪜈若シ詐欺ノ證據アル𬼀ハ債權者ハ舊住所ニ於テ辨濟ヲ爲サシムル權能アリ

法律ハ廣ク自已ノ住所ニ於テ辨濟ノ有ル可キ當事者ト記シタルヲ以テ債務者ノ住所ニ於テ爲ス𬼀ノミナラス明約ヲ以テ債權者ノ住所ニ於テナス𬼀ト雖𪜈同一ニ決定シタルモノナリ

新住所ニ於テ辨濟ヲ爲ス𬼀ハ爲替相塲ノ差額及ヒ人ノ往復物ノ運送ノ用費ヲ補足スルヿヲ要ス爲替相塲ノ差額トハ舊住所ト新住所ノ相

場相異ナルヿアリテ新住地ニ於テ物價低廉ナル場合ニハ舊住所ニ比シタル物價ノ差額ヲ云フ人ノ往復ノ費用トハ辨濟ヲ爲シ又ハ受クル爲メ新住所ニ往復スル費用ノヿニテ舊住所ニ往復スル費用ニ越ユル費用ヲ云フ運送ノ費用トハ辨濟ノ爲メ新住所ニ運送スルニ舊住所ヨリ多額ノ費用ヲ要スルトキハ其超過額ノ費用ヲ云フ

○第百二十五號　辨濟ノ費用ハ何人ノ負擔ナル乎（第四百六十八條）

辨濟ノ費用トハ債務者カ辨濟ヲ爲スヘキ場所マテ物品ヲ送付スルノ費用タトヘハ債權者ノ住所ニ於テ拂フヘキ金員ナルトキハ其金ヲ送クルニ要スル爲替料等ヲ云フ又辨濟ノ證據ヲ得ルタメ債務者カ要シタル費用タヘハ公証人ノ目前ニテ辨濟ヲ爲シ之ヲ証書ニ記セシメタルノ費用ノ如キ是ナリ是等ノ費用ハ總テ辨濟費用ニシテ債務者ノ負擔セサル可カラサルモノトス之ニ反シ引取リノ費用即チ辨濟ヲ受ケタル後債權者カ已レ需用ノ地ニ運送スル費用等ハ債權者ノ負擔トス

○第百二十六號　辨濟ハ何時行ハル可キモノ乎

辨濟期日ニ付テ約定ノ期限ナキ片ハ合意ノ即時ニ之ヲ行ヒ期日ヲ定メタル片ハ其期日ニ於テ爲ス可シ然レ𪜈其期日カ債務者ノ利益ノミニ定メラレタル片ハ債務者ハ期日前ト雖𪜈辨濟ヲ爲スヿヲ得

要物合意ニ期限ノ定メナキモ即時ニ履行ス可シト云フ可カラス何トナレハ貸借寄託契約ノ如キ即時ニ辨濟ヲ履行セハ合意ノ效能有ラサレハナリ是等ノ塲合ノ細則ハ其契約ノ事項ニ於テ知ルヘキモノナレハ茲ニ記セス

爰ニ記スス可キハ一般ニ通スルヿ即其期日カ一般ノ休日ナル片ハ辨濟ハ其翌日ニ非ラサレハ請求スルヿヲ得スト云ヘルヿ是ナリ一般ノ休日トハ日本全國ニ通スル休日ナルヿヲ要スルカ或ハ一地方一般ノ休日モ含蓄スルカ曰ク日本全國ニ通スル休日ニ非ラサレハ含蓄セス草案ニハ祭日トアリシヲ以テ其精神ヨリ推察スル片ハ日曜日ノ如キ

ハ一般ノ休日中ニ入ラサルカ如シト雖モ草案記草者ノ念頭ヨリ云ヘハ日曜日モ又一ノ祭日ナリ故ニ一般ノ休日トハ日曜日及一般ノ國祭日ヲ指スモノト知ル可シ(第四百六十九條)

第二款 辨濟ノ充當

○第百二十七號 辨濟ノ充當トハ如何ナル事柄ヲ云フ乎(第四百七十條)

辨濟ノ充當トハ一人ノ債務者カ一人ノ債權者ニ對シ數箇ノ同性質ナル義務ヲ負擔シ其義務ノ全部ヲ辨濟スルコ能ハサル片孰レノ義務ヲ辨濟シタルモノナルカヲ指定スルヲ云フタトヘハ甲者乙者ニ對シ五百圓ト千圓ト千五百圓トノ義務ヲ負担シ其義務中ヘ千五百圓ノ辨濟ヲ爲シタル片ハ五百圓ト千圓トノ負債ヲ償却シタルモノナルカ又最終ノ千五百圓ノ負債ヲ償却シタルモノ乎ヲ指定スルヲ云フ如斯指定ヲ爲スヲ以テ如何ナル利益アルカト云フニ義務ニハ時ニ或ハ確實ナル物上或ハ對人擔保ヲ附加シタルアリ或ハ單純ニシテ擔保

ナキアリ或ハ將サニ時效ニ罹ラントスルアリテ甲義務ヲ償却スルト乙義務ヲ償却スルト其間大ナル利害ノ差アルヲ以テ之カ指定ヲ爲スモ必要ナリ

此指定ヲナスノ權ハ第一ニ債務者ニ在リ債務者指定ヲ爲サヽル片ハ債權者之ヲ爲ス債權者指定セサル片ハ法律ニ於テ之ヲ爲スモノトス故ニ債務者充當ノ債權者ノ充當法律上ノ充當ノ名アリ

充當ヲ爲ス人及其順序ハ如何

（附言）辨濟充當ノ問題ハ同一ノ性質ノ義務則チ米ト米、金ト金、麥ト麥トノ義務ニ於ケルカ如キ片ニ非ラサレハ生スルヿナシ若シ金ト米ヲ負擔シタル片金チ辨濟スレハ金ノ義務チ消散シ然ラサル片ハ米ノ義務チ消散シタルモノニテ充當ノ問題起ラサルナリ

○第百二十八號　債務者カ爲ス辨濟ノ充當ヲ說明セヨ（第四百七十條）

充當ノ權ヲ第一ニ債務者ニ與ヘ債權者ヲ後ニシタルハ債務者ヲ保護スルノ旨趣ニ出テタルモノニシテ何レノ場合ニテモ債務者債權者同一ノ地位ニ在ル片ハ債務者ヲ先キニシ債權者ヲ後ニセリ斯ク法典ハ

第一ニ債務者ニ充當權ヲ許與スルモ左ノ三ケノ制限ヲ犯シテ充當スルヿヲ許サス

（第一）有期ノ義務ニシテ其期限カ債權者ノタメニ設ケラレ且其期限滿了前ナル片ハ充當ヲ爲スヿヲ得ス、是レ當然ノヿナリ債權者ノ利益ノ爲メニ定メタル期限トハ專ラ債權者ノミノ爲メニ定メタルモノハ勿論双方ノ利益ノタメ定メタル期限モ含蓄ス

（第二）費用及利子ヲ後ニシテ先ツ元本ニ充當スルヿヲ得ス、費用又ハ利子ハ利子ノ生セサルモノナレハ之ヲ後ニシテ利子ノ生スル元本ヲ先キニスル片ハ債權者ニ損害アルノミナラス利子ノ如キハ不斷生スル果實ニシテ之ヲ後ニシ元本ヲ先キニス可キ道理有ラサルナリ故ニ債務者ハ第一ニ債權者ニ拂フヘキ費用（多クハ一時ノ立替金）ニ充當シ次ニ利子ニ充當シ尙剩余アラハ元本ニ充當スルヿヲ得可シ

元本ノ支拂期限至ラスシテ利子ノミノ支拂期限到着シタル片他ノ無利子ノ義務ヲ先キニ辨濟スルヿヲ得ルカ曰ク否、タトヘ元本ノ辨濟期限至ラサルモ其利子ノ支拂ヒヲナスヘキ片來ラハ先ツ其利子ヲ拂ヒ而後他ノ義務ヲ拂フヘシ

(第三) 數箇ノ義務ニ一部ツヽノ充當ヲナスヿヲ得スタトヘハ百圓ト二百圓ノ負債アル債務者其內ヘ百圓ヲ差入レ之ヲ分割シテ甲ノ負債ヘ五十圓充當シ乙ノ負債ヘ五十圓充當スルヿヲ得ス是義務ハ性質可分ノモノト雖圧不可分ノ如ク履行ス可シト云ヘル原則ヲ以テ說明セラルヘシ

以上三ケノ制限ハ債權者ノ承諾ニ因リテ廢滅セラル蓋シ公益ヲ害セサル事項ニ付テハ双方ノ意思ヲ尊重セラル可ケレハナリ

債務者カ爲ス充當ハ辨濟ノ當時其受取書ニ債權者ヲシテ何レノ義務ニ辨濟セラレタルカヲ記セシメサル可カラス若シ債權者カ之ヲ記載

スルヿヲ肯セサル片ハ債務者ハ辨濟ヲ拒ミ或ハ提供及供託ノ方法ヲ以テ其義務ヲ免ルヽヿヲ得

○第百二十九號　債務者ノ爲ス充當ヲ説明セヨ（第四百七十一條）

債權者ハ債務者カ充當ノ權ヲ拋棄シタル時又ハ有效ナル充當ヲ爲サヾル時ニ自ラ充當ヲ爲スヿヲ得此場合ニハ辨濟ノ受取書ヘ何々ノ負債ヘ受取リタル旨ヲ記シテ債務者ニ交付ス可キナリ彼ノ債務者ノ爲ス充當ニハ種々ノ制限アリト雖𪜈債權者ノ爲ス充當ニハ何等ノ制限ヲモ設クルヿナシ是レ債權者ノ爲ス充當カ債務者己レノ不利益ナル場合ニハ(債務者ノ利益ノ爲メニ定メタルニ期限滿了前ノ義務ニ充當シ或ハ利子附ノ義務ヲ措キ無利子ノ義務ニ充當スルカ如シ)充分異議ヲ述ヘ得ヘキニ之ヲ述ヘサリシハ暗ニ承諾シタルモノト見做サルルヲ以テナリ

債權者ノ爲ス充當ハ實ニ自由ナルモノナリト雖𪜈會社ト其社員トカ

同性質ノ權利者ヲ一人ニ對シテ有スル片ハ其社員ハ自已ノ權利ノ辨濟ノミヲ受クルヿヲ得ス其受ケタル辨濟ハ會社ト社員ト其權利ノ割合ニ應シテ分配セサル可カラス是レ債權者カ爲ス充當ノ一ノ制限ナリ

債務者ハ債權者カ受取証書ニ明記シタル充當ニ付キ異議ナク其受取証書ヲ領収シ又ハ異議ヲ留スシテ受取証書ヲ受取タル片ハ最早其充當ニ對シ異議ヲ述フルヿヲ得ス然レ圧債務者カ錯誤ノ爲メニ異議ヲ述ヘサリシ片例ヘハ充當セラレタル義務ノ外ニ尙ホ重劇ナル義務アリシヲ知ラサリシ時ノ如キ又ハ債權者ニ欺瞞アリシ片ハ他日其充當ニ付テ異議ヲ述フルヿヲ得

(附言)　錯誤又ハ欺瞞ノタメ辨濟ノ充當ニ異議ヲ述ヘ又ハ之ヲ取消シ充當ノ更正ヲ爲スヿヲ得ルハ何時迄之ヲ爲シ得ルカ法典ハ之ニ對シテ暗默ニ附シタリ何國ノ法典モ皆然リトス然レ圧今道理上ヨリ決スル片ハ遲クモ殘存スル義務ヲ償却シタル時マテトセサル可カラス何トナレハ殘存スル

義務ヲ償却スル場合ニ於テハ必ス先キノ充當ニ錯誤又ハ欺瞞アリシヿヲ覺知スヘケレハ此時ニ異議ヲ述ヘサレハ最早ヤ他日異議ヲ述フルヿヲ得ス

○第百三十號　法律上ヨリ爲ス充當ノ順序ヲ説明セヨ（第四百七十二條）

債務者債權者共ニ辨濟ノ充當ヲ爲サヽルトキハ法律ハ左ノ順序ニ從ヒ充當ヲ爲ス

（第一）期限ノ至リタル債務ト期限ノ至ラサル債務トアルトキハ期限ノ至リタル債務ニ先ツ充當ス是事務自然ノ順序ト云フベシ

（第二）費用及利息ヲ先キニシ元本ヲ後ニス

費用及利息ヲ以テ先ツ辨濟スヘキヿハ債務者ノ爲ス充當ニ付テ設ケタル制限ニシテ法律自ラ爲ス場合ト雖モ之カ制限ヲ犯スヿ能ハス

未タ期限ノ至ラサル債務ニシテ其利息及費用ノミニ付期限至リタ

ル片他ノ期限ノ終リタル債務ノ元本ト何レヲ先キニスヘキ乎曰ク主タル債務ノ期限未タ至ラスト雖圧其費用利子ニ付テハ已ニ支拂フヘキモノタル片ハ其費用及利子ヲ先ニシ而シテ後期限ノ至リタル元本ニ充當ス可ク若シ費用及利子ノ全部ヲ消散スルニ足ラサル片ハ先キニ期限ノ至リタル債務ノ費用及利子ヲ先キニス可シ

(第三) 總義務カ期限ニ至リ又ハ期限ニ至ラサル片ハ債務者ノ爲メ最モ辨濟ノ利益アル義務ヲ先キニス

總テノ義務カ期限滿了後ナルカ或ハ滿了前ナル片ハ期限ニ就テハ同等ノ位置ニアリテ第一ノ撰擇法ヲ採ルコ能ハサレハ債務者ノ最モ利益トナルヘキ義務ニ充當ス而シテ其ハ何レヲ以テ利益アルモノト爲ス可キ乎之ヲ判定スルニ困難ナルコアル可シ故ニ是等ハ總テ事實裁判官ノ判定ニ任ス可キモノトス然レ圧是レ裁判官ノ爲ス充當ニアラスシテ裁判官ハ唯法律ニ依リ行ハレタル充當ヲ判明ス

ルノミ

（第四）前段ノ如ク總義務カ期限滿了シ又ハ滿了セサル件何レノ義務ヲ先キニスルモ債務者ニ利益ナキ件ハ最モ先キニ期限經過シタルモノ又ハ最モ先キニ期限ノ至ルヘキモノヲ先キニス

（第五）總義務カ何レノ點ニ於テモ相同シキ件ハ充當ハ各義務ノ額ニ應シテ之ヲ爲ス精シク之ヲ云ヘハ總義務カ期限滿了シ又ハ滿了セサル件何レノ義務ヲ先キニスルモ債務者ニ利害ナク且其期限ハ同一日附ナル件ハ各義務ノ割合ニ應シテ分配充當スルナリ

○第百三十一號　辨濟ノ當時爲シタル充當ヲ更正シ又ハ辨濟ノ當時充當ヲ爲サスシテ後日之ヲ爲スヿヲ得ル乎

本問ハ双方ノ承諾ナク一方ノ意志ヲ以テ爲スヘカラサルヿハ當然ニシテ又疑フヘキニ非ラス故ニ單ニ双方合意アルモ之ヲ爲シ得ルヤ否ヤノ點ニ付キ答案ヲ附ス可シ

第百三十一號

抑モ辨濟ノ充當ハ辨濟ト同時ニ債務者之ヲ行ヒ債務者有效ニ之ヲ行ハサル片ハ債權者之ヲ行ヒ債權者有效ニ之ヲ行ハサル片ハ法律上ヨリ當然之ヲ行フモノニシテ充當ハ必ス辨濟ト同時ニ行ハレサル可カラス何トナレハ辨濟ハ義務消滅ノ方法ナレハ辨濟アルヤ直チニ何レノ義務ヲ消滅セシメタルヤヲ確定セサル可カラサレハナリ斯ク辨濟行ハレ充當行ハレタル上ハ當然其義務消滅スルモノニ付タトヘ双方合意アリトスルモ之ヲ再生セシムルヿ事實上能ハサルヿト云フ可シ辨濟ノ當時双方共ニ充當ヲ行ハスシテ他日ニ至リ合意ヲ以テ充當ヲ爲シタル場合モ同一ニシテ假令ヘ双方カ充當ヲ爲サヽリシ場合ト雖𪜈法律上ヨリ當然充當ヲ爲シタルハ後日ニ至リ更ラニ之ヲ爲スハ即チ合意ヲ以テ法律上ノ充當ヲ更正スルモノニシテ所謂一旦消滅シタルモノヲシテ再生セシメント欲スルモノナリ

然リト雖𪜈充當ノ事タル純粹ノ私益上ノ事ニシテ毫モ公益ニ關セサ

レハ第三者ヲ害セサル以上ハ合意ヲ以テ更正ヲ為スモ敢テ妨ケアルヿナシ充當ノ更正ヲ以テ第三者ヲ害スル場合トハ例ヘハ保證人アル義務ヲ充當シタル後之ヲ再生セシムルモ保証人ニ對抗スルヿヲ得ス又抵當アル義務ノ充當ヲ更正スルモ抵當權ヲ主張スルヿヲ得ス而メ其抵當權消滅ノ記入ヲ為サヽルトキト雖ドモ同一ナリ何トナレハ登記法ハ總テ權利ノ成立ヲ公告スルモノニシテ其公告ヲ怠ルトキハ第三者ニ對抗スルヿ能ハサルモ權利ノ消滅ハ之ヲ公告セスト雖ドモ其效力ヲ第三者ニ及ホスモノナレハナリ

（附言）　法典ハ交互計算ノ振込ミニ辨濟充當ノ規則ヲ適用セサル旨規定セリ是レ之ヲ規定スルノ價値ナキモノト云フヘシ交互計算ナルモノハ元來一ノ契約アリテ一定ノ期限內双方ノ出入ヲ貸方借方ノ部ニ記入シ滿期ニ至リ計算ヲ遂ケ借方ニ殘余アリタルトキ初メテ一ノ負債トナルヘキモノニシテ其期限中何程借方ニ多ク記載セラルヽモ負債トハ見做サレサルモノナレハ從テ期限中ハ充當相殺等ノ問題起ラサルナリ

第百三十一號

第三欵　辨濟ノ提供及供託

○第百三十二號　提供及供託ノ必要ナル理由ヲ述ヘヨ

凡ソ人ハ義務ナル繩索ニ繫累セラルヽハ最モ心苦シキモノニシテ速ニ之ヲ免レンヿスルハ人ノ常情ナリ加旃義務ノ性質ニ依リ物件ノ毀損ヲ已レノ責メニ歸セサル可カラサル塲合アリ保存ニ困難ナル物アリ或ハ日時ヲ遲延スルタメ過怠ノ責ニ服スルヿアリ又塡補利子ノ增加スルヿアリテ種々有形的ノ損害アルモノナレハ速カニ義務ノ免脫ヲ謀ルヲ以テ利益アリトス然ルニ債權者ハ債務者ノ確實ナルモノト認ムルトキハ或ハ塡補利子ノ多キヲ貪ランヿ欲シ或ハ保存ノ困難ヲ避ケンタメ或ハ滅盡毀損ノ害ヲ免カレンカタメ辨濟ヲ受クルヿヲ欲セサルヿアリ又債權者失踪シ或ハ無能力者ト爲リタルモ法律上代人ヲ撰定セサルカ爲メ有效ナル辨濟爲スヿヲ得サルヿアリ如此塲合ニ於テ債務者ハ如何シテ義務ノ繫累ヲ脫スルヿヲ得ル乎是レ即提供及供

託ノ必要ナル所以ナリトス債權者若シ辨濟ノ領収ヲ欲セサル片ハ債務者ハ提供ノ方法ヲ以テ辨濟ノ領収チ債權者ニ促シ尙ホ肯セサル片ハ供託ノ方法ヲ以テ義務ヲ免ル、コヲ得ルナリ

○第百三十二號　提供ノ有效ナル條件ヲ示セ

提供ノ有效ナルニハ左ノ要件ノ備ハルヲ以テ必要トス

（第一）辨濟ノ有效ナルカタメニ要スル條件ヲ備フルコ

提供ハ債權者カ任意ニ辨濟ヲ受クルヲ肯セサル場合ニ債務者ヨリ爲ス强制辨濟ノ方法ナレハ一般ニ辨濟ニ要スル條件ヲ具備スルヲ要スルハ當然ナリ故ニ提供ヲ爲スモノ提供ヲ受クルモノ共ニ辨濟ヲ受クル能力アルコ辨濟ス可キ物件ノ全部ヲ以テスルコ（一部ノ辨濟ハ許サレス）辨濟期限又ハ未必條件到着シテ當然執行ス可キ時期ノ至リタルコ（債務者ノ利益ノ爲メニ設ケタル期限ハ此限ニアラス）等ノ條件ヲ要スルナリ（第四百七十五條）

第百三十三號

第百三十三號

（第二）或ル期間内ニ爲シタルコト

或ル期間内ニ爲スコトハ提供ニ必要ナル條件ニアラサルモ時期ノ經過ニ依リ當然失權、解除、責罰ヲ受クルコトアリ此ノ如キ塲合ニハ其有效ナル期間内ニ提供ノ手續ヲ爲スヲ要ス例ヘハ買戻契約ハ時期ノ經過ヲ以テ當然買戻ノ權能ヲ失フ又双務契約ノ塲合ニ一方カ或ル期間内ニ義務履行セサルトキハ當然契約ヲ解除スル旨ヲ約シタルトキ及或ル期間内ニ義務履行ヲ爲サヽルトキハ當然過怠ノ責ニ任スル旨ヲ約シタルトキハ其期間内ニ提供ヲ爲スヘキコトヲ要スルナリ（第四百七十六條）

（第三）提供ヲ爲ス法式ニ適シタルコト（第四百七十四條）

提供ハ義務ノ目的物ニ依リ其方法ヲ異ニス

（イ）金錢ノ義務ハ貨幣ヲ現實ニ提示シテ之カ受取方ヲ促スコトヲ要ス此塲合ノ提示ハ債務者所在地又ハ其任所ニ於テ爲スモノニ

シテ彼ノ一般ノ辨濟ノ多クノ場合ハ債務者ノ住所ニ於テ行ハルヽモノト矛盾スルモ此提供ノ場合ハ他ニ方法ナキヲ以テ斯クナサヽル可カラサルナリ然レモ債權者ノ住所ニ提示スルニ付キ要シタル費用ヲ債權者ノ負擔ニ歸セシムルヿヲ得

(ロ) 特定物ノ引渡シニ關スル義務ハ其物件カ引渡ス可キ場所ニ存在シタル片ハ債務者ハ其物ヲ引取ル可キ旨ノ催告ヲ債權者ニ爲スヲ以テ足レリトス其物件カ引渡ス可キ場所ニ存在セサル片ハ原則ヨリ云ヘハ其場所ヘ運搬シタル上債權者ニ受取リ方ノ催告ヲ爲ス可キナリ然レモ其目的物ノ種類ニ依リ運送ノ困難ナルモノアル可ク或ハ多額ノ運送費ヲ要スルモノアル可ク或ハ運送ニ危險ナルモノ(碎脆性ノ物件又ハ濕潤シ易キ物件)アル可ケレハ債權者カ多クハ拒ンテ受取ラサル可ク斯ル物件ヲ債務者ニ危險ヲ冒サシメ其場所ニ運送セシムルヿナ命スル道理ナケレハ其目

的カ容易ニ運搬セラルヘキモノナル片ハ履行ヲ爲スヘキ塲所ニ運搬シタル上引取リノ催告ヲ爲シ然ラサル塲合ニハ其塲所ヘ運搬セスシテ合意ニ從ヒ引渡ヲ即時ニ實行スルノ準備ヲ爲シタル旨ヲ其催告文中ニ記載スルヲ以テ足レリトス
（ハ）量定物ニ關スル義務モ特定物ニ關スル義務ト同一ナリ
（ニ）作爲義務ニ關シテハ債務者已レ一人ニテ爲スヿヲ得可キ時ハ義務ノ旨趣ノ如ク履行ス可キ旨ヲ催告シ若シ債權者ノ立會又ハ參同ヲ爲スニ非ラサレハ履行シ得サル時ハ義務履行ノ準備ヲ爲シタルヲ以テ立會又ハ參同ヲ爲ス可キ旨ヲ催告スルヲ以テ足レリトス假令ヘハ債權者ノ畵像ヲ畵ク義務ノ如キハ其立會ヲ得サレハ履行スルヿ能ハス又債權者ノ指揮ヲ得テ履行スヘキ義務ノ如キハ其參同スルニアラサレハ履行スルヿ能ハス故ニ是等ノ義務ハ其立會參同ヲ催スヲ以テ提供アリトス彼ノ債權者カ造營

ニ必要ナル木材ヲ供給シ債務者ハ建築ニ從事スヘキ義務ノ如キモ亦木材ノ供給ヲ催スヲ以テ提供アリト爲ス可キナリ

(附言) 以上各場合ニ於テ爲ス催告ハ公吏則チ執達吏ノ手ヲ經テ爲サヽレハ有效ナラス　不作爲ノ義務ニ付テハ提供ノ問題起ラズ

○第百三十四號　提供ノ效果如何(第四百七十六條)

提供ヲ爲シタルノミニテハ未タ債務者ヲシテ義務免脫ノ効果ヲ得セシムルヿ能ハス唯左ノ數效果ヲ發生スルノミ

(第一) 義務不履行ノ爲メ生スル失權ヲ防止ス、法律又ハ合意ヲ以テ定メタル或期間内ニ義務ヲ履行セサルトキハ權利ヲ失フヿアリ假令ヘハ買戻契約ハ買戻ノ期間内ニ代金ヲ返還セサルトキハ買戻シノ權能ヲ失フカ如シ斯ル場合ニ於テ有效ニ提供ヲ爲シタルトキハ其失權ヲ防クヿヲ得可シ

(第二) 義務不履行ノタメノ解除ヲ防止ス、法律又ハ合意ヲ以テ定メタ

ル期間内ニ義務ノ履行ヲ爲サヽルニ依リ權利ヲ解除セラルヽヿアリ假令ヘハ双務契約ノ塲合ニ義務ヲ履行セサル𪜈ハ契約ヲ解除ス可キ旨特約シタル𪜈又ハ其義務ノ性質ニ依リ或ル期間内ニ履行セサル可カラサルヲ怠リタル𪜈ハ他ノ一方ハ契約ノ解除ヲ爲スヿアリ此如キ塲合ニ於テ有效ニ提供ヲ行フタル𪜈ハ其解除ヲ防止スルヿヲ得

（第三）義務不履行ノ爲メ生スル責罰ヲ防止ス、法律ニ於テ期間ニ後レテ義務ノ履行ヲ爲ス𪜈ハ當然損害賠償ノ責ニ任セシムル塲合アリ則チ爲換手形ノ義務ノ如キ是ナリ又合意ヲ以テ特ニ期間ノ經過ニヨリ過怠ノ責ニ任スベキ約束ヲ爲シタル𪜈其期間前ニ提供ヲ爲セハ損害賠償又ハ過怠約欵ノ義務ニ服スルニ及ハス

（第四）提供ヲ爲シタル𪜈ハ最早債權者ヨリ遲滯ニ付セラルヽノ恐レナシ債權者ニ於テ提供ヲ受ケタルニ係ラス遲滯ニ付スルヿアルモ何等ノ效力ヲモ生スルヿナク全ク徒勞ニ屬スルモノナリ又提供カ已ニ

遲滯ニ附セラレタル後ニ在ルトキハ其提供以後ニ向テ付遲滯ノ効力ヲ妨止スルモノニテ則チ其以來遲延利子ノ發生チ止息セシム

○第百三十五號　供託ハ如何ナル時期ニ爲ス可キ乎又其方法如何

償務者カ提供ヲ爲シテ辨濟ノ受諾ヲ催スト雖モ債權者尙ホ之ヲ肯セサル時ハ債務者如何ナル所置チナス可キカ提供ハ未タ義務ヲ免除スルノ效ナキヲ以テ其義務ノ繫累チ脫センニハ必ス他ノ方法無カル可ラス即法律ハ供託ノ方法ヲ設ケ義務免除ヲ謀リタリ故ニ供託ハ提供ヲ爲スモ其效ヲ見ルヿ能ハサリシ場合ニ爲ス可キ義務免除ノ方法ナリトス

供託ノ方法ハ其目的物金圓ナルトキハ其辨濟スヘキ全部則チ元本ハ勿論供託ノ日マテノ塡補利子及遲滯ニ付セラレタル後提供ヲ爲シタルトキハ其提供迄ノ遲延利子トヲ合算シテ大藏省預金局ニ預ケ置ク可キナリ(廿三年七月公布供託規則)又目的物カ特定物又ハ量定物ナルトキハ

應ニ辨濟スヘキ全部ヲ裁判所カ指定スル塲所ニ供託シ且ツ其選任シタル保管人ニ其物ヲ引渡ス可シ特定物量定物ニ付テハ一定ノ預リ役所ナキヲ以テ債務者ハ先ツ裁判所ニ向テ供託ス可キ塲所ノ指定其保管人ノ選任ヲ請求ス可シ裁判所ハ其物ノ性質ニ依リ適當ト認ムル塲所ヲ指定シ且保管人ヲ選定ス此塲合ニ裁判所ハ債務者ノ倉庫ニ供託ヲ命シ且債務者ヲ保管人ニ撰定スルモ敢テ妨ケアルヿナシ（第四百七十七條）

○第百三十六號　供託ノ效果如何（第四百七十八條）

供託カ有效ニ行ハレタルトキハ債權者ニ向テ直ニ辨濟ヲ爲シタルト同一ノ效果ヲ生ス即供託ノ日ヨリ債務者ハ勿論共同義務者保證人等モ總テ義務ノ免除ヲ得且質、抵當等ノ擔保モ又從テ消滅スルモノトス法典ハ債務者カ意外ノ事ニ任シタルトキト雖ドモ其物ノ危險ヲ債權者ニ歸セシムル旨ヲ特記セリ是レ此效果モ辨濟ヨリ當然生スルモノナルモ此效果ニ限リ特別ニ規定シタルハ蓋シ他日疑義ノ生センヿヲ恐レテ豫メ之カ用意ヲ爲シタルモノナラン抑モ供託ハ辨濟ノ如ク直ニ債權者又ハ其代人ニ物件ヲ引渡スモノニアラサレハ債務者カ特別ニ物ノ危險ノ責ニ任スル旨ヲ諾約シタル片ハ其物件ヲ現實ニ引取リタル上ニ非ラサレハ其責ヲ免ルヽヿヲ得ストノ疑ナキ能ハサルナリ

右ノ如ク供託ハ辨濟ト同一ノ效果ヲ生スルモノナリト雖𪜈其效果ハ完全ノモノニ非ラス債務者ハ債權者カ供託ヲ受諾セサルカ又ハ其供託カ有效ナリトノ既判力ヲ有スル判決ニ據リテ宣言セラレサル間ハ其供託ヲ引取ルヿヲ得是レ供託ハ債務者一方ノ提意ニ過キサレハ債權者カ受諾セサルカ又ハ判決ヲ以テ受諾シタルト同一ニ看做サレサル間ハ(供託有效ノ判決ハ適當ニ辨濟カ行ハレタル旨ヲ宣言スルヲ以テ債權者之カ受諾ヲ拒ムニ最早ヤ言辭ナカル可シ)之ヲ取消スハ己レ一已ノ意見ヲ取消スニ過キサレハ何人ヨリモ拘束ヲ受クルヿ無シ恰モ片約ヲ取消スノ自由ナルカ如シ斯ク供託ハ確乎不拔ノ效果ヲ發生

スルモノニアラスシテ債務者ノ意思ヲ以テ何時ニテモ取消スヿヲ得ヘキ解除ハ未必條件ヲ負ヒタル辨濟ノ效果ヲ生シタルモノト云フ可ケレハ一旦其供託ヲ取消シタル片ハ未タ曾テ供託ノ行ハレサリシ如キ有樣ニ復シ共同義務者保証人等モ尚ホ舊ノ如ク義務ヲ負擔シ質抵當權等モ依然存在ス然レ圧供託ヲ取消シタルカ爲メ提供ノ效力ニ影響ヲ及ホスヿナキモノナレハ債務者カ提供ノミヲ行ヒテ供託ヲ行ハサリシ有樣ト爲ルノミ

法典ハ受諾又ハ判決アリタル後ト雖圧債務者ハ債權者ノ承諾ヲ以テ供託物ヲ引取ルヿヲ得可キ旨ヲ明言シ且共同債務者及保證人義務解脫、質權、抵當權ノ消滅、債權者ノ債權者カ爲シタル拂渡シ差押ニ妨碍ヲ與フルヿヲ禁シタリ是レ當然ノヿニシテ他人ヲ害セス公益ニ戾ラサル上ハ如何ナル合意ヲモ爲シ得可ケレハ斯ル合意ノ有效ナルハ敢テ疑ナキ所ナレハ特ニ之ヲ規定スルノ必要ナキカ如シ然レ圧予ハ此規定ヲ以テ必要無シトセス何トナレハ若シ此規定ナキ片ハ判決又ハ受諾アリタル後ハ確然前義務消散スルモノナレハ其後タトヘ合意アリトモ消滅シタル義務ヲ再生セシムルヿ能ハサルハ理論ノ然ラシムル所ナレハ債權者ノ承諾ヲ得テ供託ヲ引取リタル片ハ舊義務ヲ再生セシメタルニ非ラスシテ其供託ヲ引取リタル日ヨリ前同一ノ義務ヲ約シタルモノト決定セラルレハナリ然リト雖モ今一歩進メ考フルニ舊義務ヲ再ヒ發生セシムルヲ以テ正當ト爲ス乎或ハ舊義務同一ノ新義務ヲ約シタルモノトスルヲ以テ正當トナス乎ト云フニ予ハ信ス新義務ヲ約シタルモノト決定スルヲ正當ナリト

(附言) 債權者ノ承諾ヲ得テ供託ヲ引取ル片第三者ヲ害スル(共同債務者保證人ノ義務ヲ再生セシメ質權抵當權ヲ再設セシメテ共同債務者保證人及第二ノ質又ハ抵當權者及物件ノ貸主等ヲ害スルヿ及債權者ノ債權者カ供託物ヲ差押ヘタル後其物件ヲ引取リ第三債權者ニ害ヲ與フルヿ等)ヿヲ得

第百三十六號

第百三十六號

サルハ合意ニ加ハラサル他人ニ其効力ヲ及ホスコ能ハス尙ホ換言セハ合意ハ双方間ニ非ラサレハ法律ニ等シキ效ナキモノナレハナリ○提供及供託ニ要シタル費用ハ総テ債權者ノ負擔トス何ントナレハ當ニ受取ル可キ辨濟ヲ故無ク拒否シタルハ債權者ニ過愆アリトセサル可カラサレハナリ
○供託ノ效果ハ物件ヲ現ニ寄置シタル日ヨリ生スヘキ乎將又供託ス可キ場所ノ指示ヲ裁判所ヘ請求シタル日ヨリ生スヘキ乎日ク法文ニ有效ニ爲シタル供託ハトアルヲ以テ現實ニ物件ヲ寄置シタル日ヨリ生スルカ如シト雖モ特定物量定物ノ如キハ裁判所ヘ共託ス可キ場所等ノ指示ヲ請求シタル日ヨリ效果ヲ生シタルモノト決定スルヲ允當ナリト信ス○作爲不作爲ノ義務ニ付テハ供託ノ問題起ラサルモノトス

第四欵　代位辨濟

○第百三十七號　代位辨濟ノ性質ヲ詳論セヨ（第四百七十九條）

代位辨濟トハ第三者ノ資財ヲ以テ辨濟ニ供シ而メ第三者ハ利益ノ爲メニ其辨濟ニヨリ消滅シタル權利及附屬權ハ債務者及其承繼人保證

代位辨濟ノ法ヲ設ケタル理由ヲ説明セヨ

人物上擔保ニ供シタル物ノ所有者ニ對シテハ引續キ成立スルモノト見做シ且其權利ヲ債權者ヨリ第三者ニ讓渡シタルモノト假想シ其辨濟ニ供シタル資財ハ償還ヲ受クル目的ニテ其權利ヲ行フヿヲ得セシムルモノナリ

抑モ第三者カ他人ノ負債ヲ辨濟シ或ハ辨濟ノタメニ資財ヲ貸與シタル𪜈ハ代理訴權(債務者ノ依頼ニ因リ辨濟シタル𪜈)事務管理ノ訴權(債務者ノ依頼ナク辨濟シタル𪜈)貸主訴權(辨濟ニ供スル資財ヲ貸與シタル𪜈)ヲ以テ償還ヲ受クルニ過キサルナリ何トナレハ辨濟セラレタル權利ハ之レト同時ニ消滅シ何人ニ對シテモ又生存セサルモノニ付前債權者ノ權利ヲ行用スルヿハ理論上爲シ得可カラサルヿナレハナリ夫レ然リ理論上當ニ然ラサル可カラスト雖モ法律ハ理論ニ協合セサルニ係ラス爰ニ代位辨濟ヲ設ケタル所以ハ實際上大ナル便利アレハナリ故ニ代位辨濟ノ條項ハ專ラ實際ノ便益上ヨリ思考シ念頭理論ノ

考案ヲ去ラサレハ會得スルヲ得ス

今代位辨濟ノ實際ニ便益ナル一例ヲ示スニ抵當保證等ヲ以テ擔保セラレタル債主權ヲ乙者ニ對シ有スル所ノ甲者已ニ其辨濟期限ノ到リタルヲ以テ嚴重ニ督促ヲ爲スモ乙者之ヲ辨濟スルノ資力無キニ際シ第三者アリテ其嚴重ナル督促ヲ免レシメント欲スルモ普通ノ代理訴權又ハ貸主權ニテハ到底償還ヲ受クル見込ナキヲ以テ之ヲ果サヽル場合ニ於テ第三者ハ甲者ノ權利ニ代位スルヿヲ得ルトスルトキハ進テ甲者ニ辨濟ヲ爲シ以テ其嚴酷ナル催促ヲ斥クルヿヲ得ベシ若此代位ノ方法無カリセハ乙者ハ甲者ノ爲メニ不利益ナル財產ノ公賣ヲ執行セラルヽヿアルベク且豫防シ得ベキ訴訟ヲ受クルモノト云フベシ又代位ハ債權者ノ便益ノ爲メ約セラルヽヿアリ即債權者急迫ナル入用アリト雖モ債務者義務ヲ盡サヽルトキ第三者其者ノ權利ヲ代位シテ辨濟ヲ爲ス如キ是ナリ

右ノ如ク代位辨濟ハ專ラ辨濟シタル第三者ノ權利ヲ確保スル目的ニテ法律カ設ケタル一ノ假想ノ讓渡ナリ此讓渡タルヤ絕對的ノモノニアラスシテ一事二面ヲ有スルモノナリ則チ債權者ニ對シテハ讓渡ト看做サスシテ普通ノ理論ニ從ヒ單純ノ辨濟アリタルト同一ニ債權及諸附屬權ノ消滅ノ效アルモノトシ債務者ニ對シテハ債權者ヨリ權利ヲ讓受ケタルモノト看做サレ前債權者ニ屬セシ一切ノ權利ヲ行用スルヿヲ得此點ハ即チ法律上ノ假想ニ屬スルモノトス而メ此假想ハ第三者ノ權利ヲ確實ナラシメ彼ヲシテ損失ヲ蒙ラシメサラシムルノ目的ニ出タルモノナルハ第三者己レカ辨濟ニ供シタル數額ヲ超ヘテ要求スルヿ能ハス例ヘハ第三者五百圓ノ負債ヲ債權者ノ勘辨ヲ受ケ四百圓ニテ皆濟シタリトセンニ第三者ハ債權者ノ權利ヲ讓受ケタリト看做サルモノ債務者ニ對シ其全部即五百圓ヲ要求スルノ權利ナシ

又代位ハ第三者ノ利益ノ爲メニ設ケタルモノナレハ第三者ハ代位ノ

第百三十七號

訴權ヲ行フヨリ自己固有ノ訴權則チ事務管理代理、貸主ノ訴權ヲ以テ償還ヲ受クルノ却テ利益アリトスル片ハ之ヲ選ムヿヲ得假令ヘハ原債權ハ確實ナル抵保アルモ無利息ノモノナル塲合ニ於テ債務者ニ充分資力アル片ハ代理訴權ヲ以テ立替金ノ辨濟ヲ要ムルノ却テ利益アルカ如シ然レ圧一旦代位訴權ヲ選用シタル片ハ最早之ヲ變シテ他ノ訴權ヲ用フルヿ能ハス何者初メ一ヲ選ンテ之ヲ行用シタル片ハ他ノ訴權ハ抛棄シタルモノト看做サレ其時ヨリ其訴權ハ消滅ニ歸スレハナリ

代位ハ合意ニ依リ成立スルモノアリ法律上當然付與セラルヽモノアリ合意ニヨリ許與スルモノハ債權者ハ第三者トノ間ニ成立スルアリ又債務者ト第三者トノ間ニ成立スルアリ

（附言）佛國ニ於テハ代位ハ諸附屬權ノミ第三者ニ移轉シテ主タル債權ハ消滅スルモノナリト論スルモノアリ又主タル債權モ諸附屬權ト共ニ移轉

スト論スルモノアリテ其論一定セス然レ𪜈我法典ハ第四百七十九條第一項中其債權及之ニ附著セル擔保ト效力トヲ移轉スト明言シタルヲ以テ斯ノ如キ異論生スルヿナシ而メ斯ク主タル債權モ移轉スト爲シタルハ實ニ正鵠ヲ得タルモノト云フベシ何トナレハ代位ノ法タル三者ノ權利ヲ確保ナラシメ且急迫ナル困難ニ在ル債權者又ハ債權者救濟スルヿヲ奬勵スルニ在レハ可及的其權利ヲ確實ナラシメサル可カラスサレハ主タル債權モ移轉セシメハ一層確實ナル擔保ヲ得ルヿアリ則チ舊債權カ商事上モノタル時ノ如キ是ナリ

○第百三十八號　債權者ノ許與スル代位ノ有效ニ要スル條件ヲ示セ（第四百八十條）

債權者カ許與スル代位ノ有效ナル條件ハ左ノ如シ

（第一）明約アルヿヲ要ス

代位ノ法ハ理論上ヨリハ寧ロ實際上ノ便益ノ必要ヨリ設ケタルモノナレハ其成立ノ事實ハ實ニ明白ニシテ曖昧ナラサルヿヲ望ムモノナ

リ

(第二) 受取證書中ニ明記スルヲ要ス

法典ハ明約アルノミヲ以テ滿足セスシテ債權者ヨリ第三者ニ與フル受取證書中ニ其代位ノ契約カ成立シタルヿヲ明記スルヿヲ要ス故ニ代位ノ明約アルヿヲ如何ナル確實ノ人證アリテ其事實明瞭ナル場合ト雖𪜈代位辨務ハ成立セサルモノト云ハザルヲ得ス(此點ニ付テハ反對論者アリ又草案起草者ノ意見モ亦反對ナルカ如シ然レ𪜈法文ニ於テ證書中ニ明記スル云々トアル其證書及記ノ文字ニ徴スルトキハ反對者ノ論採用ス可カラサルナリ)

右二ケノ條件ヲ具フルトキハ代位ハ有效ナリトセラルヽモノニシテ其他第三者カ其辨濟ニ付テ利害ヲ有スルト否トヲ區別セサルナリ第三者カ辨濟ニ付キ利害ノ關係ヲ有スルトキハ多クハ法律上ノ代位辨濟タル可キモ利害ノ關係ハ種々雜多ニシテ法律上ノ代位中ニ含蓄セサルモノアルヲ以テ爰ニ之ヲ明記スルノ要用アルナリ又其辨濟ハ債務者ノ名ニテ爲シタルト自己ノ名ニテ爲シタルトヲ區別セス義務者ノ名

ニテ辨濟ヲ爲ストハ所謂辨濟者ノ名代人ナレハ代人ハ本人ト同一体ト見做サルルヲ以テ負債主本人カ爲シタル辨濟ト同一ニ完全ニ債權ノ消滅ヲ來タシ代位ノ合意ヲナス可カラストノ疑ナキ能ハス故ニ爰ニ之ヲ明記スルモノナリ（是等ノ疑ノ生スルハ代位辨濟ハ法律上ノ假想ニ基クモノタルヿ忘レタルニ坐スルナリ）

辨濟ヲ受クル債權者ハ其本人ニ非ラサレハ代位ヲ許與スルヿ能ハサルカ代人ト雖𪜈正當ニ許與シ得ルカ曰ク其代人ハ總理ナルト部理ナルトヲ分タス總テ許與スルヿヲ得可キモノトス何トナレハ代人ハ本人ヨリ辨濟ノ受取リ方ヲ委任セラレタルモノナレハ其之ヲ受取ルニ付必要ナル處置ハ有效ニ爲シ得可キモノナリ又債權者モ當ニ受ク可キ丈ケノ辨濟ヲ受取ラハ其辨濟ハ單純ナルト代位ナルト又辨濟者ハ第三者ナルト本人ナルトニ付キ異議ヲ主張スル理由ナカル可シ然𪜈代理契約ヲ以テ明ニ此權能ヲ行フヿヲ拒否シタル片ハ此限ニ非ラス

第百三十八號

（附言）奴僕等カ主人ノ使ト爲リ辨濟受取リニ立越シタル片ハ純粹ノ代人

ト見做スヿヲ得ス是等ノモノハ唯貨物ノ受納ト其運搬トヲ命セラレタル
モノニシテ辨濟收領ニ要スル一切ノ權能ヲ委任セラレタルモノニ非ラス

○第百三十九號　債務者ノ許與スル代位ノ有效ニ要スル條件如何

（第四百八十一號）

債務者ノ許與スル代位辨濟ヲ設ケタル理由如何

債務者カ代位ヲ許與スルト云フヿハ理論上奇怪ナルガ如シ何トナレハ他人ノ權利却テ已レニ對抗スル所ノ他人ノ權利ヲ讓渡シ得ルト云フハ到底想像シ得可カラサル事タレハナリ然リト雖𪜈法典ハ實際ノ便益上之ヲ必要トシテ允サレタリ今一例ヲ以テ其便益ヲ示サンニ甲ナル債務主乙ナル債權者ニ高利ノ借金アリテ已ニ辨濟期限到着シタリ然レ𪜈乙ハ其債務ニ確實ナル抵保アルト利子ノ不廉ナルトニ因リ之カ辨濟ヲ受クルヿヲ欲セス此場合ニ甲ハ他ヨリ低利ニテ借リ入レヲ為サント欲スルモ第三者ハ乙ト同一ノ抵保ヲ得ルニ非ラサレハ乙ノ次位ニアル負債者他ニ數名アルヲ以テ貸與スルヿヲ欲セサルヘシ爰ニ

於テカ債務者ヨリ許與セル代位辨濟ノ方法ヲ以テ其困難ヲ救濟スルヿヲ得可シ

債務者ニ依ル代位ノ有效ナルニハ左ノ諸件ヲ要ス

(一) 債務者ハ負債辨濟ノ爲メ第三者ヨリ金員又ハ有價物ヲ借リ入レタルヿ

(二) 代位ノ明約アルヿ

(三) 借用證書ニ其金額又ハ有價物ノ用方ヲ記載スルヿヲ要ス即其證書中ニ該金ハ某ノ負債ノ辨濟ニ用フルタメ借用ス云々ト記スルカ如シ

(四) 債權者ノ與フル受取證書中ニハ其出處ヲ記載ス即「甲某ヨリ借入レラレタル金ヲ以テ辨濟相成正ニ領収」云々ト記スルカ如シ此記載ヲ債權者カ爲スヿヲ拒否シタルトキハ提供供託ノ方法ニ依リ義務ヲ免ルヽヿヲ得

以上四ケノ條件ヲ備フルトキハ有效ナル代位辨濟成立スト雖ドモ其代位

ヲ第三者ニ對シテ證明セント欲スル片ハ公正證書又ハ私署證書ニ非ラサレハ證據ト爲ルヿヲ得ス故ニ證人又ハ署名捺印セサル證書自白等ハ證據ト爲スヿヲ得ス何トナレハ是等ノ證據ハ薄弱ナルノミナラス一旦成立シタル單純ノ辨濟ヲ後ニ代位辨濟アリシ体裁ヲ裝ヒ以テ他人ヲ害スルヿノ容易ニ爲シ得可キノ恐レアレハナリ又法律ハ裁判所ニ許ス一ノ特權ヲ以テシタリソハ上ニ列記シタル條件ヲ備ヘタル場合ト雖𪜈借リ入レト辨濟ノ間ニ長キ時間ノ經過シタル片ハ裁判所ハ代位ヲ不成立ト宣言スルヿヲ得是レ其間大ニ懸隔シタル片ハ初メ借リ入レタル金額又ハ有價物ハ他ニ費消シ再ヒ他ノ金額又ハ有價物ヲ以テ辨濟ニ供シタルノ疑ヒアレハ裁判所ハ此ノ如キ場合ニ於テ代位ノ不成立ヲ宣告スルノ權アリ

（附言）以上敍述スル所ハ法文上一應ノ解釋ニ過キス今第四百八十一條ヲ詳細ニ吟味スル片ハ大ニ疑フ可キ點アリ同條第二項ニ借用證書ニハ金額

又ハ有價物ノ用方ヲ記載シ受取證書ニハ其出所ヲ記載ストアリ又其第三項ニハ公正證書私署證書ニ非ラサレハ他ノ第三者ニ對シテ右ノ所爲ノ證據トスルヿヲ許サストアリ其二項ノ借用證書受取證書トアルハ第三項ノ公正證書又ハ私署證書トアル證書ニ該當スルヤ換言セハ借用證書受取證書ハ公正證書又ハ私署證書ヲ以テスルニ非ラサレハ第三者ニ對シテ代位ノ效ナシト云フノ意義ナリヤ法律編纂者ノ意見ヲ叩クトキハ同一ノ證書ナルカ如シ果シテ然リトセハ第三項ハ無用ノ法文ナリト云ハサル可カラス何トナレハ借用證書受取證書ト云ヘハ公正證書ニ非ラサレハ私署證書タラサル無ケレハナリ抑モ債務者ニ依ル代位ハ公正證書又ハ私署證書ノ借用證書ニ用方ヲ記載シ受取證書ニ其出處ヲ記載スルニ非ラサレハ成立セサルヲ以テ從テ之カ證據ヲ提出スルニ第三者ノミナラス双方間ト雖モ斯ル證書ヲ要スルモノナレハ第三項ノ明言ヲ要セスシテ公正證書私署證書ヲ要スルヿ明ナリ

斯ノ如キ無用ノ法文ヲ掲載シタル原因ヲ探究スルニ第四百八十一條第三項ハ原ト草案ニハ公正證書又ハ確定日附ノ證書云々トアリテ一般ノ私署證書ニテハ日附溯記ノ恐レアルヲ以テ第三者ニ對シテ証據ト爲ラサルヿニ規定セリ然ルニ公布ノ際確定日附ノ證書ヲ修正シテ私署證書ト爲シタ

ルヲ以テ從テ本項ノ無用ニ屬シタルヿニ心付カサリシニ坐スルナラン斯ク論シ來ルトキハ本項ハ全ク無用ナルカ如シ

然リト雖モ他ニ正當ノ解釋ナキニアラス即チ予カ正當ナリト信スル處ノ解釋ヲ下サンニ抑モ第四百八十一條第二項ノ證書ト第三項ノ證書トハ全ク異別ノモノヲ指シタルモノナリト今其理由ヲ述ヘンニ債務者ニ依ル代位ハ債務者ト第三者トノ間ニ債權者ニ弁濟スヘキ金員有價物ヲ貸與シタル上ハ代位ノ訴權ヲ與フル旨ノ明約アルヿヲ要シ且其借用證書ニハ用方ヲ記載シ受取證書ニハ其出處ヲ記載セサル可カラス故ニ此代位辨濟ヲ證書ニ依テ證明セント欲セハ先ツ代位ノ明約アルヲ記シタル證書ヲ要シ而メ又用方出所ヲ記シタル借用證書受取證書ヲ要ス但シ代位ノ明約ヲ借用證書中ニ記載シタルトキハ別ニ一通ヲ作ルヿヲセサルモノニシテ即本條第二項ハ弁濟ニ供シタル物件ノ用方ト出所ヲ記載シタル借用證書及受取證書ニシテ此二ケノ證書ハ代位ノ成立ニ要スル證書トシ第三項ノ證書ハ代位ノ明約ヲ記シタル證書ニシテ此證書ノ有無ハ代位ノ成立ニ關セサレハ第二項ノ證書サヘ保有セハ代位ノ明約アリシヿノ證據ハ證人又ハ署名捺印セサル證書或ハ自白等ヲ以テ證スルヿヲ得ヘシ然ドモ第三者ニ對シ代位ノ利益ヲ主張セントセハ公正證書又ハ私署證書ヲ以テセサル可カラサル

ナリ故ニ借用證書ニハ「今回借用候金員ハ某(債權者)ニ辨濟スルタメ借用候」云々ト記載シ受取證書ニ「某(第三者)ヨリ借入レラレシ金ヲ以テ辨濟相成」云々ト記載シアル公正又ハ私署ノ證書ヲ以テスルモ未タ第三者ニ對シテ代位ヲ主張スルヿ能ハス第三者ニ代位ヲ主張セント欲セハ代位ノ明約ヲ記シタル公正又ハ私署ノ證書ヲ以テ代位ノアリシヿヲ證明セサル可カラス世人カ借用證書ニ其金ノ使用方ヲ記載シ受取證書ニ其出所ヲ記載スルヿハ往々之レ有ルモノナレハ其使用方出處等ノ記載アリタリトテ代位ノ明約アリシヿノ證左ト頼ムヿ能ハサレハ特別ニ之カ證書ヲ作ルニ非ラスンハ第三者ニ對シテ代位ノアリシヿヲ主張スルヿ能ハサルモノナリ
此說ハ法律ノ歷史上ヨリ論スルトキハ採ル可カラサルカ如シト雖モ法文ニ適シ且理論ニ戾ラサルヲ以テ我法律ヲ解スルニハ第二說ヲ以テスルヲ正當ト云フベシ尙ホ茲ニ附記スヘキ一事アリ草案代位ノ証據ハ公正證書又ハ確定日附ノ證書ヲ以テスルヿヲ要セシニ現行ノ法典ハ確定日附ノ證書ヲ廢シテ單ニ私署證書トセリ此修正ハ現時我國情況ニ酌ムトキハ正當ナルヿト云フ可シ夫レ私署證書ハ日附溯記ノ弊容易ニ行ハレ、タメニ他人ニ損害ヲ及ホスヿ往々之レ有ル可シト雖モ我國ノ如キ民俗概シテ淳朴ニシテ法律ニ幼稚ナル國ニ於テハ全ク繁雜ナル法規ヲ設クルハ策ノ得タルモノ

第百三十九號

ニアラス何トナレ民其法規ヲ知ラサリシカタメ正當ナル權利モ第三者ニ對シテ主張スルヿハ能サル不幸ニ陷ルモノ多カル可ク一二ノ狡獪者ノ詐欺ヲ防カントシテ十數ノ淳朴ナル民ヲ害スルヿ有ル可シ今假リニ思ヘ私署證書ハ確定日附アルニ非ラサレハ第三者ニ對抗スルヿヲ得ストスル片ハ我國ノ如キ確定日附ノ證書ト云ヘル如キモノヲ夢想ニダモ見サル國ニ於テハ民其法規ヲ知ル難カル可クヨシヤ之ヲ知ルト雖モ確定日附ヲ得ルニ日時ト費用ヲ要スルヿナレハ之ヲ履行スルモノ少カルヘシ(現ニ我國公證人ノ門前雀羅ヲ設クルノ狀アリ又一般ノ民心登記法ヲ厭忌スルノ情アリ此等ヨリ見ルモ我國ノ民俗斯クアルヿヲ知ル)此機ニ乘シテ狡猾者流法規ヲ楯トシ淳朴ナル良民ヲ害スルノ詐術ヲ行フ容易ナル可シ斯ノ如ンハ法律ハ以テ庇保セントシタル良民ニ矛ヲ倒マニスルモノト云ハサルヲ得ス是レ我國確定日附ノ證書ヲ廢シタルノ理由ナル可シ

○第百四十號　法律上ノ代位辨濟ハ如何ナル場合ニ行ハルヽ乎

(四百八十二條)

法律上ノ代位辨濟ハ辨濟者ノ利益ノ爲メ債權者又ハ債務者ノ承諾ヲ得スシテ法律上ヨリ當然代位權ヲ授クルモノトス是等ノ辨濟者ハ其

義務ヲ消滅セシムルニ付キ正當ナル利益ヲ有スルモノニシテ彼ノ名ヲ代位ニ借リ不用ナル金員ヲ貸付ケ以テ確實ナル債權ヲ獲得セント企ツルカ如キ憂ナケレハ法律ハ大ニ其辨濟ヲ奬勵シテ其者ノ權利ニ確實ナル擔保ヲ與フル爲メ法律上ノ代位ヲ許シタルモノナリ今法律上代位ヲ許ス可キ場合ヲ擧クレハ左ノ如シ

（第一）他人ト共ニ又ハ他人ノタメニ義務ヲ負擔シタルニ因リ其義務ヲ辨濟スルニ付利害ノ關係ヲ有スルモノ又先取特權及抵當權ヲ負擔スル財産ノ第三者所持者トシテ他人ノ義務ヲ辨濟スルニ付利益ノ關係ヲ有スルモノヽ爲シタル辨濟ハ其者ノ爲メニ法律上ノ代位ヲ許與ス、

右ノ場合ハ尤モ汎廣ナルヲ以テ更ニ左ノ如ク區別シテ説明セン

（イ）他人ト共ニ義務ヲ負擔スル場合　タトヘハ不可分義務連帶義務ノ如キ其一部ハ自己ノ義務ニシテ他ノ一部ハ他人ノ義務ニ屬スル場合ノ如キ是ナリ連合義務ハ同一ノ原因ニテ同一種ノ義務ヲ負

擔スト雖𪜈其各人ノ負擔スル部分ハ確然區別アリテ他人ト共ニ義務ヲ負擔スルモノニアラス

（ロ）他人ノ爲メニ義務ヲ負擔スル場合　保證人ノ如キ全ク他人ノ爲メニ義務ヲ負擔スル場合ナリトス但シ保證人ノ一人カ他ノ保證人ニ向テ代位ノ訴權ヲ行フトキハ自已ノ負担部分ヲ控除シタルニアラサレハ請求スルヿ能ハス

（ハ）先取特權又ハ抵當權ヲ負擔スル財産ノ第三所持者トシテ義務ヲ負擔スル場合　此場合ハ他人ノタメニ義務ヲ負擔スル場合ト同一ナレ𪜈彼レハ保證人ノ如ク對人ニテ義務ヲ負フ場合ニシテ之ハ物上ニテ義務ヲ負擔スル場合ナリトス例ヘハ予甲者ヨリ他人ニ抵當ニ差入レタル土地ヲ買得シテ之ヲ保有スルトキハ予カ土地ハ抵當權ヲ負擔スルニ依リ予ハ第三者所持者トシテ其義務ヲ負擔スルヲ以テ予ハ之ヲ辨濟シテ代位權ヲ獲得スルヿヲ得然ルトキハ予ハ已レ

ノ財産ニ對シテ自ラ抵當權ヲ有スルモノニシテ已レ自已ノ財産ニ抵當權ヲ有シテ如何ナル利益アルカ曰ク其土地ノ代價ヲ以テ義務ノ辨濟ヲ爲シタルトキハ再ヒ其代價ヲ拂フヿヲ要セス又既ニ代價ヲ拂フタル後義務ノ辨濟ヲ爲シタルトキト雖モ第二ノ抵當債權者カ之ヲ公賣ニ附シタルトキハ予ハ其代金ニ付テ先取權ヲ行用スルヿヲ得可シ

（附言） 佛法ハ已レヨリ上位ノ抵當債權ニ非ラサレハ代位ノ利益ヲ許サヽルヲ以テ學者ノ非難ヲ受ケタリ

（第二） 或ハ抵當訴權ヲ豫防スル爲メ或ハ不動産差押又ハ契約解除ノ請求ヲ止ムルタメ他ノ債權者ニ辨濟シタル債權者ハ當然代位ヲ獲得ス、

（イ） 抵當訴權ヲ豫防スル爲メ他ノ債權者ニ辨濟シタル塲合

優等ナル抵當權ヲ有スル債權者ハタトヘ時機ニ適セスシテ賣却スルモ自已ノ權利ニ損害ヲ受クルヿナシト思料スルトキハ總テ抵當訴

權ヲ以テ辨濟ヲ得ントスルヿアリ斯ノ如キ場合ニ其次位若クハ尙ホ劣者ノ抵當債權者若クハ普通ノ債權者ハ其義務ヲ辨濟シテ抵當訴權ヲ斥ケ以テ時期ノ至ルヲ徒ツヿヲ得又タトヘ劣等ノ抵當權者ト雖モ無稽ニ抵當訴權ヲ行用セントスルヿアルヘク或ハ他ニ確カナル保證人等アルトキハ利害ヲ顧ミスシテ抵當訴權ヲ行ハントスルヿアル可ケレハ優等ナル債權者ト雖モ自巳ノ權利ノ全部ノ償還ヲ受クル爲メ代位辨濟ヲ爲シ時機ヲ待テ抵當物ヲ賣却スルノ利益アルヲ以テ是等ノ者ノ爲メニモ亦代位ノ訴權ヲ許與スルナリ

(ロ)不動產ノ差押ヘノ請求ヲ止ル爲他ノ債權者ニ爲シタル辨濟

普通債權者ト雖モ他ニ信用アル保證人アルカ或ハ全部ノ辨濟ヲ受クルヿ能ハサルノ見込ミアルモ需用ニ切迫シタルトキハ例ヘ時機ニ適セサルモ債務者ノ財產ヲ差押ヘ之ヲ公賣ニ付シテ償還ヲ求ムルモノアル可シ此ノ如キ場合ニハ他ノ普通債權者又ハ其財產ニ抵當

權ヲ有スル債權者ハ之ヲ辨濟シテ其者ヲ退クルニ於テ利益アルモノトス

（附言）動產ノ差押ヲ止ムル爲メ又ハ質物賣拂ヒヲ止ムル爲メ立替ヘタル片ハ代位ヲ許サヽルハ如何ナル理由乎爰ニ疑ヲ存ス

（八）契約解除ノ請求ヲ止ムルタメ他ノ債權者ノ爲シタル辨濟他ノ債權者ト債務者トノ間ニ成立シタル或ル契約ヲ債務者カ履行セサルニ因リ其債權者ハ契約解除ヲ訟求シタル片債務者ニ代リ義務ヲ履行シテ解除ノ訴ヘヲ制止シタル債權者ノ一人ニ對シ代位ノ訴權ヲ許與ス若シ此場合ニ於テ契約解除ヲ言渡サルル片ハ著シク債務者ノ財產ヲ減少シ一般ノ債權者ヲ害スルコアルヲ以テ債權者ノ一人ニ此代位ヲ許與シ義務履行ヲ奬勵スル片ハ此損害ヲ防キ兼テ訴訟ヲ制止スルノ利益アリ

（第三）自巳ノ財產ヲ以テ相續ノ債務ノ全部又ハ一部ヲ辨濟シタル善

意ナル表見ノ相續人ノタメニ代位ヲ許與ス眞ノ相續人ニアラサルモ外見上相續人ト見ユル所ノモノニシテ且自ラ相續人ナリト信シ其相續財産中ノ負債部分ヲ自已ノ財産ヲ以テ辨濟シタル片

(附言) 佛法ニハ享益相續人ノヿアリト雖ㇳ我法典ハ之レナシ是レ此法典發布ノ當時ハ我國相續法ノ主義一定セサリシチ以テ之チ省キシモノナラン然レㇳ我法典ニ限定受諾ノ方法チ設ケタル以上ハ此代位ノ利益チ許與ス可キハ最モ正當ノ事ト信ス

○第百四十一號 債權者ニ對スル代位ノ效果如何

債權者ニ對シテハ代位ヲ以テ辨濟ヲ爲シタルモ債務者又ハ其代人事務管理人等ヨリ單純ノ辨濟ヲ爲シタルト同一ニ主タル債權ハ勿論其附屬權共ニ完全ニ消滅スルモノニシテ實ニ簡單ナル效果ヲ發生ス然レㇳ代位者カ一部ノ辨濟ヲ爲シタル片ハ之ト同一ノ決定ヲ下スヿヲ得ス(四百八十六條)

一部ノ代位弁濟ハ

單純ナル一部ノ辨濟ヲ受ケタル債權者抵當權其他ノ特權ヲ有シタ

債權者ニ對シ如何ナル效アル乎

ル片ハ其抵當權及特權ヲ殘存スル債權ノ抵保ニ充當スルヿヲ得然𪜈代位辨濟ヲ以テ一部ノ辨濟ヲ受ケタル片ハ代位者ト共ニ抵當權及特權等ヲ行フ可クシテ己レ獨リ其抵保ヲ占ムルヿ能ハサルモノトス是レ我法典ノ決定スル所ナルモ佛國法典ハ之ト全ク反對ニシテ單純ノ辨濟ト同シク債權者ハ殘存スル債權ノタメ抵保ニ付キ代位者ノ先位ヲ占ムルヿトセリ

我法律カ斯ク規定シタル理由ハ佛法ノ如ク決定スル片ハ債權者ニ不當ノ利得ヲ與フルノ不都合ト代位辨濟ヲ奬勵スルノ精神ニ戻ルトノ理由ナラン不當ノ利得ヲ與フルトハ假令ヘハ抵當ニ供シタル財產ノ外他ニ財產ナキ債務者ニ對シ一千圓ノ債權ヲ有スル債權者第三者ヨリ代位辨濟トシテ五百圓ヲ受取リタル後殘金五百圓ノ債權ノ辨償ヲ受クル爲メ其抵當物ヲ公賣ニ付シ七百圓ヲ得タル片佛法ニ從フ片ハ其內先ツ五百圓ヲ債權者自ラ引去リ代位者ハ僅カニ二百圓ヲ得ルノミ

第百四十一號

ニテ三百圓ノ損失ヲ蒙ラサル可カラス我法典ニ從フ片ハ各三百五十圓ツヽノ分配ヲ受ケ各百五十圓ツヽノ損失ヲ蒙ルモノナリ然ルニ一部ノ代位辨濟行ハレサル片ハ債務者ハ元來七百圓ノ價値アル財產ノ外所有セサルヲ以テ債權者ハ三百圓ノ損害ヲ受ク可キヲ一部ノ辨濟アリタルカタメ其損失ノ全部ヲ代位者ニ歸セシムルハ債權者ニ不當ナル利得アルモノト云フ可シ又代位辨濟ヲ奬勵スルノ精神ニ戾ルトハ佛法ノ如ク決定スル片ハ前例ノ如キ損失ヲ蒙ルムアルヲ以テ何人モ進テ代位辨濟ヲ爲スモノナカル可シ

債務者ノ一般ノ財產及保證人ニ對シテハ佛法ハ緘默ニ付シタルモ道理上ヨリ我法典ノ決定スル如ク彌縫スルヿヲ得則チ債務者ノ一般ノ財產ニ對シテハ代位者ハ普通ノ債權者トシテモ原債權者ト同一ノ地位ニアルモノナレハ共ニ權利ヲ行ヒ得可キハ當然ナリ保證人ニ對シテハ聊カ疑ナキ能ハス何トナレハ代位ハ債權者ニ對シテハ一部ノ單

純ノ辨濟アリシト同一ニ看做サルヲ以テ一部ノ辨濟ヲ受クルヤ一部ノ保證義務消滅シ其消滅シタル部分ハ債權者ニ對シテハ存在セサルヲ以テ債權者ハ殘存スル債權ニ就テ先ツ保證人ヨリ辨濟ヲ受クル權アルカ如クナレハナリ然レ𪜈斯ル疑ハ外形上ニ止マルモノニシテ少シク思慮ヲ費サハ其疑ヲ消散セシムルヿヲ得可シ抑モ代位ハ債權者ニ對シテハ單純ノ辨濟ト見ナサヽルモ保證人ニ對シテハ債權ノ讓渡シト看做スヲ以テ保證人ハ其債務ノ全部ニ付テ擔保ノ義務アリ然ルトキハ原債權者ハ保證人ニ對シテハ一般ノ人權ヲ有スルノミニシテ彼ノ特權抵當權ノ如ク優先權アルニ非ラサレハ他人ヲ排斥スルノ權ナキヲ以テ代位者ハ勿論保證人ニ於テ他ニ債權者ヲ有スルトキハ是等ノ者ト同一ニ其權利ヲ行フヲ得ルノミ

以上要スルニ我國ノ法典ハ總テノ權利即チ抵當權、特權、保證等ノ擔保ハ勿論其他總テノ權利ハ代位ト原債權者ト共ニ行フヿヲ得トシ佛法

第百四十一號

第百四十一號

ハ抵當權其他ノ特權ハ原債權者代位者ヨリ先位ヲ占メ其他ノ諸權利ハ代位者ト共ニ權利ヲ行フヿヲ得トセリ（第四百八十六條佛千二百五十二條）右ノ如ク一部ノ辨濟ヲ受ケタル片ハ債權者ト代位者ト共ニ總テノ諸權利ヲ行フヿヲ得レ𪜈若シ債權ノ全部ノ辨濟ヲ受ケサリシ片ハ契約ノ解除ヲ行フヿヲ得但此場合ニ於テハ代位者ヨリ受ケタル辨濟ヲ償還スルヿヲ要ス例ヘハ甲者乙者ニ一家屋ヲ賣リ其代金一千圓ヲ請求スルニ當リ丙者五百圓ヲ代償シタル後甲者ハ丙者ト共ニ殘ル五百圓ノ辨濟ヲ請求シタルモ其全部ノ辨濟ヲ受クルヿ能ハサリシ場合ハ甲者ハ先ノ賣買契約ヲ取消シ其家屋ヲ引取ルヿヲ得可シ然ル片ハ甲者ハ丙者ヨリ曾テ受ケタル五百圓ノ代金ヲ返還セサル可カラサルナリ（第四百八十六條第二項）

債權者カ代位辨濟ニ依リ全部ノ辨濟ヲ受ケタル片ハ一般ノ辨濟ト全シク債權ノ證書及質物ヲ代位者ニ交付セサル可カラス又一部ノ辨濟

ヲ受ケタルトキハ債權ノ證書及質物ヲ尚ホ保有スルノ權アルモ代位者カ己レノ權利ヲ行フニ必要ナル場合ニ於テハ債權者ハ債權ノ證書ヲ一時貸與ヘ或ハ提示シ(出示)又ハ質物ヲ代位者ニ保存セシメサル可カラス(佛法ニ従フトキハ質物交付ノ義務ナシ)(第四百八十七條)

(附言) 佛法規定ノ理由ハ代位辨濟ハ債權者ニ對シテハ單純ノ辨濟ト見做スト云ヘル原則ヲ以テ説明スルコトヲ得則債權者カ受ケタル一部ノ辨濟ハ債權者ヨリ受ケタル單純ノ辨濟ト同一ナルヲ以テ主タル義務ノ一部ハ其辨濟ニ依リ消滅スト雖ドモ抵當權及特權ハ亦タ一部ヲモ消滅セスシテ債權者ハ尚ホ其全部ニ對シテ權利ヲ有スルモノナルカ故ニ殘存スル債權ノ辨濟ヲ受クルタメ己レ先ツ抵當權及其他ノ特權ヲ行フコトヲ得可シト云フニ在リ又佛法ノ理由トシテ抵當權不可分ノ原則ヲ以テ説明スルモノアレドモ誤レリト云フベシ抵當權不可分トハ抵當物ノ各部分ハ義務ノ全部ヲ負擔スト云フ意義ナレハ代位辨濟ノ場合ニ一部ノ辨濟者ト共同シテ抵當權ヲ行フモ敢テ此原則ニ戻ルコトナシ何トナレハ其抵當ノ各部ハ矢張リ義務ノ全部ヲ負擔スレハナリ現ニ同一ノ場合則チ債權一部ノ讓渡シノ場合ニ於テ

第百四十一號

讓渡人讓受人共ニ抵當權ヲ行用スルヲ見テモ知ル可キナリ又佛法自ラ代位ハ原債權者ヲ害ス可カラスト云ヘル原則ヲ以テ其理由ヲ示シタレ𪜈是レ恐クハ佛法ハ原則ノ適用ヲ誤リタルモノナラン(後ニ詳ナリ)何トナレハ我法典ノ如ク決定スルモ原債權者ヲ害スルヿ無ク却テ代位ナカリシ𪜈ヨリ債權者ハ幾分カ利益ヲ得レハナリ先ノ例ニ徴シ見ルニ代位ナカリシ𪜈ハ債權者ハ三百圓ノ損失ヲ蒙ラサル可カラサルニ代位辨濟アリシカタメ百五十圓ノ損失ヲ蒙ムリシニ止マレハナリ

今試ニ法典ノ決定スル所ヲ評センニ我法典カ理由トスル原債權者カ不當ノ利得ヲ得ルト云フハ價値アルモノニアラスト信ス原債權者ハ唯代位辨濟アリタルカタメ損失ヲ蒙ル可キヲ免ルヽノミニシテ少シモ利益ヲ得ルコトナシ又代位辨濟ヲ奬勵スルノ旨趣ニ基クト云フ理由モ亦左迄價値アルモノニアラス代位辨濟ハ完全ニ義務ヲ消散セシムルモノニアラサレハ大ナル利益アリト稱揚スルニ足ラス況ンヤ一部ノ辨濟ノ如キハ義務ヲ二クニ分割スルノ煩雜ヲ來タシ且結局全部ノ辨濟ヲ受クルコト能ハサリシトキハ債權者ハ解除ノ權アリテ少シモ代位ノ效果ヲ生セサルモノアルニ於テヲヤ佛法カ代位ハ債權者ニ對シテハ單純ノ辨濟ト同一ナレハ債權者ハ一部ノ辨濟ヲ受クルモ抵當等ノ諸特權尚ホ舊ノ如ク保有シ全部償還ヲ

受クルニアラサレハ悉ク他人ヲ排斥シテ已レ獨リ其權利ヲ行フコトヲ得ト爲シタルハ予輩之ヲ非難スル點ナシト信ス特權ハ物上權ニシテ他人ヲ排斥スル權アルモ保證ノ權等ハ人權ニシテ他人ヲ排付スル權ナケレハ各債權者皆同等ノ地位ニアルモノナリ是レ保證ト抵當等ト決定ヲ異ニスル所以ニシテ實ニ完美ナル法ト云フベシ然レトモ法典自ラ示ス原債權者ヲ害ス可ラス云々又學者ノ云フ如ク抵當不可分云々ノ理由ヲ以テ說明セントスルトキハ學者ノ批難ヲ免ルヽヿ能ハスシテ却テ完美ノ法ニ瑕疵ヲ與フルナリ

○第百四十二號　債務者及保證人等ニ對スル代位ノ效果如何

代位ハ債務者ニ對スルトキハ債權ノ讓受ケト見做サルヽヲ以テ債權者ニ屬スル一切ノ權利ヲ承繼シ人權ト物權トヲ問ハス總テ行用スルヿヲ得然レトモ之ニハ許多ノ制限ヲ設ケタリ即チ左ニ之ヲ記ス（第四百八十三條）

（第一）代位ノ當時當事者（當事者ヽハ債權者ノ許與スル代位及法律上ノ代位ニテハ債權者ト代位者トヲ指シ、債務者ニ因ル代位ニテハ債務者ト代位者トヲ指ス）カ合意ヲ以テ權利及訴權ニ制限ヲ設ケタルトキ

ハ其制限ニ從フ是レ公益ヲ害セサル合意ハ法律ニ等シキ效アル理由ニ基クナリ

（第二）保證人カ代位辨濟ヲ爲シタル片ハ其義務ノ抵保物ノ第三所持者アリタル片ハ其代位ヲ目的トシテ其條件附ノ債權ヲ原抵保物ノ登記ニ附記シタルニアラサレハ第三所持者ニ代位ヲ以テ對抗スルヿヲ得ス

（第三）第三所持者カ債務ヲ辨濟シタル片ハ保證人ニ對シテ代位セス此理由ハ保證人カ初メ保證義務ヲ諾シタルハ物上擔保ニ供シタル抵當其他ノ特權アリシニ因ルモノナルニ其抵當ノ所持者第三所持者自ラ債權者ニ代位シテ其全部ノ償還ヲ求メントスルハ保證人ノ意思ニ反シ且獨リ保證人ノミ害セラルヽモノナリ加之抵當物ノ讓受人ハ滌除ノ方法ヲ以テ特權ヲ消滅セシムルコトヲ得可キニ之ヲ怠リタメニ再ヒ其代價ヲ拂ハサル可カラサルヿアルモ是レ自招ノ結果ニシテ保

證人ニ對シ還償ヲ求ムルヿ能ハサルモノトス而メ其讓受ケノ權原ハ贈與交換遺囑等ニ依ルモ同一ナリ然レ圧若シ其物件ノ價額ニ超ヘテ辨償シタル片ハ如何タトヘハ書入ニ供シタル物件ハ一千圓ノ價アルノミナルニ一千二百圓ヲ辨濟シタル片ハ如何曰ク超過スル部分二百圓ハ保證人ニ對シ代位權ヲ行フヿヲ得何トナレハ抵當權等ハ其物件ノ價値限リ義務ヲ負フモノナレハ其價値ヲ超ヘテ辨濟シタル片ハ己レニ負擔セサル義務ヲ辨濟シタルモノナルヲ以テナリ此ヿハ法典明言セサルモ理論上當然斯ク決定セサル可カラスト信ス

（第四）一個ノ債務ノ抵當トナリタル數個ノ不動產カ各別ニ數人ノ第三所持者ノ手ニ存スル場合ニ於テ其一人カ債務ヲ辨濟シタル片ハ各不動產ノ價格ノ割合ニ應スルニ非ラサレハ他ノ第三所持者ニ對シテ代位ノ權ヲ行フヿヲ得ス

假令ヘハ甲所有ノ一千圓ノ土地乙所有ノ二千圓ノ土地丙所有ノ三千

四ノ土地ヲ丁者ノ負債三千圓ノ書入ト爲シ甲者之カ代位辨濟ヲ爲シタルトキ他ノ第三所有者ニ對シ土地ノ價格ノ割合即丙者ニ對シテハ千圓ヲ丙者ニ對シテハ千五百圓ヲ請求シ得ルノミ

(第五) 互ニ擔保人タル共同債務者ノ一人カ債務ヲ辨濟シタルトキハ辨濟者ハ他ノ債務者カ分擔ス可キ債務ノ限度ニ應スルニ非ラサレハ其各自ニ對シテ代位セス互ニ擔保人タル共同債務者トハ如何ナル人ヲ指ス乎連帶債務者ノ如キ互ニ擔保人タルモノヲ指スハ勿論ナレトモ保證人不可分債務者ノ如キハ此中ニ入ラサルカ曰ク保證人ハ主タル債務者ノ義務ヲ擔保スレトモ保證人相互ニ擔保人ニ非ラサルヲ以テ此中ニ入ラサルカ如シト雖トモ法律ノ曰ント欲スル所ハ保證人ヲモ含蓄セシメタルモノナリト解シテ敢テ道理ニ背カサルナリ又不可分債務者モ相互ニ擔保人ニ非ラサレトモ保證人ト同一ニ解シテ可ナリ

本項ノ曰ント欲スル處ハ如何ナル塲合ナル乎ヲ連帶義務ニ就テ一例

ヲ示サンニ甲乙丙三百圓ノ連帶債務者タル場合ニ甲義務ノ全部ヲ辨濟シタル片他ノ乙丙ニ對シテ各自ノ分ケ前即チ百圓ツヽヲ各自ニ對シ請求スルヿヲ得ルノミ

第四第五ノ制限ヲ設ケタル理由ヲ按スルニ代位辨濟ノ效果ヲ直ニ適用スル片ハ共同債務者相互ニ求償ヲ爲シ訴訟旋轉シテ盡クル所ヲ知ラサルノ弊害ヲ豫防シタルモノナリ例ヘハ前例ノ甲者カ代位辨濟ヲ爲シ之カ求償チ爲スタメ乙者ニ對シ其全部ヲ請求シ乙者亦代位ノ訴權ヲ以テ丙者ニ其全部ヲ求メ丙者モ亦甲者ニ對シ其全部ヲ求メ斯ク順次相求償スル片ハ幾許回ニ至ルモ盡クル所ロ無カル可シ

(第六) 代位者ハ自己ノ支拂ヒタル金額ヲ超ヘテ債權者ノ訴權チ行フヿチ得ス例ヘハ一千圓ノ負債ヲ債權者ノ勘辨ニ因リ八百圓ニテ皆濟ヲ受ケタル片ハ代位者ハ債務者ニ對シ一千圓ノ訴權ヲ行フ權ナクシテ八百圓ノ求償權ヲ有スルノミ今此規定ノ理由ヲ繹ヌルニ抑代位辨

第百四十二號

濟カ債務者ニ對シテ權利ノ讓受ケト看做ス所以ハ代位者カ立替ヘタル財產ノ償還ヲ受クルヿノ確實ナランヿヲ欲シテ然ルモノニシテ代位者ニ利益ヲ得セシムル目途ニ出テタルニアラス故ニ代位ハ元來債權讓渡ノ如キ射利ノ所爲ニアラスシテ善良優美ナル所爲ナレハ代位者カ支拂ヒタルヨリ以外ノ金額又ハ有價物ヲ請求スルヿヲ許サヽルナリ但代位辨濟ト求償トノ間ニ生スル利息其他ノ損害ノ賠償ハ此限ニ非ラス（第四百八十四條）

代位辨濟ノ效果ヲ以テ對抗セラル可キ人ハ何人カ

本問ニ債務者及保證人等トアルモ以上ニ述ヘタル效果ヲ以テ對抗セラルベキ人ハ債務者保證人ノミナラス左ノ者ニ對シ其效果ヲ申暢スルヿヲ得

（一）債務者及其承繼人

（二）保證人及其承繼人

（三）他ノ連帶債務者不可分債務者及其承繼人

(四) 物上擔保ノ第三所持人及其承繼人

(五) 債務者ノ債權者及其承繼人

債務者ノ債權者ニ對シテ原債權者ニ屬セシ一切ノ特權等ヲ行用シ已レ先取スル權アリト主張スルヿヲ得

○第百四十三號　代位ハ原債權者ヲ害セサルヿヲ要ストハ如何ナル意義乎(第四百八十五條)

代位辨濟ハ便益上ノ必要ニ因リ設ケラシタルモノナリト雖𪜈原債權者ノ權利ヲ害スル場合ニハ之ヲ許ス可カラス故ニ原債權者ハ債權者ヨリ直ニ辨濟ヲ受ケタル片ト同一ニシテ代位辨濟ノタメ少シモ害ヲ受クルヿナキ場合ニ非ラサレハ代位辨濟ヲ拒絶スルヿヲ得佛法ハ代位ハ原債權者ヲ害ス可カラスト云フ原則ノ適用トシテ一部ノ辨濟アリタル片抵當權其他ノ特權ハ代位者ト共ニ其權利ヲ行フニ非ラスシテ先ツ已レ獨リ之ヲ行フヿヲ得可キ旨ヲ規定セリ此決定ハ予輩他ノ

第百四十三號

道理(代位ハ債權者ニ對シ單純ノ辨濟ニ同シ)ヲ以テ讃美スル所ナレ𪜈此原則ノ適用トシタルハ批難セサルヲ得ス抑モ代位ハ原債權者ヲ害セスト云フハ代位アリタルカ爲メ原債權者ニ害ヲ及ホス可カラス換言セハ代位ヲ以テ單純ノ辨濟アリタル場合ヨリ原債權者ノ利益ヲ僅少ナラシム可カラストノ意ナリ然ルニ一部ノ辨濟アリタル𬼀代位者ト共ニ特當權等ヲ行フモ單純ノ辨濟アリタル𬼀ヨリ多クノ害ヲ蒙ルヿナク却テ單純ノ辨濟アリタルヨリ損失ヲ蒙ルヿ僅少ナル場合多シ(例前ニ出ツ)故ニ之ヲ以テ此原則ノ適用ト爲シタルハ正鵠ヲ得タルモノニアラス

我法典ハ右ノ適用ヲ斷然廢棄シ他ノ適用ヲ採レリ曰ク數箇ノ債權ヲ有スル者ハ其一個ニ係ル代位辨濟カ他ノ債權ノ擔保ヲ減スル𬼀ハ之ヲ拒ムヿヲ得ト今此適用ノ一例ヲ擧示セン

甲者ナル債權者ハ千二百圓ト五百圓トノ不動產ヲ第一番ノ抵當トシ

タル千圓ノ債權ヲ有シ又更ニ千二百圓ノ不動產ノ第三番五百圓ノ不動產ノ第貳番トヲ抵當トシタル五百圓ノ債權トヲ有シ乙者ナル債權者ハ千二百圓ノ不動產ヲ第二番抵當トシタル七百圓ノ債權ヲ有スル塲合ニ於テ乙者カ甲者ノ千圓ノ債權ヲ代位辨濟セントスル𪜈ハ甲者ハ千五百圓ノ債權ノ抵保ヲ減少セラル可シ何トナレハ乙者ハ千二百圓ノ不動產ニハ已レ第二番抵當權ヲ有スルヲ以テ先ツ五百圓ノ不動產ニ對シ抵當權ヲ行ヒ其公賣代金五百圓ヲ千圓ノ中ニ差入レ殘五百圓ハ千二百圓ノ不動產ヲ公賣シ其代價ノ內ヲ以テ差引キ而シテ殘代金七百圓ヲ以テ自已ノ債權七百圓ノ辨濟ヲ受クル𪜈ハ甲者ノ五百圓ノ債權ハ悉ク甲者ノ損失ニ歸ス然ルニ此代位辨濟ナカリセハ甲者先ツ千二百圓ノ不動產ヲ公賣ニ付シ其代金ヲ以テ千圓ノ辨濟ヲ受ケ殘代金二百圓ヲ第二番抵當主乙者ニ交付シ五百圓ノ債權ハ五百圓ノ不動產ヲ公賣ニ付シ其完濟ヲ受クルヿヲ得ルヲ以テ甲者ハ少シモ害セラ

ル、ヿナク却テ乙者ニ三百圓ノ損失アリ故ニ甲者ハ此場合ニ代位アルカタメ後ノ債權ノ抵保ヲ減セラレ損失ヲ蒙ルヲ以テ代位辨濟ヲ拒絶スルヿヲ得

○第百四十四號　代位辨濟ト債權ノ讓渡トノ差異如何

代位辨濟ト債權ノ讓渡トノ間ニ存スル差異左ノ如シ

（第一）代位辨濟ハ債權者ニ對シテハ單純ノ辨濟ト見做シ債務者保證人第三所持者一般ノ債權者（被代位者ニアラサル他ノ債權者）等ニ對シテハ債權ノ讓渡ト見做サレ一事兩面ノ性質ヲ有スルモノナリ然𪜈眞ノ債權讓渡ハ何人ニ對スルモ常ニ同一ニシテ總テ債權讓渡ノ規則ヲ適用スルヿヲ得

（第二）原債權者ハ代位者ニ對シ債權担保ノ責ニ任セサルヲ以テ其債權若シ存セサリシキハ原債權者ニ對シ不當利得取還ノ訴權ヲ以テ求償スルコトヲ得可ク反之債權讓渡人ハ讓受人ニ對シテ擔保ノ義務ア

ル(無償ノ讓渡ハ此限ニアラス)ヲ以テ其債權存セサル𪜈トハ讓受人ハ擔保ノ訴權ヲ以テ求償スルノ權アリ

(第三)代位ハ立替金ノ完濟ヲ受クルヲ以テ主眼ト爲スニ因リ原債權者ニ辨濟シタル部分ノミニアラサレハ債務者ニ要求スルヿ能ハス反之債權讓渡ハ射利ノ目的ニ出ツルヲ以テ讓受ケ代金ヲ超ユルモ其債權全部ヲ要求スルノ權アリ

(第四)代位辨濟ハ代位ノアリシヿヲ公正證書又ハ私署證書ヲ以テ證スレハ第三者ニ對抗スルヿヲ得レ𪜈債權讓渡ハ方式ニ從テ債務者ニ通知スルカ又ハ債務者ノ承認ヲ受クルニアラサレハ第三者ニ對シ有效ナラス是レ法律ハ代位辨濟ヲ優待シ債權讓渡ヲ嫌惡スルカ故ナリ

第二節　更改

○第百四十五號　更改ノ定義及性質如何

更改トハ舊義務ニ換ヘテ新ニ他ノ辨濟ヲ約スルヲ云フ

第百四十五號

故ニ更改ハ一方ニ在テハ辨濟消滅ノ原因ト爲リ他ノ一方ニ在テハ辨濟發生ノ原因ト爲ルモノニシテ仝時ニ二個ノ效力ヲ有スルモノナリ盖シ更改ハ舊義務ニ代ヘテ新義務ヲ約スルモノナレハ一ノ有償合意ノ一ナリトス何トナレハ債權者ハ舊權利ヲ拋棄シ新ニ他ノ權利ヲ得債務者ハ舊義務ノ免除ヲ得新ニ他ノ義務ヲ負擔シテ各損給スル所アルヲ以テナリ且更改ハ一方ニ義務ヲ負擔セシムルニ過キサレハ片務合意ノ一ナリトス

更改ハ舊義務ノ消滅カ新義務發生ノ原因ト爲ルモノナレハ若シ舊義務ニシテ虚無ノモノタル𪜈ハ更改ノ合意ハ成立條件ノ原因ヲ缺キタル不成立ノモノナリ

更改ハ常ニ合意ニ因リテノミ行ハレ法律上裁判上ノモノアルヿナシ」

○第百四十六號　更改ヲ爲ス種々ノ法方如何

抑モ義務ハ原因目的債權者債務者ノ四元素備ハリテ初メテ成立スル

モノナレハ今其元素中ノ一ヲ他ノ元素ト交換スル片ハ茲ニ義務更改ヲ來タシ舊義務ハ消滅シテ新義務ヲ發生スルナリ故ニ其方法四種アリ（第四百八十九條）

（一）義務ノ目的ヲ變スルヿ

（二）義務ノ原因ヲ變スルヿ

（三）新債務者カ舊債務者ニ替ハルヿ

（四）新債權者カ舊債權者ニ替ハルヿ

義務ノ目的ノ更改トハ如何ナル場合ナル乎

第一ノ場合義務ノ目的ヲ變スルトハ假令ヘハ舊來負擔シタル目的物ハ米百石ナリシヲ之ニ代ヘテ金八百圓ヲ拂フヿヲ約シタル場合ノ如シ此場合ハ彼ノ代物辨濟ト酷タ相類似セリ代物辨濟ハ一ノ辨濟ス可キ物ニ代ヘテ他ノ物ヲ以テスルモノナレハ義務更改ハ新義務ヲ即時ニ履行シタルヲ稱シテ代物辨濟ト云フ故ニ代物辨濟ハ辨濟ノ行ハルヽヤ總テノ權利義務消滅シテ他日ヘ何等ノ關係ヲ殘サヽルモ義務更

第百四十六號

改ハ舊義務ノ消滅ニ因リテ新義務發生スルモノナリ

目的物ノ代替ニ於ケル更改ハ新舊ノ義務倶ニ量定物ニアラサレハ行ハレサルナリ何トナレハ舊義務ノ目的確定物ナルトキハ其所有權ハ已ニ債權者ニ移轉シタルヲ以テ更ニ新合意ヲ以テ他ノ物ヲ與フルコトヲ約シタルトキハ舊目的物ノ所有權ヲ債務者ニ復轉セシムルモノニテ義務ノ更改アリト云フ可カラス又新舊義務ノ目的ヲ確定物ニテ與フルコトヲ約シタルトキハ其所有權直ニ移轉スルヲ以テ義務更改ニアラスシテ代物義濟ヲ爲シタルモノナリ其引渡ノ義務追奪擔保等ノ義務ヲ殘スハ所有權移轉ヨリ生スル自然ノ結果ナリト云フ可シ

義務ノ原因ノ更改トハ如何ナル場合ナル乎

第二ノ場合　義務ノ原因ヲ變スルトハ例ヘハ予ハ家賃ナリトシテ負擔シタル義務ヲ借金ノ義務ニ變シ或ハ借金ナリトシテ負擔シタル擔務ヲ附托金ノ義務ニ變スルカ如キ是ナリ

原因ノ變更ハ如何ナル場合ニモ當事者隨意ニ之ヲ爲スコトヲ得ルモノ

ニアラス必ス事實上存シ得可キ事柄タラサル可カラス例ヘハ借金ノ義務ヲ賣代金ノ義務ニ變シ又ハ預リ金ノ義務ヲ家賃ノ義務ニ變スルカ如キ更改ハ之ヲ爲スヿヲ得ス何トナレハ賣代金ハ實際物ノ賣買アルニアラサレハ存セス家賃ノ義務ハ實際家屋ノ賃貸アルニアラサレハ生セサレハ當事者ニ於テ如何ナル合意ヲ以テスルモ實際存セサリシ賣買賃貸ヲ曾テ存在セシ如ク爲スヿ能ハサルナリ

債務者ノ更改ニハ或ル區別アル乎

第三ノ場合　第三者カ從來ノ債務者ニ代リテ義務ヲ盡スヿヲ約シタル片ハ債務者ノ代替アリトス債務者ノ代替ニ二種アリ（第四百九十六條、第四百九十七條）

更改ノ場合ノ除約補約屬托ノ意義ヲ説明セヨ

（一）第三者カ隨意ニ干渉シテ從來ノ債務者ニ代リテ義務ヲ盡ス可キヿヲ約シタル片、此場合ハ債權者ノ承諾ヲ要シ舊債務者ノ承諾ヲ要セサルナリ是レ辨濟ハ債務者ノ承諾ヲ經スシテ第三者之ヲ爲スヿヲ得トノ旨趣ニ基ケルモノナリ隨意干渉ニ於ケル更改ハ債權者

第百四十六號

カ舊債務者ヲ免除シタル片ニ非ラサレハ行ハレス法律ハ此場合ヲ稱シテ除約ト云ヘリ之ニ反スル塲合即舊債務者ヲ免除セサル片ハ更改行ハレスシテ舊債務者ト新債務者共ニ連帶ノ責ニ任ス法律ハ此塲合ヲ稱シテ補約ト云ヘリ

(二) 債務者第三者ヲ指示シテ之ニ義務ヲ履行セシムル時此塲合ハ囑托ト稱シテ債權者舊債務者新債務者三人ノ合意ニ因リテ成ル舊債務者ニシテ合意ニ參加セサル片ハ囑托ニアラスシテ前段ニ述ヘタル隨意ノ干渉ナリ囑托ハ債權者明カニ舊債務者ヲ免除スル意思ヲ表シタル片ニアラサレハ完全ナラスシテ義務更改成立セス若シ舊債務者ヲ免除セサリシ片ハ新舊ノ債務者連帶ノ義務ニ服セサル可ラス

右ノ隨意干渉ノ除約ノ塲合囑托ノ完全ナル塲合ニ於テハ眞ノ更改行ハレタルモノニシテ債權者ハ新債務者ニ向テ新義務ヲ得タルモノナレ

ハ新債務者カ無資力ト爲ルモ最早ヤ舊債務者ニ對シ訴追スルノ權利ナキモノトス然レ𪜈其更改ノ當時新債務者カ已ニ無資力ノ地位ニアリシヲ債權者ノ知ラサリシ𪜈ハ擔保ノ求償權アリトス是レ舊債務者ハ更改ノ當時新債務者カ相當ノ資力アルヿヲ擔保スルノ責務アルモノナレハナリ又舊債務者カ特別擔保ノ責ニ任シタル時ハ總テノ場合ニ擔保ノ責アリ（第四百九十八條）

債權者ノ更改トハ如何ナル場合乎

第四ノ場合　新ナル債權者カ舊債權者ニ代ル𪜈ハ舊義務ハ茲ニ消滅シテ債務者ハ新ニ他ノ人ニ向テ義務ヲ負擔ス此場合ハ新舊ノ債權者及債務者ノ三名カ承諾ニ因リテ成ル新ニ權利ヲ獲得スル新債權者タリ𪜈己レノ意ニ反シテ權利ヲ獲得ス可キ道理ナケレハ之カ承諾ヲ要スルハ勿論ナリ故ニ舊債權者及債務者ノ承諾ノ外新債權者ノ承諾ヲ要スルモノトス（第四百九十九條）

以上四ケノ方法ノ內仝時ニ數個ノ更改行ハルヽヿアリ殊ニ債務者ト

債權者ノ更改ノ同時ニ行ハルヽコハ實際尤モ多シ假令ヘハ甲者乙者ニ對シ金百圓ノ債權ヲ有シ又丙者ニ對シ金百圓ノ負債ヲ有セリ此場合ニ於テ甲乙丙三名協議ノ上甲者カ乙者ニ對シテ有スル權利ヲ拋棄シ其代リトシテ丙者ニ對シテ有スル負債ヲ乙者ヨリ辨濟シテ已レ其義務ヲ免ルヽコヲ約シタル片ハ乙者ニ在リテハ債權者ノ更改ヲ爲シ丙者ニ在リテハ債務者ノ更改ヲ爲シタルモノニシテ如此合意ハ多ク見ル所ノモノナリ

義務ノ体樣ヲ變スルノミニテ義務更改ヲ爲サヽル場合アリヤ

義務更改ハ義務ヲ組成スル元素ノ一ニ變換アルニ非サレハ成立セス故ニ義務ノ體樣ハ變更即チ期限ヲ伸縮シ未必條件ヲ附加シ或ハ除去シタル如キ又ハ物上ト對人トヲ問ハス擔保ヲ附加シ或ハ除去シタル如キ履行ノ場合若クハ負擔物ノ數量品質ノ變更ヲ約シタル如キハ義務更改アリト云フ可ラス負擔物ノ數量ヲ變更スル場合ヲ例スレハ甲者乙者ヨリ米百俵ヲ二百圓ニテ買受ケタル後双方共ニ義務履行前ニ

該テ米價大ニ騰貴シテ百俵ノ代五百圓ト爲レリ茲ニ於テ甲者ハ情誼上代金三百圓ヲ拂フコヲ更ニ約定セリ如此場合ニハ分量ノ變更アリト雖モ其金額タルヤ米百俵ノ代價タル性質ヲ失ハサレハ義務更改アリシニアラス又品質ノ變更モ前ト全一ノ如キ場合ニ生スルモノナリ」右ノ外商證劵ヲ以テ債務ノ辨濟ヲナスニ當リ其商證劵ニ債務ノ原因ヲ指示シタル片ハ義務更改ヲ成サス商證劵ヲ以テ辨濟ヲナストハ買入レ品ノ代價ヲ拂フニ約束手形爲換手形等ヲ記シテ其代價ノ代リニ與フルヲ云フ而シテ其手形ニ買入レ品ノ代價タルヿノ原因ヲ記シタル片ハ義務更改ヲ爲シタルニアラサルヲ以テ其商證劵ノ義務ヲ終ヘサル片ハ賣渡品ニ付先取權アリ又追認證書ヲ記スルノ所爲モ義務更改ヲ爲サスタトヘ其追認證書ニ執行文アル片ト雖モ全一ナリトス是等ノ所爲ハ唯從來ノ義務ヲ認メシムルノミニシテ確實ナル證據ヲ得ルタメ又ハ時效ヲ中斷セシムルタメノモノニシ義務ヲ更新セシムル

ノ效力ナキモノトス（第四百九十條）

○第百四十七號　義務更改ニ要スル條件ヲ問フ

(一) 更改ヲ爲ス能力アルヲ要ス（第四百九十一條）

債務者ニ在テハ合意ニ因リ義務ヲ負担スル能力アルヲ要ス是レ普通一般ノ原則ニ因リテ知ラルヽ處ニシテ更改ナルモノハ新ニ一ノ義務ヲ負フモノナレハナリ債權者ニ在テハ辨濟ヲ受クル能力アルノミニテハ足レリトセス有償ニテ其權利及抵保ヲ處分スルノ能力アルヲ要スルナリ何トナレハ更改ハ舊權利ニ代フルニ新權利ヲ以テスルモノナレハナリ

管理人及代理人ノ如キハ辨濟ヲ受クル能力アリト雖モ有償ニテ權利ヲ處分スル能力ナキカ故ニ更改ヲ約スルコトヲ得ス

(二) 更改ノ意思ノ明瞭ナルヿ要ス（第四百九十二條）

更改ハ債權者ニ在テハ權利ノ拋棄ナレハ之ヲ推定セス故ニ更改ノ意

思カ明ニ證書又ハ其他ノ事情ニ因リ顯ハルヽヿヲ要スルナリ然レ𪜈全一ノ當事者間ニ在リテ二個ノ義務併立スルカ又ハ更改アリシカニ付テ疑アルトキハ諸約者ノ利益ニ解釋シテ更改アリタルモノト推定ス此規定ハ本項ノ原則ニ相反スルカ如クナルモ本項ノ原則ハ債務者債權者ニ更改アリタル場合ヲ想像シタルモノニシテ全一ノ當事者間ノ更改ノ如キ互ニ捐給ヲナス場合ヲ想像シタルモノニアラス

成立ノ不確定ナル義務更改ハ如何ナル效果ヲ生スル乎

(三) 舊義務新義務共ニ成立カ確定シタルヿヲ要ス

更改ノ原因タルモノハ舊義務ニシテ目的タルモノハ新義務ナレハ新舊ノ義務共ニ確然成立シタルニ非ラサレハ更改モ亦確然成立シタリトス可ラス確然ニ成立セサル義務トハ未必條件ノ義務及成立條件又ハ有效條件ヲ缺キタル義務ヲ云フ今其各場合ニ就テ説明セン

(イ) 舊義務カ條件附ナルトキ(第四百九十三條)

舊義務カ條件附ナルトキハ新義務モ亦同一ノ條件ニ從フモノトス故

ニ停止條件ノ成就セサリシ片ハ舊義務ハ成立セサルヲ以テ更改モ亦從テ成立セス又解除條件カ成就セシ片ハ舊義務ハ廢毀セラルヽヲ以テ前仝一ノ結果ヲ生ス然レ圧當事者カ舊義務ヲ未確定ナルチ新義務ノ確定ナルモノニ交換セントセシ片ハ更改ハ單純ナルモノニシテ其時ヨリ確然成立ス此塲合ニ於テ單純ノ交改ヲ爲シタリト申立ツルニハ其證據ヲ擧示セサル可ラス何トナレハ法律ハ舊義務カ條件ニ從フ片ハ新義務モ亦同一ノ條件ニ從フモノト推定スルヲ以テナリ

(ロ) 新義務ノ條件附ナル片

此塲合ハ新義務カ停止條件附ニシテ其條件ノ成就セサリシ片ハ新義務ハ發生セサルヲ以テ更改成立セス又解除條件附ニシテ其條件成就シタル片ハ新義務ハ廢毀ニ屬スルチ以テ更改成立セス是レ何レモ新義務成立セサリシカタメ舊義務消滅ノ原因ナキカタメ舊義

務ハ依然存立スルモノナレハナリ此場合モ前段ト全ク單純ノ更改ヲ爲シタリトノ證據アル片ハ條件ノ成否ニ係ラス更改ハ或立シタルモノトス

(ハ) 舊義務新義務共ニ成立シタルコヲ要ス(第四百九十四條)成立條件ヲ缺キタル義務ハ元來虛無ノモノタレハ舊義務ニシテ存在セサレハ更改ノ原因ナキカ故ニ更改行ハレス從テ新義務ハ發生セス新義務ニシテ存在セサレハ更改ノ目的ナキカ故ニ更改行ハレス舊義務依然存立ス

(ニ) 舊義務新義務共ニ有効條件ヲ具備スルコヲ要ス舊義務新義務何レカ一方ニ有效條件ヲ缺キタルカタメ義務取消ト爲リタルトキハ前段ト全一ノ結果ニテ更改ハ無効ト爲ルモノトス然レ𪜈此場合ニ於テ當事者カ有效條件ヲ缺キタル將來危險ノ憂アル所ノ義務(債權者ヨリ云ヘハ債務者カ他日義務ノ履行ヲ爲スヤ否不定ノモノ)ニ換ヘ少量タリト

第百四十七號

モ確實ナル義務ニ更改セントシタルコトノ證據アル片ハ最早ヤ更改ハ確定シタルモノニシテ新舊義務ノ存廢ノ影響ヲ互ニ蒙ルコトナシ

右ノ場合ニ於テ同一債權者タルト新債權者タルトヲ問ハス舊義務ニ附着スル瑕疵其他ノ抗辨方法ニ付異議ヲ申立テスシテ有效ニ更改ヲ約セシ片ハ債權者カ其當時了知シタリシ瑕疵ニ就テハ債務者ニ對抗スルノ理由トナラス是レ更改ハ一ノ暗默ノ認諾ト見做ス可キニ依リ無能力錯誤强暴等ノ理由ヲ以テ舊義務ヲ取消スコヲ許サス其他時効辨濟等凡テ不受理ノ原因ニ付テモ亦同シ（第四百九十五條）

新義務ノ瑕疵ハ茲ニ之ヲ言ハス何トナレハ新義務ニ付テハ更改ノ時ニ於テ瑕疵ノ生スルモノナレハ之ニ對シテ異議ヲ要ムルコ實際爲ス可カラサルコナレハナリ

○第百四十八號　更改ノ效果ヲ說明セヨ

更改ハ舊義務ニ代ヘテ一ノ新ナル義務ヲ盡ス可キヿヲ約スルモノナレハ其最モ著明ナル效果ハ舊義務ノ消滅ト同時ニ新義務ノ發生ニ在リ然リト雖モ擔保ニ及ホス所ノ效果義務ノ體様ノ變シタル塲合ニ如何ナル效果ヲ生スルヤニ就テハ少シク辯明ノ要アルモノトス左ニ之ヲ述ヘン

一）債權者ト連帶債務者ノ一人又ハ不可分債務者ノ一人トノ間ニ爲シタル更改（第五百一條第一項）

連帶債務者ノ一人又ハ不可分債務者ノ一人ハ各其義務ノ全部ニ就テ責任ヲ負フモノナレハ此者カ爲シタル更改ハ全部ニ就テ行ヒタルモノト見做スヲ以テ舊義務ノ全部ハ消滅ニ歸ス故ニ他ノ連帶債務者保証人等ハ總テ義務ヲ免カル、モノトス然レモ連帶債務者ノ一人又ハ不可分債務者ノ一人カ特ニ自巳ノ負擔部分ニ就テノミ更改ヲナシタルヿ明白ナル塲合ハ保證人ハ其者ノ負擔部分ニ就テノミ義務ヲ免カレ他ノ連帶債務者不可分債務者ハ依然義務ノ全部ニ就テ責任ヲ負擔ス此場合ニ他ノ連帶又ハ不可分ノ債務者ヨリ全部ノ履行ヲ受ケタル片ハ更改ヲ爲シタル債務者ノ負擔部分ヲ其者ニ還算セサル可ラス

右連帶又ハ不可分債務者ノ一人ト爲ス更改ニシテ共同債務者又ハ保證人ノ新義務ニ同意スルヿヲ以テ條件ト爲シタル片共同債務者保証人カ之ヲ拒ミタル片ハ更改ハ成立セス是レ更改ノ契約ニ未必條件ヲ附加シタルモノニシテ其條件ノ成否ニ因リ更改ノ成否ニ影響ヲ及ホスハ當然ノ事ニシテ敢テ法律カ明言スル程ノ必要ヲ見サルナリ（仝條第二項）

（二）連帶債權者ノ一人ト爲シタル更改

連帶債權者ノ一人ト爲シタル更改ハ債務者ヲシテ其者一人ノ權利ノ部分ニ就テノミ義務ヲ免カレシム是レ前段ト全ク反對ナリ此理由ハ連帶債權者ハ其債權ニ就テハ其條件ニ從ヒ善良ニ管理又ハ保存ヲ爲

シ又其旨趣ニ依ル履行ヲ求ムルヿヲ得ルモ債權ヲ毀滅シ又ハ不良ナル條件ヲ附加スルカ如キハ決シテ爲ス可カラサレハ自已ノ部分ニ就テハ有效ニ更改ヲ行ヒ得ルモ他ノ共同債權者ノ部分ニ及ホヿヲ得ス(全條第三項)

(三) 不可分債務者ノ一人ト爲シタル更改(全條第四項)

此場合ハ前段ト同一ナレ𪜈若シ其義務カ性質上ノ不可分ナル𪜈ハ他ノ債權者ハ債務者ニ對シ全部ノ履行ヲ求ムルヿヲ得然ル𪜈ハ其履行ヲ受ケタル債權者ハ更改ヲ爲シタル債權者ノ得分ニ付テ還算セサル可カラス(第四百四十五條)

(四) 保證人ト爲シタル更改

保證人ト爲シタル更改ハ唯保證義務ニ就テノミ更改ヲ爲シタルモノト見做シ首タル債務者及他ノ保證人ハ少シモ其影響ヲ受クルヿナシ抑モ保證人カ更改ヲ爲スハ他日首タル債務者カ無資力ニ陷リ已レ大

ニ損失ヲ蒙ルヿアル可キヲ恐レ主タル義務ヨリ甚タ少キ額ヲ供給シテ保證義務ノ免除ヲ受ケンヿヲ欲シテナスモノニシテ則不幸ナル境遇ニ陥ラサランヿノ豫防ノ所爲タリ然ルニ佛法ハ保證人ノ更改ノ爲メ供給シタル部分ハ主タル債務ヨリ扣除ス可キヿヲ命セリ是レ恐クハ當事者双方ノ意向ニ反シタル決定ニシテ正鵠ヲ得タルモノニアラス

更改ハ舊義務ノ擔保ニ如何ナル效果ヲ及ホスカ

(五) 更改ニ依リ舊義務ノ擔保ニ及ホス效果

更改ハ舊義務ノ消滅ヲ誘起スルモノナレハ其義務ニ附從スル所ノ物上及對人擔保モ亦共ニ消滅セサルヲ得ス故ニ舊義務ノ擔保ハ新義務ニ移ラサルヲ以テ原則トス然レトモ法律ハ物上擔保ニ付テ左ノ特例ヲ設ケタリ

債權者ハ舊義務ノ物上擔保ヲ新義務ノ擔保トシテ留保スルヿヲ許セリ斯ク原則ヲ曲ケテ新義務ニ移轉スルヿヲ許シタルハ何人モ之カ爲

メニ損失ヲ蒙ルヿナク却テ更改ノ爲メ幾分カ利益ヲ得ルヿアル可ケレハナリ例ヘハ共同債務者保證人等カ己レ所有ノ財産上ノ擔保ヲ留保セラルヽモ此者等ハ主タル義務若クハ保證義務丈ケハ免ルヽヿヲ得ル利益アルモノナリ(第五百三條第一項)

留保ヲ爲ス所ノ物上擔保ノ財産ハ主タル債務者ノ所有ハ勿論共同債務者保證人又ハ第三所持者ノ手ニ在ルトキト雖モ尚ホ有效ニ留保ヲナスヿヲ得此留保ヲナスハ更改ノ相手方ノ承諾ノミヲ以テ足レリトス斯ク留保ヲ爲スヿヲ得ルモ法律ハ更改ニ因テ消滅シタル義務ニ超過スル巨額ノ義務ヲ擔保スルタメニ舊擔保ヲ留保スルヲ許サス必ス舊義務ノ額ヲ以テ留保ノ限度トス然ラサレハ財産所持人ハ留保ノ爲メ損失ヲ蒙ル可ケレナリ(第五百三條第二項第三項第四項)

(附言) 物上擔保留保ノ權ハ我法典ハ佛國法ニ比シ大ニ擴充シタリ是レ學者ノ最モ稱讚スル處ニシテ敢テ間然スルナシ然レトモ此留保ノ權ヲ債務者

第百四十八號

ノ代替ノ場合ニ許ス片ハ大ニ理論ニ背馳シ財産所持者ヲ害スルヿナシトセス例ヘハ甲ナル資力アル負債者ノ義務ノ物上擔保トシテ丙者自己所有土地ヲ抵當トセリ然ルニ甲者債權者ト約シテ乙者ナル資力ニ乏シキ者ヲ以テ己レニ代テ義務ヲ盡スヿヲ約シ且債權者ハ其物上擔保ヲ保持シタリ乙者ハ素ヨリ資力少キモノナレハ辨濟期ニ至リ義務ヲ盡スヿ能ハサリシヲ以テ遂ニ抵當物ノ競賣ヲ受ケサルヲ得サルニ至レリトセハ丙者ハ實ニ大ナル損害ヲ蒙ラサルヲ得ス故ニ債務者ノ代替ノ場合ニ於テ財産所持者ノ承諾ヲ得スシテ物上擔保ノ留保ヲ許ス可カラサルヿハ此一例ヲ以テ知ル可シ法律カ留保權ヲ擴充シタルハ他人ニ損害ナシト云ヘル理由ニ外ナラサルニ如此損害アリトセハ之ヲ許ス可カラサルハ當然ナリ故ニ予ハ斷言ス法律ハ債務者ノ代替ノ場合ニ付キ特例ヲ設ケサレ𪜈解釋上此場合ハ留保權ヲ禁止シタルモノナリト何トナレハ留保ハ素ト原則ノ例外ナレハ此例外ニシテ背理ノ廉アラハ原則ニ復シテ解釋ヲ下ス敢テ不當ニアラサレハナリ

債權者物上擔保ヲ留保シタル片其留保ヲ以テ他人ニ對抗セント欲セハ債權讓渡ノ規則ニ準シ債務者ニ其旨ヲ告知スルカ或ハ公正證書又

ハ私署證書ヲ以テ之カ承諾ヲ得タルニアラサレハ能ハス是レ第三者カ舊債權者等ノ詐術ノタメ不慮ノ災害ヲ蒙ムランヿヲ恐レ斯ク規定シタルモノナリ此點ハ彼ノ債權讓渡ト仝一ノ主意ニ基キタルモノニシテ更改ト債權讓渡トハ此點ニ付テ仝一ナリトス（第五百條）

○第百四十九號　義務更改ト債權讓渡トノ差異如何

（一）更改ハ仝時ニ二ケノ效果ヲ發生ス即一ハ義務ノ消滅ニシテ一ハ義務發生ナリ然ルニ債權讓渡ハ舊來ノ債權ヲ甲ヨリ乙ニ移轉スルニ止マリ一ノ義務ヲ發生スルヿナク又一ノ義務ヲ消滅セシムルヿナシ」

（二）更改ハ舊義務ヲ消滅セシムルヲ以テ其義務ニ附從シタル物上擔保又ハ對人擔保モ亦共ニ消滅ニ歸ス（物上擔保ニ付テハ債權者カ留保シタル片ハ此限ニ非ラス）債權讓渡ハ舊債權消滅スルニアラスシテ移轉スルニ止マルモノナレハ從タル擔保モ亦消滅セスシテ共ニ移轉ス

（三）更改ハ債權者債務者原因目的物等ノ交替アレ𪜈債權讓渡ハ唯債

權者ノ交替アルノミ而シテ更改ノ債權者ノ交替ハ債務者ノ承諾ヲ要スルモ債權讓渡ハ債務者ノ承諾ヲ要ス

右述フル如ク此二者ノ間大ナル差異アリテ少シモ類スル所ナシ然レ𪜈第三者ニ對シ更改ヲ主張スルニハ債權讓渡ノ塲合ニ定メタル方式ニ從フニアラサレハ能ハス是レ此方式ノ點ニ付テ同一ヲ見ルノミ即更改及物上擔保ノ留保ハ債務者ニ對シ合式ニ告知スルカ債務者カ公正証書私署証書ヲ以テ承諾ヲ表シタルニアラサレハ第三者ニ對抗スルヿヲ得ス

第三節　合意上ノ免除

○第百五十號　合意上ノ免除トハ如何ナル事柄ヲ云フカ

夫レ權利ノ拋棄ハ人權ト物權トヲ問ハス共ニ之ヲナスヿヲ得可シ然レ𪜈物權ハ人ト物ト直接ノ關係アルノミナレハ其人ノ隨意ヲ以テ拋棄ヲナスヿヲ得ルモ人權ハ常ニ人ト人トノ關係ニ依リ成立スルヲ以

テ之カ變更毀滅等ハ總テ當事者ノ合意アルニアラサレハ爲スヿヲ許サス故ニタトヘ債權者カ債權ヲ拋棄シテ債務者ニ免除ヲ得セシメント欲スルモ債務者免除ヲ受クルヲ肯セサル片ハ强テ辨濟ヲ行フヿヲ得(提供供託ノ方法)物權ノ所有者ハ此ノ如キ强制ヲ蒙ルヿ無シ故ニ合意上ノ免除ト云ヘハ人權ノ拋棄ニシテ義務ノ免除ヲ指スナリ

故ニ合意上ノ免除ハ廣ク之ヲ解スル片ハ總テ義務ヲ免カルヽ方法ナルヲ以テ有償ト無償トノ二種アリ有償ノ免除ハ代物辨濟更改和解除ヲ爲シ無償ノ免除ハ贈與ヲナスモノトス(第五百四條)

有償免除ノ塲合ニ或義務ノ履行ニ代ヘテ他ノ物ヲ受取ルヲ代物辨濟ト云ヒ或ル義務ニ代ヘ他ノ義務ヲ約シタル片ヲ更改ト云ヒ各主張スル處ノ一部ヲ拋棄スルヲ和解ト云ヒ双務契約ニ於テ相互ノ義務ヲ釋放スルノ明約アルカ或ハ其意思カ事情ニ從ヒ明ニ顯ハレタル片ハ之ヲ解除ト云フ

第百五十號

第百五十號

以上有償ノ免除ニ就テ述ヘタルモ法律カ本節ニ於テ云ハントスル所ノモノハ有償免除ニアラスシテ專ラ無償免除ニ在リ無償ノ免除トハ一モ損給スル所ナクシテ義務ノ免除ヲ得ルヿニシテ其性質贈與ニシテ即恩惠ノ契約タリ故ニ之ニ適用スルニ總テ贈與ノ規則ヲ以テス可シ即能力ノ限度及贈與ニ就テ特ニ設ケタル制限等ノ規則ハ皆免除ニ適用セサル可カラス然レモ贈與ニ要スル特別ノ公式ハ無償ノ免除ニ適用スルヿナシ是レ贈與ハ己レノ手中ニ存スル財産ヲ委棄スルヿニ關シ免除ハ他人ニ對スル請求權ノ拋棄ニシテ義務ノ消滅ニ關スルノミナルヲ以テ贈與ノ如キ鄭重ナル方法ニ從ハシムルニ及ハザルカ故ナリ

茲ニ注意ス可キ事アリ免除ハ合意上ノモノタラサル可カラスト云ヘルヿ是ナリ故ニ遺囑ニテ義務ノ免除ヲナス𬼂ハ一般ノ遺囑ノ方式ニ從ハサル可カラス

○第百五十一號　合意上ノ免除ハ如何ナル場合ニ成ル乎（第五百五條）

合意上ノ免除ハ權利即財産ノ拋棄ナレハ其拋棄ノ意思顯然タル片ニ非ラサレハ免除アリト云フ可カラス

拋棄ノ意思ノ顯然タリトハ必スシモ債權者ノ明示ヲ要セス默示ノ場合ト雖モ拋棄ノ意思明白ニ顯ハレタル片ハ免除アリトス然レ圧裁判所ハ容易ニ情況ニ基キ演繹推及シテ默示ノ免除アリト推定スルヿヲ得ス例ヘハ甲者乙者ニ對シ貸金アリ且辨濟期限到着シタルニ之カ辨濟ヲ請求セスシテ却テ乙者ヨリ高利ノ金員ヲ借リ入レタリトノ事實アリトセハ甲者ハ默示ノ免除ヲ爲シタルモノトスルヿヲ得可シ然レ圧甲者カ期限後乙者ヨリ金員ヲ借リ入レタリトノ事實アルノミヲ以テ默示ノ免除アリト推定スルニ難カル可シ

物權ノ拋棄ハ常ニ明示ヲ要スルモ人權ノ拋棄ハ默示ニテ成ル所以ハ人權ハ人ト人トノ關係ヲ以テ成立スルニ因リ此關係ヨリ爭論怨敵等

第百五十一號

厭忌ス可キ結果ヲ來スハ往々其例ヲ見ル所ナレハ法律ハ成ル可ク消滅ノ速ナルヲ欲セシカ故ナリ

今法律ニ於テ義務ノ免除アリトノ推定ヲ下ス可キ場合ヲ擧クレハ左ノ如シ

法律ニ於テ義務ノ免除アリトノ推定ス可キ場合

(第一) 債權者カ債務者ノ義務ヲ記載シタル本證書ヲ任意ニテ債務者ニ交付シタル𬼀ハ債權者ハ義務ノ免除ヲ爲シタリトノ推定ヲ受ク(第五百十六條)

此推定ノ基ク所ハ證書ハ權利ヲ證スル最モ緊要ナルモノニテ之レナキ𬼀ハ殆ント已レノ權利ヲ證スルヿ能ハサル可キモノナルニ係ラス委意ニテ其證書ヲ相手方ナル債務者ニ交付シタルハ義務ノ免除ヲ爲シタルモノト推知スルニ在リ然レ𪜈此推定ハ動ス可カラサルモノニアラス債權者ハ證書ヲ任意ニ委付シタルハ債務者カ一覽ヲ請ヒタルカ或ハ他ノ事情ノタメ交付シタルモノニテ義務ノ免除ヲ爲シタルニ

非ラサル事ノ反證ヲ擧示スルヿヲ得可シ

右ノ推定ハ私署證書ニノミ適用シテ公正證書ノ正本又ハ判決書ノ正本ノ任意ノ交付ニ及ホス可カラス但其書類ニ執行文ヲ具備スルモ同一ナリ此區別アル所以ハ公正證書判決書ハ其原本ハ官署ノ簿册ニ在リテ之ヲ紛失セシムルモ復タ得可カラサルモノニアラス故ニ私證書ニ比スレハ債權者ノ保管ハ一層粗漏ニシテ容易ク他人ノ求ニ應シテ交付ヲナスヿアル可キモノナレハ公正證書又ハ判決書ノ任意ノ交付ハ直ニ義務ノ免除ヲ推定セス然レモ裁判所ハ諸般ノ情況ヲ調査シ其之ヲ交付シタルハ義務免除ヲ爲シタルモノナリト推定セラル可キ片ハ義務ノ免除アリタルモノト判定スルヿヲ得是レ事實上ノ推測ニシテ前段ノ如ク法律上ノ推測ニ非ラス

債權者カ證書ヲ任意ニ交付シタルヿノ證據ハ如何ニ擧示ス可キヤト云フニ債務者ハ現ニ證書ヲ占有スルノミヲ以テ足レリトス債務者カ

第百五十一號

現ニ證書ヲ所持スルトキハ法律上ヨリ債權者ニ於テ任意ノ交付ヲ為シタルモノト推測スルヲ以テ反對ノ證據即任意ノ交付アラサル旨ヲ證スルハ債權者ノ任ニ在リ

(第二) 債權者カ証書ノ全文又ハ債務者ノ署名其他緊要ナル部分ヲ有意ニテ毀滅シ扯破シ又ハ抹殺シタルトキハ義務ノ免除アリタリトノ推定ヲ受ク(第五百十七條)

此推定モ證書任意ノ交付ト同一ノ理由ニ基クモノニシテ其毀滅扯破又ハ抹殺シタル證書カ私署證書ナルト公正證書又ハ判決書ノ正本ナルトニ因リ推定ニ差異アルコトモ亦同一ナリトス

債權者カ有意ニテ毀滅扯破シタリトノ證据ハ何人カ擧示スルカ曰ク毀滅扯破シタル當時證書カ債權者ノ占有ニ歸シタリシトキハ反對ノ証アルマテ債權者ノ所為又ハ承諾ニテ毀滅扯破抹殺シタリトノ推定ヲ受クルヲ以テ債權者ハ然ラサルコト(盜取ラレタルコト紛失シタルコト過テ水ニ陷レシコト火災ニ罹リタルコトノ類)

ヲ申立ツルニハ之カ證明ヲ爲サヽル可ラス

(第三) 債權者カ擔保ノ權利ヲ留保セスシテ連帶又ハ任意ノ不可分債務者ノ一人ヨリ其債務ノ部分ナリト明言シタル金額又ハ有價物ヲ受取リタル𪜈(第五百十條)

(第四) 債權者カ擔保ノ權利ヲ留保セスシテ連帶又ハ任意ノ不可分債務者ノ一人ニ對シ其債務ノ部分ナリト稱シテ裁判上ノ請求ヲ爲シタルニ其一人請求ニ承服シ又ハ辨濟ヲ爲ス可キ旨ノ言渡ヲ受ケタル𪜈」

(第五) 債權者カ異議ヲ留メスシテ十ケ年間引繼キ連帶又ハ任意ノ不可分債務者ノ一人ヨリ其負擔ス可キ利息又ハ年金ノ部分ヲ受ケ取リタル𪜈

右三ケノ場合ハ債權者其一人ニ對シ全部ノ請求ヲナシ得可キヲ其者ノ負擔部分ノミノ辨濟ヲ受ケ或ハ訟求ヲナシテ連帶又ハ不可分ノ擔保ヲ留保セサルハ蓋シ連帶又ハ任意ノ不可分(性質上ノ不可分ハ分割ノ問題生セス)ノミ

第百五十一號

其者ニ對シ免除シタリトノ推定ヲ受ク故ニ債權者ハ他ノ連帶又ハ不可分債務者ニ對シ免除ヲ受ケタル者ノ部分ヲ控除スルニ非ラサレハ請求スルヿヲ得ス

（附言）是等ノ推定ハ法律上之チ掲ケスシテ默示ノ免除アリシヤ否チ判定スルハ事實裁判所ニ一任スルニ勝レルニ加カス

○第百五十二號　義務免除ノ效力如何

義務免除ノ效力ハ免除ノ旨趣ニ基キタル義務消滅ニ在リ今免除ノ旨趣ニ依リ種々効力ノ異ナルヿヲ說明セン

主タル債務ノ免除アリタル片ハ如何ナル效果アルヤ

（第一）債務ヲ免除シタル場合即主タル義務ノ免除（第五百六條）

（イ）主タル債務者ニ義務ノ免除ヲ爲シタル片ハ保證人ヲシテ免責セシムルハ當然ナリ是レ主タル義務消滅シテ從タル保證義務存スルノ理ナケレハナリ

（ロ）連帶債務者ノ一人ニ爲シタル債務ノ免除ハ他ノ債務者ヲシテ其

債務ヲ免カレシム此規定ノ理由ハ連帶債務者タルモノハ互ニ義務ノ全部ヲ負擔シ債權者ニ對シテハ常ニ債務者ノ各一人ハ其全体ヲ代表スルモノナレハ其一人ニ對シテ爲シタル免除ハ其全般ノ人ニ對シテ效アリトス

（附言）或ル學者ハ此規定ハ棄權ハ成ル可ク狹ク解シ猥リニ推定セストノ原則ニ悖戻スト論スレ𪜈本文ノ理由ト義務ハ成ル可ク速ニ其繫累ヲ絶タンヿヲ欲スル法律ノ精神トニ依ルトキハ蓋シ正當ノ規定ナリ
連帶債務者ノ一人ニ爲シタル免除ハ其效力ヲ他ノ債務者ニ及ホスモ債權者カ他ノ債務者ニ對シテ其權利ヲ留保シタル片ハ他ノ債務者ハ義務ノ免除ヲ得ルヿナシ此塲合ニ債權者カ他ノ債務者（免除セサル債務者）ニ對シ債務ノ履行ヲ求ムルニハ免除シタル債務者ノ部分ヲ扣除スルヲ要ス

（ハ）不可分債務者ノ一人ニ對シテ爲シタル債務ノ免除モ連帶債務者ノ一人ニ爲シタル免除ト同一ニ決定ス可キナリ然レ𪜈性質上ノ不可分義務ナル片債權者カ債務者ノ一人ヲ免除シテ他ノ債務者ニ對スル權利ヲ留保シタルトキハ債權者ハ先ツ其全部ニ就キ權利ヲ行

ヒ而シテ後免除ヲ受ケタル債務者ノ部分ヲ計算シ之ヲ償還ス可キモノトス

（三）保證人ノ一人ニ爲シタル債務ノ免除ハ債務者及他ノ保證人ヲ免除スルノ效アリトス此規定ハ實ニ奇怪ナルカ如シ何トナレハ保證人ニ對シテ債務ノ免除ヲナスモ保證人ハ之ヲ承諾スルヿ能ハサル可シ保證人ハ從タル債務者ニシテ主タル債務者ニ非ラサレハ主タル債務ノ免除ヲ受諾スルモ他人ノ事ノ合意ニシテ無效ノ合意ナリト云ハサル可カラサレハナリ然レ𪜈法典ハ可成債務ノ消滅ヲ希望スルヲ以テ此塲合ニ保證人ヲ以テ主タル債務者ノ事務管理人ト認メ代テ免除ノ利益ヲ受クルヿヲ承諾スル能力アルモノトセリ（第五百七條）

連帶不可分債務者ノ一人又ハ保證人カ以上ノ塲合ニ於テ無償ニテ義務ノ免除ヲ受ケタル𪜈ハ何人ニ對スルモ求償權ヲ有セサレ𪜈有償ニテ全部ノ免除ヲ得タル𪜈ハ連帶不可分ノ債務者ハ他ノ共同債務者ニ

對シ義務ノ割合ニ應シ保證人ハ主タル債務者ニ對シ捐給シタル全部ニ付キ求償權ヲ有ス又保證人ハ主タル債務者ニ求償セスシテ他ノ共同保証人ニ對シ其割合ニ應シテ求償權ヲ有ス（第五百八條）

右何レノ塲合ニ於テモ義務ノ免除ヲ受クル爲メ捐給シタル價額ハ免除ヲ受ケタル義務ニ超過シタル片其超過ノ部分ニ就テハ求償權ナキモノトス

連帶又ハ不可分ノミノ免除ノ效果如何

（第二）連帶又ハ不可分ノミノ免除（第五百九條）

連帶又ハ不可分義務ハ單純ナル義務ニ比スレハ一層重劇ナルモノナリ故ニ主タル義務ハ免除セラレストモ其連帶又ハ不可分ノミノ免除ヲ受クルニ於テ債務者ハ大ナル利益アルモノナリ（第五百九條）

連帶又ハ不可分ノ免除アリタル片任意上ノ不可分又ハ連帶義務ノ塲合ニ於テハ債權者ハ免除ヲ受ケタルモノニ對シテハ其者ノ負擔部分ノミ他ノ共同債務者ニ對シテハ免除ヲ受ケタル者ノ部分ヲ控除シタ

連帶、不可分保證ノミノ免除ヲ得ルタメ捐給シタル片ハ債務額ヲ減少スル乎

ル餘分ヲ請求スルノ權アルノミ又性質上ノ不可分免除ニ付テハ債權者ハ他ノ債務者ノ各自ニ對シテ全部ノ請求ヲナスコトヲ得然レ𪜈免除ヲ受ケタルモノヽ負擔部分ヲ計算シテ之ヲ償還ス可キナリ又債權者ハ免除ヲ受ケタル債務者ニ對シテモ亦全部ノ履行ヲ求ムルコトヲ得然レ𪜈此場合モ他ノ共同債務者ノ負擔部分ヲ計算シテ之ヲ償還セサル可カラス

連帶又ハ不可分ノ免除ヲ得ルタメ債務者カ爲シタル捐給ハ債務ノ辨濟ニ算入スルコトヲ得ス是等ノ捐給ハ他日不幸ナル遇運ニ際會センコトヲ慮リ其畏懼ヲ免ルヽタメ射倖的有償合意ニ依リ捐給シタルモノナレハ債務ノ額ニハ少シモ減少ヲ來スコトナシ從テ共同債務者ニ對シ求償ノ權アルコトナシ是レ誠ニ明白ナル道理ニシテ特ニ法典カ明言スルノ必要ナキ程ノ事ナリト雖モ佛、伊國法典ニ於テ反對ノ規定アルヲ以テ特ニ之ヲ明言スルノ必要ヲ感シタルモノナリ（第五百十三條）

保證ノミノ免除ノ效果如何

(第三) 保證義務ノミノ免除(第五百十一條)

保証人ノ一人ニ保證義務ノミノ免除ヲ爲シタル片ハ主タル債務ニ何等ノ影響ヲ及ホスヿナケレハ主タル債務者ハ依然舊ニ依テ義務ヲ負擔シ保證人數名アル場合ニハ他ノ保證人ハ保證ヲ免レタル者ノ部分ニ就テノミ義務ヲ免カル然レ圧保證人間ニ連帶義務ノ存スル片ハ債權者ハ他ノ保證人ニ對スル權利ヲ留保セスシテ免除ヲ爲シタル片ハ全体ノ保證人ハ保證義務ヲ免カル故ニ此場合ニ於テ債權者ハ保證人ノ一人ノミヲ免除スル意思ナレハ他ノ保證人ニ對シ權利ヲ留保セサル可カラス

保證人カ保證義務ノ免除ヲ得ルタメ債權者ニ爲シタル出捐ニ就テハ連帶不可分ノ免除ヲ得ルタメ爲シタル出捐ト同一ナリ(前段參照)(第五百十三條)

(附言) 第五百十三條ニ關スル事項ハ此所ニ於テ併セ説明スルヲ以テ至當トスレ圧(第二)ト(第三)ト各別ノ問題ニ對スル答案ニ擬シテ二ケニ分チ説明シタレハ讀者諸彦之ヲ諒セヨ

第百五十二號

物上擔保ノ拋棄ノ效果如何

（第四）抵當權又ハ質ノ拋棄（第五百十二條）

抵當權又ハ質ノ拋棄ハ保證義務ノ免除ニ於ケルト同シク主タル債權ヲ減少セス又保證人連帶不可分ノ債務者ニ何等ノ效果ヲ及ホスヿナケレハ時トシテ物上擔保ノ拋棄ノタメ保證人等ヲ害スルヿアリ例ヘハ最初保證連帶等ノ義務ヲ約シタル者物上擔保ノ附加セラレタリシヲ以テ代位辨濟ヲ行ヘハ損失ヲ受クルナカル可シトノ心算ニテ約諾シタリシニ中途ニシテ其物上擔保ヲ拋棄セラルヽニ於テハ代位ノ利益ヲ失ヒ大ニ損害ヲ蒙ルモノト云フ可シ斯ノ如クンハ物上擔保ノ拋棄ハ保證人等ヲ害スル實ニ不正ノ所爲ナリト云フ可シ故ニ法典ハ保證人連帶債務者等カ斯ノ如キ不正ノ損害ヲ蒙ムルヿヲ防クタメ債權者ニ對シ保證義務又ハ連帶ノ免除ヲ請求スルヿヲ許シタリ

（附言）法律ハ第五百十二條ニ於テ保証人連帶債務者ノ事ノミヲ規定シ不可分債務者ノ事ニ及ハサルモ不可分債務者モ道理上是等ノ者ト同一ニ決定セサル可ラス法典モ其精神ナルヿハ擔保篇第九十一條ニ照シ明ナリ又

合意上免除ノ條項中ニ物權ノ拋棄ヲ規定シタルハ性質ノ異ナルモノヲ同一ノ條項中ニ規定シタルノ譏ナキ能ハスト雖モ主タル人權ニ附從シタル物權ノ拋棄ナレハ此條項中ニ記載シタルハ敢テ順序ヲ失シタリトス可カラス

特定物ノ引渡又ハ返還ノミノ免除ノ效果如何

（第五）特定物ヲ引渡スノミ又ハ返還スルノミノ義務ノ免除（第五百十四條）賣主ニ向テ賣リ渡シタル特定物ノ引渡ノ義務ヲ免除スルヿヲ約シ預リ主借リ主等ニ向テ貸渡物預ケ物ノ返還ヲ免除シタルヿヲ約シタル件ハ如何ニ解釋ス可キ乎曰ク合意ハ成ル可ク效力ヲ生スル方法ニ解ス可シトノ原則ヲ以テスル件ハ債權者ハ所有權ヲ拋棄シタリト云ハサル可カラサルカ如シト雖モ立法者ハ斯ノ如キ塲合ニモ權利ノ拋棄ハ推定セストノ大則ニ基キ約務者ノ利益ニ於テ所有權ヲ拋棄シタルニ非ラス單ニ引渡ノ義務返還ノ義務ノミ免除シタルモノトセリ單ニ引渡ノ義務返還ノ義務ノミヲ免除セラレタル者ハ如何ナル利益アリテ存スル乎曰ク引渡又ハ返還ヲ要求スルノ對人的訴權ノ拋棄ヲ

得タル債務者ハ大ニ其義務ヲ輕減セラレタルモノナリ何トナレハ引渡ノ義務ヲ負ハサル以上ハ向來物件ヲ保存スルニ於テ從前ト全一ノ注意ヲ用フルヲ要セス唯他人ノ所有物ヲ占有スル者トシテ不當ノ利得ト爲ル可キ行爲ヲ許サヽルノミ又債權者ハ所有權ヲ失ハサルヲ以テ之カ取戻ノ訴權ヲ行フヿヲ得可シト雖モ自ラ所有者タルヿノ證明ヲ爲サヽル可カラサレハ買主又ハ預ケ主タル合意上ノ權利ニ基キ引渡ヲ請求スルト擧證ノ難易大ニ異ナレハナリ然レトモ此引渡又ハ返還義務ノ免除ヲ受ケタル者モ其占有ノ名義ヲ改設スルニアラス猶假容ノモノタレハ三十年ヲ經過スルモ時証ニ依リ所有權ヲ獲得スル能ハス

（附言）引渡ノ免除ヲ受ケタル賣主他人ヨリ其物件ノ追奪ヲ受ケタルトキハ買主ニ對シ擔保ノ義務ヲ免レス何トナレハ擔保ノ義務ハ引渡後ニ在テモ猶存在スレハナリ

（第六）連帶又ハ不可分債權者ノ爲シタル免除（第五百十五條）

連帶又ハ不可分債權者ノ爲シタル效果如何

連帶、不可分ノ債權者ハ義務ノ旨趣ニ於ケル履行ハ全部ニ對シ之ヲ受クルヿヲ得ト雖モ其權利ヲ處分ス可キ能力ヲ有セサルヲ以テ辨濟以外ノ方法ニテ其全部ノ債權ヲ毀滅變更セシムルノ權ナシ故ニ債權者ノ一人カ義務ノ免除ヲ行フモ單ニ其者ノ一部分ニ止マリ他ノ債權者ノ權利ニ消長ヲ來タスヿナシ

今右ノ適用ヲ示サンニ債權者ノ一人カ債務ノ免除ヲ爲シタル片債務者ハ其者ノ一部ノミノ義務ヲ免カレ他ノ債權者ニ對シ他ノ部分ヲ履行セサル可カラス又連帶不可分ノミノ免除アリタル片ハ免除ヲ爲シタル債務者ニ對シテハ單ニ其者ノ部分ノミヲ履行シ其他ノ者ニ對シテハ其餘ノ部分全部ヲ履行セサル可カラス然レ𪜈債務カ性質ニ因ル不可分ナル片ハ免除ヲ爲シタル一人ノ部分ヲ扣除スルヿ能ハサルニ依リ債權者ハ先ツ其全部ニ就キ履行ヲ受ケ而シテ後其免除ヲ爲シタル者ノ部分ヲ計算シテ返還ス可キナリ

（附言）第五百十五條第二項ニ債務カ性質ニ因ル不可分ナル片ハ債權者ノ一人ノ爲シタル免除ハ他ノ債權者ヲ害スルヿヲ得ストアリ此文ニ依ル片ハ性質上ノ不可分ハ債權者ヲ害スルヿヲ得サルモ任意上ノ不可分ハ債權者ヲ害スルヿヲ得換言セハ任意上ノ不可分ノ債權者ノ一人ノ爲シタル免除ハ其效力他ノ債權者ニ及フト云フ反對解譯ヲ爲スヿヲ得可シ然レ圧同條第一項ハ連帶債權者ノヿノミヲ規定シタル如クナレ圧不可分債權者ノ事モ第一項ノ規定中ニ包含セラレタルモノト見サル可カラサルヲ以テ第二項ニ於テハ第一項中ノ性質上ノ不可分ニ就テ特例ヲ示シタルノミ何トナレハ性質上ノ不可分ハ任意上ノ不可分又ハ連帶義務ト效果ニ於テ少シク變更ナカル可カラサレハナリ

○第百五十三號　債務ノ免除ハ如何ナル名義ニテ行ハレタルモノトスル乎（第五百十八條）

債務ノ免除ハ有償ニテ行ハレタル者トスルト無償ニテ行ハレタル者ト決スルトノ間ニ於テ頗ル重要ナル差異アリ則無償名義ナル片ハ廢罷訴權ヲ行フニ一層容易ナリ又無償名義ノ免除ハ贈與ヲ爲スヲ以テ

贈與ト同一ノ原因ニテ取消サル可シ又其能力等モ贈與ト同一ナラサル可カラス故ニ債務者ハ無償ニテ免除ヲ受ケタリト推測セラルヽニ於テハ有償ニテ免除ヲ受ケタリト推測セラルヽニ比シ不利ナル者ナリ

總テ財産ヲ無償ニテ拋棄ヲ爲スハ蓋シ稀有ナル事ニシテ世上一般ノ常態ヨリ觀察ヲ下ス片ハ相當ノ對價ヲ以テ拋棄ヲナスモノトス故ニ法律ハ此一般ノ常態ニ基キ相當ノ對價ヲ得テ拋棄ヲナシタリト推定ス又解釋上債務者ノ利益ニ左擔スルハ蓋シ一般ノ原則ナリ

然レ圧贈與ヲ授受スル相對能力ナキ片ハ有償ノ推定ハ止息シ無償ニテ受ケタルモノトス此者等ノ間ニモ猶有償ノ推測ヲ適用スル片ハ實ニ危險ナリト云フ可シ何トナレハ斯ル推定ハ明ニ法律ニ悖戻スルモノニシテ且當事者ハ巧ニ法律ノ制禁ヲ避ケ條例ヲ徒然タラシムル寔ニ易々タレハナリ（贈與ヲ授受スル相對能力ナキトハ夫婦間ノ贈與ノ如シ）

以上二ケノ推定ハ法律上ノ推定ナリト雖モ反對擧證ヲ許サヽル絕對

的ノモノニ非ラサレハ反對ノ事實ナルコノ證左ヲ擧示スルニ於テハ右ノ推定ヲ破壞セシムルコヲ得

第四節　相殺

○第百五十四號　相殺ノ定義ヲ示シ且其種類ヲ述ヘヨ

相殺ハ二人互ニ債務者タリ債權者タル場合ニ於テ二ケノ債務ハ寡少ナル額ニ至ルマテ消滅セシムルヲ云フ是レ我法典ノ下シタル定義ナリトス

相殺ノ方法ノ利益アル所以如何

二人互ニ義務ヲ負擔シ一方ヨリ辨濟シタルモノヲ以テ直ニ他ノ一方ニ辨濟トシテ其モノヲ渡スカ如キハ實ニ迂遠ニシテ無益ノ費用ヲ要スルノ不便アルヲ以テ法律ハ相殺ノ方法ヲ設ケ一方ヨリ渡ス可キ義務ハ他ノ一方ヨリ請取ル可キ義務ノ額ニ至ルマテ二ケノ義務ヲ消滅セシムルコトセリ彼ノ辨濟シタル所ノ物ヲ取戻スヨリ寧ロ辨濟セサルニ如カストノ格言ハ此場合ヲ示シタルモノナリ又双方互ニ辨濟物ヲ

授受スル片ハ迂遠ナルノミナラス當事者ノ一方カ不德ノ者タル片ハ他ノ一方ハ損害ヲ蒙ルヿアル可シ何トナレハ初メ辨濟ヲ受ケタル一方直ニ其物ヲ已レノ義務ノ辨濟トシテ給付セス時ニ或ハ之ヲ藏匿スル等ノ患アレハナリ故ニ相殺ハ便益ト正當トノ理由ニ因リ設ケタルモノトス

相殺ハ二ケノ債務互ニ同額ナルヲ要セサルヲ以テ多額ノ債務ハ少額ノ債務ノ額ニ至ルマテ消滅スルモノナルニ因リ多額ノ債務者カ現實ニ辨濟スルハ其超過額ナリトス此規則ハ債務者ハ債權者ヲシテ强テ一部ノ辨濟ヲ受取ラシムルヿ能ハストノ規則ニ抵觸セサルヤ疑ハサルヲ得サ（第四百卅九條）レモ此抵觸ハ道理上分疏スルヿヲ得可シ辨濟ノ不可分ハ債權者ニ於テ資本利用ノ便益ノ爲メ設ケラレタルモノナルモ双方ニ債務ヲ負フ片ハタトヘ此原則ヲ適用スルモ此便益ヲ受クルヿ能ハス何トナレハ多額ナル債權者ハ受ケタル物ヲ直チニ少額ナル債權

者ハ辨濟セサルヲ得サレハナリ

(附言) 少額ナル債務カ合意ヨリ生シタル片ハ債權者ハ之ヨリ生スル一分ノ相殺ハ豫メ承諾シタルモノト推定ス可クタトヘ合意上ヨリ生シタルニアラストスルモ法律ハ相殺ノ便益ハ弁濟ノ不可分ニ優レリトセリトノ理由チ以テ答フルモノアリ(草按註釋)

相殺ハ法律上ノ相殺任意上ノ相殺裁判上ノ相殺ノ三種アリ法律上ノ相殺トハ二ケノ債務或條件ヲ具備スル片ハ當事者ノ合意ヲ要セスシテ當然相殺ノ行ハルヽモノヲ云ヒ任意上ノ相殺トハ當事者ノ一方又ハ双方ノ意思ニ依ルニアラサレハ相殺ノ行ハレサルモノヲ云ヒ裁判上ノ相殺トハ判裁所カ關與シテ相殺ヲ言渡スニアラサレハ行ハレサルモノトス

○第百五十五號　法律上ノ相殺ノ行ハルヽニハ如何ナル條件ヲ要スル乎(第五百二十條)

(第一) 二個ノ債務互ニ主タルモノタルヿヲ要ス

例ヘハ甲者乙者ニ對シ金百圓ヲ貸與シ乙者ハ丙者ニ金百圓ヲ貸與シ甲者ハ其保証人ナリ此場合ニ甲者カ乙者ニ向テ其貸金ノ辨濟ヲ請求シタルモ乙者ハ甲者カ丙者ノ保証人タル義務ト相殺ヲ主張スルヿヲ得ス是レ甲者ノ義務ハ從タルモノナレハナリ

(第二) 二個ノ債務互ニ代替物タルヲ要ス

相殺ハ元來一ノ簡便ナル辨濟方法ニ過キサレハ債務ノ目的物確定物ナル片ニ行ハルヽ道理無シ若シ强テ之ヲ行ハシムル片ハ即義務ノ目的物以外ノ物ヲ以テ辨濟ニ供スルト一般ノ結果ヲ生ス例ヘハ甲者ハ乙者ニイ號ノ馬ヲ辨濟シ乙者ハ甲者ニロ號ノ馬ヲ辨濟スルノ義務アル場合ニ相殺行ハルヽトスル片ハ各目的外ナル馬ヲ辨濟トシテ受取リタルモノナリ故ニ相殺ノ行ハルヽニハ必ス代替物タルヿヲ要ス而シテ其代替物ハ二ケノ義務共ニ同一種ノ物ヲ目的トセサル可カラス若シ異種ノ物ヲ目的トシタルニ相殺行ハルトスル片ハ確定物ノ場合

同種類ノ目的物ニ非ラスシテ法律上ノ相殺行ハルヽ場合アル乎

ト同一ノ結果ヲ生ス可シ故ニ第二ノ條件ヲ同種類ナル代替物タルヿヲ要ストセハ可ナラン

此要件ノ例外トシテ二個ノ債務互ニ異種ノ代替物ヲ目的トスル場合ト雖モ相殺ヲ許容スルアリ即法典ニ當事者ノ一方カ他ノ一方ニ對シ地方市場ノ相場アル日用品ノ定期ノ供與ヲ負擔シタル片ハ其供與ハ他ノ一方ノ負擔スル金錢ト相殺スルヿヲ得ト規定セリ抑地方市場ノ相場アル米穀ノ如キハ殆ント金錢ト同一ニシテ金圓ヲ有スレハ米穀ヲ得ル容易ニシテ米穀ヲ有スレハ之ヲ金圓ニ代ユルヿ易々タレハ之ヲ以テ相殺ヲ為サシムルモ正當ヲ害スルヿ無クシテ双方ニ便益ヲ與フルモノナリ然レ𪜈日用品ノ債務ハ金錢ノ債務トハ常ニ相殺行ハルヽモノトス可カラス何トナレハ斯ク相殺ノ行ハルヽ片ハ日用品ノ賣買ハ終ニ其目的ヲ達スルヿ能ハサルニ至ル可シ故ニ定期ノ供與ヲ負擔シタル時ノミ法律上ノ相殺行ハルヽヿトセリ定期ノ供與トハ小作

人カ年々米ヲ供與シテ其小作賃ヲ拂フ如キヲ云フ
日用品ト金錢トノ相殺ハ日用品ヲ辨濟ノ日ノ市場ノ相場ヲ以テ金錢ニ換算シテ行フモノトス

（第三）明確ナルヿヲ要ス（第五百廿三條）

法律上ノ相殺カ行ハルヽニハ二個ノ債務カ基本上儼然成立シ且其債務ノ性質及分量ノ明白ナルトキニ限ル故ニ損害賠償ノ如キ其賠償額ノ決定セラレサル以前ハ明確ナルモノニアラサルヲ以テ相殺行ハルヽヿ無シ

明確ナルヿトハ双方カ之ヲ知ルト知ラサルトニ關スルヿナキモノトス故ニ方一ノ債務カ存セサルモノト信シ（法文ノ善意）之ニ對抗シテ爭訟ヲ爲ス場合ト雖モ相殺妨害ト爲ラサルモノトス

（第四）要求スルヲ得可キモノタルヲ要ス

要求期限前ニ相殺

相殺ハ一ノ簡便ナル辨濟法ニ過キサレハ辨濟ヲ要求スルヿヲ得可キ

第百五十五號

ノ行ハル、場合アル乎

期限前ニハ相殺ナキハ當然ナリ然レ𪜈此要件ニハ一ノ寛假法アリテ左ノ數個ノ場合ニハ相殺ノ妨害ト爲ラス

(一) 裁判所カ許與シタル恩恵上ノ期限ハ相殺ノ妨害ト爲ラス恩恵上ノ期限ハ元ト債務者ノ善意ニシテ不幸ナル場合ニ裁判所ヨリ債務者ニ與ヘタル特典ナレハ債務者カ一朝債權者ニ對シ債權ヲ獲得シタルトキハ最早恩恵上ノ期限ヲ許與シタル理由消滅シ債務者ハ容易ク辨濟ノ方法ヲ得タルモノナレハ債權者ハ直チニ自已ノ債權ト相殺ヲ爲ス何ノ妨カ之レアランヤ

(二) 債務者ノ要求ニ因リ無償ニテ債權者ノ許與シタル期限此期限モ債權者カ與ヘタル一ノ恩惠期限ナレハ相殺ノ妨害ト爲ラサルハ前段ト同一ノ理由ニ基クモノナリ

(第五) 法律ノ規定及當事者ノ明示又ハ默示ノ意思ヲ以テ相殺ヲ禁セサルヿ

法律ノ規定ヲ以テ相殺ヲ禁スル場合トハタトヘ前四個ノ條件ヲ具備スルモ法律ハ債務ノ或原因ニ依リ相殺チ禁スルモノアリ即不正ノ原因ヨリ生シタル債務消費ヲ許ス寄託物ノ返還ニ關スル片等是ナリ當事者カ明示又ハ默示ニテ相殺ノ利益ヲ拋棄シ相殺ヲ爲サヽル旨ヲ合意シタル場合是ナリ

以上五ケノ條件具備スル片ハ同一ノ場所同一ノ貨幣ヲ以テ辨濟ス可キモノト否トヲ問ハス相殺行ハル、モノトス然レ圧是等ノ爲メ一方ヲ利シ他ノ一方ヲ害スル片ハ之カ償還ヲナス可キハ當然ナリ(第五百二十條)

此他義務ノ原因ノ全一ナルヿ二個ノ義務共ニ同一ノ價格ヲ有スルヿ當事者カ共ニ義務ノ存スルヿヲ了知スルヿ等ノ條件ハ共ニ必要トセス

○第百五十六號　法律上ノ相殺ヲ禁シタル場合ヲ示シ其理由ヲ述ヘヨ(第五百二十條)

第百五十六號

法律上ノ相殺行ハルニハ二個ノ債務カ主タルモノ互ニ代替スルヲ得可キモノ明確ナルモノ及要求スルヲ得可キモノ等ノ條件ヲ具備スルヲ以テ通常足レリトスレトモ左ニ記スル債務ハ法律上ノ相殺ヲ禁セリ」

(第一) 債務ノ一カ他人ノ財產ヲ不正ニ取リタルヲ原因ト爲ストキ

不正ニ取リタルヲ原因ト爲ストハ汎廣ナル意義ニシテ盜罪詐欺取財ハ勿論其他背信罪等凡テ權利ナクシテ他人ノ財產ヲ已レニ所得シタル場合ヲ云フ是等ノ場合ニ相殺ヲ禁シタル所以ハ法律ハ辨濟ノ目的ナキ債務者ニ對シ不正ノ所爲ヲ行ヒ以テ已レノ債權ト相殺センコトヲ希圖スル者ヲ防遏センカ爲メニシテ則立法ノ理由トスル所ハ公益ニ基クモノナリ

(第二) 消費ヲ許セル寄託物ノ返還ニ關スル時

通常ノ寄託物ハ特定物ニ關スルヲ以テ相殺ノ行ハレサルハ當然ナルモ消費ヲ許ス所ノ寄託ハ代替物ノ返還義務アルモノナレハ相殺セラ

レ得可キ債務ナリ然ルニ法律カ相殺ヲ禁シタルハ如何ナル理由ナルカヲ繹ネルニ寄託者ハ一ニ受託者ヲ信用シテ爲シタルモノナルニ一朝受託者カ寄託者ニ對スル債權ヲ得タリトスルモ之ト相殺ヲナスハ是レ寄託者ノ信用ニ背クモノナリト云フ

(附言) 然レ𪜈此理由ハ左程充分ノモノト云フ可カラス何トナレハ信用ニ基ク債務ト雖モ己レ正當ニ獲得シタル權利ハ相殺ヲ爲ス何ノ妨カ之レアランヤ寄託者モ正ニ辨濟ス可キ債務ト寄託債權ト相殺セラルト雖モ毫モ損失ヲ受クルヿナク却テ利益アルヿアリ例ヘハ己レカ辨濟ス可キ債務ハ利子付ナル𪜈當然法律上相殺セラルヽニ於テハ其日ヨリ債務消滅シ從テ利子ノ發生モ止息スルモノナレハナリ故ニ此寄託物返還ノ債務ヲ以テ法律上相殺ヲ禁シタル理由ハ解スルヿヲ得ス蓋シ此禁制ハ佛法中ニ存セシヲ以テ立法者ハ之ヲ因襲セシモノナラン

(第三) 債權ノ一カ差押フルヿヲ得サル𪜈

如何ナル債權カ差押フルヿヲ得サルヤハ民事訴訟法第六百十八條ニ

第百五十六號

規定セリ此等ノ債權ハ一身上生活ニ必要ノ物ナレハ猥リニ他ノ債權ト相殺セラルヽ片ハ債權者ハ或ハ饑餓ノ不幸ニ陥ルヤモ計ル可カラサルナリ

(附言) 法典ニ債權ノ一カ差押フルヿヲ得サル有價物ヲ目的トスル片トアリ此法文ニ依ル片ハ差押フルヿヲ得ルト得サルトハ其物固有ノ性質ニ在リテ其差押フルヿヲ得サル物ヲ目的トスル片ハ相殺ヲ許サスト解セサル可カラサルカ如シ然レ𪜈本文ノ意義ハ差押フルヿヲ得サル債權ナル片ト云フ旨趣ニ解セサル可カラス何トナレハ差押フルヿヲ得サル固有ノ物件アルヿナク唯其人ノ身分職業等ニ依リ一身上必要ナル物件ヲ差押フヘカラサルモノトスルヲ以テ差押ヘ得ルト否トハ其人ノ所有物ニ歸シタル後ニアラサレハ決定スルヿ能ハス故ニ債權ノ目的物如何ニ依リ相殺ノ有無ヲ定ム可カラス唯其債權ノ性質(養料ナルヤ恩給ナルヤノ類)如何ニ依リ相殺シ得ルト否トヲ決定セサル可カラス

(第四) 當事者ノ一方カ豫メ相殺ノ利益ヲ抛棄シタル片又債權者ト爲ルニ當リ期望シタル目的カ相殺ノ爲メ達スルヿヲ得サル片

當事者ノ一方カ相殺ノ利益ヲ拋棄シタル場合又ハ債權者ノ目的ヲ達スルコヲ得サル場合ニ相殺ノ行ハレサル事ハ合意ノ一般ノ規則ニ依リ知リ得可シ公益ニ關スル法律ニ反セサル以上ハ双方ノ意思ヲ以テ法律ノ規定ヲ破ルコ自由ナレハ相殺ヲ利益無シトシテ禁シタルニ係ラス其意思ニ逆フテ强テ之ヲ行ハシムルハ私法ノ許サヽル所ナリ又相殺ノ爲メ期望カ達スルコヲ得サル𪜈モ解釋法ニ基キ相殺ノ利益ヲ拋棄シタルモノト推定スルコヲ得可ケレハ是亦合意ノ一般ノ規則ニ依リ相殺ノ妨害ト爲ルナリ此ノ如キ理由ナルヲ以テ本項ハ法律ノ規定ニ依リ相殺ヲ禁シタルニ非ラスシテ當事者ノ意思ニ依リ相殺ヲ禁シタルモノナリ

○第百五十七號　相殺ハ何人ノ間ニ行ハルヽ乎（第五百二十一條）

相殺ハ首タル債務ニシテ且一身上ノモノタラサレハ行ハレサルヲ以テ首タル債務者間ニ非ラサレハ法律上ノ相殺ハ行ハレサルモノトス

法典ハ此規則ノ適例ヲ示セリ即左ノ如シ

（一）主タル債務者ハ自已ノ債務ト債權者カ保證人ニ對シテ負擔スル債務トノ相殺ヲ以テ債權者ニ對抗スルヿヲ得ス

保證人ノ義務ハ附從ノモノタルカ故ニ債權者ヨリ訟求ヲ受クルニアラサレハ之ヲ辨濟スル義務發生セサルニ因リ首タル債務者ハ保證人カ債權者ニ對シ有スル債權ヲ以テ相殺ヲ主張スルヿヲ得ス然レ𪜈保證人ハ一旦債權者ヨリ請求ヲ受ケタル片ハ已レ固有ノ債權ヲ以テ相殺ヲ主張スルヿヲ得但此相殺ハ法律上ノモノニアラスシテ保證人ノ任意ニ在ルモノナリ此場合ニ於テハ首タル債務者モ亦相殺ヲ申立ツルヿヲ得可シ何トナレハ保證人ヨリ主張シタル相殺ノ效ニ依リ全ク已レノ義務ヲ免レ繇テ保證人ニ對シ償還義務ヲ負擔シタレハナリ

（二）連帶債務者ハ債權者カ其連帶債務者ノ他ノ一人ニ對シ負擔スル債務ニ關シテハ其一人ノ債務ノ部分ニ付クニアラサレハ相殺ヲ以テ

對抗スルヿヲ得ス然レ𪜈自巳ノ權ニ基キ相殺ヲ以テ對抗シ得可キ𪜈ハ全部ニ付キ之ヲ申立ツルヿヲ得

連帶債務者ハ首タル債務者ト保證人トノ身分ヲ併有スルト同一ナレハ他ノ連帶債務者ハ巳レノ負擔部分ノ外ハ保證名義ニテ債務ヲ負擔スルモノナレハ其部分ニ就テハ一身上ノモノ且首タルモノニアラサレハ連帶債務者ノ一人カ有スル相殺ノ原因ハ他ノ連帶債務者ハ其全部ニ就テ相殺ヲ主張スルヿヲ得ス然レ𪜈他ノ連帶債務者一人ノ負擔部分ニ就テハ主タルモノ且一身上ノモノタレハ當然法律上ノ相殺行ハルヽヲ以テ其便益ヲ申立ツルヿヲ得若シ債權者ヨリ相殺ノ原因ヲ有スル連帶債務者ノ一人ニ訟求シタル𪜈ハ相殺ヲ以テ全部ニ就キ對抗スルヿヲ得可シ然ル𪜈ハ他ノ連帶債務者ハ全部ニ就キ義務消滅ノ抗辨ヲ爲スヿヲ得ルヿ保證人カ一且對抗シタル相殺ヲ首タル債務者カ引用スルト同一ナリ

第百五十七號

第百五十七號

(三)連帶債權者中ノ一人ニ對シ債權ヲ有スル債務者ハ相殺ヲ以テ訴追者ニ對抗スルヿヲ得

連帶債權者モ眞ニ自巳ニ屬スル部分ニ付テハ首タルモノ且一身上ノモノナリト雖モ其他ノ部分ニ就テハ他ノ連帶債權者ノ代理ノ名義ヲ以テ債務者ニ對シテ全部ノ要求ヲ爲シ得ルモノナレハ他人ノ權利ノ部分即代理名義ヲ以テ有スル權利ト自巳一身ノ債務ト相殺ス可カラサルカ如シ然ルニ法典ハ反對ノ決定ヲ下シタリ今其所以ヲ聞クニ連帶債權者ハ各現實ニ全部ノ辨濟ヲ受クルヿヲ得可ク又連帶債權者(債務者ニ對シ一身上ノ債務ヲ負フ連帶債權者)ノ一人債務者ニ對シ訴追ヲ爲ス𬼀ハ相殺ニ因リ全部ノ債權消滅ニ歸ス可ケレハ債權者ノ一人ニ於テ債務者ニ對シ相殺ノ原因生シタル𬼀ハ自餘ノ債權者ハ之ヲ承認セサル可カラスト且法律ハ連帶債務者ノ意思ニ一種ノ推測ヲ下シタリ曰ク連帶債務者間ハ常ニ任意上ノ代理ナレハ相互間信用アルモ

ノナルモ連帯債務者ハ多クハ債權者ノ强令ニ壓セラレタル契約ノ條件ニシテ任意上進ンテ爲シタルモノト推定スルヿ能ハスト是レ我法典ノ採ル所ノ理由ニシテ之カ當否ハ暫ク措キ義務ナル繫累ハ可成的社會ニ存在セシメサル旨趣ヨリ立法上斯ク決定スルモ敢テ失當ナリト斷言スルヲ得ス

（附言）連帯債務者ト連帯債權者ト今時ニ有リタル片モ以上二ケノ場合ノ決定ニ因リ判斷スルヿヲ得連帯債務者ノ一人連帯債權者ヨリ請求ヲ受ケタル片已レ連帯債權者中何人ニ對シテモ（請求ヲ爲シタルモノト否トヲ論セス）債權ヲ有スル片ハ全部ニ就キ相殺ヲ申立ツルヿヲ得可ク他ノ債務者カ連帯債權者ノ一人ニ對シテ債權ヲ有スル片ハ其者一人ノ負擔部分ニ非ラサレハ相殺ヲ申立ツルヿヲ得ス

（四）不可分義務ノ場合

任意上ノ不可分ナル片ハ全ク連帯義務ト同一ニ決論セサル可カラス性質上不可分ノ場合ハ連帯義務ノ場合ニ全部ノ相殺ヲ申立ツルヿヲ得ル片ニアラサレハ相殺ハ行ハレサルモノナリ

（附言）連帶不可分ノ債務者債權者間互ニ償還ヲナス方法ハ本問外ニ渉ルヲ以テ玆ニ記セス

○第百五十八號　條件附ノ債務ハ相殺ノ妨害トナル乎（第五百十九條第二項）

此問題ハ停止條件解除條件ノ二種ノ債務ノ性質ニ就テ弁明ヲ爲ス片ハ自ラ決定ヲ爲スヿヲ得可シ

停止條件トハ義務ノ效果ヲ某事件ノ到着マテ停止セシムルモノニシテ其事件カ到着スルニアラサレハ債務者要求セラルヽヿナク債權者ハ義務履行ヲ强要スルヲ得ス故ニ停止條件中ニ係ル義務ニ就テハ相殺行ハルヽヿナシ

解除條件ノ義務ハ契約ノ當時ヨリ完全ニ義務ノ效果ヲ發スルモ某事件ノ到着ニ依リ一旦發生シタル效果ヲ解除セシムルモノナレハ債務者ハ直ニ義務ノ履行ヲ爲ス可ク債權者ハ履行ヲ催スヲ得可キモノナレハ解除條件ニ係ル義務ハ相殺ノ效果ニ依リ消滅ス可キモノナリ然

レル後ニ條件到着シ義務ノ效果解除セラレタルトキハ相殺モ亦解除セラレ未タ曾テ相殺ナカリシ如キ有樣ニ復ス

○第百五十九號　債權ノ讓渡ハ相殺ノ妨害ト爲ル乎（第五百廿七條）

債權ノ讓渡カ債務者（被讓渡者）ニ對シテ有效ナルニハ二ケノ方法ノ中必ス其一ニ據ラサル可カラス而シテ其方法ノ中甲ニ據ルト乙ニ據ルトニ就キ相殺ノ事項ニ關シ區別アリ左ニ之ヲ述ヘン

（一）　債權讓渡ヲ債務者ニ告知シタルトキ

告知前ニ相殺ノ原因已ニ生シタルトキハ債務者ハ債權讓受人ニ對シ相殺ヲ以テ義務ノ消滅ヲ主張スルコヲ得可ク告知後ニ舊債權者ニ對スル相殺ノ原因生スルモ債權讓受人ニ對抗スルコヲ得ス何トナレハ告知ハ唯債權ノ讓渡アリタルコヲ通知スルニ止マレハ其通知ヲ受ケタル債務者ハ現ニ其債權ノ存在スルコヲ承認シタルニアラサレハ通知前已ニ相殺等ノ原因ノ爲メ其債權消滅シタリシト雖モ之ヲ讓受人ニ

返答ス可キ義務ナキモノナレハ通知前已ニ義務消滅ニ歸シタル原因ヲ以テ讓受人ニ對抗スルヲ得然レ𪜈已ニ通知ヲ受ケタル後ハ債權ハ讓受人ニ歸シ舊債權者ハ當事者ノ地位ヲ去リ別個ノ人ナレハ相殺行ハレサルモノトス

(二) 債務者債權讓渡ヲ受諾シタル𪜊

此場合ハ受諾ノ前後ヲ問ハス債權讓受人ニ對シ相殺ヲ主張スルヿヲ得ス何トナレハ債務者カ受諾ヲ爲シタルハ告知ヲ受ケタルト異リ受諾ノ當時債權現存シ己レ債務者タルヿヲ自認シタルモノナレハ最早ヤ讓受人ニ對シ曩ニ受諾シタル債權ハ業已ニ相殺ノ效果ニテ消滅ニ歸シタリシモノナリト主張スルヿヲ得サルナリ受諾後ニ相殺ノ原因生シタル𪜊讓受人ニ相殺ヲ以テ對抗スルヿ能ハサル理由ハ告知ノ場合ト同一ナリ

債權ノ讓渡シアリタルモ債務者ニ告知モ爲サス又ハ其受諾モ受ケサ

ル𪜈ハ其讓渡ハ債務者ニ對シ效力ナケレハ債務者ハ常ニ相殺ヲ以テ讓受人ニ對抗スルヿヲ得

債務者カ讓受人ニ對シ相殺ノ效果ヲ申立ツルヿ能ハサル𪜈ハ讓渡人ニ對シ其物ノ償還ヲ要求スルヿヲ得ルハ當然ナリトス

○第百六十號　債權ノ差押ハ相殺ノ妨害ト爲ル乎

債權ノ差押トハ債權者ノ債權者カ己レノ債權ノ辨濟ヲ受クルタメ債務者（此場合ハ債務者ヲ主格トシテ記ス民事訴訟法第三債務者ト稱スルモノナリ）ニ對シ債務ノ辨濟ヲ差留ムルヲ云フ此差押ハ差押人ノ利益ノタメ債務者ニ辨濟ノ能力ヲ禁シタルモノナレハ從テ差押人ニ對シテハ變体ノ辨濟ナル相殺ヲ主張スルヿ能ハサルモノトス

差押前ニ相殺ノ原因生シタル𪜈ハ差押ノ當時已ニ其債務ハ消滅ニ歸シ現存セサルモノナレハ其差押ハ何等ノ效力アルヿナケレハ差押人ニ對シ相殺ノ效果ニ依リ差押ノ當時債務ノ現存セサリシヿヲ主張ス

ルヿヲ得然レ𪜈此主張ヲナスニハ差押決定ノ送達ヲ受ケタルヨリ七日ノ期間内ニ債務ノ現存セサルヿヲ裁判所ヘ申立テタル時ニ限ル若シ此申立ヲ爲サヽルトキハ差押人ニ對シテハ債務ノ現存スルヿヲ認諾シタルモノト見做サルヽヲ以テ最早ヤ差押人ニ相殺ノ效果ヲ主張スルヿヲ得ス(民事訴訟法第六百九條)右相殺ヲナスヿヲ得サル塲合ニ於テハ債務者ハ債權者ニ對シテ有スル債權ノ額ニ應シ差押債權者ト同一ニ民法ノ原則ニ從ヒ配當加入ヲ請求スルノ權アルハ當然ナリ

○第百六十一號　相殺ニ依リ消滅シタル債務ヲ辨濟シタル債務者ハ之ヲ取戻スニ何等ノ訴權ヲ以テスル乎

相殺ニ依リ已ニ消滅シタル債務ヲ辨濟シタルモノハ所謂負擔ナクシテ義務ノ辨濟ヲ爲シタルモノナレハ不當利得取戻ノ訴權ニ因リ之カ償還ヲ受クルヿヲ得可キモノナリ故ニ已ニ相殺ニ因リ消滅シタル債權ノ讓渡アリタルヲ債務者其讓渡ヲ受諾シタルトキ又ハ差押ノ決定送

達アリタルニ相當期間内ニ債務ノ現存セサルヿヲ申立テサル塲合ニ於テ讓受人差押人ニ辨濟ヲ爲シ又ハ債權者ヘ辨濟ヲ爲シタル片ハ自己ノ權利ニ附從シタル保証先取特權抵當等ハ最早ヤ伸張スルヿヲ得ス是レ相殺ニ因リ消滅シタル債務ヲ辨濟シタル者ハ曾テ己レカ有シタル權利ヲ主張スルニ非ラスシテ不當ニ濟辨シタル物ヲ取還スニ過キサレハナリ

然レ氏法律ハ爰ニ一ノ寛宥法ヲ設ケタリソハ債務者カ錯誤ニ因リ辨濟ヲ爲シ又ハ債權ノ讓渡ヲ受諾シ差押ニ對シ相殺アリシヿヲ申立テサリシ塲合ニ其錯誤ハ債務者ノ懈怠ニ出テタルニアラスシテ正當ノ原因アリテ然カルトハ債務者ヲシテ其錯誤ノ正當ナルヿヲ證明セシメ以テ己レカ舊債權ヲ主張シ之ニ附從スル所ノ保證先取特權抵當等モ皆舊債權ト共ニ主張スルヿヲ許シ而モ第三者ヲ害スル塲合ト雖モ同様ナリトセリ此理由ハ凡テ人ニ錯誤アルハ幾分カ其人ニ過失ナキ

ヲ保ス可カラサルモ時ニ或ハ少シノ過失ナクシテ錯誤ニ陷ルヿナシトセス假令ハ債務者債權者ノ債權者ノ相續人ト爲リ其事實アリタルヿヲ正當ノ事由ニテ知ラサル場合又債權者ノ債權者カ其債權ヲ債務者ニ遺嘱シテ死シタル片債務者其遺嘱ヲ受ケタルヿヲ少シモ知ラサルカ或ハ其遺囑者ノ死去ヲ知ラサルカノ場合ニ己レ相殺ニ因リ債務ノ消滅シタルヿヲ知ラスシテ辨濟ヲ爲シタルカ如キ是ナリ如此場合ニ抵當權等ノ主張ヲ禁スル片ハ錯誤ニ陷リタルモノハ毫モ過失ナクシテ損害ヲ蒙ルモノナレハ法律ハ之ヲ保護スルノ目的ヲ以テ斯ク規定シタルモノナリ

双方共ニ相殺アリタルヿヲ知リナカラ辨濟ヲ爲シタル片ハ如何

然レ圧双方共ニ相殺アリタルヿヲ知リナカラ辨濟ヲ爲シ之ヲ受ケタル片ハ如何決定ス可キカ是レ法律ニハ明言セサル所ナリ蓋シ相殺ハ元來私益上ノ便益ヲ主トスレハ當事者ハ明示ト默示トヲ問ハス之ヲ抛棄スルヿ自由ナリトス故ニ今既ニ相殺ニ因リ消滅シタリシヿヲ知

リナカラ辨濟ヲ爲シ之ヲ受ケタルハ相殺ノ利益ヲ抛棄シタルモノト推定シ二個ノ債務ハ未タ曾テ消滅セサリシ如ク見做サヽル可カラス然レ𪜈之レカ爲メ保證抵當等ヲ復舊セシメ第三者ニ損害ヲ及ホス可キ𪜈ハ此限ニアラス

債務者ハ己レノ舊債權ヲ主張スルヨリ寧ロ不當利得ノ訴權ヲ以テ取戻シテ請求スルヲ利益アリトスル𪜈ハ法律ヨリ與ヘタル訴權ヲ抛棄シ自己固有ノ不當利得ノ訴權ヲ以テスルヿヲ得ルハ勿論ナリトス

○第百六十二號　法律上ノ相殺ハ如何ナル方法ニ行ハルヽ乎

(第五百二十條)

該問題ハ法律上ノ相殺ハ當事者カ明言スルニアラサレハ行ハレサルカ或ハ裁判ノ宣告ニ因ルニアラサレハ行ハレサル乎或ハ唯法律ノ力ニ因リ當然行ハルヽ乎ト云フニ在リ第五百二十條ニ法律上ノ相殺ハ當然行ハルトアルニ徵スレハ法律上ノ相殺ニ要スル條件具備シタル

片ハ其具備シタル日ヨリ二個ノ債務ハ當然消滅スルモノト解セサル可カラス故ニ他日一方カ其相殺アリタルヿヲ知ラスシテ裁判上ニテ訟求ヲ爲シタル塲合ニ他ノ一方カ相殺アリタル事實ヲ以テ抗辨法ト爲シタルモ義務消滅ハ抗辨ノ日ヲ以テセスシテ相殺ノ事實ハ生シタル日ヲ以テセサル可カラス

法律上ノ相殺ハ當然行ハルト云ヘル規則ヨリ如何ナル結果ヲ生スル乎

法律上ノ相殺ハ當然行ハルヽト云ヘル原則ヨリ種々ノ結果ヲ生ス今重ナルモノヲ擧クレハ左ノ如シ

(一)當事者ハ相殺ノ事實ノ生シタルヲ知ルヿヲ要セス

(二)當事者ノ無能力ハ相殺ノ妨害ト爲ラサルヿ何トナレハ法律ノ力ニ因リ當然行ハルヽニ依リ毫モ當事者ノ意思ヲ要セサレハナリ

(三)法律上相殺ノ條件備ハリシ時ヨリ二ケノ債務消滅ス

(四)右ト同時ニ總テノ附屬權(保證先取特權抵當等)消滅シ利息ノ發生ヲ止息セシム

（五）右同時ヨリ以後ニ在リテ債權者カ債權ノ讓渡ヲ爲シ債權者ノ債權者カ拂渡差押ヲ爲スモ共ニ無效トセサル可カラス

○第百六十三號　任意上及合意上ノ相殺ハ如何ナル場合ニ行ハルル乎又其效果如何（第五百三十一條）

任意上ノ相殺トハ相殺ノ行否ニ付テ一方ノ意思ノミニ關シ決定セラルヽ場合ニ其者カ相殺ヲ爲ス可キヿヲ主張シタル片ニ行ハルヽモノトス假令ヘハ養料及消費ヲ許ス委托金盜奪等ノ原因ニ基ケル義務ト普通ノ義務トハ法律上ノ相殺行ハレサルモ法律上ノ相殺ヲ禁セラレタルカ爲メ利益ヲ受クル者即法律カ保護セントシタル者カ普通ノ債權者ニ對シテ相殺ヲ行ハンヿヲ主張スル片ハ任意上ノ相殺行ハルヽモノトス

合意上ノ相殺ハ双方ノ合意ヲ以テ行フニ非ラサレハ能ハサル場合ニ双方互ニ相殺ヲ爲スヿニ一致シテ行フモノヲ云フ假令ハ双方共未タ

期限ニ至ラサル債務ヲ負擔シタル片又ハ互ニ相異リタル目的物ノ債務ヲ負擔シタル片之ヲ相殺ス可キヿヲ合同一致シタル片ノ如シ又債務ノ額確定ナラサルモ双方估計シテ相殺ヲ爲シタル如キモ合意上ノ相殺ナリ

法律上ノ相殺ト意思上ノ相殺任意ト異ナル點ヲ示セ

任意上ノ相殺ト合意上ノ相殺トハ共ニ人ノ意思ニ關シ行ハルヽモノナレハ其者ニ辨濟ヲ受ケ又辨濟ヲ爲ス能力ヲ有セサル可カラス是レ法律上ノ相殺ト異ナル所ナリ

又是等ノ相殺ノ效果ハ任意上ノモノニアリテハ一方カ相殺ヲ主張シタル日合意上ノモノニアリテハ合意ノ成立シタル日ニアラサレハ發生セス故ニ是等ノ日マテハ互ニ利子ヲ發生ス可ク他人ノ差押ヲ受クルヿアル可キナリ是レ此點モ法律上ノ相殺ト異レリ

○第百六十四號　裁判上ノ相殺ノ行ハルヽ塲合及其效果ヲ説明セヨ（第五百三十二條）

裁判上ノ相殺ノ效

法律上ノ相殺ノ行ハレンニハ二個ノ債務互ニ明確ナルコヲ要ス故ニ甲ノ義務ハ明確ナルモ乙ノ義務ハ損害賠償ノ未タ其損害額ノ確定セラレサルモノヽ如キ明確ナラサルモノニ就テハ相殺行ハルヽコ無シ此塲合ニ甲ノ義務ノ訟求ヲ受ケタル者ハ反訴ノ方法ニ依リ損害額ノ確定ヲ申立テ且之カ相殺ヲ求ムルコヲ得裁判所ハ此求ヲ受ケタル片ハ一方ニ損害賠償ノ義務アルヤ否ヲ判定シ而メ其損害額ヲ確定シ以テ相殺ヲ言渡スコヲ得是レ之ヲ裁判所ノ相殺ト云フ

請算セラレサル債務ト雖圧當事者双方カ協議ノ上其額ヲ確定シ以テ相殺ヲ爲スコヲ合意シタル片ハ所謂任意上又ハ合意上ノ相殺ニ屬スルモノニシテ裁判上ノ相殺ニアラス裁判上ノ相殺ハ必ス反訴ノ方法ニ依リ原告ニ對シ已レノ債權ヲ認メシメ且其債權ノ額ヲ確定セシメ以テ裁判所ニ於テ相殺ヲ言渡シタル塲合ニアラサレハ行ハレサルナリ裁判上ノ相殺行ハレタル片ハ他ノ相殺ト同ク二個ノ債務消滅ス可

第百六十四號

果ハ何時生スル乎

キモノナルモ其消滅ノ效果アルハ裁判言渡ノ日ニ在ル乎將又反訴ヲ以テ申立ヲ爲シタル日ニアル乎又ハ清算セラレタリシ債權ノ事實ノ生シタル日ニ溯リ效果ヲ生スル乎ト云フニ法律ニ之ヲ以テ對抗シタル日ニ溯リ效ヲ生ストアルヲ以テ反訴ヲ申立テタル日ヨリ消滅ノ效アリトセサル可カラス斯ク法律カ規定シタル理由ヲ窺フニ未タ清算セラレサル債務ハ債務者之ヲ辨濟スルノ義務無キモノナレハ其訟求ヲ受クル前ニ溯リ相殺ノ效果アラシム可カラス果メ然ラハ訟求ヲ受クルモ未タ其額ノ清算セラレサルモノハ債務者之レカ辨濟ヲ爲スヿ能ハサレハ清算ノ時即裁判言渡ノ時ヲ以テ相殺ノ效アリトセサルヲ得サルカ如シト雖𪜈其清算ヲ爲ス時間ハ辨濟ヲ爲スニ必要ノ所爲中ニ屬ス可キモノニシテ恰モ普通ノ債務ノ利子等ノ算定ヲ爲スト一般ナルヲ以テ旣ニ訟求ヲ受ケタル𪜈ハ相殺ハ此日ニ溯リ效果ヲ生スルモノトシタルナリ

○第百六十五號　相殺ノ充當ハ如何ナル定規ニ依ル乎（第五百三十三條）

相殺ハ辨濟ノ變体ニ屬スルモノニシテ即チ一ノ簡便ナル辨濟方法ニ過キサレハ其充當ハ一般辨濟ノ規定ニ依リ決定スルヿヲ得可シ然レ𪜈相殺ノ種類ニ依リ敢テ小異ナキ能ハス法律上裁判上ノ相務ハ人ノ意思ニ關セサルヲ以テ當事者ニ於テ充當ヲ爲スヿ能ハサルカ故ニ辨濟ノ場合ニ法律カ充當ヲ爲ス順序ニ依リテ充當ヲ爲ス可キモノトス即期限ニ至リタル債務ハ先ツ利息ヲ先キニシ元本ヲ後ニシ期限ノ來リタル數個ノ債務アル𪜈ハ債務者ノ爲メ最モ利益アル債務ヲ先キニシ何レヲ充當スルモ利害ナキ𪜈ハ期限ノ最モ先キニ至リタル債務ヲ先キニシ各債務カ何レノ點ニ於テモ同一ナル𪜈ハ各債務ノ額ニ應シテ充當ヲ爲ス可キナリ任意上合意上ノ相殺ノ充當ハ辨濟ノ充當ト同一ノ規則ニ依リ債務者之カ充當ヲ爲シ債務者充當ヲ爲サヽル𪜈ハ債權者ニ於テ充當ヲ爲ス可キモノトス若シ合意ヲ以テ何レノ債務

ニ充當ス可キカヲ定メタル片ハ之ニ從フ可キナリ

第五節　混同

○第百六十六號　混同ノ定義及混同ハ如何ナル場合ニ行ハル、乎ヲ示セ

混同トハ併立ス可カラサル二個ノ身分カ一人ニ歸シタルヲ云フ此定義ニ從フ片ハ物權ト人權トヲ論セス總テノ權利消滅ノ場合ヲ指示スルモノナレハ獨リ人權ノ場合ノミニ適用ス可カラス人權ノ消滅ノ原因タル混同ノ定義ヲ下セハ「一個ノ義務ノ債權者債務者タル分限カ一人ニ併合シタルヲ云フ」是レ法典ノ示ス所ナリ（第五百三十四條）

債權者債務者ノ分限カ一人ノ併合スル原因ハ多クハ相續ノ場合ニ見ル所ナルモ此他ノ原因ニ依リ生スル場合少シトセス彼ノ包括ニテ贈遺又ハ贈與ヲ受ケタル場合ノ如キ是ナリ例ヘハ甲己レノ働方受方ノ財産總テ乙ニ贈與シタルトキ乙ハ甲ニ對シ債權ヲ有スルカ又ハ債務

ヲ有スル𪜈ハ其債權債務共ニ混同ニ依リ消滅ス可キモノトス故ニ混同ノ原因ヲ擧クレハ概ネ左ノ如シ

一　債務者債權者ニ相續シタル𪜈

二　債權者債務者ニ相續シタル𪜈

三　債權者債務者二人ニ他人カ相續シタル𪜈

右ハ世上多例ノ相續ニ就テ述ヘタルモ其他ノ遺囑等ノ名義ニ於ケル場合モ同一ナリトス

○第百六十七號　混同ノ性質ヲ詳説セヨ

混同カ義務消滅ノ原因タルハ他ノ辨濟相殺ノ如ク確的ノモノニアラスシテ必竟兩立ス可カラサル身分即債權者債務者ノ分限カ同一人ニ歸シ己レヨリ己レニ對シ要求シ得可カラサルトノ理由ニ依ルヲ以テ混同ノ原因カ解除廢罷銷除セラルヽニ於テハ混同モ亦無效ニ屬シ一時消滅ニ歸シタリシ如キ有樣ニ在リシ權利義務ハ依然存在シテ未タ

曾テ消滅セサル如ク見做サル例ヘハ相續人タル資格アルモノト信シ相續ヲ爲シタル末他ニ己ノ先位ニ在ル相續人アリテ相續ヲ取消サレタルカ如キ又贈與ヲ受ケタル後其贈與ハ惡意ノモノタル理由ニ依リ廢罷セラレタル場合ノ如キハ總テ混同ノ原因無效ニ屬スルヲ以テ權利義務モ亦舊ノ如ク存在シ未曾テ消滅セサリシモノト見做ス可キナリ

然レモ混同チ無效ト爲ス原因ハ其混同以前ニ生シタルヿヲ要ス故ニ混同後當事者協議ノ上混同ヲ取消シ權利義務ヲ以前ノ如ク存立セシムルモ其實以前ノ義務ヲ回復シタルニ非ラスシテ双方ノ合意ニ依リ以前ト同一ノ條件ニ從フ新義務ヲ創設シタルモノト見做ス可キニ付若シ舊義務ニ保證等附從シタルモ保證人ニ對抗スルヿ能ハス之ヲ要スルニ無效ノ原因混同前ニ在ルトキハ主タル義務ハ勿論從タル義務モ總テ混同前ノ有樣ニ復シ無效ノ原因混同後ニ在ルトキハ第三者ニ對シ

混同ノ無效ヲ主張スルヿヲ得ス學者此二個ノ區別ヲ混同ノ取消混同ノ止息ト云フ
右混同ノ性質ニ就テ他ノ義務消滅ノ原因ト異ナルヿヲ述ヘタリ尙ホ殊ニ相殺ト混同ト異ナル點ヲ述ヘ其性質ヲ明ニセン

相殺ト混同トノ差異如何

相殺ハ二人互ニ債權者タリ債務者タル片己レ辨濟ニ供ス可キ物ヲ以テ彼ヨリ受ケタル辨濟トシテ保有スルモノナレハ二個ノ權利義務同時ニ消滅スト雖モ混同ハ債權者債務者ノ身分カ一人ニ歸シタルカ爲メ執行不能ノ故ヲ以テ義務消滅ノ原因タルノミ此他尙一ノ差異アリ相殺ハ一ノ辨濟ト同一視スルヲ以テ債務ノ眞實ノ消滅ヲ來タスト雖モ混同ハ執行不能ノ故ヲ以テ義務消滅ノ原因ト爲スニ因リ眞ニ執行不能ノ點ニ非ラサレハ消滅セサルナリ彼ノ連帶義務ノ混同ノ塲合ニ其者ノ部分ニ非ラサレハ消滅セシメサルカ如キ是ナリ（混同ノ效果參看）

○第百六十八號　混同ノ效果ヲ詳說セヨ

混同ハ併立ス可カラサル身分ノ一身ニ歸シタルカタメ執行不能ノ理由ヲ以テ權利及義務ノ消滅ヲ來タサシムル效果アリトス然レ圧混同アリトスルモ互ニ両立スルヿヲ得可キ場合ニ在テハ義務消滅ノ效果ヲ生スルヿ無シ換言セハ執行シ得可キ義務ナル片ハ混同ニ依リ消滅スルヿ無キモノトス此規則ノ適用トシテ左ノ數個ノ區別ヲ見ル

(イ)債權者カ連帶債務者ノ一人ニ相續シ連帶債務者ノ一人カ債權者ニ相續シタル場合ハ連帶債務者一人ノ部分ニ就テノミ消滅ス

(ロ)連帶債權者ノ一人カ債務者ニ相續シ債務者カ連帶債權者ノ一人ニ相續シタル場合モ亦前同一ナリ

(ハ)連帶債務者カ連帶債權者ノ一人ニ相續シ又ハ其反對ノ場合モ亦前二個ト同一ノ決定ヲ下スヿヲ得(第五百三十五條)

抑連帶債權者ナル者ハ債權ノ全部ヲ行用シ連帶債務者ナル者ハ債務ノ全部ヲ負擔スルモノナレハ是等ノ者カ債務者或ハ債權者ニ相

續シタル片ハ其全部ヲ消滅ニ歸セシメサル可カラサルカ如シト雖モ自已固有ノ名義ニテハ自已一人ノ部分ニ非ラサレハ權利ヲ有セス又義務ヲ負擔セス其他ノ部分ニ就テハ名代又ハ保證ノ名義ヲ以テスルモノナレハ両立ス可カラサル二個ノ身分カ一身ニ集マリタルモノニ非ラス他ノ共同債務者ノ部分ハ其者等ニ對シ要求シ他ノ共同債權者ノ部分ニ付テハ其者等ニ辨濟ヲ爲スヿヲ得可キモノトス

（二）性質上ノ不可分義務ナル片債權者ノ一人ト債務者ノ一人トノ間ノ混同ハ義務消滅セシメス但混同ヲ得タル者ニ對シ其權利ノ部分ノ償金ヲ供スルニ非ラサレハ全部ノ履行ヲ求ムルヿヲ許サス是レ性質上ノ不可分義務ハ一部ヲ消滅セシメ他ノ部分ヲ生存セシムルヿハ事實上能ハサルモノナレハ債權者ノ一人ト債務者ノ一人ト混同アルモ權利ハ全部ニ就テ存立スルモノトスルナリ（第五百三十六條）

第百六十八號

（ホ）任意上ノ不可分義務ハ連帶義務ト同一ニ決定ス可キナリ
（ヘ）連帶債權者間互ニ混同アリ連帶債務者間互ニ混同アリト雖モ毫モ義務消滅ノ效アルヿ無シ何トナレハ此塲合ハ同一ノ身分ノ混同ニシテ所謂兩立ス可カラサル二個ノ身分ノ併合ニアラサレハナリ此決定ハ不可分義務ニ就テモ同一ナリトス（第五百三十七條）
（ト）保證人カ債權者ニ相續シ債權者カ保證人ニ相續シタル片ハ保證ハ其附從ト共ニ消滅ス此理由ハ債權者ト債務者ノ混同ト同一ニシテ敢テ說明ヲ要セサルモ其附從ノ消滅スト云ヘルヿニ付テハ一言セサル可カラス保證ノ附從トハ保證人ノ保證人ノ如キ者ヲ云フ是等ノ者カ義務ヲ免ルヽ所以ハ債權者カ自已固有ノ資格ヲ以テ保證人ノ保證人ニ對シ要求ヲ爲スモ再ヒ保證人タル資格ニ於テ保證人ノ保證人ヨリ賠償ノ要求ヲ受ケサル可カラサレハ其附從ノ義務ヲシテ存在セシムルモ毫モ利益ナキモノナレハナリ然レ𪜈債權者

カ共同保證人ノ一人ニ相續シタル𪜈ハ其保證人ノ負擔部分ヲ除キ他ノ保證人ニ對シ保證義務ノ履行要求スルヿヲ得（第五百三十八條一項）

（チ）債務者カ保證人ニ相續シ保證人カ債務者ニ相續シタル𪜈ハ單ニ保證義務ノミ消滅ス此消滅ハ他ノ混同ノ場合ト理由ヲ異ニス抑保證義務ハ從タル義務ニシテ主タル義務ニ比スレハ討索ノ權分割ノ權等アリテ一層寬宥ナルモノナリ故ニ主タル債務者ト從タル債務者ト混同アリタル場合ニ從タル義務ヲ存在セシムルモ債權者ニ於テ何等ノ利益ナケレハ保證義務ノミヲ消滅セシムルナリ然レトモ共同保證人及保證人ノ保證人ハ之カ爲メ義務消滅スルヿ無シ何トナレハ主タル債務者カ義務履行ヲ爲ス能ハサル場合ニ債權者ハ是等ノ者ニ對シ權利ノ行用ヲ爲スヿヲ得レハナリ其他保證ニ附屬シタル質抵當ニ付テモ同一ナリトス（第五百三十八條二項）

第六節　履行ノ不能

第百六十八號

○第百六十九號　履行不能カ義務消滅ノ原因タル理由ヲ示セ

履行不能トハ混同ト同ク義務ノ履行ヲ爲ス能ハサルニ至リタル場合ヲ指示スルモノニテ即余ハ某ノ爲メ畵ヲ畵カンヿヲ約シタル後疾病ノ爲メ筆ヲ採ル可カラサルニ至リタルカ如キ是ナリ是等ノ場合ハ何人ノ力ヲ以テスルモ到底其義務ヲ盡ス能ハサルモノニシテ法律ハ能ハサル事ヲ以テ人ヲ責ム可カラサルナリ是レ履行不能カ義務消滅ノ原因タル所以ナリ玆ニ注意ス可キハ履行ノ困難ト不能ノ區別是ナリ履行ノ困難トハ例ヘハ予米百石ヲ賣却シタル後予カ引渡ニ供セント希圖シタル米ハ一朝火災ノ爲メ灰燼ニ歸シタルカ如キハ素ヨリ其義務ノ履行上甚困難ニシテ實際ニ於テハ或ハ不能ト同一ナルヿアリト雖モ斯ル場合ハ道理上履行ノ不能ト稱ス可カラサルヲ以テ義務ノ消長ニ關係ナキモノトス

履行不能ニ依リ義務消滅スルハ到底履行シ能ハサル部分ノミヲ限リ

トシ苟モ履行シ得可キ部分ニ就テハ消滅ノ效ナキモノトス故ニ左ニ列記スル義務ニ就テハ消滅ノ效ナキナリ

(一)負擔物ノ滅盡カ一部分ニ止マル片ハ殘存セル部分ハ債務者ニ引渡サヽル可カラス

(二)全部ノ滅盡ノ塲合ト雖モ之ニ附從スル遺殘物ハ債權者ニ交付スルヿヲ要ス例ヘハ特定ノ馬ヲ引渡ス義務ヲ負擔シタル塲合ニ其馬斃死シタル片ハ其屍體馬具(馬具附ニテ引渡ス義務ト想像ス)等ヲ債權者ニ交付スルヲ要スルカ如シ

(三)爲スノ義務ニ付テハ債務者カ行爲無能力ト爲リタル片ハ其義務消滅スト雖𪜈若シ其一部分ニテモ爲シ得ラル可キ片ハ之ヲ履行セサル可カラス

以上要スルニ履行不能ニ依リ義務消滅スルハ事實上履行不能ノ塲合(無資力等ノ如キ)ニ非ラスシテ道理上履行不能ノ塲合タラサル可カラス而メ

其消滅ハ不能ノ部分ニ限リ可能ノ部分ハ猶之ヲ履行セサル可ラス

（附言）我法典カ佛國ノ例ニ倣ハス義務消滅ノ原因トシテ物件滅盡ナル標目ヲ掲ケスシテ履行不能ト爲シタルハ寔ニ肯綮ヲ得タルモノナリト雖𪜈混同ト履行不能ト別個ノ原因ト爲シタルハ望蜀ノ嘆ナキ能ハス何トナレハ混同カ義務消滅ノ原因タルハ其實履行不能ニ基ケハナリ

○第百七十號　履行不能カ義務消滅ノ原因タルニ要スル條件如何

左ノ條件ヲ具備スルトキハ履行不能ニ因リ義務消滅ス（第五百三十九條第五百四十條）

第一　目的物ノ滅失紛失不融通物ト爲リタルヿ

目的物ノ滅失トハ其形體ノ滅盡ニシテ某物件タルノ形體ヲ失ヒタルヲ云フ即馬ノ斃レタル時計ノ破壞シタルカ如シ其物ヲ組織セル個々ノ分子ノ滅盡ヲ要セサルナリ（理學者ノ所謂萬物ハ無盡性ナレハ分子ノ滅盡スル場合アルヿ無シ）其他海底ニ沈沒シ到底回收スル能ハサルニ至リタルトキモ滅失ノ中ニ包含ス紛失トハ盜偸等ノ原因ニテ其物ノ所在ヲ知ル可カラサルノ確實ト爲リタルヲ云ヒ不融通物トハ官ノ命令ニ因リ通易ス可

カラサルニ至リタルヲ云フ

第二　天災又ハ不可抗力ニ依リ滅失又ハ紛失シタルヿ

紛失滅失等ノ原因如何ヲ論セス現ニ目的タル物件ノ存在セサルニ於テハ之カ義務ヲ履行スル能ハサレハ其原因ノ天災ト債務者ノ過失トヲ論セサルカ如シト雖モ債務者ノ過失ノ爲メ滅失シタル𪜈ハ直ニ損害賠償ノ責ヲ負擔スルヲ以テ此場合ハ義務消滅ノ原因ト爲サヽルナリ

債務者ノ過失ニ因リ滅失シタリト見做ス可キ場合左ノ如シ

（イ）付遲滯前ニ在テハ單ニ債務者ノ過失ニ依リ滅失シタル𪜈

（ロ）付遲滯後ニ在テハ遲滯ニ付セラレタルノ一事ヲ以テ債務者ニ過失アリトスルヲ以テ天災又ハ回抗力ニ依リ滅失シタル場合モ債務者ノ過失ニ因リ滅失シタルモノトセラル然レ𪜈債務者ハ已ニ履行ヲ爲シタリトスルモ同一ノ災害ニ罹リ滅失ス可カリシヿヲ證明セ

第百七十號

ハ其責ヲ免ルヽヿヲ得

第三者ノ過失ニ因リ滅失シタル片ハ債務者ヨリ見レハ天災ニ依リ滅失シタルト同一ナレハ義務消滅ノ原因ト爲ルナリ此場合ニ債權者ハ過失アル第三者ニ對シ損害賠償ヲ爲サシムル權アルハ當然ナリトス

（第五百四十三條末段）

（附言）佛國民法ノ規定ニ依レハ第三者ニ對スル要償ノ訴權ハ債務者ノ爲メニ發生スルモノトシ而シテ債務者ハ此訴權ヲ債權者ニ讓渡サヽル可ラストセリ此規定ハ道理ニ協ハサルモノト信ス何トナレハ物件ノ所有主ハ債權者ナレハ第三者ノ過失ノ爲メ直接ニ損害ヲ被ルモノハ債權者ナリ故ニ要償ノ訴權ハ債務者ノ爲メニ發生スルニ非ラスシテ債權者ノ爲メ直接ニ生スルモノトセサル可カラス此論決ノ實際ノ利益ハ債務者ノ無資力ト爲リタル場合ニ在リ即債務者ノ爲メ生スルモノトセハ債權者ハ他ノ債權者ト共ニ利益ヲ分配セサル可カラサルモ債權者ノ爲メ直接ニ生スルモノトセハ債權者獨リ其利益ヲ占ムルヿヲ得

（附言）引渡ノ義務ハ債務者ノ過失ニ依リ滅失シタルト否トヲ論セス總テ

義務消滅ノ原因トスルモ敢テ不可ナカル可シ其過失ニ依リ滅失シタル場合ニ債務者ニ損害賠償ノ責ヲ負ハシムル自己ノ過失テウ一ノ新ナル原因ニ依リ新義務ヲ負フモノニテ舊義務ハ物件ノ滅失ト共ニ消滅スルモノナリト論セハ能ク道理ニ協ヒタルモノヽ如シ然レ𪜈法典ハ賠償ノ義務ハ舊義務ニ引續キ直ニ發生スルモノナレハ債務者ノ過失ニ因リ滅失シタル場合ハ義務消滅ト見做サヽルナリ

第三　特定物ノ引渡ノ義務ニ關スルヿ

代替物ニ就テハ同種類ノ物件悉ク滅盡シ世上又同一種ノ物無キニ至ルヿアラサル可シヨシ之レアリトスルモ百萬歳ノ一遇ニシテ法律ハ斯ル場合ニマテ注意ヲ爲サヽルナリ故ニ得代物ニ付テハ滅盡ニ因リ義務消滅スルヿ無シタトヘ債務者ニ於テ已レノ倉庫ノ物品ヲ以テ引渡ヲ爲サント期シタリトスルモ是レ已レ一人ニ關スルヿニテ債權者ニ對シ效力ナキヲ以テ若シ其物品滅失シタルトキハ債務者ハ同一ノ物品ヲ調ヘ之カ引渡ヲ爲サヽル可カラス然レ𪜈債權者

第百七十號　　五百七十六

債務者立會ニテ引渡ス可キ物品ヲ指定シタル片ハ最早ヤ得代物ニアラスシテ特定物ト變シタルモノナレハ此場合ニ滅失シタル片ハ義務消滅ノ原因ト爲ルナリ

特定シタル物ノ中數個ニ就キ引渡ノ義務ヲ負擔シタル片ハ其物ノ全部消滅シタル片ハ義務消滅ス例ヘハ予カ倉廩ノ米百俵ヲ汝ニ賣リタル後其米ノ全部天災ノ爲メ消滅シタル場合ノ如シ若シ此時其倉ニ五十俵ヲ殘シタル片ハ債務者ハ殘米ノ全部ヲ引渡シ義務ヲ免ルヽヿヲ得

履行不能ニ依リ消滅スル義務ハ物件引渡ノ義務ノミナラス爲スノ義務ニ付テモ同一ナリト雖モ以上ノ要件ハ文詞ノ簡明ヲ要スルタメ物件引渡ノ義務ニ就キ説明シタレ圧他ノ義務ニ就テモ同一ノ條件ヲ以テ答フルヿヲ得

(附言)　特定シタル物ノ中數個ニ就テノ引渡ノ義務ハ即制限シタル得代物

制限シタル得代物ノ一部ヲ引渡ス可キ義務アル場合ニ其得代物ノ滅失ハ義務消滅ノ原因タル乎

ノ引渡ノ義務ニシテ法律ハ唯其一個ヲモ引渡スヿ能ハサルトキ亦同シト規定シタルヲ以テ(五百三十九條)特定シタル物ノ中幾分ニテモ殘存スルトキハ負擔シタル義務ノ額マテハ其全部ヲ引渡サヽル可カラサルカ如シト雖モ予ノ考案ニテハ或場合ヲ區別セサル可カラスト信ス即前例ノ衆聚物ノ內何個ト其分量ヲ限定シタルトキハ法典ノ決スル所ニ適合スレドモ若シ衆聚物中其分量ヲ限定セスシテ其幾部ヲ引渡ス可キ義務ナルトキハ其決定ト同一ニス可カラス例ヘハ余カ倉庫ニ米幾許アルヤヲ知ラスシテ其三分ノ一ヲ賣ランヿヲ約シタル後余カ倉庫ハ火災ノ爲メ僅カニ米百俵ヲ殘シタル場合ニ於テハ余ハ其米ノ三分ノ一ヲ交付シテ義務ヲ免ルヽヿヲ得可シ何トナレハ倉庫中ノ米何程アルヤヲ知ラスシテ其幾部ヲ賣買シタルモノハ未タ其引渡ス可キ部分ヲ指定セスト雖ドモ買主ハ倉庫全体ノ米ノ買取リタル部分ノ割合ニ應シ權利ヲ得タルモノナレハ滅失シタル部分ニ就テモ亦其權利ノ割合ニ應シ損失ヲ蒙ラサル可カラサレハナリ

(附言) 上ニ述ヘタル三個ノ要件具備スルトキハ履行不能ニ依リ義務消滅ス可キヿハ何人モ說ク所ナレドモ特定物ニ非ラスシテ唯種類ノミヲ以テ定メタル代替物引渡シノ義務ニ就テモ履行不能ニ依リ義務消滅スル場合アリ即目的タル種類ノ物件カ法律ヲ以テ不融通物ニ置カレタルトキ是ナリ〇不

行爲ノ義務ニ付テモ前同樣ノ條件ヲ以テ義務消滅ス可キコハ多ク學者カ唱同スル所ナレ𪜈予ノ考案ニテハ不行爲ノ義務カ履行不能ニ依リ消滅ス可キ塲合ナキモノト信ス義務消滅ノ原因ナリト論スル學者ノ設例ヲ見ルニ他人ノ土地ヲ通行セサルコヲ約シタルモノ天災ヲ避クルタメ又ハ天災ヲ防クタメ止ヲ得ス通行シタル塲合ヲ以テスレ𪜈是唯一時債務者カ其義務ニ違反シタルモノニシテ決メ不通行ノ義務ノ消滅シタルニアラス且予ノ考案ニシテ此塲合ト雖𪜈債權者カ爲メニ受ケタル現實ノ損害アレハ之ヲ賠償ス可キ義務アルモノトス若シ賠償ノ義務無シト論セハ衆人ノ強暴ヲ避ケタルタメ(抗拒ス可カラサル強制ニ出テタル所爲)隣地ノ墻壁ヲ破リタル損害ヲ賠償スルニ及ハストセサル可カラス天下豈如斯道理アランヤ

○第百七十一號　履行不能ヲ以テ義務消滅ヲ主張スル者ハ如何ナル擧證ノ責アル乎(第五百四十一條)

履行不能ヲ以テ義務消滅ヲ主張スル債務者ハ先ツ第一着ニ其物件カ滅盡シタルコヲ證セサル可カラサルハ當然ナリ實際ニ於テ此擧證ハ最モ容易ニシテ其責任ノ何人ニ在ルヤヲ論スル程ノ價値ナケレ𪜈債

務者ハ天災又ハ回抗力ニ依リ消滅シタルヿヲ證セサル可カラサル乎債權者ハ債務者ノ過失ニ依リ消滅シタルヿヲ證セサル可カラサル乎之ヲ論決スル最モ必要ニシテ是レ本問カ問フ所ノ主眼ナリ

擧證ノ原則トシテ債務者ニ過失アリト推測ス可カラサレハ債權者タルモノハ債務者ノ過失ノ爲メ滅失シタリト主張セントセハ宜シク過失アリシヿノ證據ヲ供ヘサル可カラス此論決ニ從フ片ハ履行不能ニ依リ義務消滅ヲ主張スル債務者ハ物件ノ滅失シタルヿヲ證スルノ外何等ノ事實ヲモ證スル責ナキモノトス然リト雖モ今又他ノ一方ヨリ推考スル片ハ天災地變ハ人事非常ニ屬スルヿナレハ法律上此非常ナル事柄ニ因リ滅失シタリト推定スルヿ難カル可ケレハ債務者ハ天災ニ因リ滅失シタルヿヲ主張セントセハ之カ擧證ヲ爲サヽル可カラス左二ケノ論何レモ其據ル所ノ理由アリテ存セリ然ラハ之ヲ決スル如何ス可キカ我法典ハ債務者ニ意外ノ事不可抗力ヲ證スルノ責ヲ負ハ

シメタリ是レ蓋シ正當ト云フ可シ請フ左ニ其理由ヲ述ヘン債務者ハ債權者ヨリ義務ノ權原ヲ證明セラレ已レ債務者タルノ事實定マリタルトキ其事實ヲ覆ヘシ免責ノ事實ヲ主張セントセハ須ク之カ證據ヲ供ヘサル可カラス是レ既定ノ事實ヲ攻擊セントスルモノハ擧證ノ責アリ或ハ抗辯ニ付テハ被告人ハ原告人タリトノ證據法一般ノ原則ヲ以テ說明スルヿヲ得

○第百七十二號　履行不能ノ爲メ義務消滅スルトキハ之ニ對スル對手人ノ義務モ亦消滅スル乎（第五百四十二條）

双者契約ノ如キ一方ニ義務アル場合ニ他ノ一方ニモ亦之ニ對スル義務ヲ負ヒタルトキ履行不能ニ依リ一方カ義務ヲ免レタルトキ他ノ一方ノ之ニ對スル義務ハ如何決定ス可キカ是本問ノ問フ所ナリ

特定物ハ合意ニ依リ所有權移轉ノ效アルモノナレハ其後天災又ハ不可抗力ニ因リ引渡ノ義務ヲ履行スル能ハサルニ至リタリト雖𪜈他ノ

一方ノ義務ニ關係ヲ及ホスコナシ但停止條件ヲ以テ讓渡シタルモノハ未タ所有權移轉ノ效完全ナラサルヲ以テ此限ニアラス(第百五號參照)不特定物ニ關スルトキハ合意ニ依リ所有權移轉ノ效ナケレハ現ニ債權者カ出捐ヲ受ケタル限度ニ應スルニ非ラサレハ之ニ對スル義務ヲ履行スルヲ要セス其他爲ス可キノ義務ニ付テモ亦債權者ハ債務者カ出捐シタル限度ヲ以テ之ニ對スル義務ヲ履行スルノ責ニアルノミ之ヲ要スルニ特定物引渡ノ義務ヲ除ク外履行不能ニ依リ義務消滅スルトキハ之ニ對スル一方ノ義務モ亦消滅ス可キモノナリ

(附言) 制限シタル代替物ニ付テハ少シク變體ノ適用ヲ見ル可シト雖モ先ニ記シタル問題ノ履行不能ニ因リ義務消滅スル條件如何ノ附言ヲ參照セハ自ラ明ナラン故ニ爰ニ贅セス尚一言附加ス可キコアリ本問ノ如キハ本節ニ關スル事柄アラサルヲ以テ茲ニ之ヲ論ス可キ事ニアラス合意ノ效力或ハ義務ノ效力ノ一般ノ道理ニ據リ自ラ決定セラルヘキモノナレハ出問ハ蛇足ニ似タリト雖モ法律ガ特ニ一條ヲ設ケ其決定ヲ爲シタルヲ以テ茲

ニ一問題トシテ掲ケタルナリ

○第百七十三號　履行不能ニ因リ義務消滅ノ效果ハ何人ニ及ホス乎

履行不能ニ因リ義務消滅ノ效力ハ主タル債務者ニ於テ主張シ得可キモノナレハ從タル保證人等ニ對シ總テ其效力ヲ及ホスモノトス故ニ本問ニ對シテハ別ニ説述ス可キ點ナケレトモ不可分義務ニ就テハ聊カ左ニ述ヘン

不可分債務者ハ連帶債務者ノ如ク互ニ相代理シ保證ス可キ性質ノモノニアラサレハ其債務者ノ一人カ過失ニ因リ履行不能ニ至ラシメタルトキハ過失アル債務者一人ノミ補償ノ義務ヲ負ヒ他ノ共同債務者ハ履行不能ニ因リ其義務ヲ免ルヽ是レ他ノ共同債務者恰モ天災ニ依リ（第三者ノ過失）物件ノ滅盡シタルト同一效果ヲ受クルモノトス然レトモ連帶債務者ハ互ニ相代理保證ス可キモノニ付共同債務者一人過失ニ因

リ物件滅盡シタルトキハ相互ニ連帶シテ其補償ノ義務ヲ盡サヽル可カラス保證人モ亦主タル義務者ノ過失ニ依リ履行不能ニ至リタリトスルモ之ニ繼ク所ノ補償ノ義務ニ付擔保ノ責ヲ免ルヽ能ハサルモノトス

第七節　銷除

○第百七十四號　銷除訴權ノ性質ヲ說明セヨ（第五百四十四條）

合意ニ必要ナル原素ヲ缺クトキハ其合意ハ基本上不成立ノモノニシテ假令ヘ外形上成立スルカ如ク見ユルモ元來虛無ノモノニシテ毫モ法律上ノ效果ヲ生スルコト無シ若シ此虛無ノ合意ヲ原因トシテ權利ヲ與ヘタルトキハ不當利得取戾ノ訴權ヲ以テ何時ニテモ之ヲ回收スルコトヲ得（辨濟ヲ受ケタル者時效ニ依リ權利ヲ得ルカ義務ヲ免レタルトキハ此限ニアラス）右ニ反シ合意ノ有效條件ヲ缺キタルトキハ其合意ハ完全無闕ト云フ可カラサレトモ假リニ法律上ノ效力ヲ與フモノトス故ニ

其合意ヲ攻擊シ得可キ者隨意ニ義務ヲ履行スルカ或ハ之ヲ追認シ或ハ或期間之ヲ排擊セスシテ默過シタルトキハ(暗默ノ追認)其合意ノ完全無缺ノモノト同一ノ效力ヲ生スモノナリ斯ノ如キ合意ヲ排擊シ以テ無效即不成立ノ合意ト一般タラシムル方法ヲ稱シテ銷除ト云フ

銷除訴權ヲ以テ攻擊シ得可キ合意ハ無能力者ノ結ヒタルモノ錯誤又ハ强暴ニ因リ若クハ詐欺ニ因リ結ヒタルモノ(詐欺ニヨリ結ヒタル合意ハ有效條件ヲ缺キタルニアラサレトモ補償ノ名義ヲ以テ銷除訴權ヲ行フコトヲ得第三百十貳條參照)トス而メ是等ノ合意ヲ取消シ得可キ者ハ無能力者ニ在テハ無能力者又ハ其代人(後見人父母夫等)錯誤强暴詐欺ニ因リ取結ヒタル合意ハ錯誤アリタル者强暴ヲ受ケタル者詐欺ニ陷リタル者ヨリ申立ルコトヲ得可ク他ノ一方ハ合意ノ瑕疵ヲ主張スルコト能ハス然レトモ刑事上ノ禁治產者ト取結ヒタル合意ハ能力者ヨリモ銷除ヲ爲スコトヲ得

銷除ヲ行フハ右等ノ者ヨリ裁判所ヘ請求シ其合意ノ無效ナル旨ノ宣告ヲ得タルニ因リ爲スヿヲ得可ク又他ノ一方カ義務ノ履行ヲ訟求スルニ對シ義務ノ原因タル合意ハ銷除ス可キモノナリトノ抗辯ノ方法ヲ以テスルヿヲ得可シ然ルニ右等ノ者此二個ノ方法ニ依リ銷除ヲ爲スヿ無ク五年ヲ經過シタル片ハ最早ヤ完全有效ノ合意ト爲ルヲ以テ之ヨリ生スル義務ハ其履行ヲ拒ムヿ能ハス

（附言）訴權ハ有期ナリ抗辯ハ無期ナリトノ格言ニ依リ銷除ヲ抗辯ノ方法ヲ以テ行フ片ハ無期ナリト云ヘル學者ノ說ハ我法典ニ於テ斷然廢棄シタリ

○第百七十五號　銷除訴權ヲ行フ可キ期限及其起算ノ日時如何

（第五百四十五條 第五百四十六條）

銷除訴權ハ五年ノ滿了ニ依リ消滅ス可キモノトス此期間ヲ徒過スル片ハ合意ハ完全ノモノト見做サレ從テ義務ハ正確ノモノトナルヿ彼

ノ追認ノ場合ト異ナルヿ無シ故ニ債務者カ五年間銷除ヲ爲サスシテ空過シタル片ハ暗默ノ追認ト見做サル

（附言）佛法ハ銷除訴權ヲ十年トセリ我法典カ之ヲ五年ニ短縮シタルハ實ニ我國習慣ニ準據シタルモノト云フ可シ

右銷除訴權ノ起算點ハ何レノ日ヨリスルカハ曰ク一言以テ之ヲ掩ヘハ合意ニ瑕疵ヲ與ヘタル原因カ繼續スル間ハ其期間ノ進行ヲ初ムル道理ナケレハ其原因ノ消滅シタル日ヲ以テ銷除訴權ノ起算點トス則チ各種ノ場合ニ就テ精ク論セハ左ノ如シ

無能力者ハ能力ヲ得タル日即チ幼者ハ成年ニ達シタル日疾病等ノ爲メ禁治產又ハ准禁治產ノ言渡ヲ受ケタル者ハ其言渡ノ取消ヲ得タル日刑事上ノ禁治產ヲ受ケタルモノハ刑期滿了ノ日有夫ノ婦ハ婚姻解除ノ日ヨリ起算ス又此等ノ者ヲ代表スル後見人、保佐人、夫等ニ對シテハ其所爲アリタルヲ知リタル日ヨリ起算ス可キモノトス（夫ノ銷除訴權ハ婚姻ヲ解クニ依リ消滅ス人事編七十三條)但瘋癲者ノ無能力ハ裁判所ヨリ假管理ヲ解ク日ヨリ止息ス可キモノト雖𪜈(人事編二百四十二條)元來瘋癲者ハ知覺精神ヲ喪失シタルモノナレハ其疾病中ノ行爲ヲ記憶ス可キモノニアラサレハ能力ヲ復シタル日ヨリ起算ス可キモノトスルトキハ已レニ不利益ナル行爲アリタルヿヲ知ラスシテ五年ノ期間ヲ過クルヿアル可ケレハ能力ヲ復シタル後一方ヨリ其行爲ノアリタルヿヲ通知セラルヽカ已レ自ラ其行爲ヲ覺知シタル後ニアラサレハ五年ノ期間ハ進行セサルモノトセリ是レ蓋シ正當ト云フ可シ

其他强暴ニ因リ承諾ヲ與ヘタル者ハ其强暴ノ止息シタル日ヨリ錯誤ニ因リ承諾ヲ與ヘタル者ハ其錯誤ヲ覺知シタル日ヨリ詐欺ニ因リ承諾ヲ與ヘタル者ハ其詐欺ヲ發見シタル日ヨリ期間ノ進行ヲ初ム是等ノ理由ハ簡單ニシテ今爰ニ說明スルノ要ナキナリ

右時效ノ期間進行ヲ初ムル前ニ銷除訴權ヲ有スル者死去スルトキハ其相

第百七十五號

續人カ能力者ナルトキハ直ニ期間ノ通行ヲ初メ若シ無能力者ナルトキハ能力ヲ得ルマテ期間經過セス既ニ期間經過ヲ初メタル後死去シタルトキハ其相續人ハ其殘期間ノ經過スルニ因リ訴權ヲ失フ此場合ニ相續人若シ無能力者ナルトキハ其能力ヲ得ルマテ期間ノ經過ヲ停止ス（證據編百二十九條）

右銷除訴權カ五年ノ期間經過ニ依リ消滅スルハ證據編ニ掲クル時效ト同一理由ニ基クモノニシテ即チ一ノ時效ニ外ナラサレハ其停止中斷ノ方法等ハ皆ナ通常ノ免責時效ト同一ノ原則ニ據ル

（附言）第四百四十六條第一項　銷除訴權ハ相續人ニ移轉スル旨規定セリト雖モ是蛇足タルヲ免レス何トナレハ銷除訴權カ一ノ財產タルコトハ何人モ疑フ可カラサル所ナラン已ニ財產タル明白ナル上ハ特ニ茲ニ相續人ニ移轉スヘキコトヲ明言スルヲ要セス若此訴權カ死者一身ニ關スルモノニシテ相續人ニ移轉セサルトキコソ始メテ之ヲ明言スルヲ要スルナリ何トナレハ財產權カ相續人ニ移轉スルハ一段ニシテ移轉セサルハ例外ニ屬スレハ例外ハ常ニ明定ヲ要スレハナリ

○第百七十六號　無能力者ノ行爲ハ如何ナル塲合ニ銷除セラルル乎（第五百七十七條第五百五十條）

無能力者トハ何人ナル乎

本問ニ答フルニ先チ無能力者トハ如何ナル者ヲ指スカヲ一言スルヲ便利ナリト信ス因テ左ニ之ヲ列記ス

（一）未成年者　常ニ後見人ヲ付シ之ヲシテ監督敎育懲戒ノ任ニ當ラシメ其他總テ財産上ノ管理ヲ司ラシム（人事編百八十四條百八十五條百八十六條）

（二）自治産ノ未成年者　未成年者カ婚姻ヲ爲ス片ハ當然自治産ヲ得親權ヲ行フ者カ未成年者カ十五年ニ達シタル片親族會ハ未成年者カ十七年ニ達シタル片自治産ヲ許スヿヲ得此自治産ノ未成年者ニハ保佐人ヲ付シ之ヲ保佐ス（人事編二百十三條二百十四條二百十五條二百十六條）

（三）民事上ノ禁治産者　心神喪失ノ常況ニ在ル者裁判所ノ言渡ニ依リ民事上ノ禁治産者トシ未成年者ノ如ク後見人ニ付ス（人事編二百二十二條二百二十三條二百二十四條）

第百七十六號

(四) 刑事上ノ禁治産者　前者ト同シク後見人ニ付ス但遺囑ノ所爲ハ有效ニ爲スコトヲ得（人事編第二百三十六條）

(五) 瘋癲者　民事上ノ禁治産ヲ受クル無ク一時ノ疾病タル故ヲ以テ其財産ヲ假管理ニ付ス

(六) 准禁治産者　心神耗弱者、聾唖者、盲者及浪費者ハ裁判所ノ言渡ニ依リ准禁治産者トシ保佐人ヲ付ス

七) 有夫ノ婦

右列記シタル無能力者ノ所爲ハ悉ク銷除ス可キモノニアラス法律上ノ代理人ヲシテ單獨ニテ或ハ方式條件ヲ履ミ有效ニ行フヲ得セシムルモノアリ又無能力者自ラ爲シ又或ル方式ヲ履ミ爲スコトヲ得ルモノアリ是等ノ所爲ヲ適法ニ行フトキハ無能力ハ法律ニ定ムル保護ノ各方法ニ據リ除去セラレ能力者ノ所爲ト同視セラル之ニ反シ法律ニ定ムル條件方式ヲ履行セサリシトキハ無能力者ノ爲メ缺損アルモノト見做

サレ銷除ハ方法ニ依リ之カ救濟ヲ求ムルヿヲ得
以下將ニ各無能力者ノ所爲ニ就キ銷除ス可キ場合ヲ細説セン
第一、未成年者
(一) 後見人單獨ニテ毫モ方式ヲ要セスシテ隨意ニ行フヿヲ得ル所爲即財産管理ノ所爲ハ後見人一人ニテ有效ニ行フヿヲ得
(二) 親族會ノ免許ヲ受クルヿヲ要スル所爲即不動産又ハ重要ナル動産ヲ讓渡ス等(人事編第百九十一、百九十四條九十六條)
(三) 全ク禁セラレタル所爲即未成年者ノ財産ヲ讓受クルヿ等(人事編百九十五條)
右二三ノ場合ニ於テ後見人方式ヲ履マスシテ爲シタル所爲ハ之ヲ銷除スルヿヲ得
(四) 未成年者ニ於テ後見人カ毫モ方式ヲ要セスシテ爲シ得可キ所爲アリタル片ハ未成年者ニ欠損アル片ハ銷除スルヿヲ得

第百七十六號

(五) 未成年者ニ於テ後見人カ方式ヲ履行スルニアラサレハ有效ナラサル所爲ヲ爲シタル片ハ總テ銷除スルヿヲ得

第二、自治產ノ未成年者

(一) 自治產者ニ於テ特別ナル方式條件ニ依ラスシテ爲スヿヲ得可キ所爲即管理行爲等些少ナルモノニ就テハ丁年者ノ所爲ト同クタトヘ損失アリト雖圧銷除スルヿヲ得ス

(二) 保佐人ノ立會ヲ要スヘキ所爲ヲ其方式ヲ履マスシテ爲シタル片ハ欠損アルニ於テハ之ヲ銷除スルヿヲ得(人事編二百十八條二百十九條)若シ方式ニ依リ爲シタル片ハ有效ニシテ丁年者ノ所爲ト同視セラル

第三、民事上ノ禁治產者、刑事上ノ禁治產者及ヒ瘋癲者

是等ノモノハ總テ民事上ノ行爲ヲ爲スヘキ能力ナケレハ法律ニ於テ後見人假管理人(瘋癲者)ヲ付スルヿ未成年者ト同一ナレハ前ニ列記シタル區別ニ從ヒ銷除ヲ行フヿヲ得

未成年ノ所爲ト民事上ノ禁治產者トノ間ニ差異アル乎

然レ圧是等ノ無能力者ト未成年者トノ間ニ一二ノ差異アリ未成年者カ爲シタル管理ノ所爲後見人カ方式ヲ要セスシテ爲シ得可キ所爲ハ未成年者ニ欠損アルニアラサレハ銷除スルヿ能ハサレ圧是等ノ無能力者ノ所爲ハ欠損ノ有無ヲ問ハス銷除スルヿヲ得此差異アル所以ハ幼者ハ是等ノ無能力者ノ如キ甚シク精神不完全ナルモノニアラサレハ其所爲ハ稍完全ナルモノト見做ス可ケレハ欠損アルヿヲ證明スルニアラサレハ銷除スルヿヲ許サヽルナリ其他一ノ差異ハ瘋癲者ノ所爲ハ相手方ニ於テ本心ニテ爲シタルヿノ反對擧證ヲ許シタリ（人事編二百四十一條）

第四、准禁治產者

自治產ノ未成年者ニ全シ

然レ圧准禁治產者ハ情況ニ依リ裁判所ハ管理ノ所爲ヲモ保佐人ノ立會アルニアラサレハ爲スヿヲ得サル旨言渡スヿアリ然ルトキハ禁治產

幼者カ欠損ヲ理由トシテ銷除ヲ行フ欠損トハ如何ナル事柄ナル乎

者ト同一ニシテ總テノ所爲ニ就キ銷除スルヲ得(人事編二百三十三條)

第五、有夫ノ婦

法律ニ於テ定メタル場合ニ限リ婦又ハ夫ノ請求ニ依リ銷除スルヿヲ許セリ是レ婦ノ無能力タルハ前數者ト異ニシテ其原因天然ニ存セスシテ一家ノ秩序ヲ保護スル爲メ殊ニ法律ニ於テ無能力者ト爲シタルモノナレハ法律カ明ニ禁止シタル所爲ノ外ハ有效ニ行フヿヲ得

通例婦ハ夫ノ許可ヲ受クルニ非ラサレハ贈與ヲ爲シ之ヲ受諾シ不動産ヲ讓渡シ之ヲ擔保ニ供シ借財ヲ爲ス等重要ナル所爲ハ爲スヿヲ得ス若シ其許可ヲ得スシテ爲シタル所爲ハ總テ銷除ヲ爲スヿヲ得(人事第六十八、六十九、七十條參照)

右欠損アルニ非ラサレハ銷除ヲ許サヽル場合ニ欠損アリトスルハ行爲ノアリタル時ニ於テ之ヲ算定シ且其欠損ハ偶然ノ事ヨリ生セサルヲ要ス即俄然相場ノ下落シタルカ爲メ損失ヲ蒙ルモ玆ニ所謂欠損ニ

アラサルナリ又欠損トハ金錢上ノ損失ノミヲ指シタルニ非ラス故ニ幼者甚タ健康ニ適セサル土地ニ借住シ又ハ有益ナラサル物品奢侈ノ物品ノ如キハタトヘ至當ノ相場ヲ以テ買入レタリトスルモ欠損アリト云フ可シ

未成年者カ成年者ナリト陳述シ一方ヲ信セシメタル行爲ハ銷除ノ妨ケト爲ラス然レ𪜈未成年者ニ於テ身分證書ヲ僞造シ其他詐欺手段ヲ搆ヘ他人ヲ詐キ以テ爲シタル行爲ニ就テハ銷除訴權ヲ行フヲ得ス其他ノ無能力者ノ虛僞ノ陳述ニ就テモ未成年者ト同一ナリ是レ單ナル虛言ヲ信スルハ之ヲ信用シタル者ニ怠信ノ責アリト雖𪜈手段ヲ搆ヘテ詐欺ヲ行ハヽ何人モ迷誤ニ陥ル可ケレハ其迷誤シタルヲ責ム可カラサレハナリ

商業ヲ爲スヿヲ許サレタル未成年者及婦ハ總テノ行爲ニ就テ丁年者ト同視セラルヽヲ以テ前ニ述フル所ノ銷除訴權ヲ有セス然レ𪜈不動

產ヲ讓渡スヿハ法律ニ於テ許サヽルニ依リ若シ之ニ背クトキハ銷除ヲ爲スヿヲ得(不動產ヲ讓渡スト不動產ヲ抵當又ハ質ト爲ストハ事ノ輕重ナケレトモ若シ商業者ニ抵當權ヲ設定スルヲ禁スルトキハ緊急ノ場合ニ資本ノ運轉ヲ閉塞スルノ恐レアレハ之ヲ許シタルナリ)(商法十一條以下參照)

(附言) 第五百四十七條第二項ニ「未成年者自治產ノ未成年者及准禁治產者ノ行爲ニ付テハ方式及條件ニ依ラサリシトキ(中略)何等ノ場合ヲ問ハス其行爲ヲ銷除スルヿヲ得」トアリ又第五百四十八條第二項ニ法律カ保佐人ノ立會ノ三ヲ要シタルトキ其立會ナクシテ自治產ノ未成年者及准禁治產者ノ爲シタル右ト同一ナル性質ノ行爲ニ對シ亦欠損アルニアラサレハ銷除訴權ヲ行フヿヲ得ルトアルヲ對照スレハ自治產ノ未成年者准禁治產者ハ保佐人ノ立會ヲ要セサレハ有效ナラサル所爲ト特別ノ方式條件ヲ要スルニ非ラサレハ有效ナラサル所爲ト有ルカ如シト雖トモ我民法人事編ニ對照スルニ自治產ノ未成年者准禁治產者ハ保佐人ノ立會ヲ得レハ何事ヲモ爲シ得ルモノヽ如シ果シテ然ラハ第五百四十七條第二項自治產ノ未成年者准禁

治産者ニ係ル規則ハ實際ノ適用ヲ見サル可シ聊カ記シテ識者ニ質ス

○第百七十七號　銷除訴權ノ效果如何（第五百五十二條）

銷除訴權ヲ以テ取消シ得可キ行爲ハ其成立不確實ノモノニシテ解除ノ未必條件ヲ負ヒタルモノトス故ニ其行爲カ一タヒ銷除セラルヽ𪜈ハ曾テ其行爲無カリシト同一ニ見做サレ其行爲ノタメ相互ニ受授シタル利益ハ互ニ相還償シ行爲無カリシ既往ノ有樣ニ復セサル可カラス是レ銷除訴權ノ效果ナリトス然レ𪜈承諾ノ瑕疵又詐欺ニ依リ銷除ス可キ行爲ト無能力ニ依リ銷除スヘキ行爲ト多少其間ニ軒輊ナカル可カラス

無能力ト承諾ノ瑕疵トノ間ニ銷除訴權ノ效果ヲ異ニスル乎

承諾ノ瑕疵（錯誤强暴）又ハ詐欺ニ依リ銷除ヲ得タル成年者ハ曾テ受取リタル總テノ物ヲ返還セサル可カラス然レ𪜈銷除ヲ爲シタル當時迄ニ天災又ハ不可抗力ニ因リ其物カ滅失シ履行不能ニ至リタル𪜈ハ一般ノ義務消滅ノ原則ニ依リ返還ヲ免ル若シ履行不能カ過失ニ因リ生

シタル片ハ相當ノ賠償額ヲ補償スヘキモノトス
無能力者ニ就テハ成年者ノ如ク曾テ受取リタル總テノ物ヲ返還スルヲ要セス銷除ヲ得タル行爲ニ因リ現ニ已ヲ利スル物ノミヲ返還スル責ニ任スルノミ故ニ曾テ受取リタル物件ヲ浪費シタルカ其他已レノ利益ノタメ使用セスシテ他人ニ贈與シ或ハ過失ニ因リ(天災ハ勿論)滅失セシメタル如キヿアラハ之ヲ補償スルニ及ハス但刑事上ヨリ來ル無能力者ニ付テハ前段丁年者同一ニセサル可ラス

(附言)　第五百五十二條ニ承諾ノ瑕疵ノ塲合ノミヲ規定シ詐欺ニ因リテ行爲ノ銷除ヲ得タル塲合ニ就テ規定セサレ圧(詐欺ニ因リ爲シタル行爲ハ承諾ノ瑕疵ニアラス補償ノ名義ヲ以テ銷除ス可キモノナリトハ我法典ノ決スル所ナリ)承諾ノ瑕疵ト同視シテ敢テ差支ナキモノナリ何トナレハ承諾ノ瑕疵ト補償ノ名義トニ因リ銷除スル區別ヲナスハ唯其效果ヲ他人ニ及ホスト否トノ點ニ必要アルノミナレハナリ又法典ハ無能力者ニ刑事上ノ無能力ト他ノ無能力者トノ間ニ區別ヲ設ケサレ圧刑事上ノ無能力者ハ他ノ無能力者ノ如ク保護ノ目的ニ出テタルモノニアラサレハ道德上區別ヲ

設ケ成年者ニ對スル銷除訴權ノ效果ト同一視セサルベカラズ
銷除訴權ニ依リ取消サレタル行爲ノタメ互ニ返還ヲ求ムル權利ハ通常ノ時效ニ因ルニアラサレハ消滅セス例ヘハ賣買契約ノ銷除セラレタル場合ニ其目的特定物ナリシ𪜈ハ買主ハ獲得時效ニ依リ其物ノ所有權ヲ得賣主ハ免責時效ニ依リ代金返還ノ義務ヲ免カルヽカ如シ

○第百七十八號　銷除訴權消滅ノ原因如何（第五百五十四條乃至五百五十七條）

銷除訴權ハ左ノ二ケノ原因ニ因リ消滅ス

第一、時效

無能力者ハ能力ヲ得タルヨリ（瘋癲者ハ通知アリタルヨリ）强暴錯誤詐欺ニ依リ承諾ヲ與ヘタル者ハ其强暴ノ止ミタルヨリ錯誤ヲ了覺シタルヨリ詐欺ヲ發見シタルヨリ五年ノ時效ニ因リ消滅ス

第二、認諾

認諾トハ無能力者又ハ承諾ニ瑕疵アル者詐欺ニ因リ承諾ヲ與ヘタル者其行爲ノ銷除ス可キヲ補正シテ完全ノ所爲タラシムルヿヲ認諾ス

第百七十八號

ル謂ニシテ即銷除訴權ハ拋棄ナリ此認諾ヲ爲スハ前段ノ時效カ進行ヲ始メタル後ナラサル可カラス何トナレハ其進行前ノ認諾ハ認諾其者ト補正セントシタル所爲ト同一ノ瑕疵存スレハ其認諾ハ有效ナラサレハナリ認諾ヲ分チテ二トス一ヲ明示ノ認諾ト云ヒ一ヲ默示ノ認諾ト云フ(第五百五十四條)

明示ノ認諾ニ要スル條件如何

明示ノ認諾アリトスルニハ左ノ條件ヲ必要トス(第五百五十五條)

(一) 證書ヲ以テ明ニ認諾シタル旨ヲ示スヿ

(二) 認諾セントスル合意ノ要旨ヲ記スルヿ是レ他ノ合意ト混雜セサルヿヲ期スルナリ

(三) 銷除ノ原因ヲ記スルヿ故ニ同一ノ合意ニシテ二個ノ銷除ノ原因ヲ備ヘタル片例ヘハ幼者ニシテ物質上ノ錯誤ノ爲メ契約ヲ取結ヒタル片ノ如キ場合ニ幼者タルカ爲メ有スル銷除訴權ヲ拋棄スル旨ヲ記スルモ其效力他ノ原因ニ及ハサルヲ以テ他日錯誤ニ因リ結約シタル

默示ノ認諾アリトスル如何ナル塲合ナル乎

ノ理由ヲ以テ銷除ヲ行フ妨ケト爲ラサルナリ

默示ノ認諾ハ左ノ塲合ニ於テ成ルモノトス

（一）任意ノ義務履行　銷除スルヿヲ得可キ合意ヨリ生シタル義務ナルヿヲ知リナカラ之ヲ履行シタル𪜈ハ暗ニ銷除訴權ヲ拋棄シタルモノト認定スルヲ至當ナリトス而メ其任意ノ履行ハ全部ナルト一部ナルトヲ問フヲ要セス何トナレハ同一ノ合意ヨリ發生シタル義務ニ付キ既ニ履行シタル一部分ノミ認諾シタリト抗辯スルヲ得サレハナリ

（二）債務者强制執行ヲ受クルニ當リ異議ヲ主張セサルカ又ハ異議ヲ留保セスシテ執行ヲ受ケタル𪜈ハ暗默ノ認諾アリトス此强制執行ハ既判件ノ效力アル確定裁判ニ基ク執行ニアラサルヿニ注目セサル可カラス何トナレハ既判件ノ效力ニ依リ執行セラルヽ𪜈ハ已ニ其事件ハ既判件ニ依リ銷除ス可カラサルモノタレハナリ

（三）更改　全部又ハ一部ノ任意ノ履行ト同一ナリ

(四)物上又ハ對人ノ擔保ノ任意ノ供與　銷除ス可キ義務ノ擔保ヲ供與スルハ即其義務ヲ履行ス可キヿヲ認メタルモノト推定スルヿヲ得以上四個ノ塲合ハ債務者ノ認諾ノ塲合ニシテ以下債權者ノ認諾ノ塲合ニ就テ述ヘン(債權者ノ認諾ハ雙務契約ノ塲合ニ生スルモノトス)

(一)履行ノ請求　銷除スヘキ合意ヨリ生シタル義務ノ履行ヲ請求スルトキハ銷除訴權ヲ抛棄シタルモノト見做サヽル可カラス何トナレハ履行ノ請求ト銷除トハ正反對ノ效果ヲ有スルモノナレハ一路ヲ採ル者ハ他路ヲ捨タルモノト推定セサルヲ得サレハナリ

(二)合意ヲ以テ取得シタル物ノ全部又ハ一部ノ任意ノ讓渡　讓渡者ハ讓受ケ人ニ對シ追奪擔保ノ義務ヲ負フモノナレハ銷除スルヿヲ得可キ合意ニ依リ得タル物件ヲ他人ニ讓渡シタル後銷除訴權ヲ行フトセハ已レ間接ニ追奪者ノ地位ニ立ツト同一ナレハ此塲合ノ讓渡者ハ物件ト共ニ銷除訴權ヲ讓渡シタルモノト見做ス可キナリ

以上ハ法典カ示ス所ノ暗默ノ認諾ナリ此他何事實裁判所ニ於テ暗默ノ認諾ト見做ス可キ確實ノ場合アリタル𬼀ハ暗默ノ認諾ト判定スルヲ得可キナリ何トナレハ法典ハ敢テ制限シタルモノニアラサレハナリ又法典カ示ス所ノ場合ト雖𪜈暗默ノ認諾ノ意志存セスト認ム可キ𬼀例ヘハ他ノ物件ナリト信シテ銷除スヘキ合意ヨリ得タル物件ヲ讓渡シタルカ如キ時ハ裁判所ハ暗默ノ認諾ニアラスト判定スルヲ得何トナレハ法典ノ示ス所ノモノハ確定ニシテ反對擧証ヲ許サヽルモノニアラサレハナリ

（附言）草案ニハ此外暗默ナル認諾ノ場合ハ裁判所ノ査定ニ任スト規定アリタレ𪜈法典ハ之ヲ削レリ然𪜈決シテ其意義ヲ變シタルニアラス制限法ニアラサル以上ハ當然ノ事ニ屬スレハ法典ハ明言スルノ必要ナシトシタルカ故ニ削除シタルナラン乎

認諾ノ效ハ特定ノ

認諾ハ銷除訴權ヲ有スル者ノ特定ノ承繼人ノ權利ヲ害スルヿヲ得ス

第百七十八號

承繼人ニ及フ乎

（五百五十七條）例ヘハ幼者式ヲ履マスシテ不動產ヲ讓渡シ（銷除スルヲ得可キ合意）後同一ノ不動產ヲ正當ノ方式ヲ以テ第三者ニ（特定承繼人）讓渡シ第一ノ賣買ヲ認諾スルモ其認諾ハ第二ノ買主ヲ害スルヿヲ得ス是レ債權者ノ暗默ノ認諾ノ（二）ノ場合ト正反對ニシテ而メ其理由ハ同一ノ淵原ニ出ツルモノトス則第二ノ正當ナル讓渡シアリタルトキハ第一ノ瑕疵アル讓渡ハ銷除スヘキヿヲ第二ノ讓受人ニ對シ誓フモノニテ物件ノ讓渡ト共ニ銷除訴權ヲモ第二ノ讓受人ニ讓渡シタルモノト云ハサル可カラス然ラスンハ此場合ノ認諾ヲシテ第二ノ讓受人ニ對抗シ得ルトセハ讓渡シ者ハ追奪擔保ノ義務ノ負擔シナカラ已レ間接ノ追奪者タルニ外ナラサレハナリ

○第百七十九號　算數氏名日附又ハ場所ノ錯誤改正ハ時效ニ係ル乎

是等ノモノハ行爲ヲ組成スル條件ニ少シモ關係セサルモノニシテ當

事者ノ意思ニ於テ錯誤アルコ無ク唯違算アルカ氏名日附場所等ヲ誤記シタルニ止マルモノナレハ此誤謬ハ幾年月ヲ經ルモ更正スルコヲ得ルニ止マルモノトス但爰ニ錯誤トアルハ當事者雙方ノ意思ニ錯誤アリテ相互ニ齟齬スル場合ヲ指シタルニアラス故ニ一方ハ一俵五圓ノ相場ナリト思ヒ賣リタルニ一方ハ四圓ノ積リナリシ如キ一方ハ東京ヲ履行地トスル意思ナリシニ一方ハ長崎ヲ履行地トナス意思ナリシ如キハ爰ニ云フ錯誤ニアラサレハ如此場合ハ或ハ合意ノ銷除ヲ得可ク或ハ無效ノ合意タル可キコアラン

第八節　廢罷

○第百八十號　廢罷カ義務消滅ノ原因タル理由ヲ説明セヨ

（第五百六十條）

廢罷トハ債務者カ債權者ヲ詐害スルノ意思ヲ以テ爲シタル所爲ヲ債權者ヨリ廢棄スルヲ云フ又贈與契約ニ於テ受贈者ノ所爲又ハ或ル出

來事ノ爲メ贈與者カ其贈與ヲ取消ス場合モ廢罷ト云フ故ニ廢罷ノ效果ハ甚タ廣クシテ義務消滅ノ原因タルノミナラス合意ノ效力或ハ義務發生ノ原因ヲ爲スモノナリ其基本タル合意（廢罷スヘキ合意）カ完全ナルヤ或ハ廢罷ノ原因アルヤニ付テハ合意ノ效力ニ影響ヲ及ホシ合意ヨリ發シタル義務カ既ニ完全ニ執行セラレタル後廢罷セラレタル片ハ義務發生ノ原因ト爲ルナリ例ヘハ贈與者カ贈與物ヲ受贈者ニ引渡シタル後其贈與契約ヲ廢罷シタル片ハ受贈者ハ其物件ヲ返還ス可キ義務ヲ負フヲ以テ義務發生ノ原因タルナリ然レ氏法律上ヨリ云フ片ハ廢罷ハ義務發生ノ原因ト稱セス

合意カ廢罷セラレタル片ハ既往ニ溯テ其合意ハ未タ曾テ存セサリシ如ク見做サルヽヲ以テ其合意ヲ原由トシテ財産ヲ得タルモノハ謂レ無ク利益ヲ攫収シタルモノナレハ不當利得ノ爲メ之ヲ償還スル義務アリ場合ニ依リ不正ノ損害トシテ義務アルモノナリ

然ラハ義務消滅ノ原因タルハ如何ナル場合ナリヤト云フニ合意ヨリ生シタル義務ヲ未タ履行セサル前ニ該テ其合意ヲ廢罷シタル場合ニ在リ例ヘハ前例ノ贈與者カ未タ其物件ヲ引渡サヽル前ニ廢罷シタリシナラハ其引渡ノ義務ヲ免ル可ク債務者カ債權者ヲ害スルノ意志ヲ以テ他人ニ己レ所有ノ財産ヲ讓與シタルトキ其物件引渡前ニ第三債權者ニ於テ廢罷訴權ヲ行フタルトキハ債務者ノ引渡義務ハ消滅ス可キモノトス

（附言）廢罷訴權ハ如何ナル場合ニ行フヿヲ得ル乎又之ヲ行フヿヲ得可キ條件如何又其訴權ノ時效如何ト云ヘル問題ノ如キハ先キニ合意ノ場合ニ於テ記シタルヲ以テ之ニ資セス

第九節　解除

○第百八十一號　解除カ義務消滅ノ原因タル理由ヲ說明セヨ（第五百六十一條）

解除トハ一旦正當ニ成立シタル合意其後ノ或ル事柄ノ到來ニ依リテ取消サレ未タ曾テ其合意ナカリシモノヽ如ク見做サレ其合意ニ依リ發生シタル義務モ從テ消滅ニ歸ス可キモノトス而メ其解除セラル可キ合意ハ當事者ニ於テ或ル條件ニ附シテ解除ヲ約シタル場合及雙務契約ニ於テ一方カ義務ノ履行ヲ爲サヽル場合ナリトス

解除訴權ハ廢罷ノ如ク特別ノ時效ヲ掲ケス普通證據編ニ掲クル所ノ時效ノ期限ニ從フ可キモノナリ

○第百八十二號　銷除廢罷解除ノ異同ヲ明ニセヨ

銷除、廢罷、解除ハ同ク合意ノ取消ヲ目的トシテ之ヨリ發生シタル義務ヲ消滅セシムルモノナリ然レ圧其合意ヲ取消ス目的ニ至リテハ各異ナル所アリ即銷除ハ當事者ノ一方ノ能力ヲ有セサルモノ承諾ニ瑕疵アルモノヲ保護スル目的ニテ被保護者ニ銷除ノ訴權ヲ與ヘ(刑事上ノ無能力ハ此限ニアラス)廢罷ハ當事者ノ雙方何レヲモ保護スルヿ無ク詐害ヲ蒙リタル第三者ヲ保護スル目的ナリ(贈與ニ就テハ贈與者ノ意思ニ基キ此訴權ヲ與フ)解除ハ合意ノ性質ヨリ生スルモノニテ何人ヲモ保護スル目的ニ非ラス

銷除ト廢罷ハ取消ノ原因合意ノ當時ニ存スレ𪜈(贈與ノ廢罷ハ此限ニアラス)解除ハ事後ノ到來事件ニ依リ取消サル可キモノナリ此點ヨリ見ルトキハ廢罷ト銷除ハ同一ナルカ如シト雖𪜈前段ニ云フ如ク其基本ニ於テ大ニ異ナレリ一ハ當事者ノ一方ヲ保護スルニ在リ一ハ第三者ヲ保護スルニ在リ又廢罷ハ合意ニ瑕疵アルニ非ラス當事者ノ不正所業ヲ原由トシテ私犯法理ニ基キ不正ノ損害ヲ救濟スルノ目的ニ在ルモノナリ故ニ法典ハ此事項ヲ各別ニ規定シタリ

銷除訴權ハ五年ヲ以テ時效ニ罹リ廢罷ハ詐害所爲ヲ知リタルヨリ二年ニテ時效ニ罹リ其所爲ヲ知ラサリシト雖𪜈三十年ヲ經過スルトキハ全ク訴權消滅ニ歸ス解除ハ普通一般ノ時效ノ原則ニ依リテ消滅ス銷

除廢罷、解除ノ異同ハ以上ノ三ケヲ以テ重ナルモノトス

○第百八十三號　銷除、廢罷、解除ノ訴權ハ人權ナル乎將タ物權ナル乎

此三ケノ訴權ハ合意ヲ取消ス目的已レノ義務ノ免除ヲ得ルカ他ノ一方ニ向テ人權上ノ要求ヲ爲スカニ在ル片ト物權ノ移轉ノ無效ヲ申立テ之ヲ取戻スニ在ル片ト區別セサル可カラス

第一場合　例ヘハ幼者一個ノ物件ヲ買ヒ求メタル後其代價支拂ヒノ免除ヲ得ルタメ賣買ノ取消ヲ求ムル片或ハ幼者カ或ル物件ヲ賣リ買主其物件ヲ已ニ消費シタル後價格賠償ヲ求ムルタメ賣買ノ取消ヲ求ムル場合ノ如キハ純然タル對人訴權ナリトス

第二場合　此場合ハ更ニ二ケノ場合ニ區別ス

(イ)　取戻サントスル目的物當事者ノ一方ノ手ニ存在スル片ハ對人訴權ト物上訴權トノ兩性質ヲ併有スルモノトス(學者混合訴權ト云フ)何

トナレハ一ハ不當利得不正損害ノ論理ニ因リ對抗セラレ一ハ他人ノ物ノ占有者タルノ理由ヲ以テ取戻ヲ請求セラルレハナリ故ニ裁判所ハ物ノ返還ヲ命スルト同時ニ賠償ヲ言渡スヿヲ得又裁判管轄ニ付キテモ不動産ニ關スルトキハ其所在地ニ起訴スルヲ得可キモノナリ

(ロ) 取戻サントスル目的物第三者ノ手ニ存在スルトキハ結約者ノ一方ニ對シテハ純然タル對人權ニシテ第三者ニ對シテハ純然タル物上訴權ナリトス此場合ニ於テハ取消ヲ求ムル者ハ第三者ヲ參加被告人トシテ同時ニ損害ノ要償ト物件ノ取戻トヲ請求スルヿヲ得

以上ノ答案ハ銷除廢罷解除ノ三訴權皆同一ノ性質ニ記シタレトモ詐害所爲ヲ原由トスル廢罷訴權ハ何レノ場合ト雖モ人權ナリト答ヘサル可カラス(合意ノ效力參照)時ニ或ハ轉獲者ニ對シ取戻ノ請求ヲ許ス場合アルヲ以テ物權ノ如キ感想アリト雖モ是レ亦第三者ニ詐害ノ所爲アルヿヲ原由トスルヲ以テ此場合ノ廢罷訴權ハ常ニ對人訴權ナリトス

○第百八十四號　時效ハ義務消滅ノ原因ナリヤ

時效ニ二種アリ一ヲ取得時效(期滿得有)ト云ヒ一ヲ免責時效(期滿免除)ト云フ其取得時效ハ物權ヲ獲得スル效果アルモノナレハ素ヨリ本問ニ關係スルヿナシ故ニ本問ノ時效トハ免責時效ヲ指示シタルヿ明了ナレハ專ラ之ニ就キ説明セン

抑モ免責時效ノ基ク所ノ理由ハ一般ノ人情ニ基因スル法律上ノ推測ナリトス蓋シ何人ト雖㠯己レノ權利ノ行用ヲ爲スヿナク長年月間之ヲ抛擲シ去リ敢テ顧ミサルカ如キ道理アルヿ無シ然ルニ之ヲ放擲シ其行用ヲ爲サヽリシハ債權者ハ義務ノ免除ヲ爲シタルカ或ハ辨濟ヲ受ケタルカ或ハ其他或ル義務消滅ノ原由ニ依リ業既ニ消滅ニ歸シタリシ故ナル可シトノ推定ヲ下サヽル可カラス是レ此推定ハ公義ト正道ニ適シ且一般ノ世態ニ協フモノト云フ可シ此法律上ノ推定アルカタメ債務者ニ義務消滅ノ原由ノ何タルヿノ證左ヲ擧示スル責ヲ免ル

モノナレハ唯或ル期間ノ經過シタルヿヲ證スルヲ以テ足レリトス
右ノ論理ヲ以テスルトキハ彼ノ刑事ノ時効ノ如ク公訴權消滅ノ原由タル如キニ非ラスシテ法律上ノ推測ニ基ク證據ノ一タルヿヲ知ル可シ
故ニ我法典ハ時效ヲ以テ義務消滅ノ原因ト爲サスシテ證據編中ニ之カ規定ヲ爲シタルハ誠ニ正當ナリト云フベシ(反對論アリ)

(附言) 最終ノ草案以前ニ係ル草案ニハ義務消滅ノ原因ノ一トシテ掲載シ再ヒ證據編ニ記載シタリ是レ實ニ前後撞着編纂ナリト云ハサル可ラス然ルニ成典ハ斷然義務消滅ノ一トシテ之ヲ數ヘサリシハ實ニ予輩ノ稱賛スル所ナリ

第四章 自然義務

○第百八十五號 自然義務ノ性質ヲ説明セヨ(第五百六十二條)

自然義務ハ債權者カ債務者ニ對シ訴權ヲ行用スルヿ能ハサルモノニシテ其義務ノ履行ハ唯債務者ノ正直ト良心トニ放任シ敢テ强要スル

ヿヲ得サルモノトス

右ノ解ニ依レハ民法上ノ義務ト異ナル點ハ債務者ニ訴權ヲ與ヘサルニ在リトス從テ其履行ハ專ラ債務者ノ意思ニ任スルモノナレハ民法上ノ義務ノ如ク法律上ノ相殺ヲ以テ抗辯ノ資料ト爲ラサルナリ然レ𪜈債務者カ一旦我良心ニ問ヒ義務アルヿヲ認知シ之カ辨濟ヲ爲シタルトキハ債務者ハ民法上ノ義務ノ履行ヲ受ケタルト一般最早ヤ之カ取戻ヲ要メラルヽヿナシ

自然義務ト道德上ノ義務トノ差異如何

自然義務ハ債務者ニ訴權ヲ與ヘス其履行ハ債務者ノ任意ニ放擲スルモノナリトノ點ヨリ見ルトキハ自然義務ト道德上ノ義務ト敢テ其區別ヲ見サルカ如シ然レ𪜈道德上ノ義務ト自然義務トハ其性質效果發生消滅等皆同一ナラサルナリ道德上ノ義務ハ吾人カ此社會ニ棲息スル間ハ常ニ負荷スルモノニシテ一日トシテ此義務ヲ脱スルヿ能ハサル可シ即一ヲ盡セハ他ヲ生シ日々生シ日々消滅シ永々保續シ之カ盡頭

ヲ見ルヿ能ハサルモノトス反之自然義務ハ民法上ノ義務ト同一ナレ𪜈唯訴權ヲ以テ強要スルヿ能ハサルノ差アルノミニシテ即民法上ノ義務ノ一部ナリ故ニ發生ノ原因モ民法上ノ義務ト同ク合意不當利得不正損害法律等ヨリ生シ而〆之カ債權者債務者タルモノハ吾々人類ナリ然レ𪜈道德上ノ義務ニ對スル債權者ハ吾人々類ニ非ラス唯天之カ債權者タリ故ニ吾人カ道德上ノ義務ヲ盡サヽルトキハ天ニ對シ其責務ニ背キタルモノト云フベシ此差異ノ結果トシテ其履行ヲ爲シタル效力ニ付キ著シキ差異アルモノナリ道德上ノ義務ヲ盡シタリ𪜈法律上ヨリ見ルトキハ義務ヲ履行シタルモノト見做サスシテ贈與アリタルモノト爲ス反之自然義務ヲ履行シタルトキハ民法上ノ義務ノ辨濟ト同一ニ見做サレ其所爲ハ無償名義ノモノニアラス

故ニ自然義務ト道德上ノ義務ト同シキ點ハ其履行ヲ強ユル能ハス其履行ハ債務者ノ道理心ト正實ニ放任スルノ一點ニアリトス

第百八十五號

第百八十五號

銷除スヘキ義務ト自然義務トノ差異如何

今自然義務ノ性質ヲ明ニスルタメ銷除ス可キ義務トノ差異ニ付一言セン

銷除スヘキ義務ハ純然タル民法上ノ義務ニシテ債務者ニ訴權ヲ拒絶スルモノニアラス債務者カ承諾ノ瑕疵無能力等ノ理由ヲ以テ或期限内ニ銷除ヲ訴求スルトキハ遂ニ消滅ニ歸スヘキ未必條件ヲ帶有スル不完全ノ民法上ノ義務ト云フ可キノミ反之自然義務ハ債務者ヨリ取消ス可キモノニアラス幾數年打捨テ置クモ自然義務カ變シテ純然タル民法上ノ義務ト化スルモノニアラス又幾數年ヲ經ルモ消滅スルコト無キモノナリ

○第百八十六號　自然義務ノ效果如何（第五百六十三條第五百六十四條）

自然義務ハ債權者ニ訴權ヲ與ヘサルニ付キ其效力甚タ薄弱ニシテ道德上ノ義務ト同ク其履行ヲ債務者ノ良心ト正實ニ放擲スルノミ然レトモ債務者ニ於テ自然義務ノ存在ヲ認知シタルトキハ最早ヤ自然義務ノ

區域ヲ脱シ普通民法上ノ義務(訴權ヲ與フルモノ)ト變化スルモノナリ是レ之ヲ自然義務ノ效果トス而メ債務者カ自然義務ヲ認知シタリト見做ス可キ場合ハ概子左ノ如シ

辨濟　辨濟ハ認知ノ最モ適切ナルモノニシテ其認知シテ民法上ノ義務ニ變スルヤ直ニ消滅スルモノナレハ此場合ノ辨濟ハ二ケノ效果アリテ存スルモノトス故ニ債權者ハ其受ケタル辨濟ハ純然タル民法上ノ義務ト同一ニ他日不當辨濟取戻ノ訴求ヲ受クルヿナシ

追認　債務者カ義務アルヿヲ承認シタル片ハ最早ヤ民法上ノ義務ト爲リ債權者ハ訴權ヲ以テ強要スルヿヲ得然レ𪜈債務者カ單ニ自然義務アリト明言スルノミニテハ民法上ノ義務ニ變スルノ效無シ自然義務ノ存在スルト併セテ他日履行スヘキ義務ノ數量トヲ認知シタル場合ニアラサレハ其效ナキナリ

更改　自然義務ノ存在ヲ認メ之カ免除ヲ得ルタメ新ナル義務ヲ約シ

第百八十六號

タルトキハ其效力辨濟ノ場合ニ同シ

質若クハ抵當又ハ其他ノ擔保ノ供與　自然義務ノ辨濟ヲ確保スルタメ擔保ヲ差入レタルハ自然義務ノ存在ヲ認メ且之カ履行ヲ諾シタルモノト云フ可キナリ而メ此場合モ其義務ノ數量ヲ確定セサル可カラス故ニ例ヘハ予ハ汝ニ對シ自然義務ヲ負ヘリ甲者ヲシテ之カ保證人ト爲サント約シ甲者之ヲ承諾シタリト雖モ其數量ヲ知ルコト能ハサレハ此認知ハ未タ民法上ノ義務ノ普通效力ヲ生セサルモノナリ

右辨濟、追認、更改、擔保供與等ハ必ス債務者ヨリ爲ス可キモノニアラス第三者ト雖モ有效ニ爲スコトヲ得可シ然レトモ第三者ノ認知ハ債務者ノ代人タル資格ヲ以テシタルト否ラサルトヲ區別セサル可カラス代人ノ資格ヲ以テシタルトキハ本人ノ認知ト總テ同一ナリト雖モ否ラサルトキハ第三者ハ他人ノ事務ヲ管理シタルモノナレハ債權者ハ第三者ニ對シ民法上ノ義務ノ普通效力ヲ主張スルコトヲ得ルモ本人ニハ其認知

ヲ追認セサル上ハ對抗スル權ナキモノトス
認知ハ總テ認知ヲ爲ス者ニ於テ自然義務ノ性質ヲ知悉シ且之ヲ認知スルノ意思アルヿヲ要ス故ニ自然義務ヲ普通民法上ノ義務ト誤リ認知シタル如キハ無效ノモノトス然レ𪜈認知ヲ爲シタル自然義務ヲ明示スルヿヲ必要トス唯其認知ノ意志カ事情ニ依リ充分明確ナルヲ以テ足レリトス(五百六十三條二項)
右ノ外當事者カ仲裁契約ヲ以テ自然義務ノ存在(法文成立トアリ)廣狹ヲ仲裁人ノ決定ニ委スルヿヲ得此場合ニ於テ仲裁人カ決定シタル自然義務ハ債務者ノ認知シタルト同一ノ效果ヲ生シ自然義務ハ法定義務ニ變スルモノトス(第五百七十二條)

○第百八十七號　自然義務ノ發生ハ如何ナル原因ニ據ル乎(第五百六十九條乃至五百七十條)

第百八十七號

自然義務ハ法定義務ノ發生ト同一ノ原因ニ因リ發生スヘキモノトス

第百八十七號

即合意、不當利得、不正ノ損害、法律カ法定義務ノ效力ヲ生セサル場合ニ自然義務ヲ組成ス可キモノトス

第一合意

（イ）承諾ヲ阻却スル錯誤ノ爲メ取結ヒタル合意

（ロ）目的物ノ指定ノ欠缺又ハ不足ノ爲メ無效ト爲ル合意

此場合ハ合意ノ目的ヲ毫モ指定セサルカ或ハ不充分ナル指定ヲ爲シタルカ爲メ合意ノ目的ノ確定ナルコヲ知ル能ハサルカタメ合意ヲ無效トセラルヽ場合ナリ此場合ニ債務者ハ已レノ良心ニ問ヒ合意ノ當時期圖シタル目的ノ義務ヲ執行シ或ハ追認スルコヲ得ルナリ然レモ此目的ニシテ公ケノ秩序ヲ害ス可キ事柄ナルトキハ法定義務ハ勿論自然義務モ不成立ノモノトス

（ハ）要物合意ノ公式ノ欠缺ノ爲メ無效ナル合意

此方式欠缺ノ爲メ無效ナル合意カ自然義務ノ原因タルニハ一ノ制限

ヲ加ヘタリ即贈與契約ニ於テハ贈與者自ラ自然義務ノ履行又ハ追認ヲ爲スヿヲ得サル是ナリ此理由ハ贈與契約ノ公式ヲ缺キタルハ一時ノ情誼ニ覊サレ無稽ノ合意ヲ爲シタルモノト法律上ヨリ推測セラルヽヲ以テ贈與者ハ假令ヘ後ニ追認スルモ猶同一ノ感情ニ制セラレタルモノトセラレ追認又ハ履行ヲ爲スヿヲ禁セラレタリ然レ圧其相續人承繼人ニ至テハ贈與者ト同一ノ感情ニ制セラレ止ムヲ得ス追認又ハ履行ヲ爲シタリトハ推測スル能ハサレハ此者等ハ有效ニ自然義務ヲ認知スルヿヲ得ルナリ斯ノ如クナルヲ以テ贈與契約ノ公式ヲ缺キタル合意ハ自然義務ノ原因タルモ贈與者自ラハ其義務ノ履行又ハ追認ヲ禁セラレタルナリ

遺言ノ方式ヲ缺キタルカタメ無效ナル塲合モ右ノ規定ト同一ナリトス

(三) 第三者ノ所爲ノ諾約及第三者ノ利益ニ於ケル要約

他人ノ所爲ノ諾約ハ目的不能ノ理由ヲ以テ無效タリ又他人ノ利益ノ

第百八十七號

爲メノ要約ハ原因ナキノ理由ニヨリ無效タリ然レ𪜈是等ノ無效ノ合意ハ自然義務ノ原因トナルヲ妨ケサルヲ以テ諸約者ハ履行又ハ追認ヲ爲スヿヲ得

原因ノ欠缺或ハ不法ノ原因ノ爲メ合意ノ無效タル場合ハ自然義務ノ原因ト爲ラサルナリ

（ホ）法定義務カ銷除廢罷又ハ解除セラレタルカ爲メ無效ト爲リタル合意

第二　不當利得

不當利得ニ於テ法定ノ義務ヲ生スル外債務者ハ公平ナル良心ニ基キ尙他人ノ財產ヲ不當ニ利益シタリト認知スルヿヲ得可シ

第三　不正ノ損害

前般ト同一ノ理由ニ依リ他人ニ損害ヲ蒙ラシメタルヿヲ認ムルヿヲ得

第四　法律

法律カ自然義務ノ原ト爲ル場合ハ實ニ想像スルニ難シ立法者ノ想像シタル場合ハ法律カ命令セサル親屬間ノ養料ノ義務ノ如キモノナリトス

第五　法定義務カ義務消滅ノ一ニ依リ消滅シタリトセラレタル義務是等ノ義務者ハ債務未タ義務消滅セストシテ自然義務ノ存在ヲ認知スルヿヲ得然レ𪜈此場合ハ眞ノ自然義務ノ原因ニアラスシテ眞ノ原因タルハ前四ケノ場合ニアリトス故ニ合意ヨリ生シタル義務ノミニ通スル銷除廢罷解除ニ因リ消滅シタル義務ヲ認知シタル𪜈ハ其自然義務ハ合意ヨリ生シタルモノトセサル可カラス故ニ之ヲ合意ヨリ生スル自然義務ノ一トシテ列記セリ(ホ)即是ナリ其他辨濟更改履行不能等ハ四ケノ義務ノ原因ニ通スルモノナルヲ以テ爰ニ別項ト爲シタルモ其實眞ノ自然義務ノ原因ニ非ラサルナリ假令ハ履行不能ニ因リ消

第百八十七號

滅シタリト宣言セラレタル義務ヲ認知シタルトキハ其義務不當利得ヨリ生シタルモノナルトキハ不當利得ヨリ生シタル自然義務ナリトセサル可カラサルカ如シ

第六　時效及既判力其他法律ヨリ與ヘタル推定ノ利益ヲ拋棄シテ自然義務ヲ認ムルヿヲ得

此場合モ亦前段ト同ク自然義務ノ眞ノ原因ニ非ラサルナリ例ヘハ時效ハ義務消滅ノ推定ヲ受クルモノナルニ因リ一旦債務者其利益ヲ援用シタル後飜テ義務ノ存在ヲ認メタルトキ其義務ハ元來合意ヨリ生シタルモノナルトキハ即合意ヨリ生シタル自然義務ナリト云ハサル可カラス

以上自然義務發生ノ原因六ケヲ掲ケタレ𪜈第五第六ハ眞ノ原因タラサルヲ以テ自然義務ノ原因ハ法定義務ト同ク四ケナリト答ヘサル可カラス

○第百八十八號　自然債權ノ讓渡ハ有効ナル乎（第五百七十一條）

自然義務ノ執行ハ債務者ノ公平ナル道義心ニ放任シ債權者ハ訴權ヲ以テ强要スルヿ能ハサルモ債務者ニ於テ良心ニ從ヒ其義務ヲ認メタルトキハ一般ノ法定ノ義務ト爲ルヲ以テ自然義務ノ債權者ハ不確定ナリトハ云ヘ有效ニ自然債權ヲ保有シ而モ其債權ハ財産ノ一部タルヿ疑ヒ無シ然ラハ債權者ハ之ヲ他人ニ讓渡スルヿヲ得可ク自然債權ハ合意ノ有效ナル目的ト爲スヿヲ得可キカ如シト雖モ自然義務ハ其存在ト廣狹限度トハ債務者ノ認知ニ依ルニ非ラスンハ知ルヿ能ハサルモノニシテ認知前ニ就テハ自然義務存在スル乎其義務ノ廣狹ハ幾許ナル乎毫モ知ル可カラサルモノナリ故ニ自然債權ノ讓渡ハ目的物ノ存在ヲ知ラスシテ爲スモノナレハ民法上有效ナル合意ト爲ス可カラス

法律ハ右ノ規則ニ一ノ例外ヲ設ケタリ即協諧契約ヲ以テ破産者ニ免除シタル金額ニ就キ有スル自然債權ハ有效ニ讓渡スルヿヲ許セリ是

第百八十八號

レ此場合ハ自然義務ノ存在及其廣狹等豫メ知ルヿヲ得レハ他ノ自然義務ト其決定ヲ異ニスルナリ

（附言）法文ニ法定ノ讓渡云々ノ語アリ此意義ハ民法上有效ナル讓渡ト爲ス可カラサルハ讓渡人ハ其讓渡ニ依リ新ナル自然義務ヲ負擔スルニ妨ケナキトノ意義ナリ

○第百八十九號　自然義務ノ消滅ヲ示セ

自然義務ノ消滅ノ原因ハ法定義務ニ比スレハ一層狹隘ナル可シ何トナレハ法定義務カ消滅シダリトセラレタル後ト雖𪜈尚自然義務存在スレハナリ今自然義務消滅ノ原因ヲ擧クレハ左ノ如シ

一、辨濟
二、更改
三、合意上ノ相殺
四、混同

右ノ外免除、法律上裁判上ノ相殺、履行不能、銷除、廢罷、解除ハ自然義務消滅ノ原因タラス又自然義務ハ免責時效ニ罹リ消滅ノ推測ヲ受クルコト無キモノトス

民法問答全集畢

明治廿四年七月廿五日印刷
同　年七月廿六日出版
同　廿五年十月　十日再版

正價金壹圓

著作者　松本慶次郎　東京芝區西ノ久保神谷町二十九番地
同　村瀬甲子吉　三重縣宇治山田町大字岩淵町
發行者　鈴木敬親　東京神田區裏神保町四番地
印刷者　田中正造　東京神田區柳原河岸十四號地
發行所　東京神田區裏神保町七番地　明法堂

特約賣捌書肆

東京々橋區銀座四丁目一番地	博聞社
東京一ッ橋通リ町七番地	有斐閣
東京神田裏神保町一番地	八尾書店
大坂北久太郎町	柳原喜兵衞
大坂備後町角	吉田平助
大坂本町四丁目	岡島眞七
名古屋市鐵炮町	三輪文次郎
甲府市常盤町	內藤書店
肥後熊本市新二丁目	長崎次郎
加州金澤市尾張町	牧野作平
仙臺市大町四丁目	木村文助
鹿兒島市十日市町	吉田幸兵衞
信州長野町	西澤喜太郎

民法問答全集　完　　　日本立法資料全集　別巻 1188

平成30年 4 月20日　　復刻版第 1 刷発行

著　者　松 本 慶 次 郎
　　　　村 瀬 甲 子 吉

発行者　今 井　　 貴
　　　　渡 辺 左 近

発行所　信 山 社 出 版

〒113-0033　東京都文京区本郷 6 - 2 - 9 -102
モンテベルデ第 2 東大正門前
電　話　03（3818）1019
F A X　03（3818）0344
郵便振替　00140-2-367777（信山社販売）

Printed in Japan.

制作／（株）信山社，印刷・製本／松澤印刷・日進堂

ISBN 978-4-7972-7303-8 C3332

別巻　巻数順一覧【950～981巻】

巻数	書　名	編・著者	ISBN	本体価格
950	実地応用町村制質疑録	野田藤吉郎、國吉拓郎	ISBN978-4-7972-6656-6	22,000円
951	市町村議員必携	川瀬周次、田中迪三	ISBN978-4-7972-6657-3	40,000円
952	増補 町村制執務備考 全	増澤鐵、飯島篤雄	ISBN978-4-7972-6658-0	46,000円
953	郡区町村編制法 府県会規則 地方税規則 三法綱論	小笠原美治	ISBN978-4-7972-6659-7	28,000円
954	郡区町村編制 府県会規則 地方税規則 新法例纂 追加地方諸要則	柳澤武運三	ISBN978-4-7972-6660-3	21,000円
955	地方革新講話	西内天行	ISBN978-4-7972-6921-5	40,000円
956	市町村名辞典	杉野耕三郎	ISBN978-4-7972-6922-2	38,000円
957	市町村吏員提要〔第三版〕	田邊好一	ISBN978-4-7972-6923-9	60,000円
958	帝国市町村便覧	大西林五郎	ISBN978-4-7972-6924-6	57,000円
959	最近検定 市町村名鑑 附 官国幣社 及 諸学校所在地一覧	藤澤衛彦、伊東順彦、増田穆、関惣右衛門	ISBN978-4-7972-6925-3	64,000円
960	鼇頭対照 市町村制解釈 附 理由書 及 参考諸布達	伊藤寿	ISBN978-4-7972-6926-0	40,000円
961	市町村制釈義 完　附 市町村制理由	水越成章	ISBN978-4-7972-6927-7	36,000円
962	府県郡市町村 模範治績　附 耕地整理法 産業組合法 附属法令	荻野千之助	ISBN978-4-7972-6928-4	74,000円
963	市町村大字読方名彙〔大正十四年度版〕	小川琢治	ISBN978-4-7972-6929-1	60,000円
964	町村会議員選挙要覧	津田東璋	ISBN978-4-7972-6930-7	34,000円
965	市制町村制 及 府県制　附 普通選挙法	法律研究会	ISBN978-4-7972-6931-4	30,000円
966	市制町村制註釈 完　附 市制町村制理由〔明治21年初版〕	角田真平、山田正賢	ISBN978-4-7972-6932-1	46,000円
967	市町村制詳解 全　附 市町村制理由	元田肇、加藤政之助、日鼻豊作	ISBN978-4-7972-6933-8	47,000円
968	区町村会議要覧 全	阪田辨之助	ISBN978-4-7972-6934-5	28,000円
969	実用 町村制市制事務提要	河邨貞山、島村文耕	ISBN978-4-7972-6935-2	46,000円
970	新旧対照 市制町村制正文〔第三版〕	自治館編輯局	ISBN978-4-7972-6936-9	28,000円
971	細密調査 市町村便覧（三府 四十三県 北海道 樺太 台湾 朝鮮 関東州）　附 分類官公衙公私学校銀行所在地一覧表	白山榮一郎、森田公美	ISBN978-4-7972-6937-6	88,000円
972	正文 市制町村制 並 附属法規	法曹閣	ISBN978-4-7972-6938-3	21,000円
973	台湾朝鮮関東州 全国市町村便覧 各学校所在地〔第一分冊〕	長谷川好太郎	ISBN978-4-7972-6939-0	58,000円
974	台湾朝鮮関東州 全国市町村便覧 各学校所在地〔第二分冊〕	長谷川好太郎	ISBN978-4-7972-6940-6	58,000円
975	合巻 佛蘭西邑法・和蘭邑法・皇国郡区町村編成法	箕作麟祥、大井憲太郎、神田孝平	ISBN978-4-7972-6941-3	28,000円
976	自治之模範	江木翼	ISBN978-4-7972-6942-0	60,000円
977	地方制度実例総覧〔明治36年初版〕	金田謙	ISBN978-4-7972-6943-7	48,000円
978	市町村民 自治読本	武藤榮治郎	ISBN978-4-7972-6944-4	22,000円
979	町村制詳解　附 市制及町村制理由	相澤富蔵	ISBN978-4-7972-6945-1	28,000円
980	改正 市町村制 並 附属法規	楠綾雄	ISBN978-4-7972-6946-8	28,000円
981	改正 市制 及 町村制〔訂正10版〕	山野金蔵	ISBN978-4-7972-6947-5	28,000円